“十三五”国家重点出版物出版规划项目

经济科学译丛

人事经济学实务

（第二版）

爱德华·P.拉齐尔（Edward P. Lazear）

迈克尔·吉布斯（Michael Gibbs） 著

杨伟国　王　帆　滕文芳 译

Personnel Economics in Practice

（Second Edition）

中国人民大学出版社
·北京·

《经济科学译丛》
编辑委员会

献给伟大的劳动经济学家、导师和朋友舍温·罗森

关于作者

爱德华·P. 拉齐尔（**Edward P. Lazear**）是斯坦福大学商学院人力资源管理与经济学的 Jack Steele Parker 讲席教授，并曾获得多项教学奖章。他同时也是胡佛研究所的 Morris Arnold Cox 高级研究员。拉齐尔不仅是美国国民经济研究局的研究员，还是公司绩效研究中心、经济政策研究中心和劳动关系研究院的研究员。他在加利福尼亚大学洛杉矶分校获得学士和硕士学位，在哈佛大学获得经济学博士学位。另外，他还在芝加哥大学任教多年。

拉齐尔教授被广泛地认为是人事经济学的奠基人。他撰写了 100 多篇文章和多部专著。他还在许多相关领域发表了多篇开创性研究论文，涵盖退休金计划、就业歧视、薪酬待遇、职业生涯规划、激励薪资方案、人力资本和企业家精神等领域。他还是《劳动经济学期刊》（*Journal of Labor Economics*）的首任编辑。

拉齐尔教授获得过许多荣誉和奖励，包括德国 IZA 劳动经济学奖、欧洲劳动经济学家协会亚当·斯密奖和 Leo Mclamed Biennial 杰出研究奖。他是美国国家科学院院士、美国艺术与科学院院士和世界计量经济学会成员。

从 2006 年至 2009 年，拉齐尔教授在华盛顿担任美国总统经济顾问委员会的主席。他还担任过格鲁吉亚、俄罗斯、乌克兰和罗马尼亚的经济政策顾问。

迈克尔·吉布斯（**Michael Gibbs**）是芝加哥商学院的经济与人力资源业界教授。他在芝加哥、伦敦和新加坡教授 EMBA 课程，并获得过多项教学奖章。吉布斯是劳动关系研究所的研究员。他在芝加哥大学获得学士、硕士和经济学博士学位。他还在哈佛大学、密歇根大学、南加州大学、巴黎政治学院讲授过课程，并且在丹麦奥胡斯商学院做研究员。

吉布斯教授是人事经济学领域领头的实证主义研究学者。他的研究领域包括职业生涯规划、绩效评估、激励计划设计、工作设计和企业并购后的组织整合。他最近获得由美国会计协会颁发的会计文献突出贡献奖。

《经济科学译丛》总序

　　中国是一个文明古国，有着几千年的辉煌历史。近百年来，中国由盛而衰，一度成为世界上最贫穷、落后的国家之一。1949 年中国共产党领导的革命，把中国从饥饿、贫困、被欺侮、被奴役的境地中解放出来。1978 年以来的改革开放，使中国真正走上了通向繁荣富强的道路。

　　中国改革开放的目标是建立一个有效的社会主义市场经济体制，加速发展经济，提高人民生活水平。但是，要完成这一历史使命绝非易事，我们不仅需要从自己的实践中总结教训，也要从别人的实践中获取经验，还要用理论来指导我们的改革。市场经济虽然对我们这个共和国来说是全新的，但市场经济的运行在发达国家已有几百年的历史，市场经济的理论亦在不断发展完善，并形成了一个现代经济学理论体系。虽然许多经济学名著出自西方学者之手，研究的是西方国家的经济问题，但他们归纳出来的许多经济学理论反映的是人类社会的普遍行为，这些理论是全人类的共同财富。要想迅速稳定地改革和发展我国的经济，我们必须学习和借鉴世界各国包括西方国家在内的先进经济学的理论与知识。

　　本着这一目的，我们组织翻译了这套经济学教科书系列。这套译丛的特点是：第一，全面系统。除了经济学、宏观经济学、微观经济学等基本原理之外，这套译丛还包括了产业组织理论、国际经济学、发展经济学、货币金融学、公共财政、劳动经济学、计量经济学等重要领域。第二，简明通俗。与经济学的经典名著不同，这套丛书都是国外大学通用的经济学教科书，大部分都已发行了几版或十几版。作者尽可能地用简明通俗的语言来阐述深奥的经济学原理，并附有案例与习题，对于初学者来说，更容易理解与掌握。

　　经济学是一门社会科学，许多基本原理的应用受各种不同的社会、政治或经济体制的影响，许多经济学理论是建立在一定的假设条件上的，假设条件不同，结论也就不一定成立。因此，正确理解掌握经济分析的方法而不是生搬硬套某些不同条件下产生的结论，才是我们学习当代经济学的正确方法。

　　本套译丛于 1995 年春由中国人民大学出版社发起筹备并成立了由许多经济学专家学者组织的编辑委员会。中国留美经济学会的许多学者参与了原著的推荐工作。中国人民大学出版社向所有原著的出版社购买了翻译版权。北京大学、中国人民大学、复旦大学以及中国社会科学院的许多专家教授参与了翻译工作。前任策划编辑梁晶女士为本套译丛的出版做出了重要贡献，在此表示衷心的感谢。在中国经济体制转轨的历史时期，我们把这套译丛献给读者，希望为中国经济的深入改革与发展做出贡献。

《经济科学译丛》编辑委员会

前　言

■ 本书是关于什么的?

各种机构和经济组织都是人力组织。它们是由个人不同的动机、决策和行动综合在一起产生的结果。这些人采取各种行动的目的是为了创新,取得更快的经济增长,创造更多的工作机会和更好的产品。这一切过程的发生是现代经济和现代公司中出现的一个奇迹。这也是本书将要讨论的主题*。

更好地理解和认识公司如何来组织和管理员工无疑是非常重要的。在规模较大的公司,大约四分之三的成本都与人力资源相关。与此相似,世界上的财富几乎70%都是以人力资源(包括人的技能和知识)的形式存在的,而不是以具体物品或者金融资本的形式存在的。经济体的增长和变化都是通过企业家和员工的创新和动力来推动的。当今许多公司的战略明显都是人力资源驱动型的,强调定制、服务和创新。

组织与管理对于个人也非常重要。随着职业生涯的发展,本书中讨论的话题对你来说会越来越重要。在职业发展早期,人们倾向关注专业能力。而随着职业生涯的发展,人们的工作将越来越依赖于对他人的监督和管理。拥有广阔的经理人视角对于协调众多员工工作非常关键。随着职业生涯的进一步发展,拥有建设、构建和管理整个组织的能力将变得更加重要。把对组织的总体战略性分析与公司的目标和所处环境联系起来是十分必要的。

---

* 本书英文版封面上的作品是由 M. C. Escher 于 1955 年所作的著名的《凸与凹》。图中人物仿佛从凹面走向凸面,但当你继续盯着看时,人物好像又在向相反的方向走。人事经济学是微观经济学的一个分支学科。在微观经济学里,凸凹数学函数被经常用来模拟人们的行为。虽然 Escher 本人无意于此,不过他的作品对微观经济学来说是一个非常好的隐喻。

为了让一个经理人在这些不同的职业阶段更有效地管理公司，构建一个严密的框架来分析公司可能遇到的问题将十分有益。直觉、常识和多年经验积累的智慧对经理人来说都是非常宝贵的。但是只有再加上对公司管理的问题和取舍原因的更深刻的了解，你才能够变得更加高效。本书的写作目的就是为你提供一个严密的框架来认识组织结构设计和员工管理。

关于公司组织和人力资源的研究方法在过去并不非常严密，但是这种情况现在正在转变。在这个领域，经济学概念的引入被证明是一种行之有效的研究方法。它能够提供严密的逻辑和框架，解释许多重要的问题。这个领域里的经济学一般被称作人事经济学，其中许多奠基性的研究工作都是由爱德华·拉齐尔完成的。本书是在拉齐尔于1998年所作的《人事管理经济学》的基础上修改的。

把经济学理论应用到人力资源和管理上也许听起来有点奇怪，但事实上，这是合情合理的。经济学作为一种方法论已经被应用到许多关于人类行为的研究领域，对社会科学研究产生了巨大的影响。这种研究方法非常灵活，能够用来研究许多涉及人类行为的问题。它能够提供一个稳定的分析框架，有助于我们构建一个有效的框架来研究组织设计。

什么是经济学方法？

经济学家认为人类行为受两种因素驱动。一是纯心理上的，或者叫个人偏好。认识这些偏好及其形成与发展历程是古典心理学的研究范围。二是人们在达成目的时所处的环境。这是经济学研究的领域。因此，经济学关注预算、价格、限制、信息和激励。它还关注社会关系互动，因为同事、经理和客户都可能对员工的行为产生重大的影响。

这种对个人偏好和外在环境的区分是心理学所认可的。社会心理学的分支领域一般关注环境对个人行为的影响，正如经济学一样。社会心理学和人事经济学研究许多相同的问题，当然两者是从不同的角度。这也就意味着我们平时认识的心理学并不是纯粹意义上的心理学。

经济学关注环境对人们行为的影响，所以它通常先对个体员工的偏好做出粗略的假设。这确实是其一大优点。因为模型越抽象越笼统，其适用性也越广泛。由此，从经济学上讲，我们可以假设员工的目标是为了实现所得收入最大化。这里的收入，不仅限于工资收入，还包括获得的其他津贴以及工作设施、工作环境和公司提供的其他有价值的东西。这样工资理论就可以借助多种动机分析工具，而不仅仅是金钱。

经济学分析法里最关键的部分就是关注环境变动因素（包括信息、资源、限制、决策和激励）如何影响产出。这些都是本书要分析的问题。通常在研究时应平衡利益和成本以及更多利弊。

这种分析方法产生的两种结果值得我们注意。一是我们使用的经济学分析工具被用来分析许多不同的问题。这使得我们能够用一种更有条理的方法来分析本书中涵盖的问题。在学完本书时，我们能够从整体上构建一个框架来思考组织设计问题。

二是经济学关注经理人能够控制的许多变量。本书中主要分析的因素是信息、决策和激励。这些恰好是经理人努力想控制的因素，以便经理人更好地设计公司的组织结构。因为改变激励方式比改变员工的心理要容易得多。

本书前面提到过经济学和社会心理学是研究相似话题的不同领域（组织社会学也可以归为此类）。关于本书中涵盖的问题，经济学家、社会心理学家和社会学家有非常良好的交流（既互相竞争又充满合作）。人事经济学这个新领域就是从这些对话中诞生的。它最初是劳动经济学（研究劳动市场）里一个很小的分支学科，然后吸收了信息经济学里的新成果，从而开始研究公司员工管理。经过一段时间后，人事经济学变得更加完善，更加成功，并开始吸收社会心理学和组织社会学里的成果、证据和话题（也可以说人事经济学促进了这些领域研究的发展）。因此，尽管我们的方法和关注点是经济学，但更恰当地说本书应该是研究管理问题的不同社会科学之间积极辩论和吸纳融合的结果。

当然，这不是说本书研究了这个领域里的所有问题。对人力资源管理的全面认识也需要心理学的知识。然而，本书并未覆盖组织设计问题的方方面面。相反，它只是给传统的研究方法提供了一点补充，也为学生和管理者提供了一条新的探索道路。

■ 本书是写给谁的？

本书有几个目标读者群。本科生能够从本书中收获很多（在大多数情况下，比他们学习传统的劳动经济学课程的收获要多）。他们不仅能够学习和应用微观经济学中的知识，比如激励理论，而且能够学到对他们事业发展非常有用的一些准则。

本书的关注点尽管是人事政策和组织设计，但不适用于人力资源专家。适用于他们的教材会更侧重详细地分析如何实施人事政策，如退休金方案的设计或者绩效考核方案设计。但是，本书对他们来说仍然有重要的参考价值，因为它对人力资源政策做出了战略性和分析性的概括，从而让读者拥有更宏观的视野，为后面的细节学习打下基础。

我们两人都讲授工商管理硕士（MBA）课程，也自然是从这个角度出发写作本书。它不仅给读者提供了关于整体组织设计的思考方法，也提供了关于人力资源政策的具体研究思路。由于 MBA 学生一般会成为顾问、经理人或者自己创立公司，书中提到的问题和方法都非常贴近 MBA 学生的需要。本书对高级管理人员工商管理硕士（EMBA）学生也有参考作用，能够帮助他们更好地利用自身丰富的经验和常识，从而提高工作效率。

■ 本书概览

本书共有三个核心部分，随后是实际应用和关于一些结论的深入探讨。开头的几章内容可能看起来比较简单，但这是我们有意为之。这是为了整理出一套严谨的方法，有必要先简化问题并谨慎地阐述观点。随后，本书对这些问题有更加详细的说明。全书各章节、各部分都在不断建立和增加分析工具，最后形成一个完整的人事和组织设计模型。下面是对各部分的内容简述。

□ I．员工筛选和员工投资

在本书的第一部分，我们以一种非常机械的角度来衡量员工：就像被用来生产产品的其他投入或资产。在本部分，员工被认为有两个主要特征：与生俱来的能力和在学校或工作中积累的技能。针对员工与生俱来的能力，关键要把他们**安排**到合适的公司和岗位上。为了让他们学习以提高生产率，公司需要对他们进行**投资**。

本部分主要讨论员工职业生涯发展——招聘员工、对员工进行投资来提高其技能和管理员工流动率。前两章讨论的问题主要是如何招聘员工。其中第 1 章讨论公司如何设置招聘标准，即确定他们希望招聘的人才的素质。第 2 章继续讨论招聘的问题，重点关注公司在招聘时投入资源的力度，以及如何通过设置招聘岗位的结构来提高招聘的有效性。

第 3 章开始涉及如何管理组织内部的员工。本章提供了一个框架，用来分析通过培训（由公司或者员工组织）对员工进行投资的问题。这些探讨也牵扯出如何处理公司和员工之间复杂的经济关系问题。这个问题将一直贯穿全书，并在本书末尾做进一步说明。

第 4 章是对前三章提出的经济工具的具体应用。这些工具对于理解公司如何有效地管理员工流动非常重要。

□ II．组织和工作设计

随着本书内容的深入，我们会进一步完善关于员工的模型设计。在本部分，我们将讨论员工在工作上的行为。第 5 章开始探讨公司做决策时需要做的取舍。此处应用的一个很重要的思想就是一个组织就像一个经济体，两者需要解决相同的问题，所以一个运行良好的经济体对于组织设计的构思有很大的借鉴意义。本章将应用这些思想来探讨集权和分权问题。第 6 章把讨论的范围扩展到整个组织结构。

第 7 章把讨论转移到员工个人的工作设计层面。员工激励首次成为讨论的焦点。本章不仅探讨了内在动机，即员工的工作岗位对其工作方式和工作努力程度有重大影响，还概述了岗位设计在近几十年是如何发展的，并对此做出了解释。另外，本章把内在动机的心理学观点和分权的经济学观点结合起来讨论。最后，第 8 章分析了一些高级岗位设置的问题，例如团队建设、信息技术对组织结构的影响。

□ III．绩效薪酬

本书的第三部分接着从第 7 章中的激励讲起。本部分重点讲述外在激励，即绩效薪酬，并把经济学中的激励理论引入我们的工具箱。第 9 章分析了如何进行绩效评估。第 10 章讨论绩效评估如何与奖励结合起来以激励员工，同时也讲述了常见的一些陷阱和实施问题。

第 11 章是一个过渡，把前一部分与本部分联系起来，探讨了员工职业动态（比如晋升）和绩效薪酬之间的关系。最后，第 12 章应用前面的观点讨论了两种重要的绩效薪酬形式：员工股票期权和高管薪酬。

□ Ⅳ. 应用

本书的前三部分是核心内容。最后一部分把前面得出的结论应用到读者感兴趣的问题中去。第 13 章分析了员工福利。第 14 章讨论了企业家精神和内部企业家精神，即如何在初创企业和成熟的公司组织中促进创新和价值创造。

第 15 章进一步讨论第 3 章提出的问题，即公司和员工之间隐性契约和显性契约的制定方法。好的组织设计通常包含正式和非正式的政策（例如员工评估通常包含具体量化和主观评定两部分）。我们在此进一步扩大讨论的范围。第 15 章同时把书中讨论过的其他主题综合到了一起，给读者提供更加宏观的视角来看待这些问题，也便于更好地理解我们的思路。本章总结了全书中所有的重点部分，读者若没有时间学习第 13 和 14 章，可直接跳过去学习第 15 章。

■ 参考文献

Lazear，Edward（1998）．*Personnel Economics for Managers*．New York：John Wiley & Sons.

■ 延伸阅读

Abrahamson，Eric（1996）．"*Management Fashion.*" *Academy of Management Review* 21（1）：254-285.

Becker，Gary（1976）．*The Economic Approach to Human Behavior*．Chicago：University of Chicago Press.

Brown，Roger（1986）．*Social Psychology*．New York：Free Press.

Lazear，Edward（1995）．*Personnel Economics*．Cambridge：MIT Press.

前言

致　谢

本书的撰写基于我们的研究成果，也同时借鉴了许多其他同行的成果。我们向致力于这片充满活力的经济学领域的研究者们致敬。有几位同事对我们的研究帮助很大。他们包括加里·贝克尔（Gary Becker）、迈克尔·贝尔（Michael Beer）、理查德·哈克曼（Richard Hackman）、迈克尔·詹森（Michael Jensen）、科尼斯·贾得（Kenneth Judd）、凯文·墨菲（Kevin Murphy）、坎尼斯·普兰德卡斯特（Canice Prendergast）、梅尔文·雷德（Melvin Reder）、约翰·罗伯茨（John Roberts）、舍温·罗森（Sherwin Rosen）和罗伯特·托佩尔（Robert Topel）。

也有许多同事拿着书稿去进行教学实验，对此我们深怀感激。特别是沃利·亨德里克斯（Wally Hendricks）、艾里克·瑞格（Erik de Regt）和他们的学生提出了许多具体的意见，还有介德·德瓦诺（Jed DeVaro）、玛雅·盖尔（Maia Guell）、凯瑟琳·伊如莉（Kathryn Ierulli）和提姆·派利（Tim Perri）也提出了许多建议。本书还有一部分是迈克尔·吉布斯在丹麦奥胡斯商学院访问时写的。我们对在那里一起工作过的同事也表示感谢。另外还有许多阅读了初稿的读者对本书提出了许多非常有价值的反馈。他们包括得克萨斯大学奥斯汀分校的史蒂芬·G. 巴罗纳斯（Stephen G. Bronars）、罗格斯大学的查尔斯·H. 费（Charles H. Fay）、得克萨斯大学泛美分校的玛丽·T. 莫拉（Marie T. Mora）和克拉克森大学的马克·R. 弗洛斯卡托（Mark R. Frascatore）。

芝加哥大学、斯坦福大学和巴黎政治学院的学生们对书稿提出了许多建议，我们从他们那里获得了许多灵感。

最后，我们非常感谢助手托马斯·彻弗瑞（Thomas Chevrier）、凯瑟琳·菲茨杰拉德（Kathleen Fitzgerald）、马里奥·马希斯（Mario Macis）、马克西姆·米罗诺夫（Maxim Mironov）、荣义（Yi Rong）、尤摄菲（Yoad Shefi）和玛丽·托马莱莉（Marie Tomarelli），他们对全书进行了细致的校对。

目　录

目
录

第一部分

员工筛选和员工投资

在本书的第一部分，我们用一种十分简单的视角来看待员工，就像生物学上划分的那样：先天的能力和后天的技能。在本书中，员工都被认为具有某些先天的能力，如反应迅速、有创意或者擅长计算。他们通过学习、实践和在职培训，经过一段时间能够学会新的技能或者提高现有的技能。

本部分的话题就是如何根据员工先天的能力和后天的技能来安排员工，如何投资以进一步提高他们的技能，如何管理他们从组织中退出。公司的职业政策可以被看作是一种管道——不断输送员工进来，培养他们，激励他们，最后又把他们输送出去。这也是本部分叙述的顺序。在本书后面的章节里，我们将会以更宏观的视角来思考员工的工作、员工的动机和公司与员工之间复杂的关系等问题。

在探讨这些问题的过程中，我们将提出几个重要的经济学概念，包括：信息不对称、投资、签订合同的三种方法。

信息不对称是指在产生交易的经济活动中，交易双方（此处指公司和员工）掌握交易信息的程度不同。由信息不对称带来的问题在经济体和组织机构中很普遍（例如：新员工的素质，员工在工作上投入的精力）。信息不对称也经常导致效率低下，因为人们容易做出错误的决策。信息缺失也会带来更多的风险。另外，占有信息优势的一方会为了自己的利益而牺牲整体的效率。

在招聘环节，当员工比公司更清楚自己是否适合招聘岗位（相反的情况有时也会出现）时就会导致信息不对称。这对于公司的招聘是一个挑战。我们会看到解决此问题的一种方法就是利用经济学中的**信号理论**。它鼓励员工正面地去利用他们掌握的信息而不是去碰运气。信号理论被应用到许多商业领域，我们后面会介绍一些。信号理论的这个例子展示了本书使用的这些工具在雇用领域以外如何得到广泛的应用。

第二个经济工具就是最优投资。员工和他们的雇主能够通过投资来提高他们的技能。在研究这个问题时，我们会用到金融课程里非常重要的一些思想。

最后，我们会讨论经济交易或者签订合同的三种方法。我们先从最简单的开始，即在某个现货市场，公司每次仅支付给员工薪酬的市场价格。这是微观经济学入门课程里的标准观点。但是为了提高招聘的效果，我们需要制定更加复杂并且分阶段的聘用**合同**。公司选择使用哪种合同取决于员工的工作表现。最后，在一些案例中，我们可以看到公司和员工之间的合同中会有一些**隐性**或非正式的条款，因为合同不可能把所有的细节都包含在内。这为我们从总体层面来思考雇用关系，甚至包括企业文化等问题提供了一个很有用的框架。在本书的结尾，我们会再次讨论这些观点。

现在我们先从小框架开始讨论。公司希望员工表现得更出色（为公司利润做贡献），同时又希望降低劳动成本，而这两者又是相互矛盾的。本书的前六章中**没有涉及**员工努力工作的动机。相反，我们把该问题简化成假设员工的表现取决于他们先天的能力和他们技能的高低（也就是我们所说的人力资本）。

在第1章和第2章，我们将探讨根据员工的能力和技能将其进行分类的方法。在第3章，我们将分析如何对人力资本进行投资。在第4章，我们将把前三章中讨论过的工具应用到分析员工流动的问题中。这不仅是有效分析员工流动问题的一种方法，而且也表明了这些工具可以如何被用来研究新问题。

第1章

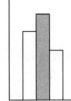

设定招聘标准

你在优秀人的身边时，自己的标准也会提高。

——里奇·布莱克莫尔（Ritchie Blackmore），1973

在本章中，我们有两个目标：介绍招聘和本书中使用的经济学方法。让我们先来看一个例子。

■ 案例：招聘风险更大的员工

□ 新员工招聘

假设你是伦敦金融城一家投资银行的合伙人，正在考虑从两名候选人中选出一名作为初级业务员。古普塔的背景和大部分应聘者类似：获得经济学学位，有几年做金融分析的经历，拥有工商管理硕士（MBA）证书并拥有在投资银行进行暑期实习的经历。你认为他的生产率很容易预测，大概每年创造 200 000 英镑的价值。斯文森的背景和其他人完全不同。她的学习成绩很好，看起来非常聪明，不过没有许多与投资银行工作相关的经历。因此，你觉得她的表现难以预测。她可能成为一名新星，每年产出 500 000 英镑的价值，也有可能给公司带来灾难，一年造成 100 000 英镑的损失。假设这两种结果在斯文森身上发生的概率是相同的（50%的概率）。那么在任意一年，斯文森的产出**期望值**（平均值）就和古普塔的相等：

$$\text{斯文森的产出期望值} = \frac{1}{2} \times 500\,000 - \frac{1}{2} \times 100\,000 = 200\,000\,(\text{英镑})$$

如果两人的聘用成本（包括工资、福利等）是相同的，那么公司聘用谁更合适？答案可能和直觉相反——公司应该聘用风险更大的那名应聘者。

假设斯文森和古普塔都将在你的公司工作十年。再进一步假设公司需要花一年的时间来判断斯文森是否能成为一名明星员工。他们的工资是每年 100 000 英镑。我们暂且假设工资一直保持不变。[①] 这样，古普塔每年将为公司创造 100 000 英镑的利润，十年就是 100 万英镑。图 1-1 最上面的分支表示此种选择的情况。

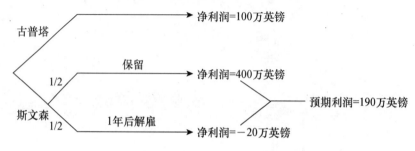

图 1-1 聘用一名有风险的员工还是可靠的员工

另一种选择是聘用斯文森。她有 50% 的可能成为一名明星员工，每年为公司创造 500 000 英镑的价值，那么你的公司每年就可以挣到 400 000 英镑的利润，十年就可以挣到 400 万英镑。但也有 50% 的可能她将给公司带来损失。如果是这种情况的话，你可以在第一年结束时就终止她的聘用合同，所以加上发给她的工资，公司总损失也就只有 200 000 英镑。这两种情况也在图 1-1 里表示了出来。因此，公司聘用斯文森的预期利润是：

$$\text{聘用斯文森的预期利润} = \frac{1}{2} \times 4\,000\,000 - \frac{1}{2} \times 200\,000 = 1\,900\,000\,(\text{英镑})$$

因此公司聘用斯文森比聘用古普塔可多获得近一倍的利润！尽管两人的产出期望值相同，但斯文森更加有价值。如果她成为一名优秀的员工，公司就可以留下她，相反公司也可以很快地解雇她。公司可以选择解雇糟糕的员工，留下优秀的员工。

这是公司应聘用有潜力的员工而不是保守的、能力固定的员工的原因之一。聘用能力固定的员工，公司将获得一名业绩可靠的业务员。而聘用有风险的员工，公司可能发现做出了一个错误的决定，但是这可以很快地得到纠正。与此同时，公司也可能发现自己获得的是一颗外表粗陋的钻石。

这个简单的例子可能让很多学生感到惊讶，因为选择的结果与他们的直觉判断相违背。而从直觉判断来说，当期望值一样时，承担风险肯定不是好事。然而，在选择聘用

---

① 在这个例子中，我们通过假设银行利息是零来忽略现值的影响以简化问题。我们对书中的例子采取此种假设时所得的结果，与使用折算后的现值时所得的结果会保持一致。同样，书中所有的例子使用的都是经通货膨胀率调整后的数字，因为通货膨胀并不影响结论。

员工这种实物期权的问题上，承担风险也不一定是一件坏事。这个例子很好地展示了通过正式的经济学分析，人们能够做出更明智的决策。在本案例中，我们的直觉判断刚好与正确的答案相反。

□ 具体分析

从上述案例中得出的分析框架也显示出了其他几个因素，它们在公司决定是否聘用有风险的员工时扮演着重要角色。

□ 风险的负面影响

公司聘用一名有风险的员工可能获得巨大的收益。与能力稳定的员工相比，哪怕他们每年预期能创造更多的价值，公司选择有风险的员工通常也是更好的做法。即使斯文森彻头彻尾地失败了，给公司造成 1 000 000 英镑的损失，这也是公司在她身上进行尝试所付出的代价。但是一名员工给公司带来的潜在损失越大，那么在他身上下赌注就越不明智。

□ 潜力的正面影响

斯文森如果成为一名明星员工，那么将为公司创造巨大的价值，所以她是一名有价值的员工。这些价值越大，那么公司选择有风险的员工的收益就越大。因此，在工作中，当员工能力提升一点点就可以创造巨大价值时，公司聘用这些有风险的员工就更值得（只要他们的负面影响没有随之增长）。想想看一名创业者组建了一个新的管理团队，他们能够失去的东西很少，但是很可能收获的却很多。在这种情况下，公司聘用一名有风险的员工更明智。

□ 解聘成本

公司解雇一名员工的成本越高，那么聘用一名有风险的员工的成本也越高。然而，公司聘用他们仍然比较划算，而且即使他们在后来被证明是不合适的员工，公司也可以马上解雇他们，哪怕这样做的成本很高。在许多国家，公司不能随便解雇员工。法律或者社会的约束可能使公司为解雇一名刚入职一年的员工付出很高的代价，请设想一下终身聘用这种极端的情形。如果公司对风险持中立态度（即只要预期的收益也一样大，公司就愿意承担风险），即只要斯文森的预期生产率等于或高于古普塔，那么公司聘用斯文森就可获益。一般而言，斯文森若成为明星员工，公司可以获取巨大的利益，所以哪怕解雇她的成本很高，也值得尝试聘用她。

□ 风险规避

假设公司想规避风险，那么聘用斯文森仍然可能是最优选择。由于她工作能力的不确定性很大，公司聘用她也可能付出很高的代价。然而，斯文森的预期最高和最低生产率之间的差别巨大，她一旦产生收益的话将抵消公司承担的风险。

实施的问题

风险规避带来一个很有趣的问题。当管理者和招聘专家在遇到这个例子时，他们的反应通常是反对这些结论，并表示公司在员工聘用上更愿意保守一点。为什么会是这样呢？是我们的理论错了，还是这些管理者错了？也有可能，两者都不是。上面的分析是假设公司对风险持中立的态度。然而，决策制定者一般都喜欢规避风险，这也会影响他们的决策。例如，如果他们觉得聘用了一名不称职的员工就会受到批评或获得不好的评价，那么他们越讨厌承担风险，就越会做各种决定来避开被人指责的后果。

管理者对风险的规避程度与雇主不同，这是源于**激励问题**或者利益冲突。我们将在第9至12章来讨论这个话题。同时，如果这些做出聘用决定的人太保守，那么一种可行的办法就是当他们聘用了不合适的员工时公司尽量不要惩罚他们，另外一种办法就是让那些不太保守的管理者来负责员工招聘。

□ 评估的时间期限

评估斯文森是明星员工还是一名糟糕的员工的时间期限将影响聘用有风险的员工的价值。如果评估期限是十年时间，那么在我们的例子中聘用斯文森就没有任何价值了。如果评估期限只是一年，那么公司聘用了不合适的员工时所承担的损失仅仅是支付其一年的工资和糟糕的生产率。

□ 聘用期限

如果公司给了斯文森十年的聘期，那么公司获益将会更大。例如，如果斯文森在30岁时被聘用了，并且在公司一直干到退休（工资一直不变），那么她若成为一名明星员工，公司将获益 14 000 000 英镑（400 000 英镑/年×35 年）。这表明公司聘用的有风险的员工越年轻，员工的流动率越低（即员工愿意在公司待得更久），公司获益将越大。

□ **反对观点**

我们的结论都是在特定假设的前提下得出的。用经济学的方法来研究人事学科问题很重要的一点就是要仔细考虑假设什么时候可用，什么时候不可用，若改变关键的假设条件会对结论产生什么影响。在上述模型中，结论都是建立在一个关键的假设的基础上：我们找到明星员工后就可获利。下面我们来看看这个假设。

如果斯文森成为一名明星员工，那么我们仍然假设她每年的工资是 100 000 英镑可以吗？她会不会要求提高工资？其他公司会不会把她抢走？如果把这些问题也考虑进来，我们的结论还成立吗？

这些问题引出了一个贯穿全书的关键性话题：公司应该让员工的待遇与员工的市场价值相匹配。说得更具体一点就是公司提供的工作**包**涉及多个方面，包括工作的类别、工作的要求、培训的程度、工资和其他福利、晋升的可能性和工作的安全保障。员工会衡量其工作的各个方面，并与其他雇主提供的工作相比较。公司必须保证他们提供的工作包在工资和其他各方面的待遇上都能和其他雇主提供的条件相匹配。

现在我们来简化问题，仅仅考虑工资和生产率。假设其他雇主也看到了斯文森的工作能力，而且假设不管她最后成为明星员工还是完全不称职，她在各个投资银行的生产率都是相同的。对于投资银行来说，这些假设的出发点是合理的。因为投资银行的工作是公开的，并且大部分投资银行都是类似的。

假设是这种情形，即斯文森成为一名明星员工，其他的投资银行每年愿意支付她超过 100 000 英镑的薪水。事实上，他们每年应支付 500 000 英镑，因为她的生产率就是这么高。劳动力市场的竞争推动相互竞争的公司在聘用斯文森时的利润不断趋近零。

如果斯文森后来被证明不称职，那么将没有投资银行愿意雇用她。她可能在自己擅长的行业里找到更好的工作。

在这种情况下，公司聘用斯文森能获得什么利益呢？没有任何利益。如果她是明星员工，那么为了留下她，公司需要和其他雇主竞争，最后每年支付她 500 000 英镑。换句话说，我们得出聘用有风险的员工划算的结论是以斯文森成为明星员工，且公司聘用她还能获利为前提条件的。

公司如何从雇用斯文森中获利？有两种可能。

□ 信息不对称

相互竞争的公司可能不了解斯文森的生产率，至少短期内不知道。尽管投资银行的工作很公开，但有一些是保密的，并且工作通常由团队执行。鉴于此，外界的公司很难估算斯文森个人对公司的贡献。这证明在需要团队协作的行业并且其工作不公开的情况下，聘用有风险的员工更有价值。进一步来说，公司可以阻碍劳动力市场发现自己的明星员工，进而从信息优势中获益。因此，你可能不想让外界了解到斯文森对公司的贡献。

信息不对称是本书应用的一个很重要的经济学思想。当一方掌握着其他人没有的信息时，就会产生这一有趣的现象。例如，如果公司不能区分最好的和最差的员工候选人，那么就会导致招聘无效，公司也会因此采用另一种招聘方法（我们将在第 2 章讨论）。激励问题是信息不对称中一个很典型的例子。当公司不能有效监督员工的工作时，就会产生激励问题。

□ 特定公司的生产率

斯文森在你的公司可能比在其他的公司更有生产率。如果是这样的话，她在你的公司可能是一名明星员工，但在其他公司就不一定了。那么他们就不会提高斯文森的市场价格，所以你的公司聘用她也就有利可图。在第 3 章，我们会讨论斯文森在你的公司生产率高的两个主要原因：特定公司的工作匹配和公司专用性人力资本。这两者之中公司只要在一个方面占有主要地位，那么聘用有风险的员工就是可以获利的。

还剩最后一个问题：即使公司聘用斯文森可以获得利益，如何在她和公司之间分配收益也是一个问题。双方会为此讨价还价。在本书中这不是我们关注的重点，但在第 3 章中，在分析如何分摊对公司专用性人力资本的投资时，我们会简要提及这点。

谷歌公司不同寻常的招聘方式

谷歌（Google）作为一家领先的互联网搜索公司，与许多高科技公司在人才招聘方面存在竞争。它喜欢有才华、有创意，与其极客和非正式的文化相适应的员工。为了区别自己和其他公司，谷歌有时采用非主流的招聘方式。

有一次，它在科技杂志里插入一篇"能力"测试，里面包含的问题有"给你三种颜色去涂二十面体，每面只用一种颜色，有多少种涂法？"。还有一次，它在网站上提供了"在数学常数 e 的连续数位里第一个十位质数是什么"的链接，得出正确答案的人点击则可进入它的招聘页面。[1]

采取这些做法有三个目的。一是给应聘者提供一些信息，看看自己是否符合谷歌文化。二是因为谷歌有自己独特的文化，这样做是为未来进入公司的员工定下基调。招聘是制定隐性契约很重要的一个开端。这个概念将在后面的章节进行讨论。三是这些奇怪的做法也让大量媒体关注了谷歌——甚至教科书也关注它。

资料来源：*Straits Times*（*Singapore*），Fall 2004.

上述聘用有风险的员工的例子清楚地表明了应用经济学方法来研究人事管理的思路。我们用很简单的模型分析了很复杂的决策过程。该模型可以引导我们在做招聘决策时去关注那些重点问题。一旦建立起分析模型，我们就能更加规范地研究问题了，甚至用一些简单的方程式来阐述观点。方程式可以有效地表达一些缜密的观点。在书中我们会一直使用这个工具。

简化问题能够更容易地解决问题，从而得出具体答案。当然，过度简化或不恰当地简化有可能导致得出错误的答案，所以对此应小心。但若使用恰当，简单的经济学模型可以得出有力、有效的分析结果。

我们在书中分析组织问题时会一再使用这些经济学思想。到学完全书后，我们会收获一整套经济学分析工具，可以用来分析各种人事问题。在第4章中，我们将用前三章讨论过的原理来分析一些具体的人事政策。在分析聘用有风险的员工时，我们用到的经济学概念包括：劳动力市场竞争（对员工来说）、价格（工资）、信息不对称和激励。学习过经济学的人对这些概念很熟悉。这些就是把微观经济学的知识用于分析如何设计公司结构和如何与员工签订合同。

设定招聘标准

我们现在退回来想想公司在招聘员工前会设定什么样的招聘标准。我们会通过分析一个简单的案例来得出一些有用的直觉判断。接下来的部分，我们一定要记住公司的目标就是使其收益最大化。我们假设公司不受任何条件限制，可以聘用任意数量的员工。我们还假设公司出售产品的价格和付给员工的工资是固定的。

□ 平衡收支

管理者经常说他们的招聘目标就是获得最优秀的员工。这个想法听起来不错，但事实真是如此吗？通常聘用最优秀的员工的成本也最高。他们的目标不应该是聘用最廉价的员工吗？下面通过简单的分析就能解答这个问题。

请看表1-1中假设的生产率数据，这些数据显示大学毕业生的生产率比高中毕业生高近28%。而表1-2中，大学毕业生的工资远高于高中毕业生的。

---

[1] 二十面体有二十个面，每面有一种颜色，若有三种颜色选择，则可以有 3^{20} 种涂法（包括只用1种和2种颜色的涂法），结果是 3 486 784 401 种。数学常数 e 的连续数位里第一个十位质数是 7 427 466 391。

假设员工的教育程度和生产率 单位：美元

员工 ID	月销售额	教育程度
A	100 000	高中
B	108 333	大学
C	125 000	高中
D	125 000	高中
E	133 333	大学
F	141 667	高中
G	166 667	大学
H	175 000	大学
I	175 000	大学
J	183 333	大学

高中毕业生平均销售额＝122 917

大学毕业生平均销售额＝156 944

表 1－2 在美国高中毕业生和大学毕业生的工资

年份	月工资（美元）		比例
	高中毕业生	大学毕业生	
1990	2 184	3 092	1.42
1991	2 200	3 050	1.39
1992	2 157	2 978	1.38
1993	2 149	3 100	1.44
1994	2 146	3 110	1.45
1995	2 169	3 142	1.45
1996	2 105	3 145	1.49
1997	2 105	3 024	1.44
1998	2 191	3 225	1.47
1999	2 188	3 393	1.55
2000	2 226	3 310	1.49
2001	2 221	3 381	1.52
2002	2 220	3 519	1.59
2003	2 264	3 610	1.59
2004	2 260	3 477	1.54
2005	2 174	3 511	1.62
2006	2 198	3 455	1.57

说明：工资以 2007 年美元表示。

资料来源：*U.S. Current Population Survey.*

如果公司要支付员工的工资与表 1-2 中最后一行数据接近，那么公司聘请高中生或者大学生都可获利。（在全面分析此问题时，我们会加入公司其他的用人成本，比如额外福利、办公场所等成本。这里将问题简化了是为了关注更宏观的问题。）而且公司聘用一名大学毕业生比聘用一名高中毕业生所获得的利润要高。

聘用高中毕业生月利润＝122 917－2 198＝120 719（美元）
聘用大学毕业生月利润＝156 944－3 455＝153 489（美元）

然而，这种分析是有误的。假设你的公司想聘用足够多的员工来实现每月 100 万美元的销售额，这就需要聘用 6.4 位大学毕业生，聘用成本为 22 112 美元；或者聘用 8.1 名高中毕业生，聘用成本是 17 804 美元。[①]

聘用高中毕业生可能获利更多，因为他们生产单位产品的成本低。用 W 表示工资，Q 表示产出，H 指高中毕业生，C 指大学毕业生：

$$\frac{W_H}{Q_H}<\frac{W_C}{Q_C}$$

在本例中，高中毕业生每个月销售 1 000 美元产品的成本是 18 美元，而大学毕业生的成本则是 22 美元。只要上面的式子成立，聘用高中毕业生就更划算，反之亦然。成本效益最高的员工其工资和产出的比率最低。公司应该聘用足够数量的此类员工来实现期望的产出水平。

这个例子证明了两个简单但非常重要的经济学原理。第一个原理是**要时刻从收益和成本的对比角度来考虑问题**。在本例中，聘用高能力的员工一定要同时衡量聘用他们的高成本。许多问题归根结底就是衡量一个政策带来的收益和执行政策所付出的成本。

第二个原理就是**要时刻用你现在采用的方法去对照其他的最优选择**。在本例中，聘用大学毕业生可以获取收益，但没有聘用高中毕业生获取的收益高。当我们把这个对比考虑进来后，聘用大学毕业生就不如聘用高中毕业生划算了。

日间旅馆的员工选择

美国日间旅馆（Days Inns）是一家酒店的分公司，过去它的房间预订中心一直雇用年轻人，因为他们愿意接受很低的工资。他们的工作主要是接电话和安排房间预订。然而由于低技能的员工数量紧缺，他们的工资开始上涨。日间旅馆开始重新考虑预订中心的雇用对象。

管理层发现这种要求久坐的工作非常适合老年人。另外，老年人劳动力也非常充足，加上培训和其他的成本也只比雇用年轻人的成本高一点。

后来的情况呢？他们的生产率就是衡量员工的平均电话长度和完成预订的房间数量的比率。虽然老年人在电话里与客户交谈的时间更长，但是他们成功预订了更多的房间。成功预订房间多出来的利润远远超过打电话多出来的成本。这些老年人的工资与生

---

① 不要担心聘用员工数量里包含小数部分，这实际上是可以做到的——通过聘用临时工，或者让他们用一部分时间去做其他的工作。公司的规模越大，这些不可整除的问题的影响越小。

产率的比率更低，所以他们是成本效益更高的劳动力。另外，由于老年员工的流动率更低，公司节省了更多成本。

资料来源：McNaught & Barth (1992)。

□ 来自国外的竞争

上面的分析对于思考劳动力市场的全球化和来自国外的竞争的影响非常有用。通常人们认为来自低价劳动力国家的公司会把来自高价劳动力国家的公司挤垮。事实如此吗？表1-3列举了几个国家在工资和生产率（GDP 指国内生产总值）方面具有代表性的数据。墨西哥的劳动力成本最低，挪威的最高。但是问题的关键不在于劳动力是否低廉，而在于成本效益是高还是低。例如，日本的劳动力成本很高，但其生产率也非常高。事实上，日本是1美元生产率中投入劳动力成本第二低的国家。在面对招聘日本人还是阿根廷人的选择时，公司更愿意聘用成本更高，但同时生产率也更高的日本人。

下面这些数据只是为了说明问题，而不保证绝对准确。[①] 不过，它们清楚地反映了廉价的劳动力并不一定意味着劳动力成本也低。同样，高生产率的劳动力也不一定让公司获利更多。你应该寻找单位产出成本低的劳动力，而不管是由于工资低还是生产率高，还是两者皆有。

表1-3	一些国家的生产率和制造业工人工资		单位：美元
	每名工人的 GDP	制造业年薪	1美元 GDP 的成本
墨西哥	15 964	5 743	0.360
日本	78 065	33 573	0.430
新西兰	40 690	18 067	0.444
阿根廷	22 399	9 973	0.445
挪威	85 923	38 447	0.447
美国	75 571	34 682	0.459
瑞典	55 680	27 371	0.492
澳大利亚	45 357	25 266	0.557
英国	54 848	36 234	0.661
南非	7 880	7 828	0.993

取 2000—2002 年的平均值，以 2005 年美元表示。

资料来源：联合国。

□ 生产方式

到目前为止，我们在讨论中都认为员工之间的生产活动相互独立。而事实上，他们之间的生产活动是相互影响的。下面，我们从三个不同的角度来讨论生产活动，考察生产方式对我们的分析会产生什么影响：第一，员工之间的生产活动彼此独立；第二，员

---

① 这些数据可能存在一些错误。工资数据来源于制造业，而生产率数据是关于经济整体的。

工的生产活动取决于同事的能力；第三，员工的生产活动取决于其在工作中使用的资本。

□ 1. 员工生产率与同事不相关

一位经理这样描述自己工作团队的生产活动：

> "我的团队负责销售，而销售人员在工作中彼此独立。公司由我和我的销售人员构成，那么我应该招聘哪类员工呢？"

这里，每名员工的销售活动靠的是自己的能力和努力，与其他销售人员辛劳与否无关。这个问题与我们前文探讨的情形十分契合——到目前为止，我们主要讨论的正是如何在大学毕业生和高中毕业生两者之间做出选择。这个案例十分简单，特别是相对下一个案例而言更是如此。

□ 2. 员工生产率与同事相关

另一名经理这样描述他的生产活动：

> "我所在的公司生产小家电。我们发现，员工类型多样更加有利于公司。短期来看高中毕业生更加廉价并且节省成本，但我们发现，没有一些大学毕业生的参与，我们不能持续提高高中毕业生的技能水平。高中毕业生忘掉了自己学到的知识，大学毕业生可以激励他们，所以我们愿意雇用这两种类型的员工。但问题是，我不能确定怎么样才能算是平衡的比例。"

这里，员工之间存在互动。这种情形要比第一种更为典型，因为大多数的工作，员工大多彼此依赖。大学毕业生影响高中毕业生的工作产出，反过来也是一样。因为大学毕业生不仅仅是在生产家电产品，而且还充当着兼职老师的角色，所以，他们所带来的部分产出还表现在他们对高中毕业生的影响上。

上面的分析虽然道理不错，但所谓的"产出"必须要十分明确。在衡量大学毕业生产出的时候，必须要明确高中毕业生的人数。表1-4中的例子给出了这里所需的信息。

表1-4　　　　　　　　高中毕业生与大学毕业生共事时的每一单位员工生产率

		雇用的大学毕业生人数					
		100	110	120	130	140	150
		产量					
雇用的高中毕业生人数	100	63.1	66.8	70.4	73.9	77.2	80.5
	110	64.9	68.8	72.4	76.0	79.5	82.8
	120	66.6	70.6	74.4	78.0	81.6	85.0
	130	68.3	72.3	76.2	79.9	83.5	87.1
	140	69.8	73.9	77.9	81.7	85.4	89.0
	150	71.3	75.5	79.5	83.4	87.2	90.9

容易发现，大学毕业生的生产产出取决于工作中的高中毕业生人数。例如，每种类型员工各雇用100人，总产量就是63.1单位。如果大学毕业生人数从100增至110人，上述产量就会增加3.7单位。然而，如果雇用150名高中毕业生，那么大学毕业生从

100 人增至 110 人后，总产量就会增长 4.2 单位。由此，当高中毕业生人数增多时，增加 10 名大学毕业生所带来的产量增长更大。由于大学毕业生可以对高中毕业生进行培训，所以当公司有更多的潜在"学生"让他们教授的话，他们提供的服务就会更有价值。工作中的高中毕业生人数越多，大学毕业生所带来的附加价值就越高。

同样，高中毕业生的价值越高，雇用的大学毕业生就能越多。只有当高中毕业生学习的"教室"不那么拥挤时，他们才更有价值。这个例子说明员工互动的重要性。这一点可以归纳为：**员工在工作中互动，他对产量的贡献包括影响其同事的生产产出。所以，当员工之间的产出彼此依赖时，雇用资质更高的员工会给公司带来回报。**

□ **3. 员工生产率与同事无关，但与资本有关**

第三位经理这样描述其生产过程：

"我来自一家大型的服装公司，在马来西亚的一家工厂里，我们生产男士商务衬衫。每位工人使用一台缝纫机，机器租金为每天 7.5 美元。我们可以使用熟练工人，平均每天生产 4 件衬衫，或者使用高级工人，平均每天生产 6 件衬衫。熟练工人的成本是每小时 7.5 美元，而高级工人的成本是每小时 12 美元。缝纫机公司告诉我们，可以租给我们一种新式机器，能够使单位工人产量翻倍，但新式机器每天的租金为 16.5 美元。我应该租用这种新式机器吗？应该雇用哪种类型的工人？"

假设表 1-5 中的数据现实存在，我们的分析就会很容易了。首先，我们看看老式机器。如果不看表格，经理可能不会想要租用这种新式机器，因为这种机器虽然会使生产率变成原来的两倍，但同时其成本是老式机器的成本的两倍还多。然而，这种情况忽略了这样一个事实：生产衬衫既需要机器，也需要工人。虽然新增一台新式机器的资本成本比原来的两倍还多，但总成本却不到原来的两倍。所以，毋庸置疑，这家公司应该使用新机器。

而且，在公司使用新式机器的同时，它也应该雇用高级工人，而非熟练工人。如果使用老式机器，那么使用高级工人时的单位衬衫成本高于使用熟练工人的情况。而使用新式机器的话，使用高级工人时的单位衬衫成本就会低于使用熟练工人的情况。所以，高效使用昂贵的机器会节约成本。

表 1-5 　　　　　　　　　分析使用新式或者老式机器时的生产率　　　　　　　单位：美元

	产量	劳动成本	资本成本	总成本	成本产量比
老式机器					
熟练工人	4	60	7.50	67.50	16.88
高级工人	6	96	7.50	103.50	17.25
新式机器					
熟练工人	8	60	16.50	76.50	9.56
高级工人	12	96	16.50	112.50	9.38

高级工人使用机器更加有效率，这样我们得出以下结论：**公司应该提升公司员工的素质，这会增加公司资本存量或者提升其质量。具体而言，员工最优技能水平的实现将随着相对于劳动力的资本使用的增加而提高。**

这一点有助于解释为什么公司总裁理应技艺高超。其劳动在某种意义上与公司的整个资本存量紧密相连。浪费资本，把公司交给一个技能水平低下的人来管理，这怎么也说不过去。

本书后面章节中会谈到，劳动力市场相对而言总是更加青睐技艺精湛的员工。其中的一种解释就是，公司越来越多地使用价值和生产率都很高的资本，其表现形式为新的信息技术。

□ 应雇用员工人数

这一问题的答案简单明了——只要额外雇用一名员工的增量利润为正，公司就应该继续雇用员工。

在本节开始的例子当中，雇用大学毕业生和高中毕业生两者都会带来利润，但雇用高中毕业生带来的利润更大——同等薪酬条件下，他们的生产产出更大。我们可以结合两种决策规律：雇用那些单位薪酬产出最大的员工，或者雇用那些单位产出成本最低的员工（当然，做出以上决策时应当考虑一起工作的员工或者资本间相互依赖会有什么效果），直到继续雇用该类型的员工不再带来利润。

这种方法说明，由于**边际生产率递减**规律，公司雇用的员工数量有限。随着公司雇用的人数越来越多，额外雇用一名员工的价值就会下降。为什么雇用的员工越多边际生产率反而下降呢？其主要的原因在于员工与其他资源联系甚密，这些资源包括计算机、机器以及管理人员的时间。在其他条件不变的情况下，雇用的员工越多，分配给每名员工的资源就会越来越少。例如，如果你有一间小办公室，其中容纳你和你的员工以及三台计算机。随着你雇用员工的增多，每名员工使用计算机的时间就变少了，你对每名员工的监督时间也变少了，这样员工的生产率往往会下降。同理，在其他资源一定的情况下，增加**任意**资源也会出现类似的结果。

观察表 1-6，随着办公室员工的增多，每额外增加一名员工所导致的边际生产率（额外销售额）都会下降。这是所有商业领域共有的规律。该表格同时说明，公司应该继续雇用员工，直至员工不能带来利润，也就是说，直到边际生产率小于或等于边际劳动成本。

表中倒数第二栏显示的是额外增加一名员工的边际成本（包含工资及其他福利津贴）。当它小于边际生产率时，增加员工能够促使利润上升。如果边际生产率低于边际成本（最后几行），解雇一些员工能够增加利润。

这里的一般结论对任何学习过经济学的人来说再熟悉不过了：当边际收益刚好等于边际成本时，使用劳动力等资源会带来最大利润。

□ 其他因素

□ 劳动力供应量

在许多地区，高中毕业生比大学毕业生多。这是否意味着由于高中毕业生人数众多，公司就可以偏向于雇用他们？在大多数情况下，答案是否定的。对于大多数公司，甚至包括那些大公司而言，它们只雇用少量的当地劳动力，所以对当地劳动力的供需关系影响不大。但是，当公司在相关的劳动力市场上雇用足够多的员工，以至于对劳动力

表 1 - 6 额外增加一名员工的边际生产率与边际成本 单位：美元

员工人数	总销售额	员工边际生产率	总劳动成本	员工边际成本	利润
0	0	0	0	0	0
1	100 000	100 000	14 404	14 404	85 596
2	141 421	41 421	28 808	14 404	112 613
3	173 205	31 784	43 212	14 404	129 993
4	200 000	26 795	57 616	14 404	142 384
5	223 607	23 607	72 020	14 404	151 587
6	244 949	21 342	86 424	14 404	158 525
7	264 575	19 626	100 828	14 404	163 747
8	282 843	18 268	115 232	14 404	167 611
9	300 000	17 157	129 636	14 404	170 364
10	316 228	16 228	144 040	14 404	172 188
11	331 662	15 434	158 444	14 404	173 218
12	346 410	**14 748**	172 848	**14 404**	**173 562**
13	360 555	**14 145**	187 252	**14 404**	**173 303**
14	374 166	13 611	201 656	14 404	172 510
15	387 298	13 132	216 060	14 404	171 238

市场价格产生一定影响时，就会出现以下两种例外。①

第一种情况是公司雇用的很大一部分劳动力都来自当地（例如，在泰国的农村，一家工厂里很少有其他地方的工人）。在这种情况下，雇用某种类型的员工就会抬高薪酬。此处的分析可以参照前文，但公司在分析单位薪酬劳动成本所带来的产出时需要考虑薪酬不断增长的情况。

第二种情况更加重要，即当需要雇用的劳动力类型十分特殊时，市场对其需求可能不大（即市场上这类劳工的买方不多）。出现这种情况时，寻找具有相应技能的员工就可能花费极大的搜索成本。那么这种情况下的薪酬就必须整合这些分散的搜索成本，因为搜索成本是雇用这类员工的成本之一。只有如此，此处的分析才能参照前文。

□ **公司的财务状况**

假如公司面临财务压力，那么，这会如何影响公司的雇用决策？同样，如果公司运营得风生水起，这会不会也影响招聘？这里，直觉再一次具有误导性。没有哪种分析提到公司的财务状况。选择错误类型的员工只会让财务状况更加糟糕。

因为现金流出现问题，面临财务压力的公司可能很难支付员工薪酬。然而，这是**财务**问题，并非**劳动力**问题。这种问题最好的解决办法就是组织融资，解决短期的现金流问题。如果雇用员工可以带来利润，公司就会雇用员工。事实上，如果融资会增加利润，债权人应该鼓励公司融资，因为只有这样，借出的债务才更可能会如期奉还。

---

① 从经济学的角度讲，这意味着公司处于买方垄断地位。

不完全信息条件下的决策制定

在第1章中,分析所依据的数据要么是真实存在的,要么是假设的。然而,我们需要的数据通常不是即时数据,或者数据获取价格不菲。在这种情况下,管理人员应该怎么办?其做法可能有三种:(1)不依赖分析做出决策;(2)估计相关信息;(3)进行决策试验。

□ 不依赖分析做出决策

经理通常会急于认为市场数据难以获取,所以解决的方法就是综合直觉、经验或者利用通行做法简单推测问题的答案。推测的答案暗含着一些未被阐明的原则,但这些原则却客观存在。这种推测答案的方法最为简单,但据此做出的决策却收效甚微。毕竟即使是少量形式的思考都可能带来好一些的结果。如果思考过程中能够权衡利弊,管理人员就更可能做出有效的决策。本书意在指导你就公司政策做出结构更加优化且效果更佳的决策。

□ 估计相关信息

公司管理人员可以通过估计公司的主要数据来决定可以采取的正确行动,而不是仅靠推测方案。这种办法可能比单靠推测带来更好的决策效果。而且,本书可以阐明这种方法,并能够助你一臂之力。

例如,假设你现在需要使用本书的概念来对某个人事问题进行形式分析。这种分析可以使你从碎片信息中找到所需的重要信息来做出决策。决策结论有赖于某些碎片信息,如高中毕业生与大学毕业生共事会对生产率产生怎样的影响。如果没有这种信息,那么即使是估计的信息甚至是猜想的信息也会对决策的制定有所裨益。

通过结构化的方法估计数据的变化,也有助于你思考决策结论是否有力。在一些情况下,公司利用估计信息得出的很多值都会做出同样正确的决策。在这些情况下,正确的决策是十分清楚的。而在另外一些情形下,公司做出正确决策主要依靠的是信息中的特定值。在这样的情况下,公司应该进一步深入分析以获得更精确的估计值,然后才做出决策。

这种方法需要根据充分的推测,但使用现有数据来权衡决策通常能够进一步优化我们的决策。在计算机成本极大降低、运算能力大幅提升的条件下,这变得越来越容易实现了。以前,公司的人事记录主要放在电脑磁带中,寻找困难不说,而且运行很慢。数据输入成本高,且输入任务繁重不堪,而且公司很少使用该数据,因此公司很难有动力维护详细的数据库。现在,公司通常都有详细的人事记录,用数据库等软件分析数据也十分简单。除此以外,人力资源专业协会和咨询公司常常可以提供大量有关样本公司的通行做法、成本以及成效信息。公司越来越可能估计其政策对预期结果(如员工流动率、盈利情况)的影响——有时候是粗略估计,有时候是精确估计。

□ 进行决策试验

第三种选择就是进行决策试验。有时候,这是最容易做到的办法,并且成本较低。

如果没有不同类型员工的相对生产率数据，公司可以每种类型的员工都雇用一些（可以作为兼职员工或者临时员工），并且衡量他们各自的产出。同样，公司在制定销售激励计划时如果想要得到准确的佣金率，就可以在不同的地区进行不同的佣金率试验，然后得出一个可以在整个公司推行的比例。

但有时候，决策试验很难进行，而且潜在成本高昂。公司管理人员可以提前考虑以下五个问题，然后决定决策试验是否可行：

1. 我们想要知道什么信息？为什么我们想要知道？
2. 获得答案对我们的利润带来的影响是大还是小？
3. 要回答这样的问题我们需要何种数据？
4. 获取这些数据成本如何？
5. 我们可能收集的数据能否给我们的问题提供一个可靠的答案？

在开始进行决策试验之前，公司管理人员必须回答问题1。不然，试验主张者会受困于试验，以致试验本身成了我们的目的。

为了证明试验的正当性，问题2的答案必须能够说明方案对利润的潜在影响要大于试验的成本。

问题3的答案必须十分明确。如果前期不能明确需要什么具体数据，那么试验的结果就可能是花了钱却得不到任何有用的数据。经理们应该能够提前明确，得到什么样的试验结果就应该做出什么样的决策。如果提前没有这样的说明，收集数据就毫无意义。

问题4是对问题2的一个补充。如果获取数据的成本投入较大，即使试验结果会对公司利润产生大的影响，进行决策试验也不划算。

但如果试验得出的数据能够给我们的问题提供明确唯一的答案，那么这样的数据就是最有价值的。如果数据有太多的错误，或者这些数据只是大概接近于我们回答问题所需的数据信息，试验价值就会打折扣。

综上，在所有的方法中，第一个方法的用处一般最小。如果分析复杂，而信息不完整或不可用，你就可能会使用直觉来做出决策。你的直觉通常基于你的经历，因此它们并非毫无价值。然而，我们从这一章的例子中看到，分析结果证明我们的直觉通常与真相相悖。本书通过描述形式分析想要说明，这种方式可以使决策更有力并促使管理者分清问题的轻重缓急，从而改善决策。而且，形式思维可以让你意识到你的经验是否误导了你。然而，在这个领域，管理人员常常依赖直觉，因为这里所说的问题通常比较难，难以进行形式分析或者结构分析。本书末尾的内容会给你提供一些工具，使你能够更为有效地做出公司人事以及政策决定。

■ 本章回顾

本章简要地介绍了招聘。在接下来的一章，我们将讨论工作机会。本章的主要目的是让你使用经济学工具来考虑公司问题。形式思维有时能让你更好地阐明问题，从而得到意想不到的结果。

本章提出了几个问题。首先，我们要在两位求职者中择其一，其中一位的工作表现可以预测，而另一位的能力不确定性较大。不考虑员工的离职成本对老板来说的确是一件好事。因为那位能力不确定的求职者可能会有被选择的价值。就算选择不佳，损失也能控制在有限范围内，这是因为公司可以解雇这位员工。如果这位员工能在某些场合工作出色，公司或许能得到巨大的回报。

其次，我们谈到员工的薪酬投入与绩效产出比的问题。我们发现，最佳员工既不是最廉价的，也不是绩效最高的，而是绩效产出与薪酬投入比最高的；只要一个员工的边际生产率仍然大于或者等于公司雇用该员工的边际成本，公司就应该继续招聘。

本章介绍了一些重要的经济学概念，你可以把这些概念应用到你每天的思考活动中。首先，决不能忘记的是你身处市场竞争中。在员工管理方面，你提供给员工的职位要能充分吸引并且留住你所需要的员工，尤其是那些富有潜质的员工。其次，选择时要懂得权衡，留有余地。你在进行决策分析时，不仅要考虑利润，也要考虑成本，要在二者之间做权衡。成本大小主要取决于劳动力市场的压力，公司能否找到最佳人事政策也受其影响。员工待遇福利依托于生产过程、他们的劳动模式、共事者以及使用的资本。有些看似不可言说或者无形的待遇福利和成本仍然很重要。例如，你在制定决策时应当考虑诸多的备选方案。选择其一也许会带来利润，但也许并没有其他方案所带来的利润丰厚。

■ 思考题

1. 你正在为公司的一个空缺职位招人。你是否应该用最华丽的语言来描述这个岗位，从而向申请者"推销"这个岗位？你是否应该让申请者觉得这个岗位称心如意？作为申请者，你是否应该竭尽所能地让招聘者觉得你就是最佳人选？你也可以在接下来的几章中思考这些问题。

2. 公司的潜在员工会有很多地方非比寻常。你能否想到求职者的哪种特质，能让决策者觉得招聘这类员工具有潜在风险，但是同时也暗示他们具有很高的选择价值？在什么情况下，应聘者会让决策者觉得招聘他们既有风险，同时选择价值也不高？

3. 资本（包括高级信息技术）可以**替代**员工，为公司创收，也可以形成对员工的**补充**，使员工的工作更加高效。你认为在实际生产中，资本的哪种作用可能更重要？为什么？哪类岗位最可能实现计算机或机器**取代**人工劳动？哪类岗位最不可能实现计算机或机器代替人工劳动，但却能帮助员工更好地工作？

4. 许多招聘问题都很复杂，涉及人际关系、心理学或者定性思考。因此，这些问题都难以量化。如果无法量化我们所探讨的一些问题，文中介绍的工具是否就毫无可用之处呢？为什么？

5. 阅读本书后续章节时，请思考这些问题：为什么公司会将大部分的人力资源决策权交给人力资源部？这样做有何利弊？是否存在其他选择？

6. 读过前言和本章后，你觉得人事经济学有什么特征？它和你熟悉的其他公司的政策研究途径有何不同？

参考文献

Blackmore，Ritchie (1973)．Interviewed in *Guitar Player*，July-August.

McNaught，William & Michael Barth (1992)．"Are Older Workers Good Buys? A Case Study of Days Inns of America."*Sloan Management Review*，Spring.

United Nations (various years).*Common Database & World Development Indicators*.

U. S. Department of Labor (various years).*Current Population Survey*.

延伸阅读

Lazear，Edward (1995). "Hiring Risky Workers."*In International Labour Markets，Incentives，and Employment*，ed. Isao Ohashi & Toshiaki Tachibanaki．New York：St. Martins Press，1998.

附　　录

本章第二节得出结论时所依据的形式理论是标准的生产经济理论。假设公司的产量 Q 是高中毕业生劳动力 H、大学毕业生劳动力 C 以及资本 K 的函数，此时有：

$$Q=f(H,C;K)$$

公司通过决定每种类型的员工雇用量来实现成本最小化。在产量一定的条件下，公司会在 H 与 C 中做出选择以实现成本最小化，所以：

$$\min_{H,C} W_H \cdot H + W_C \cdot C + \lambda[Q-f(H,C;K)]$$

式中，W 表示工资率，λ 表示拉格朗日乘数（Lagrange multiplier）。H、C 的一阶条件为：

$$W_H - \lambda \frac{\partial f}{\partial H} = 0$$

$$W_C - \lambda \frac{\partial f}{\partial C} = 0$$

以上公式改写成以下式子将更有助于得出结论：

$$\frac{W_H}{W_C} = \frac{\partial f/\partial H}{\partial f/\partial C}$$

或者

$$\frac{W_H}{\partial f/\partial H}=\frac{W_C}{\partial f/\partial C}$$

其中乘数 λ 反映的是任意产量 Q 所对应的边际成本。如果 λ 可以确定，那么公司就应保证边际成本等于边际收益，以决定销售量，最后决定最优产出 Q。现在我们建立本章描述的三种情况的模型。

□ **1. 员工生产率与同事不相关**

这种不相关性很容易通过附加生产函数建立模型：

$$f(H,C;K)=[aH+bC]^z$$

这里，假设 $0<z<1$；$0<a<1$；$0<b<1$。这样可以得出，

$$\frac{\partial f}{\partial H}=az[aH+bC]^{z-1}$$

$$\frac{\partial f}{\partial C}=bz[aH+bC]^{z-1}$$

综合结论得出：

$$\frac{a}{b}=\frac{W_H}{W_C}$$

以上四个式子均为外生参数（当公司为垄断方时，W 为内生参数）。这意味着一阶条件只有在偶然的条件下才能被满足，从而使拐点成为最佳条件。即要么 $H>0$，$C=0$；要么 $H=0$，$C>0$。如果最后一个式子的左边比右边值大，应该雇用高中毕业生，相反也成立。

□ **2. 员工生产率与同事相关**

要建立这种模型，需要满足：

$$f(H,C;K)=zH^aC^b$$

用与前一种情况相同的分析方法可得出以下条件：

$$\frac{H}{C}=\frac{aW_C}{bW_H}$$

我们由此得到一个内部解决方案，即 H、C 的最优值相互依赖。

□ **3. 员工生产率与同事无关，但与资本有关**

这种情况的建模与第一种情况类似，但 H、C 的生产率与 K 正相关。这种情况同样适用于拐点，但 H、C 的最优数量与 K 值正相关。同样，这种情况下的结论与第二种情况下的类似。

第 2 章

员 工 招 聘

我给俱乐部发了一封电报，说道："请接受我的辞呈，即使有任何可接纳本人成为会员的俱乐部，本人也不会加入。"

——格劳乔·马克思（Groucho Marx），1959

本章引言

本节主要介绍公司如何招聘员工，以及员工进入公司后的任职规律。表 2-1 列出的相关数据均来自一家美国公司，都是关于该公司所有管理层员工的机密人事记录，时间跨度达 20 年。[①]由于这些数据均为保密信息，本书中称这家公司为阿珂姆（Acme）公司。我们将在以后章节使用这些数据来解释某些概念。

阿珂姆是一家服务业领域的公司，其管理层职位从基层（层次 1）到首席执行官（CEO）（层次 8）共分为 8 个层次。大多数管理人员处于前 4 个层次。层次 1 通常被称作入门级；在该公司，这一级员工几乎都是通过招聘入职的。该级由于位于整个管理层职位金字塔的底部，自然而然就很少有公司会将这一级的员工降职。管理层内层次 2～

---

① 有关阿珂姆公司的表格是根据 Baker、Gibbs 和 Holmstrom（1994a, b）制成。虽然阿珂姆的数据来自某一家公司，但书中以阿珂姆为例总结的规律很有代表性，几乎体现在不同国家多数公司的政策中。参见 Gibbs & Hendricks（2004）。

8 的员工大多不是通过外部招聘入职的，而是内部晋升而来。

正因为高级管理人员多数是通过内部晋升而来，所以一般而言，他们在公司的阅历十分丰富。例如，层次 4 的管理人员在公司已经有近 8 年的工作经历。层次之间的流动（即晋升）在较低等级更为迅速，其原因在于，高级管理人员的平均在职时间更长。

表 2－1　　　　　　　　　　　　　阿珂姆公司员工任职规律

层次	占总员工数比例	招聘入职所占比例	在职年限		阿珂姆的员工在职分段时间的比例（%）			
			当前职位	在阿珂姆工作年限	只有1年	只有2年	5～10年	超过10年
1	25.4	99.0	2.3	2.4	10.7	10.4	25.5	39.8
2	26.2	31.0	2.5	4.5	15.2	10.2	19.7	38.5
3	25.4	31.0	3.0	6.0	10.7	10.1	25.5	35.6
4	20.5	27.0	4.1	7.9	15.3	7.9	24.9	30.7
5—8	2.5	19.0	4.0	9.7	7.1	14.3	42.9	28.6

表中最后 4 列显示阿珂姆公司管理人员的离职情况以及在职时长，主要有两种规律。第一，很多人在进入公司后很快辞职。例如，招聘的层次 1 的管理人员中，约有 11% 第一年后就离开了公司，而另有超过 10% 的也在第二年选择离开。第二，留在公司一年以上的管理人员很有可能还会继续工作多年。例如，约 25% 的人会工作 5～10 年，而约三分之一的人会待 10 年以上。

因此，以上证据似乎表明，员工入职后的最初几年，公司在**筛选**员工。将近 25% 的新入职员工会在两年内离开，要么是由于公司决定解雇他们，要么是由于这些新员工自己决定离开。另外，如果员工在筛选中成功留下来，他们会乐意在公司继续工作多年。这说明，通过筛选将一些员工留在公司具有一定的意义。这就是本章以及以下三个章节需要讨论的问题。

通过简单的介绍，我们回到第 1 章提出的问题。一旦公司决定需要招聘某种类型的员工，公司就必须成功雇用到这样的员工。这就涉及两大问题。其一，公司如何淘汰不理想的求职者？如果招聘到不合适的员工，一些工作会出现严重问题，降低产量，从而使公司不仅损失员工工资，而且还会损失公司效益。其二，公司如何吸引符合要求的应聘者？合格的求职者能够减少工作失误，降低招聘以及员工流动导致的成本。这也就是说，公司必须像阿珂姆公司一样对新员工进行筛选。那么，应该如何甄选出最有效率的工作团队呢？

应聘者筛选

公司要吸引优秀的求职者，方法之一就是给出优厚的待遇及福利，这样就能吸引许多求职者。这样，相比待遇较低的情况，优秀的求职者更可能申请该工作。但同时能力不济的求职者也会更多。人事部门的办公室将会有蜂拥而至的简历，但只有少部分符合要求。一些不符合要求的应聘者会蒙混过关，通过了招聘程序而成为正式员工，而符合

人事经济学实务（第二版）

人事经济学实务（第二版）

要求的应聘者却在筛选中被遗漏而不能进入公司。所以，这种方式效果有限。

不符合要求的求职者也会申请公司某个职位，这一问题被称作**逆向选择**（adverse selection）。[①] 这不仅是招聘问题，也是经济学的一个基本问题，其出现的根源在于信息的不对称。一方拥有对方没有的信息（在上述例子中指是优秀的求职者还是能力不济的求职者），而拥有信息的一方会有效利用该信息为自己服务。二手车销售就是一个典型例子。二手车车主知道车子的质量，汽车质量尚好的话，车主一般不会出售，车主倾向于出售质量不佳的汽车。这就意味着，二手车的实际质量要比表面看上去的更低。同时，汽车质量尚好的二手车可能很难卖出好价钱，因为买主担心其车质量不佳。

在本书中，当不符合要求的员工被招聘进公司时就会出现逆向选择的问题。公司可以使用一些方法防止招聘过程中出现这种问题。首先，最简单的方法就是利用资格证书。

□ 资格证书

查看资格证书是筛选求职者简历的一个直接办法，这样可以将一些求职者筛选出来。其中最重要的一些证件往往表明求职者的工作及晋升经历、大学所学专业和工商管理硕士（MBA）等培训经历，以及求职者所在学校的质量。其实，这些都是个人简历中最重要的部分。而究竟什么使资格证书有助于招聘呢？这可以从以下几个方面考虑：

□ 证书传达的意义

求职者的工作胜任能力必须与其获取相关证书的能力正相关。例如，只有毕业生在相关领域的工作中表现出色，其本科学位证书才有用。证书的意义可以表现在两个方面。首先，它意味着证书持有人的知识或者技能可以直接用于所应聘的职位。这里，注册会计师证书以及工商管理硕士（MBA）证书就是两个例子。其次，它也意味着证书持有人的先天能力可以让他在此项工作中表现得更加出色。例如，求职者在能力倾向测试当中获得高分，或者能够获得奖学金。

□ 获取证书的成本

资格证书的重要特点之一就是，合格的员工相对不合格的员工更容易获得。所以，证书很可能代表着能力的差异。例如，即使一名合格的会计师想要通过注册会计师证书考试都绝非易事，那么没有经过会计师培训的人想要通过更是难上加难。因此，可以用注册会计师证来有效区分。

另外，如果证书对所有想要获取证书的人来说太过昂贵，这种证书就不能用来有效地甄选求职者。因为证书太难获得，就很少有求职者可以获取。大多数优秀求职者可以获取大多数不合格求职者难以获取的证书，此时的证书才是最有用的；只有小部分优秀的求职者可以获取或只有小部分不合格的求职者不能获取的证书，此时的证书用处不大。

[①] 2001 年，乔治·阿克洛夫（George Akerlof，1970）因对逆向选择所做的分析获得了诺贝尔经济学奖。与他同获此殊荣的还有迈克尔·斯彭斯（Michael Spence，1973），他获此奖项是由于分析了信息传递问题（signaling），这在本书后面章节会有讨论。同年获得诺贝经济学奖的还有约瑟夫·斯蒂格利茨（Joseph Stiglitz），获奖理由是对信息不对称问题的分析。

□ 证书投入的回报

如果拥有证书与没有证书的员工之间的待遇差别不大，那么证书之间的细微差距就意味着员工能力大相径庭。比如教育领域的证书，如果获取大学学位后，收入增加得微乎其微，那么就只有那些能力超群的人才会去获得这样的学位。这是因为只有这些天才获取这样的学位的成本才最低。如果获取学位后的回报巨大，即使能力不济的人也想要去获取学位。

信号传递是解决逆向选择问题的办法之一。在很多情况下，优秀的求职者需要付出一定成本才能向别人**传递**自己优秀的信息。如果不合格的求职者没有对所要传递的信号进行投入，那么雇主就可以区分优秀的求职者与不合格求职者了：例如，质量尚佳的二手车车主可以给自己的汽车提供质量保证。优秀的求职者同样也可以向潜在雇主传递类似信息。在深入讨论这一问题之前，本书先讨论简单的筛选求职者的问题。

□ 了解求职者的能力

假如像第 1 章所说，投资银行登出了一则招聘广告，并收到了很多简历，银行从中筛选出了一部分附有像样资格证书的简历。像这样的一份投资银行工作，即使员工的能力、性格等特征只存在细微差异，其工作效率也会有天壤之别。然而问题是，通过自我选择（self-selection）以及进一步地精选简历，剩下的求职者就会越来越趋同。通常，一批求职者被筛选的次数越多，余下求职者之间的差异也就越小。那么，接下来该怎么办呢？

公司可以随机聘用，或许就选对了员工。但这样做有一定的风险，所以继续倾尽全力筛选才是明智之举。

公司筛选求职者有各种方法。有些方法通过对应聘者进行测试，看看他们如何完成特定的任务。这种方法更适合那些工作任务固定而且可以量化的工作，而对投资银行则收效甚微。许多公司还使用心理分析法。但实践证明，这种方法的效果也不理想。一方面，心理学是一门无法精确的科学。另一方面，应聘者倾向于与测试进行博弈，试图在测试中表现得好于自己实际的能力。例如，一项研究发现，90%的求职者在一份备受欢迎的心理测试中可以有意提高自己的"责任心"得分。[1] 最后，几乎所有的公司都会对求职者进行逐一面试。面试既有简单的也有复杂的。在投资银行招聘这一案例中，求职者可能会经历多轮面试，最终甚至被要求乘飞机到公司总部参与高层面试。但这一过程会极其昂贵。

所有这些方法都有成本（公司不经任何形式的员工筛选而进行的招聘的除外）。阅读以下案例，思考公司该投入多少资源甄选应聘者。

□ 银行员工的筛选

表 2-2 表示，在两家不同的公司中假设有五种求职者类型（A 到 E 型），它们分别对应不同的能力水平，一家公司是投资银行，另一家是商业银行。假设经过此前的筛选，公司给余下的求职者的待遇都是 10 万英镑，所以每家银行不管雇用谁，最后都要支付同样的薪酬。

---

① 参见 Paul（2004）。

表 2-2 　　　　　　　　　　　　　投资银行求职者的筛选

		类型				
		A	B	C	D	E
求职者比例（％）		10	20	40	20	10
生产率 （千英镑）	投资银行	−250	0	125	200	450
	商业银行	95	100	110	120	125

　　确定求职者属于哪种类型，对每家银行都有显而易见的价值。投资银行不想要 A、B 型求职者，因为他们的能力配不上这样的薪酬；商业银行不想要 A 型求职者。[①] 假如公司要求应聘者参加一系列测试，其成本是每人 2 000 英镑，同时测试结果可以确定求职者的类型。那么这些信息的价值何在？也就是说，每家银行在雇用之前是否愿意花钱筛选求职者？表 2-3 的数据可以帮助我们回答这个问题（所有数字都是四舍五入至 100 英镑的平均值）。

表 2-3 　　　　　　投资银行和商业银行甄选员工的盈利能力　　　　　　　单位：千英镑

	是否筛选	生产率	薪酬	筛选成本	盈利
投资银行	否	110	100	0.0	10.0
	是	193	100	2.9	90.1
商业银行	否	110	100	0.0	10.0
	是	112	100	2.2	9.8

　　在没有筛选的情况下，两家公司每增加一名员工平均生产率就会增加 11 万英镑，即平均盈利 1 万英镑。

　　在有员工筛选的情况下，投资银行会淘汰 A、B 型员工，只接受 70％ 的求职者。雇用 C、D 和 E 型员工的平均生产率约为 19.3 万英镑，远高于没有筛选的情况。实际聘入员工的单位筛选成本为 2 000×10/7 英镑（这是因为银行平均从 10 名应聘者中招聘 7人），即 2 857 英镑。在有员工筛选的情况下，每一名新员工带来的平均盈利也会升至 9.01 万英镑。所以，投资银行从员工筛选中获利甚厚。

　　商业银行对求职者进行筛选的过程中会淘汰 A 型员工，雇用 90％ 的求职者。其平均生产率只是小幅上升至 11.2 万英镑左右，但其单位新员工的筛选成本为 2 000×10/9英镑，约为 2 222 英镑。扣除筛选成本后，每一名新员工带来的盈利会下降至 9 800 英镑左右。商业银行并未从员工筛选中受益。

　　那么，两者的区别在哪儿呢？这主要在于两点。首先，投资银行在筛选中淘汰的员工是商业银行的三倍。筛选的意义在于避免雇用那些不能给公司带来盈利的员工。其次，如果投资银行雇用能力欠佳的员工，其承担的风险更大：有些人不能带来任何效益，而有些人可能会破坏公司的价值观。因此，投资银行在雇用员工时一旦决策错误，将会承担更大的风险。

---

　　① 第 1 章提到，每家银行都希望雇用单位薪酬生产率最高的员工。这一点没有什么问题；同时，只要预期生产率高于预期员工成本（雇用收益为正），公司就会继续雇用员工。

此例可以促使我们思考何时筛选员工的问题（形式分析详见附录）。

测试越有效，筛选越能带来盈利。一项有用的测试表现在几个方面。首先，测试管理成本低。其次，测试结果要准确。也就是说，它能准确区分符合要求与不符合要求的应聘者，准确度要比当前其他测试要高。没有哪种测试可以100%准确。而且，如前文所说，求职者往往与此类测试进行博弈，这样他们的测试结果就会优于他们本身实际的能力。最后，有用的测试甄别能力高，能够淘汰大部分求职者，只留下少数以供选择雇用。在上述案例中，商业银行的筛选价值不高，原因就是只淘汰了10%的求职者。

风险越高，筛选越能带来盈利。筛选的目的在于淘汰不能带来盈利的求职者。因此，雇用不理想的员工所带来的不利影响越大，筛选的价值就越高。同样，期望员工在公司工作的时间越长，筛选的意义也越大。公司如果期望所招聘的员工长期工作，往往在决定雇用之前会大力筛选求职者。

□ 员工筛选能否带来好处？谁能从中受益？

如果投资银行对员工进行筛选，每一位员工的生产率就要比随机选择求职者高出很多。然而，如前一章所述，我们同样面临着员工雇用风险——斯文森最终成为职场明星。然而，仅仅由于一家公司决定雇用某些员工（也就是说他们通过了公司的筛选），劳动力市场就会高度关注这些精心挑选出来的员工。因此，如果这些员工的加入使投资银行现在的生产率变成了20万英镑，那么银行不可能仍继续支付10万英镑的薪酬给他们。只要其他投资银行知道这些员工是精心挑选出来的，他们就会全力挖走这些人。

那么，公司应该给员工支付多少薪酬呢？如果没有其他信息，这很难确定。我们甚至可以想象，如果劳动力市场竞争激烈，而员工可以创造19.3万英镑的价值，我们就不得不也支付他们这么多的薪酬。进行员工筛选不一定会给雇用一方带来好处；实际上，一些公司严格进行筛选，而另一些公司却从不为此大费周章。

对于求职者一方又是如何的呢？他们既然知道要接受筛选，为什么会应聘某家公司呢？答案一定是潜在的薪酬不错：如果通过筛选，薪酬会补偿他在筛选过程中遭遇的麻烦和风险。如果求职过程不算太难，不需要多大的补偿，他们也会觉得值得尝试。但是，如果筛选严格，例如有试用期（下文会讲到），就需要可观的报酬才能激励他们去参与这样的筛选过程。

如果因为劳动力市场竞争激烈使公司不能从员工筛选中受益，那么求职者自己就不得不为筛选付出大部分或者全部代价。当然，这在求职者进入就业市场接受筛选之前就已经开始了，如接受教育或者取得专业资格认证。只是，就业市场阶段的员工筛选也会需要他们付出代价。员工为筛选的付出，其方式可以是隐性的，如在他们本可以获得高薪的筛选期间，员工愿意接受公司给出的低薪。

无论如何，雇用一方和被雇用一方都有可能共享员工筛选的好处（以及共担成本）。筛选越严格，公司的薪酬往往越高。这既是因为其员工生产率较高，也是因为求职者为了能够留在公司长期工作会承担一定的成本和风险，从而要求得到一定的薪酬补偿。

另外，员工清楚自己能力高低的情况也值得我们思考。生产率高的人更有机会通过筛选，所以他们在筛选中获益更多。因此，他们更愿意参与筛选并付出代价。本书将在后面讨论信号传递时再回到这一话题。

□ 试用期

上文所述的一些筛选办法可能会有用处，但并非完美无瑕。然而，公司真正想要的结果是知道求职者在实际工作中的表现究竟如何，但以上办法并不能提供确切信息。在很多情况下，能够确定一名求职者是否真正适合一个职位的唯一办法，就是让他亲身从事这个职位的工作。因此，筛选员工的最后一个办法，就是让求职者工作一段时间，要么是在面试时简单工作，要么更加严格——到公司**试用**一段时间。其中，最主要的一种形式就是雇用员工并规定试用期，如果员工在试用期表现合格就会被长期聘用。

当然，试用期带来的一个问题就是解雇被雇用一方的成本很高。在意大利，员工如果在公司工作了足够长的时间，一旦发现公司在没有合法理由的前提下解雇自己，公司就必须重新雇用该员工，补齐未支付的薪酬及社会保险，并且向政府支付罚金。在印度尼西亚，员工在公司工作多少年，公司就要向员工支付多少个月的薪酬作为离职补偿金——最多可达 9 个月的薪酬——另外还要支付员工 15％ 的薪酬作为员工法定安置费。与之相反，丹麦的解雇成本通常比较低。随着就业领域针对非正当解雇的立法和诉讼力度越来越大，解雇成本普遍呈上升趋势。

即使是在解雇成本高昂的地方，雇主仍常常使用试用期，只不过形式不同而已。例如，员工可能通过临时职介机构被临时雇用到公司。工作优异者能够获得长期的工作机会，而工作能力不足者也不必被解雇，他们只不过在临时机构没有得到工作而已。实际上，一些临时机构的目标明确，那就是为雇用一方充当此类筛选机构。

与上一个方法类似，公司常常使用的另一个方法就是与求职者签订临时雇用合同（合同期固定）。合同期满后，公司可以决定是继续长期雇用该员工，还是续签新的定期合同，或者干脆不再继续雇用该员工。这样的合同不仅适用于技能要求不高的工作，很多招聘高级咨询师的公司也同样采用此方法。

有证据表明，就业立法不断加强，是近来世界各地临时职介机构增加的原因之一。例如，美国各州的就业立法不尽相同，在那些解雇立法最严格的州，公司更可能使用临时员工。欧洲的劳资关系立法几乎比世界其他地方的都要严格，因此雇用临时员工也就十分常见。一项研究表明，欧盟所有的雇用劳动者中，有 13％ 的人持有临时合同；而西班牙相应的数据为 31％，基本上 30 岁以下的人一半都是通过与雇主签订临时合同而工作。

法国如何减少雇用成本

2005 年 9 月，法国政府通过一项新法，以减轻员工数小于 20（包括 20）的公司在招聘及解聘员工方面的负担。其中，新招聘合同（New Recruit Contract）允许此类公司在员工入职两年内的任何时候以任何理由解聘员工。公司解聘前应提前两周通知该员工，同时，该员工有权领取失业救济金，但没有其他法国工人标准水平的离职补助金。

工会及反对党领导人都对这项法律进行批评。根据规定，新的紧急状态程序（emergency procedure）允许法国政府颁布就业立法时无须咨询国会委员，这条法律就是在这种情况下通过的。2006 年 4 月，学生、工会成员等走上巴黎街头举行游行抗议活动。最后此法由总统雅克·希拉克（Jacques Chirac）宣布取消。

资料来源：Associated Press（2005-2006）.

□ 试用期筛选员工的意义

如果公司使用试用期来筛选员工，并留下那些工作表现优异的求职者，对此有几点有趣的意义值得一提。

其一，公司有可能提拔那些通过筛选的人。事实证明，他们比一般的求职者的生产率高。只要这一点毋庸置疑，公司就可能对他们委以重任。

其二，通常来讲，这一体制是非升即走的选择，因为那些没被提拔的人一般不会被重新雇用。这一点和多数专业服务型公司的晋升金字塔底部的情况很一致。

其三，大幅加薪通常伴随着职位晋升。公司会提拔那些能力超群的人，所以晋升也就意味着你比其他新员工更有才干，这就提升了你的市场价值。因此，公司必须提拔员工，否则就可能失去那些需要提拔的员工。而且，由于晋升是基于绩效，而绩效部分有赖于员工在工作中的努力程度，所以晋升也就成了一定形式的激励支出。本书在第 11 章还会回到这些问题。

信号传递

多数人清楚自己的技能、职业道德以及抱负，这些东西都是他们成为优秀员工所必备的。我们在此假设求职者知道自己是何种类型的员工。如果他们知道自己是什么类型，而且愿意将此信息与自己的老板分享，那么当公司想要招聘某种类型的员工时，就只需贴出一张招聘启事，说明寻找此种员工即可。然而，这种办法可能用处不大。在本章前面的讨论中，我们说到为能干的求职者提供丰厚的薪酬待遇。但公司这样做的同时又会面临逆向选择的问题，因为能力不足的求职者也会申请这份工作。这就是我们为什么需要有一定的筛选过程的原因。

当员工比老板更清楚他们是否可以被雇用时，进行筛选可以有利于解决逆向选择的问题。毕竟，公司通过员工筛选可以对求职者进行分类，留下那些最适合某个职位同时也是最能干的人。接下来，公司为筛选出的人支付高薪。那么，这能否优先吸引那些优秀的求职者，同时排除那些能力不足的求职者呢？下面用一个例子来说明这个问题。

我们考察一个简化的例子：一家投资银行的招聘。假设通过简单的面试，投资银行能轻易淘汰 A、B、C 型员工，但如不继续进行甄选很难区分 D、E 型员工。投资银行希望聘用 E 型员工，因为他们带来的利润最高。如果不进行甄选，投资银行能否设计招聘条件（包括试用期、非升即走、晋升）来吸引 E 型员工，但同时不能吸引 D 型员工？

为了建立这个模型，我们需要更多的信息。首先，假设投资银行在员工试用期间对其进行观察，一年后能够判断员工是什么类型。但这种判断并非完全正确：有 10% 的错判概率。因此，D 型员工有 10% 的概率在不该升迁的时候得到提拔（这是否让你想起了你的老板？），而 E 型员工有 10% 的概率在该升迁的时候得不到升迁。

其次，我们还要知道每种类型的员工在其他公司的薪酬会是如何，因为我们要给 E 型员工比较理想的条件配置，而给 D 型不理想的配置。假设 D 型员工在其他工作可以挣到 17.5 万英镑，而 E 型员工可以在其他工作挣得 20 万英镑。因此，他们选择在其他公司工作两个时期的薪酬是上述薪酬的两倍——D 型为 35 万英镑，E 型为 40 万英镑。

最后，我们需要知道我们提拔后的员工会为我们工作多长时间。为简化起见，假设他们在提拔后会工作一年。表 2-4 表示的是这些数据（表中四舍五入至 1 000 英镑），根据两年的不同薪酬，即实习期内的薪酬 W_1 和提拔后的薪酬 W_2，计算该职位对每种类型员工的预期价值。

如表 2-4 所示，当公司给 E 型员工的薪酬方案等于 E 在其他公司的薪酬，即每年 20 万英镑，这明显也会吸引 D 型求职者，但对 E 型求职者却没有吸引力。第二种方案降低了实习期内的薪酬，增加了提拔后的薪酬。下面每一行都降低了 W_1 而增加 W_2。这是因为无法保证升迁，公司必须给出总数大于 40 万英镑的总薪酬（$W_1 + W_2$）才能吸引 E 型求职者。因此，公司将自己的薪酬方案与 E 型求职者在其他公司可以获得的薪酬相比后发现，E 型求职者接受较低的初始薪酬会有风险，为此，下面每一行都会给升迁后的求职者以更高的总薪酬。

表 2-4　　　　　　　　　　　　激励求职者进行自我选择　　　　　　　　　　　单位：千英镑

W_1	W_2	员工类型					
		D			E		
		预期薪酬		是否申请	预期薪酬		是否申请
		其他公司	申请		其他公司	申请	
200	200	350	378	是	400	400	否
180	225	350	360	是	400	403	是
160	250	350	343	否	400	405	是
140	275	350	325	否	400	408	是
120	300	350	308	否	400	410	是
100	325	350	290	否	400	413	是

为了计算 D、E 型员工申请该职位的实际价值，请注意每类员工在第一阶段的薪酬为 W_1。到了第二阶段，D 型员工有 10% 的概率在该公司获得薪酬 W_2，而他们在其他公司获得薪酬的概率为 90%。与之类似，到了第二阶段，E 型员工在该公司获得薪酬 W_2 的概率为 90%，而在其他公司获得薪酬的概率为 10%：

D 型员工申请价值 $= W_1 + 0.9 \times 175 + 0.1 \times W_2$（千英镑）

E 型员工申请价值 $= W_1 + 0.1 \times 200 + 0.9 \times W_2$（千英镑）

前两种薪酬激励方案会吸引 D 型员工。这是因为投资银行给出的薪酬高于他们在其他公司的薪酬，即使在试用期也是如此。首先我们可以知道，为了防止 D 型求职者申请，我们在试用期结束前给出的薪酬一定要比其他公司低。

同样，后几种方案会吸引 E 型员工，因为 E 型员工晋升的概率较大，升迁后较高的薪酬足以弥补初始的低薪。继而我们可以知道，为了吸引一些求职者，我们在试用期结束后要给出比其他地方更高的薪酬。

所以，如果在试用期支付员工低薪而在试用期结束后给出高薪，求职者就会很好地进行自我选择，从而解决逆向选择的问题。为了很好地理解这一点，我们可以认为，公司其实是在要求每位求职者在试用期间**缴纳保证金**，让他们接受比其他公司更低的薪酬。反过来，如果员工表现合格就会得到提拔，公司就会给他们**回报**，让他们的薪酬高于其他公司。图2-1显示了我们所说的契约形式。

在图2-1中，能力超群的E型员工与能力不足的D型员工相比，他们在升迁后的回报**更小**，而在试用期的支出成本**更大**。E型求职者前期缴纳的保证金 $W-W_1$ 更大，因为他们的可替代选择的薪水更高。同时，E型求职者的延期回报 W_2-W 因为某些原因更小。如果D型付出的保证金更低，同时晋升后获得的回报更大，那么如何阻止他们申请这样的职位的同时激励E型求职者来申请呢？答案在于，公司在使用晋升进行奖励的时候应该进行有效的绩效评估，而且评估的结果很可能让E型求职者得到升迁，而使D型求职者不太可能晋升。与E型员工相比，D型员工较低的晋升成功率降低了他们在此职位上的预期价值。

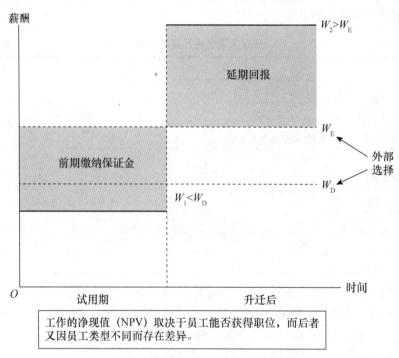

图2-1 筛选机制中的延期回报

此处的讨论说明了**信号传递**这一经济学原理。我们时常可以使用信号传递来解决逆向选择的问题。有能力的求职者通过**承担成本**向市场传达自己属于哪种类型的员工，如果没有能力的求职者不愿承担同样的成本，那么信号传递就是有用的：事实证明，可以承担这些成本的求职者属于优秀员工。

□ 谁支付成本，谁又从中受益？

只有解决了求职者激励的问题，信号传递才会有用：必须防止D型员工申请，但必须激励 E 型员工申请。因此，被雇用一方支付了大部分或者所有的信号传递成本，并享受了信号传递带来的大部分或者所有的好处。在图 2-1 中，员工在初始阶段接受了比其他公司更低的薪酬，从而为信号传递支付了成本。同时，即使他们才华出众，他们也面临着不被提拔的风险（如筛选不力）。他们在晋升后可以获得高于其他公司的薪酬，从而得到回报。

雇用一方也可能会为试用期支付部分成本，并获得一定好处。这能否实现有赖于公司最终给出的平均薪酬与生产率的比较。试用期内，公司给出的平均薪酬低于员工生产率，所以获利；但一旦有些员工获得升迁，而公司给出的薪酬会高于他们的生产率，就会抬高成本。

□ **案例分析**

信号传递的案例之一就是二手车车主做出销售保证。保证对车主而言是要付出成本的，但是有传递信息的作用。如果有些车主愿意做出保证，而有些车主并不愿意这样做，愿意做出保证就说明他的车比一般的车质量要好。在我们的雇用案例中，E 型员工愿意在初始阶段接受低薪，这就传递了他们的员工类型（他们对自己的能力信心满满，认为能够得到升迁）。但这种方法有用的唯一条件就是 D 型员工不愿接受同样的契约。

在商业领域，信号传递的应用十分广泛。例如，风险投资者通常要求企业家将其家庭的所有个人资金都投入到新的商业项目中。他们甚至要求这些企业家抵押自己的房屋，并将此类收入作为项目的起始资金。从表面上看这些要求很奇怪——难道不应该是风险投资者提供资金吗？然而，要求企业家在项目中投入自有资金十分重要，这样风险投资者可以区分出那些最有自信同时也最认真的投资对象。

另外一个例子就是两家公司之间的联合经营。在这样的案例中，两家公司往往都要投入一定资金，原因之一就在于，每家公司可以向另一家传递这样的信息，那就是他们很重视这家合资公司的盈利。

如上所述，试用期是一种形式的绩效薪酬。在一个职位的晋升金字塔中，员工有可能不会得到晋升，但也有可能得到晋升后获利颇丰，如果能干的求职者愿意承担风险接受这样的职位，那么试用期就起着传递信息的作用。同样的原理也适用于任何形式的绩效薪酬。如果新员工愿意接受有风险的绩效薪酬，这表明他们相信自己能力出众，并且相信自己很适合该职位。相反，能力平平的员工会试图要求减少绩效薪酬。因此，绩效薪酬除了激励员工以外还有利于将员工分门别类。

□ **教育背景的信号传递作用**

教育背景也可能作为信号传递的例子。为了便于讨论，我们假设所有学生在学校没有学到任何有用的知识。但是，假设才智更加聪慧的学生更容易迅速掌握学习材料。如此，他们比才智平平的学生愿意接受更多的教育，从而向劳动力市场传递自己的才智信息。由此，在教育领域，老师会要求学生通过一次次越来越复杂的筛选。每一次筛选都会有人觉得通过的成本太过高昂，所以就会放弃下一阶段的教育。而那些觉得此类筛选成本不高的学生就会继续接受下一阶段的学习。劳动力市场观察到这种现象以后，愿意给那些教育经历更加丰富的学生较高的薪酬。

事实上，正如上一章的表 1-3 所示，受教育程度越高的人薪酬越高。这是否是教育背景的信号传递作用所致？这是有可能的。但如果说这是唯一的解释，似乎是难以置信的。如果教育的唯一目的是筛选，那么相对于让学生接受四年的大学教育来说，我们可以找到更有效率的筛选方法：例如，我们可以在高中结束时让他们接受一个大型的测验。在第3章，我们将思考对于新技能的投资，教育显然在这方面起着重要的作用。

因此，有证据表明，教育背景在员工筛选中起到了一定的作用。例如，那些差点儿读完四年大学的学生与那些坚持一点儿时间取得了大学学位的同学相比，前者的薪酬更低一点儿——获得证书后的薪酬有一定的增长。这一差别很难解释为他们间接接受教育培训程度的差别。

□ 信号传递模式：分离均衡与混合均衡

下面通过一个信号传递的形式分析例子来看一下它的作用机制。假设初级会计可以给自己投资，即要么接受教育，要么接受员工培训。培训结束后，他们可以成为注册会计师。如果以会计的能力为标准将他们划分成"高效型"（q）和低效型（s）两种类型：高效型的能力更强，同时觉得经过必要的培训很容易通过注册会计师考试。

为了进行形式分析，设员工当前的能力价值为 Q，获取注册会计师证的成本为 C。下标表示两种类型的会计。

一方面，假设劳动力市场给会计的薪酬正好等于他们的预期生产率。高效型会计的比例为 α，那么低效型会计的比例就是 $1-\alpha$。因此，如果劳动力市场不能够区分两种类型的会计（没有信号传递），薪酬就应该是：

$$平均生产率 = \bar{Q} = \alpha \cdot Q_q + (1-\alpha) \cdot Q_s$$

另一方面，如果高效型会计确实能够脱颖而出，他们的薪酬就是其生产率 Q_q。而那些没有信号传递的员工就会被认为是低效型的会计，所以没有信号传递的其他所有人的薪酬就是 Q_s。

高效型会计希望自己区别于低效型会计，这样他们的薪酬才会更高。同时，低效型会计希望混进高效型会计中，这样他们才能防止薪酬较低。这就是逆向选择模型的一般特征：能力不足的求职者一般想让自己混进优秀的求职者中，而后者又想方设法把自己区别于前者。那么高效型会计能否通过获得注册会计师证来传达自己的能力信息？

有效的信号传递要满足三个条件。第一，如果其他的高效型会计在传递信息而低效型会计没有这样做，那么单个高效型会计更明智的做法就是也传递信息。这就要求扣除高效型会计获得注册会计师证书的成本后，公司给出的薪酬要高于该会计师不获得此证书而被认为是低效型会计时得到的薪酬：

$$Q_q - C_q > Q_s$$

第二，如果其他的低效型会计未取得注册会计师证书，而所有高效型会计取得此证，那么单个低效型会计更明智的做法是也不取得注册会计师证。如果低效型会计决定混入高效型会计行列，那么他的薪酬就是 Q_q，但这里的成本就是 C_s。如果没能成为高效型会计，他的薪酬就是 Q_s。因此，为让低效型会计不想获取证书，就必须保证：

$$Q_q - C_s < Q_s$$

以上两式说明：

$$C_q < Q_q - Q_s < C_s$$

直观上讲，信号传递的收益必须高于有才干的人付出的成本，但又不能高得使能力欠佳的人也被激励进行信号传递。

第三，要让**所有的**高效型会计愿意传递信息，且他们传递信息的收益要高于没有高效型会计进行信号传递的情况。如果没有人传递信息，那么每个人的薪酬都是平均的生产率，这就要求：

$$Q_q - C_q > \bar{Q}$$

对上述高效型会计而言，这一条件比其他条件更为重要，因为 $\bar{Q} > Q_s$。α 值过大就意味着 $\bar{Q}$ 非常接近 Q_q，这样，最后一个条件就很可能无法满足。

从直观上讲，高效型员工越是稀缺，他们就越可以通过信号传递将他们与一般大众区分开来，从而越有利于自己获利。如果有才干的会计很多，那么没有才干的会计就相对更容易潜伏在有才干的人群中。

如果以上条件**不能**满足，那么高效型会计既没有动力去获取证书，又无法与低效型会计区分。这种情况下就不存在信号传递，这被称作**混同均衡**。这说明信号传递并非总能实现。

如果以上条件能满足，高效型会计会传递信息而低效型不会传递，这种情况被称作**分离均衡**，这是因为高效型会计能够通过证书将自己与低效型会计区别开来。

以上用形式分析的方法说明了前面关于甄选的一些观点。信号传递涉及员工筛选，但却增加了一个重要的新视角：员工知道自己的类型，而公司也尽力规划招聘职位，以使那些更能符合公司要求的求职者传递自己的类型，使符合要求的人更愿意接受公司的职位要求；而那些不符合要求的人也能够传递自己的类型，拒绝接受职位要求。

□ 哪类公司倾向于使用信号传递？

雇用一方如果缺乏足够的信息来准确评估求职者的工作潜力，信号传递就会大有用处。同时，公司潜在员工的才能差异如果对公司的生产率影响很大，信号传递也会很有用。当员工才能差异对生产率影响不大时，信号传递的意义就不大。这些观点表明，信号传递应该与雇用实践保持一致。

第一，在对技能要求特别高的职位中，信号传递更为重要。这些工作往往处于职位分类金字塔的上层，如研发以及知识型工作。这些工作也与专业的服务型公司紧密相连，如咨询、会计、法律公司以及投资银行。在这些职位上，员工才能的细微差别就会给工作效率带来重大差别，因此筛选有才智的员工十分重要。因此，此类公司在招聘中往往进行严格的筛选，同时，和上文讲述的试用期的案例一样，这些公司通常有一套晋升体系，至少在员工入职后的前几年是这样的。

第二，当求职者的现有信息不足时，信号传递也容易被用到。新进入劳动力市场的求职者（例如，刚刚大学毕业或者结束工商管理硕士（MBA）课程）更有可能面临这样的招聘政策。拥有多年经验，同时工作履历丰富的新员工在接到新的工作机会时不太可能涉及信号传递政策。然而，即使是招聘经验丰富的高端人才，公司也会在合适的时候应用这些手段。例如，新上任的 CEO 通常受聘固定的合同期，同时采用绩效薪酬的招聘方式也很常见。由于很难说清楚 CEO 能否执行公司战略，而 CEO 本人要比公司董事会的招聘委员会更清楚这一点，所以这些方法都可以提升 CEO 的招聘效果。

■ 本章回顾

　　人事政策的一个重要目标就是为雇主和职位筛选适合的人才以提升公司的运行效率。由于招聘过程中信息并不完全，存在着非对称性，因此公司必须对求职者进行筛选。公司给出高薪后，不符合要求的求职者如果有很大机会通过筛选的话也会申请该工作。这就是逆向选择这一经济问题。

　　公司可以采取一些办法来减少不理想的求职者。方法之一就是利用资格证书，它可以很好地体现持有人在工作中的表现。而该方法要有用的话，就需要证书对符合要求的求职者来说容易取得，而不符合要求的人难以获得。

　　除了证书以外，公司可以在招聘中投入资源以便进行严格的筛选。这可以包括正式测评、心理测试、详细面试和多轮面试，以及对求职者规定试用期。尽管这些方法在预测员工绩效方面都不能尽善尽美，但它们都各有用处。

　　最准确的一种筛选办法就是让求职者在职试用一段时间。当然，这也是代价最高的一种方法。这一时期公司必须付给员工薪酬，而在有些工作中，代价尤其高昂，员工的工作可能会带来大的风险（能够毁掉公司的价值观）。许多公司都会在招聘实践中使用一定形式的试用期，无论员工正式与否。

　　在前文的分析当中，本书提到员工在试用期内持有临时合同。在试用期内，求职者的薪酬很低，这样只有那些相信自己能够成功的人才愿意申请这个职位。设计较好的试用期以及试用期满后的薪资结构可以阻止那些不理想的求职者申请工作，而吸引那些理想的求职者。要想轻易达到这一目标，就要让不合格的员工很难通过试用期，并且合格与不合格的求职者都有类似的外部机会。

　　本书由员工甄选和试用期引入了信号传递这一经济学概念。利用信号传递这种方法有时候可以解决逆向选择的问题。如果求职者知道自己的能力，优秀的求职者就会通过信号传递将自己的能力传递给雇主，而不合格的求职者就会隐藏他们能力不济的事实。因此，公司制定的招聘政策应该能够鼓励优秀员工申请某项职位，同时要让不合格的员工很难通过试用期。

　　除了求职者进行有效的自我选择以外，另外一个可行的方法是有效使用绩效薪酬。实际上，试用期也做到了这一点，因为试用期满后的晋升以及薪酬的增加都取决于试用期的绩效如何。一般而言，任何形式的薪酬激励往往都有利于提升招聘效果，因为更加适合职位的员工更可能接受有力的激励薪酬。

　　试用期满后，公司可以应用权变奖励来吸引优秀人才。然而，这并非免费，而是要付出更高的薪酬成本。在有些公司中，员工才能的微小差异可以导致其生产率的巨大差距，这样的公司使用该招聘政策可能最有用。尤其是在公司高层以及十分注重脑力工作的公司当中，这种情况最有可能出现。专业的服务公司，特别是面向各行各业的领军人才的招聘常常使用这种类型的招聘政策。这些政策包括严格的招聘流程，刚入职几年深入的绩效考核，还有非升即走的晋升体系——那些留下来的员工会得到巨大的回报。此外，这里还包括有力的个人绩效薪酬。

根据经济学的经典观点，商品买卖都在现货市场上进行，交易条件包括数量、质量以及价格。本章的分析引出了另外一个观点：公司如果使用试用期或者权变薪酬来筛选员工，公司会分阶段签订雇用合同。这样的合同依员工的绩效而变化：他们的待遇取决于他们在工作中的表现。最后，这也涉及公司的一个**承诺**——日后给那些表现较好的员工以较高的薪酬，以作为对他们的回报。这些复杂的情况之所以出现，就在于商品的质量，也就是员工能力，并非信手拈来的信息。因此，雇用一方与被雇用一方在经济上的关系变得复杂起来。这一观点将在下一章进行详述，并且在第 15 章也有深入探讨。

■ 思考题

1. 如果大学也在为公司筛选员工，那么公司甄选员工能否获利？在什么情况下，员工筛选更可能出现在求职招聘中，而不是求职者进入劳动力市场之前？
2. 筛选对于哪类员工而言更为重要？
3. 哪类公司最有可能严格筛选求职员工并且使用非升即走的职场体制？为什么？
4. 公司如何将其招聘职位的重要特征信息传递给潜在的员工？你能给出一些例子吗？
5. 你能否举出其他商业背景下存在的信号传递的例子？你自己的生活中有没有这样的例子？在每个例子中，信号传递的成本是什么？传递信号一方与没有传递信号一方的差别何在？例子中的信号传递符合本书中分离均衡的标准吗？
6. 请思考本书提到的法国的例子：员工入职后的头两年，法国法律允许小公司付出低成本即可解雇员工。你认为出台这样的法律，谁会从中受益？有没有员工（或者潜在员工）从中受益？举行抗议的巴黎索邦大学（Sorbonne，法国最好的大学之一）学生可能受到这条法律的影响吗？影响何在？工会呢？

■ 参考文献

Akerlof, George (1970). "The Market for 'Lemons': Quality Uncertainty and the Market Mechanism." *Quarterly Journal of Economics* 84 (3): 488-500.

Baker, George, Michael Gibbs, & Bengt Holmstrom (1994a). "The Internal Economics of the Firm: Evidence from Personnel Data." *Quarterly Journal of Economics* 109: 881-919.

Baker, George, Michael Gibbs, & Bengt Holmstrom (1994b). "The Wage Policy of a Firm." *Quarterly Journal of Economics* 109：921-955.

Gibbs, Michael, & Wallace Hendricks (2004). "Do Formal Salary Systems Really Matter?" *Industrial and Labor Relations Review* 58 (1)：71-93.

Marx, Groucho (1959). *Groucho and Me*. Free New York：Bernard Geis Associates.

Spence, Michael (1973). "Job Market Signaling." *Quarterly Journal of Economics* 87：355-374.

延伸阅读

Lazear, Edward (1992). "The Job as a Concept." In *Performance Measurement*, *Evaluation*, *and Incentives*, William Bruns, ed. Boston：Harvard Business School Press.

O'Flaherty, Brendan, & Aloysius Siow (1996). "Up-or-Out Rules in the Market for Lawyers." *Journal of Labor Economics* 13：709-735.

Paul, Annie Murphy (2004). *You Are What You Score*. Free Press.

附 录

□ 员工筛选

本章讲述了员工筛选的一些原则，现在我们讲述一个形式分析的例子。假设有两种求职者，E型和D型。设生产率为Q，E型的生产率高于D型，所以$Q_E > Q_D$。设任意求职者为E型的概率为p，那么其为D型的概率就是$1-p$。公司给被雇用的员工薪酬为W，其中$Q_E > W > Q_D$。因此，公司能够从E型求职者身上获得盈利，而雇用D型则会遭受损失。

$$任意新员工带来的预期盈利 = p(Q_E - W) + (1-p)(Q_D - W)$$

公司现存的筛选成本为s，筛选的准确度为q。这就是说，q等于做出正确招聘决定的概率，那么$1-q$就是做出错误决定的概率。

$$员工筛选带来的预期盈利 = p \cdot q(Q_E - W) + (1-p)(1-q)(Q_D - W) - s$$

这样，一定比例$(1-q)$的E型员工被错误地拒之门外，而同样比例的D型员工被错误地雇用。

进行员工筛选和不进行员工筛选两者之间的利润差$\Delta profit$等于：

$$\Delta profit = -p(1-q)(Q_E - W) - (1-p)q(Q_D - W) - s$$

以上公式中第一项为负，表示错误地将E型求职者拒之门外的损失。由于$Q_D < W$，第二项为正，表示正确淘汰D型求职者带来的收益。当然，第三项为负。

当员工测试更加准确、成本更低或者区分度更高时，测试就更有效果，所以我们立刻可以得到下面的式子：

$$\frac{\partial \Delta profit}{\partial q} > 0 ; \frac{\partial \Delta profit}{\partial s} < 0 ; \frac{\partial \Delta profit}{\partial p} < 0$$

其中，雇用错误类型的求职者带来的损失 $Q_D - W$ 值越小，员工筛选带来的收益就越大。因此，风险越大，测试就越有效。错误类型的员工在公司工作时间越长，该式子就越有用。

□ 信号传递

现在，我们将信号传递纳入本章讨论的试用期模型中进行讨论。我们说到应该如何设置每个时期的薪酬来保证存在信号传递。如上所述，公司现有 D 型和 E 型员工。公司在两个时期给出的薪酬分别为 W_1 和 W_2。在第一个时期，员工在职位上处于试用期。表现优异者得到提拔，薪酬提高到 W_2，而其他的人被解雇了。和上面一样，设晋升决定的正确率为 q。

E 型、D 型员工在其他公司工作的薪酬 $W_E > W_D$。如果假设他们在其他公司也有不同选择的话，这就和本章用形式分析讨论信号传递存在着差异。实际上，当我们假设公司能够让 E 型员工进行自我选择时，我们忽略了一个重要问题，那就是 E 型员工会不会也向其他公司传递信息。当然这可能不存在，然而我们有理由认为，由于 E 型员工更为优秀，他们期望可以通过一些方法在职场中获得比 D 型员工更高的薪酬。

为了防止 D 型求职者申请工作，但又要吸引 E 型求职者，我们必须满足以下两个条件：

$$W_1 + (1-q)W_2 + q \cdot W_D < 2 \cdot W_D$$
$$W_1 + q \cdot W_2 + (1-q) \cdot W_E > 2 \cdot W_E$$

第一个条件说明 D 型员工在公司中表现不佳，而第二个条件说明 E 型员工在该公司会表现得更好。简单的代数式可以说明，要满足下面条件的薪酬才会引起员工的自我选择：

$$W_1 < W_D + (1-q)(W_D - W_2) < W_D$$
$$W_2 > W_E + (W_E - W_1)/q > W_E$$

事实上，最优薪酬方案（薪酬成本最低）[①] 为：

$$W_1 = W_D - \left(\frac{1-q^2}{2q-1}\right)(W_E - W_D)$$

$$W_2 = W_E + \left(\frac{2-q}{2q-1}\right)(W_E - W_D)$$

---

① 严格来讲，最优薪酬的搭配可以无限多。例如，公司可以将 W_1 减少 1 英镑而将 W_2 增加 $1/(1-q)$ 英镑。这里提供的薪酬搭配可以使员工薪酬 W_1 和 W_2 的差值最小，并使公司的薪酬成本最低。

以上分析说明 $W_1 < W_D < W_E < W_2$，所以这样的薪酬设计含有**延期薪酬**。通过分析最后两个式子中的任意一个，我们很容易得到如下结论：

- 测试越准确（q 越大），W_1 也就越大，因此 E 型员工的保证金也就越小。同样，W_2 以及晋升回报越小，测试就越准确。直观地讲，测试准确度越高，E 型员工越愿意接受信号传递的风险而接受较少的回报，因为做出错误选择的概率不大。
- W_D 越小，W_1 也就越小。W_E 越大，W_2 就越大。因此，两种类型求职者的能力差异越大（在他们的外部市场价值中得以体现），晋升后的回报也就越大。

第3章

技 能 投 资

对知识的投资回报最为丰厚。

——本杰明·富兰克林（Benjamin Franklin）

本章引言

本章内容是关于你**现在**正在做的事情：投资于技能与知识。本杰明所说的此项投资回报丰厚对你是否正确？你如何对此进行判断？你的雇主是否该为你所受的教育付款？或者提供在职培训？

当被问到员工流动率时，大多数公司表示担心以后会失去对劳动技能的投资。这表示它们现在的确在提供一些培训，并希望在进行培训投资时能避开员工流动率的问题。

上一章表2-1中的数据显示，阿珂姆公司新进员工的人员流动率高，而其他员工的人员流动率则长期保持稳定。一种解释是说阿珂姆公司通过试用期的形式将新进员工区分开来。不能适应的新员工很快离开，而那些能够适应的则长期留下。但是，对于一些员工来说，在职培训是否也是其长期留在公司的原因之一呢？

另一项有趣的发现是阿珂姆公司倾向于内部晋升。这项发现也可以用"甄选"一词进行解释：高层职位都已经被通过筛选的现有员工占据。换句话说，新进员工比内部候选人的不确定性更大。然而，问题同样是，内部晋升会不会也与在职培训有关呢？

表3-1对甄选是内部晋升的唯一原因这一观点进行了测试。表格比较了阿珂姆公

司提升至 2 级职位的新进员工和内部候选人的未来绩效。如果说内部候选人已经经过甄选，那按照我们的预期，在被提拔至 2 级职位后，内部候选人的工作绩效与外聘人员相比，前者的变动性理应更小。

表 3-1　　　　　　　阿珂姆公司新进员工与内部晋升员工绩效对比

| | | | 进入 2 级职位后在职的年限 | | | | |
			2	3	4	5	10
2 级职位新进员工		离职比率	15.4	25.6	33.5	42.0	61.7
	在职者	降职比率	1.4	1.6	1.8	2.1	1.0
		2 级职位比率	79.4	51.5	39.7	33.3	22.0
		升职比率	19.2	46.9	58.5	64.6	77.0
		提升职位层次数平均值	1.0	1.0	1.7	1.4	1.8
提升至 2 级职位的内部员工		离职比率	11.3	21.1	28.4	33.6	59.1
	在职者	降职比率	0.0	0.0	0.0	0.1	0.0
		2 级职位比率	84.2	49.7	32.1	23.7	8.6
		升职比率	15.8	50.3	67.9	76.2	91.4
		提升职位层次数平均值	1.0	1.0	1.1	1.3	1.6

数据与我们的设定一致（阿珂姆公司职位层次中的更高级职层的情况与此相仿）。例如，阿珂姆公司的新进员工离开公司的可能性比内部候选人高。对于新进人员需要甄选的观点，这是强有力的证据。那些留下来的新进员工更可能被贬职，而升职的可能性则更小。然而，一旦得到提升，他们的平均提升水平比得到提升的内部候选人要高。换句话说，新进员工更可能朝着两个极端的结果发展：贬职、离开，或者是快速的升职。他们对于阿珂姆公司的价值的不可确定性比起那些在 1 级职位就得到雇用，2 级职位得到提升的员工来说更大。

新进员工可能对阿珂姆公司有价值是因为他们如第 1 章描述的那样具有风险性和选择价值。但与阿珂姆公司的内部候选人相比是否有其他的差别呢？表 3-2 列出了 2～4 级职位上新进员工和内部候选人的信息，提供了一些可说明这个问题的证据。阿珂姆公司的新进员工一般比内部选拔到相似职位上的员工多半年到一年的教育经历和几年的工作经历。换句话说，他们的平均受教育年限及经验要多于内部员工。

表 3-2　　　　　　　阿珂姆公司新进员工及内部晋升员工的人力资本对比

| | | 职层 | | |
		2	3	4
职层新进员工	平均受教育年限	16.4	16.5	17.0
内部晋升员工		15.7	16.1	16.5
职层新进员工	平均工作经验年限	12.9	15.8	20.5
内部晋升员工		12.3	14.0	16.2

这一结果该如何解释？一种可能是阿珂姆公司出于对风险的规避。为了能够心甘情

人事经济学实务（第二版）

愿地从公司外部招聘有风险性的员工，阿珂姆公司可能会要求他们的履历优于内部候选人。然而，重视规避风险的雇主也很愿意雇用有风险性的外部候选人，因为它们拥有选择价值。

另外一种解释是在阿珂姆公司待了几年的员工拥有不同的优势：他们接受了阿珂姆公司开展的有利于提高生产率的培训。如果培训是针对阿珂姆公司的业务开展的，那外部员工则不具备相应的知识。这会给予内部员工填补职位空缺的优势。若果真如此，那外部员工若想争得该工作机会则需在其他层面上优于内部员工，比如在工作经验上。因此，我们看到的一些模式则很大程度上是取决于培训。

至此，为了分析员工甄选的含义，我们一直假定员工拥有固定的才能。现在我们要考虑一件陌生却重要的问题：员工是能够随着时间推移逐渐学习的，无论是在接受正式教育或者在工作过程中。另外，阿珂姆公司的数据还显示类似的培训在该公司会比在其他公司更能提升员工的生产率，至少在一些事例中是这样的。现在，我们来寻找一种关于广义上的培训的思维模式，以及培训是如何在不同的公司对员工生产率产生不同效果的。

匹配度

在考虑技能投资之前，有另外一个可以解释我们所见到的只涉及分类的职业模式的原因：**匹配度**。假设每一家公司在业务、机构以及企业文化上都存在差异，所以能力相似的员工与同一家公司的匹配度也不会相同。若该想法为真，那么员工与公司则需找到与自己最匹配的对象。也许一家公司的企业文化比较进取，那它则期待员工加班工作，而两个员工中的一个可能会很适应这样的环境，而另一个则不适应。

如果这种匹配很重要，那公司对于不同的员工就必须予以区分，就像他们在能力上具有差异一样。然而，这种区分必须基于员工的特性，而非能力，即是否与一家公司（或公司内的职位）的特性相匹配。[①] 其中所包括的因素有员工的各种技能，个性（以及员工是否符合该公司或团队的文化），或者对地域的喜好。当人们谈及其与一家机构的匹配度时，这些因素的意义是不容小视的。

在事业初期，员工与公司会不断测试双方之间是否相适应，在匹配过程中员工流动率比较高，而随后员工流动率会有所降低。这也意味着，如果试用期过后员工的报酬会上涨，那么一旦公司认为员工与其相匹配，该员工的薪酬将会上涨。

这只是员工分类的另一种形式，所以外部员工比内部候选人在雇用结果上的变动性更大。最终，因为内部员工已经通过了公司的筛选，所以内部晋升的候选人与公司的匹配度一般会比外部员工要高。这便是他们的一项优势，而外部员工则需在其他方面有很强的资历才能够胜出，比如有更多的教育经历或工作经验。

关于分类及匹配度理论是建立在员工生产率恒定的假设之上的。然而，人们可以在

---

① 基于该描述，经济学家们在分析该章讨论的问题时常会使用约会与婚姻的隐喻则不足为奇了。事实上，经济学家们在研究婚姻与相关课题时已经采用过类似的原则。

接受教育及在职培训的过程中获取新技能，所以脱离了这一点来解释职业模式是无稽之谈。

教育投资

从经济学逐渐到整个商业圈都认为教育与培训的投资与其他类型的投资无异。对这种类型投资的分析被称为**人力资本**理论。这一理论对于现代经济学至关重要，至今已有两项诺贝尔经济学奖被授予这一领域，这至少是部分上对这一领域成绩的认可。[①]

此前有人声称教育并不提供任何实际的学识，而只是学生能力的标识。这一观点太过牵强。人力资本理论关于教育方面的分析则为此提供了更为实际的解释方式。

按照资本理论，如果资金流的**现值**或投资中产生的其他收益超过了投资中成本的现值，那投资便得以实现。[②] 我们来系统地想一下。假设一个人正在选择是否在今年退学或休学，这段时间我们称之为时段 0。未来的年度用不同的数字 $1\cdots T$ 表示，用 T 来表示他职业生涯的最后一年。

如果该学生现在退学，他在未来某年的收入用 H_t 表示，t 表示未来某时段。如果他继续读书，那他在未来同一时段的收入用 K_t 表示。鉴于此，他完成学业带来的收入每年是 $K_t - H_t$。

除了增加收入，教育还能带来其他好处。其中之一就是单纯学习的乐趣。教育也能使你在家庭生活和娱乐活动中更高效，并且增加你旅游或接触文学的乐趣。我们将重点放在收入方面是因为它是劳动力市场中最重要的利益。然而，这种观点很容易就会将学习中非物质的利益并入其中。如果学习真的存在非物质的利益，那该利益的价值应该并入 K_t 中。它们会增加投资回报，而公司应该在做出投资决定时予以考虑。

假设年利率是 r。这意味着今天 1 美元的投资到明年的价值是 $(1+r)$，两年后的价值是 $(1+r)^2$，同理递增。类似地，明年的 1 美元在今年的价值是 $1/(1+r)$。

根据这些假设，教育投资回报的现值（再一次申明，该现值只限于来自教育的经济利益）是：

$$教育回报(现值) = \sum_{t=1}^{T} \frac{K_t - H_t}{(1+r)^t}$$

教育方面的投资有两项成本。第一项是学费、书费、日常用品等直接花费。我们用 C_0 来表示。下标 0 是为了强调培训投资的直接花费一般是提前预支的，不必从成本中扣除。

第二项成本是在受教育期间的机会成本。举例来说，典型的（全日制）MBA 学生一般是辞去高薪工作重返校园进行 18 个月的学习。他们这样做在很大程度上是放弃了

[①] 西奥多·舒尔茨（Theodore Schultz，1979）和盖瑞·贝克（Gary Becker，1992）。

[②] 对于不熟悉该术语的人来说，现值指未来的成本或收益折算到现在的价值。明年的收入折算到现在，它的价值小，因为你今年全年无法使用该收入。利率是经济体给未来现金流定价的方式。例如，你今天存 100 美元，利率为 5%，那就相当于明年的 105 美元。换句话说，明年的 105 美元的现值是 100 美元。

比学费等直接花费更多的工资收入，即使是在职学生也会因此付出昂贵的机会成本。他们为了学习放弃了晚上和周末，并且失去了一些放松和度假的时间。如果这些学生可以在家中、农场或者家庭生意中做事，那即使他们在这些工作中没有工资，机会成本仍然存在。这是因为他们的工作对家庭来讲是有价值的，而他们重返校园后，其家庭需要另外支付工资雇用其他人来做这项工作。所有对投资的合理分析，包括对培训投资的分析都应在直接花费之外将机会成本考虑在内。

因此，假如一个学生要在毕业之前辍学，那么我们需要将他辍学后可能会有的收入也纳入其中。如果他继续留在学校里，便不会有这部分收入。我们将这部分收入称为 F_0，那么他在学校里的投资便是 $C_0 + F_0$。

任何一项投资的决定法则是只要投资回报的现值超过投资成本的现值即可。**净现值**的数额为：

$$教育投资净现值 = \sum_{t=1}^{T} \frac{K_t - H_t}{(1+r)^t} - (C_0 + F_0) \qquad (3-1)$$

当公式 3-1 中的数值为正时，读完大学便是一项好的投资。而当数值为负时，读大学便不是一项好的投资。换种说法，如果上学的花费高于收入的增加值，那他最好退学去工作，并将学费 C_0 和额外收入 F_0 进行投资。其中所获得的利息的现值会超过完成学业所带来的收入增长。

对于早期教育，入学接受教育的回报要超过其成本。其原因有两个。第一个原因是当一个人知之甚少时有很多知识需要学习。一经学习，其生产率便会大幅上升，但随着时间的推移，该影响便会逐渐变小。

第二个原因是教育初期的成本很低。因为有对教育的公共补贴，很多社会从早期教育一直到高中或者大学的直接花费 C_0 都接近于零。另外，早期教育阶段学生辍学可能会有的收入 F_0 也很少（虽然少但并非没有，因为即使是孩子，他在家庭生意或者家庭生产中都能劳动）。

然而，最终的结果是，与之相反的情况必会发生。教育的花费总会超过它（财务上）的回报。以本书的作者之一以前的一位工商管理硕士（MBA）学生为例。他拥有大学文凭，兼任医生和律师。这两项工作都要求有很高的学历。在拿到 MBA 证书后，他决定修一个博士学位。他的额外学历不太可能会增加他的收入，他便不会有机会赚回他在博士研习期间的直接费用和机会成本。在这一点上，教育的收益便是纯粹的花费了。在他的例子中，教育的非物质收益是非常高的。

这一逻辑说明任何人在正式教育的投资中都要付出成本，但每个人都有一个结束教育投资的最优节点。这一节点便是公式 3-1 中教育投资净现值由正转负的那一年。

□ 成本及收益的影响

公式 3-1 在实践中有另外几个含义。

□ 成本

学费或其他成本的增加会减少入学人数。其原因是所有接近该边际（教育的净现值接近零）的学生都会发现教育花费超过了教育收益这一事实。

与此相关的一点是那些已经拥有高薪职业的人会不愿意重新回到学校，其他情况类似。正因如此，大学或者工商管理硕士（MBA）项目的申请率往往在经济衰退时上升，经济繁荣时下降。当劳动力市场机会较少时，教育会是一项好的投资，反之亦然，因为这其中涉及机会成本的问题。

□ 利率

利率上升意味着受教育的最优节点的降低，正如所有回报体现在将来的投资一样，利率越高，从今天的角度看，所折损的未来收入就越多。

因为两个原因，利率对入学并没有很大的影响。第一，因为教育是一项长期投资，所以长期利率比短期利率对教育投资的影响更大，而长期利率的变动通常并不大。第二，对入学更为重要的是隐性借贷利率，因为父母会根据这项利率来资助孩子入学。父母资助孩子的费用或孩子将来（如果有的话）直接转账给父母的回报与孩子入学期间的利率并无多大关系。

□ 职业生涯长度

另外，公式 3-1 涉及项目 T。一个人的职业生涯越长，他在学校的最优投资就越大。因此，人们往往会在年轻的时候投资于在校教育，因为他们期待能够长期获得教育投资的回报。

采用相同的逻辑也可得出女人在教育上的投资往往会少于男人的结论，尽管女人一般会比男人的寿命要长。此外，女人花在工作上的平均时间要少于男人，这也减少了她们的教育投资回报。[①] 这一点可以加以解释——女人花在职场上的时间少于男人的首要原因是生育。这通常导致女人的职业生涯会中断几年，然后才得以继续。因此，女人倾向于将教育投资相对多地集中于那些不会随时间而贬值的技能上。

□ 人力资本的专业化

大部分的学生最终会将教育进行专业化，比如说在大学期间集中攻读某一领域的知识。大学之上的教育甚至会更为专业化，几乎所有的课程都会集中在一个领域。为什么会这样？像其他所有的投资一样，教育的回报也是逐渐减少的。也就是说，经过一年对于某特定领域知识的学习，学生对于该领域掌握程度的提升幅度通常会小于其在之前一年通过学习该领域知识所得到的提升幅度。这似乎是在说为了避免回报的减少，人们应该投资于多种技能，而不是集中于一种技能上。实际上，在低水平的教育上，我们是这样做的。几乎所有的教育系统都要求所有的学生在广泛的知识领域中习得少量的知识。只有在相对高水平的教育或工作培训中，知识的专业化才变得重要。

人们在高等教育中接受专业化教育是因为经济中最重要的因素之一：**比较优势和贸易收益**。我们已经在第 1 章中提过这个观点。如果一个人可以集中研究某一领域并且成为相对的专家，他便可以与专门研究其他领域的人进行产出交换。高级药剂师能研制出药物和新产品，我们都可以从中受益，而他们则可以在我们专攻的领域成果中受益。人们不必亲自去学习所有领域的知识。

---

① 从劳动力的角度看，阅读此书的女人跟阅读此书的男人不可能会有很大的差异。专攻前沿领域的女人已经用她们的投资行为证明了她们打算积极参与到劳动力市场中。而且，她们的高薪会帮助她们更好地融入劳动力市场。

人事经济学实务（第二版）

换句话说，随着对某个领域投入学习时间的延长，人们学习的有效性会下降。然而，经济却往往会奖赏那些在某个领域持续研究高级知识的行为。因此，人们在高等教育中的专门学习往往会有所回报。

在公司内部，集中学习对于组织结构和工作设计都很重要。我们会在第 6 章到第 7 章中再次回到这个话题上来。

□ 学习的有效性

最后一组的含义是围绕着不同 K 值之间的差别展开的。$K-H$ 是因为教育引起的收入差，它的大小取决于人们的受教育水平以及劳动力市场对额外技能的珍视度。当 $K-H$ 增大时，教育的净现值上升，入学率也会随之上升。

先天能力强的人往往会在学校教育中学到更多，这便导致了更高的 K 值，这样讲是有道理的。如果真是这样的话，那在校教育的收益对于有天分的学生来讲会更高，聪明的学生也因此应该更多地投资于教育。① 当然，这也加剧了技能以及经济领域内收入的不平等。

在校教育的平等对 K 值有着积极的作用，反之亦然。按照预期，教育上的技术创新能促使公民增加教育投资。类似地，教学方法的有效性或者教师质量的改变（可能是积极的，也可能是消极的）则会引起教育投资回报的变化。

一个重要的因素是与平均工作相关的技术水平。尽管大学教育对于农民来说也是有价值的，但其价值不会比其对会计人员的价值大。在一个技术发达的社会，教育是补充性的。在大多数都是白领工作的社会，缺乏教育，不认字或者不能做简单的算术给人带来的阻碍要比在农业社会中大。因此，发达社会中的 K 值和教育的平均水平要比 1900 年代要高。这一逻辑也可以用来解释不同社会现在的教育模式以及我们现在正在描述的过去几十年中的教育的发展趋势。

□ 本杰明·富兰克林是对的吗?

本章开始时引用的话说教育是一项好的投资。通常是这样的。经济学家估算出了一些不同国家的教育**内部收益率**（用来表明投资的利率），这些收益率通常是很高的。举例来讲，阅读这本书的大部分学生都是在投资大学教育或者高等学历。在美国、亚洲或者欧洲，高等教育的预测年回报率通常在 11％ 左右。一旦我们考虑相关的风险，这一回报率通常比股票市场的回报率还要高。

教育一直是一项好的投资，在近几十年的时间内甚至更为人们青睐。近些年来，劳动力市场越来越看重技能。图 3-1 显示了美国劳动力市场的这一趋势。正方形代表的系列（右边的坐标所示）标示随着时间的推移，拥有大学学历和高中学历的人平均小时工资的比率变化。这显示了在过去三十年的时间内，拥有大学学历的人的工资收入相对较高的显著趋势。1970 年，大学毕业生所赚的钱比高中毕业生要高出 50％。到了 2006 年，大学毕业生的收入是高中毕业生的收入的两倍多。更高学历的毕业生的工资存在着类似的模式，比如工商管理硕士（MBA）和医学博士的工资水平。

---

① 这是教育背景成为一项重要资历的原因之一。

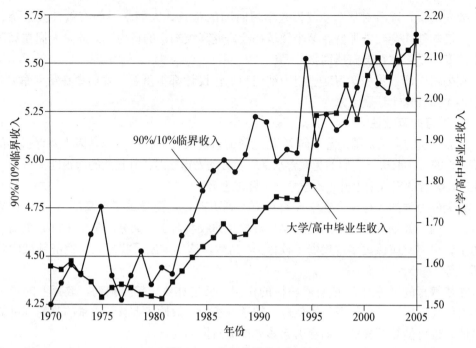

图 3-1　美国的技能回报率

资料来源：Current Popualtion Survey，Bureau of Labor Statistics.

图 3-1 中圆点表示的数据系列（左边坐标所示）显示了另外一个衡量标准，也就是劳动力市场中高级技能的价值。这一组数据是通过计算每年美国工人中每小时工资的第 10 和第 90 百分位的数据分布制作出来的。第 10 百分位是指美国工人中有 10% 的人平均小时工资小于该数，用来衡量低技能工人的工资水平。第 90 百分位是指美国工人中 90% 的人的小时工资小于该数，用来衡量美国相对高技能工人的工资水平。比较这两组数据的年度变化可以看出，随着时间推移工资的整体分布变化。该表中的比例显示了与技能较低的工人相比，高技能工人的工资变化趋势。

该数据系列与大学/高中毕业生的工资对比颇为类似——在过去的几十年中，美国的技能投资回报有了显著的上升。1970 年，第 90 百分位的工人收入是第 10 百分位的工人收入的 4 倍多，到 2006 年* 超过了 5.5 倍。

全世界多数最发达的国家都出现了类似的情况。据估计，欠发达地区高级技能的回报甚至更高。

外包

外包业务在今天是一个备受争议的话题。外包业务有两种形式。第一种是将一些工作任务分配给公司以外的供应商（很明显，这一形式得益于互联网和发达的沟通技术）。第二种是利用外国的廉价劳动力。

在发达社会，外包传统上集中于所需技能最低的工作，比如制造业。然而近些年

---

* 原书如此，由图 3-1 知，应为 2005 年。——译者注

来，中等甚至高等技能工作的外包业务正在快速崛起。很多客服中心现在都将工作外包给很远的呼叫中心。或许更为有趣的是，软件工程如今在很多情况下都被外包到像印度和俄罗斯之类的地方。但在 20 世纪 80 年代，软件工程是高声望、高工资的职业。

外包工作逐渐扩散到高技能工作的原因有两个。其一是曾经的高技能工作近日来讲已不再那么高技能了。现代软件工程技术比如个性化定制软件技术使相对低技能的程序员也可以开发出比二十年前甚至十年前更先进的应用。

其二是技能的高回报。随着资源变得昂贵，买主试着寻找替代资源。因此，在外包业务进行顺利的行业中，全球化的劳动力市场正通过外包业务阻碍着技能回报的提升。

图 3-2 以更加具体的案例提供了类似的证据。该图根据责任级别呈现了美国工程师的平均收入。责任级别是由专业分析人士根据一系列的工程师工作确定的。我们可以宽泛地将其理解为某一工程师的工作在其所在公司的资格高低。因此，等级 6 的工程师比等级 5 的工程师有更高的工程技能或其他技能，其他的以此类推。

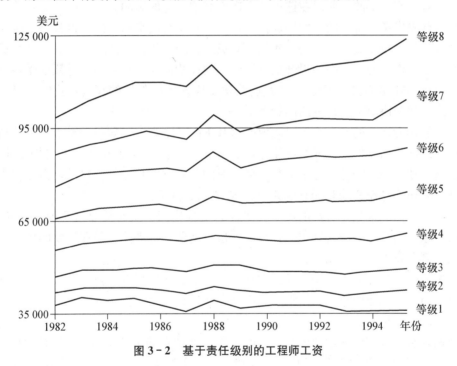

图 3-2　基于责任级别的工程师工资

资料来源：Bureau of Labor Statistics.

如图所示，对于低水平的工程师而言，扣除通货膨胀因素后的收入在近二十年变化不大。但相同时段，高水平工程师的收入却有显著的上升。我们再一次看到，高技能的工人工资现在比以前高出更多。

为什么在过去的几十年间劳动力市场对高技能工人如此青睐？研究者给出了几种解释。最重要的原因似乎是工作中对包括电脑在内的高级技术的应用在逐渐增多（我们在第三部分会回到这一主题）。正如在第 1 章讲过的那样，对于技能熟练的工人来说，资本在生产中是起补充作用的。更多地应用技术以及更有效地应用技术提高了高技能工人的价值。这增加了公司对高技能工人的需求，也就随之增加了他们对于劳动力市场的价值。

在职培训投资

我们现在来看一下在职培训投资。这项投资在很多方面与教育投资类似。它能提高工人的技能并提高生产率，使雇主与工人都受益。在职培训可能会有直接花费（书籍或其他资源，给培训者的薪酬等），也会有两种间接开销。第一，在职培训活动会占用工人的正常工作时间和注意力，从而降低生产率。第二，让一位未接受完全培训的工人边工作边接受培训，会比雇用接受过完全培训的员工的工作生产率低。[1]

因此，其中的含义跟我们对教育投资的讨论类似。例如，公司和工人有意向在对年轻工人的在职培训上投资，而年轻工人则倾向于提供广泛的在职培训机会的公司。因为投资是针对在职员工的，所以在这里又会产生其他有趣的影响。

我们首先来考虑可能的在职培训投资什么时候是有经济回报的。也就是，生产率的提高是否会超过投资成本的问题。我们会对员工在现有工作上的生产率的提升和员工在其他雇主处工作时的生产率的提升加以区分。现在我们先将投资中谁付钱谁受益（工人还是公司？）的问题搁置一旁。一旦我们清楚了应该进行怎样的投资，我们便可以回到工人与公司如何协商进行投资的问题上了。[2]

本书的作者之一的亲身经历可以说明这其中的基本观点。硅谷一家小创业公司提供处理税务最优化的软件。一般情况下这家公司的员工必须了解税法，同时懂得 Java 编程，而这些技能的结合并不寻常。很多公司对两种独立的技能都很看重，但是很少有公司像这家公司一样需要同时拥有税务与 Java 技能的员工。

因此，开始进入这家公司的员工在离开后很难找到能同时需要这两种技能的公司。他的第二家公司可能会需要其中一种技能，也可能两种都需要，但在需要的程度或范围上肯定与第一家不会完全相同。

相似的问题在你的工作中也同样存在。你应该在多大程度上投资有助于你在这家公司的这个岗位或职业的技能和知识？你应该在多大程度上投资于外部劳动力市场中能开拓你事业前景的培训？

我们来看一位在这家创业公司工作的员工，他现在的生产率（处于阶段 0）相当于每月 10 000 美元。想象表 3 - 3 中的在职培训的三个选择。一个完全集中在 Java 上，另一个完全是关于税务的，第三个根据该员工在工作中会用到的技能比例来划分培训时间（这三种划分是用来说明主要观点，当然还有很多其他可能的方式来安排培训）。假设三种培训方式的总花费（包括培训期间的直接花费和因为丧失生产率导致的间接成本）都为 5 000 美元，只是花费在 Java 和税务上的时间分配有所不同。为了尽可能地简化，我

---

① 然而，这忽略了对第 7 章中的内在动机和持续改进的潜在影响。

② 对于经济学专业的学生而言，这里包含着科斯定理的逻辑。我们首先集中在如何产生经济价值的问题上，之后再来考虑该价值是如何在工人和公司之间进行分配的。当然，如我们所见，如果其中有议价成本，那该方法便不起作用了。

们忽略折现率的影响。

表3-3 　　　　　　　　　　　Java 和税务技能的投资回报

	任务	生产率潜在提升	留下		离开	
			比重（%）	培训价值（千美元）	比重（%）	培训价值（千美元）
100%Java	Java	8	40	3.2	80	6.4
	税务	0	60	0	20	0
				3.2		**6.4**
40% Java 60%税务	Java	4	40	1.6	80	3.2
	税务	6	60	3.6	20	1.2
				5.2		4.4
100%税务	Java	0	40	0	80	0
	税务	8	60	4.8	20	1.6
				4.8		1.6

　　我们用提高员工在 Java 上的有效性的第一种方案来举例说明。如果只进行 Java 培训，生产率每个月会提高 8 000 美元。然而，在这家公司，员工并不会把全部时间都用在 Java 上，而是有 40% 的工作时间是关于 Java 的，所以员工的生产率其实只提升了 3 200 美元。而他在税务方面的生产率则不会提高，因为他没有接受任何相关的培训。

　　如果他将离开此公司在一家新公司找工作的话，该培训对他的生产率又有什么影响呢？这取决于他在其他公司的工作类型。由于 Java 与税务技能的结合并不寻常，而在硅谷 Java 技能又比税务知识更为需要，所以他能找到的最好的工作更可能是以 Java 为主的。然而，即使他能找到一份内容完全是 Java 的工作，这份工作的 Java 技术重点也可能与他在税务软件创业公司所接受的培训大相径庭。毕竟，在职培训可能只是集中在如何更有效地完成他在税务软件创业公司的工作。

　　因此，他不太可能在另外一份工作上得到 Java 培训的所有利益，尽管也有可能很接近。假设他所接受的 Java 培训在新的工作上发挥的效能是现工作的 80%，那么他在新工作上因为该培训提升的平均生产率会是 6 400 美元。

　　相反地，现在来看一下只强调税务的培训。该培训给他带来的税务相关工作的生产率提升是每月 8 000 美元。然而，在他现在的工作，他大约会花费 60% 的时间做税务相关的工作，所以他实际生产率的提升是 4 800 美元。如果他可能找到的另外一份工作只有 20% 的时间是跟税务相关的，那该培训对他新工作生产率的提升平均约为 1 600 美元。

　　第三种方案是将培训时间分摊到两个工作内容上。在这个例子中，我们假设两者兼顾的培训会更有效，因此培训给生产率带来的变化会是每月每项内容提升 5 000 美元或者每月总共提升 10 000 美元。出现这种现象的原因是我们熟悉的边际生产率递减理论：在一个课题上的集中学习时间越多，增加每个学习课时所增加的收获就越少。然而，该假设对于我们得出结论来说并不重要。

如果他接受混合培训，那他在两项工作内容上的生产率都会得到提升。生产率总共提升 5 200 美元，那他在现在公司内的提升要比在外部市场中的提升大。因为该培训是针对他现在的混合工作技能来设计的，**而不是**根据劳动市场所需要的技能设计的。

我们的问题是：对于这位员工，什么才是最好的在职培训？答案取决于培训结束后他最可能在什么地方就职，因为不同的工作对这两种技能的要求不同。最优投资会使预期生产率最大化。如果他打算留在现在的公司，那他应该接受 Java 和税务两方面的培训。如果他打算离开这家公司，那他应该只集中在 Java 培训上。答案取决于他换工作的可能性。

假设他相信自己既有可能留在现在的公司，也有可能离开（或者他所在的公司会破产等），那对他而言最好的培训是什么呢？如果他留在公司的可能性比较高，那他的选择就该是 Java 和税务的混合培训。如果他离开的可能性高，那他应该参加 Java 培训。

这说明了一种考虑工作技能投资的很自然的方式。对你来讲，打算留在现在公司和打算离开现在公司所要投资的技能是不同的。如果你打算留在现在的公司，你最好的策略是选择集中于雇主最看重的技能的培训。而如果你选择离开，那你最好的策略便是投资于**劳动力市场**最看重的技能。

□ 通用性人力资本与公司专用性人力资本

在我们对该程序员的讨论中，Java 和税务技能对现在的雇主和其他一些雇主来讲都是有价值的。但是，该员工在这份工作中习得的技能对于这份工作的价值要比对其他工作的价值大。但有两种极端情况：该培训对于公司内外有相等的价值，或者该培训对于其他公司毫无价值。这两种情况经常会被称为**通用性人力资本**和**公司专用性人力资本**。像例子中的情况，大部分的培训介于这两者之间。

通用性人力资本是指工人获得的知识或者技能在现在的公司或者很多其他公司中能够提升**相同的**生产率。换句话说，这种技能有广阔的劳动力市场。大部分的技能都接近于这种类型。工商管理硕士（MBA）证书对应的是通用性人力资本，因为具备担任经理的能力对数以千计的公司都有价值。对一门外语比如汉语的掌握是另外一个例子。一条好的经验法则是你在工作地点以外的地方所获得的技能，比如你在大学里获得的技能，基本都是通用性人力资本。

公司专用性人力资本是通用性人力资本的反面。它能提高你在现在公司的生产率，但是并**不能**提高你对其他公司的价值。纯粹的公司专用性人力资本的例子并不好找。大部分能提高你在现在公司生产率的技能都很可能会提高你在其他**一些**公司其他**一些**岗位上的生产率。然而，也有一些培训的例子，它们在价值上是属于特定公司的。如果你的公司有专门为内部使用的特殊机器，那么如何操作该机器的知识便会提高你在该工作上的生产率，但如果你换了工作的话，该技能便毫无价值了。任何特殊工作过程或方法都可能是公司专用性人力资本。

很多公司的培训都会涉及无形知识。如果你的公司有一种强势的、不同寻常的企业文化，那么关于这种文化的知识就能在这份工作中帮到你，但在别的地方就可能是没用的。关于公司内部非正式沟通网络和能力关系的理解与之类似。最后，如果你在客户中开发出了很强的工作关系，或者你对某个组织有深刻的理解，那这可能是公司专用性人力资本——除非你能获得一份与客户合作的工作，或者将之前的客户带到新的工作中来。

然而，正如我们所讲 Java 程序员的实例一样，实际中通用性人力资本与公司专用性人力资本并不是毫无交集的。很多技能对于公司内部和外部都有价值，尽管价值可能会有所不同。举例来讲，Java 的知识在现在公司中对生产率的提升会高于在其他工作中的提升。如果某项技能在公司内外能同等程度上提高生产率，那这种人力资本更可能是通用性人力资本。对生产率的提升如果公司内部高于外部，那该技能更像是公司专用性人力资本。

一个考虑二者差别的好方法是看雇主对员工培训的价值是否予以特殊的重视。若该公司对于某些员工技能的重视程度与其他公司类似，那这些技能在很大程度上是通用性人力资本。与之相对，若公司对于某一系列技能予以特殊的重视，那这些技能便很可能是公司专用性人力资本。那家创业公司对员工的 Java 和税务知识的混合技能要求很特殊，因此，该公司的在职培训对于公司便是特殊性的，而不是一般性的了。这一差别在我们接下来探讨谁该承担培训费用时会用到。

□ 特例：知识产权

假设你是一名化学研究者，你的公司为你提供一间非常昂贵的实验室，包括材料和设备，以及实验室人员。这些资源比你在其他工作中能够用到的都要高级。他们要求你研究一种奇特的、少见的聚合物。其他的实验室也在研究该聚合物，因为他们在使用该聚合物制造产品的方面已经有所专长。那么你在研究该特殊聚合物方面的投资更像是通用性人力资本还是公司专用性人力资本呢？

乍一看这一投资更像是公司专用性人力资本，因为你和你的雇主可能会分摊投资该知识产权的费用。你相对特殊的技能对于你能够得到的其他工作来讲价值可能要小得多。而且，你的雇主可能会要求你将专利权出让给公司，这样即使你以后离开也不能将专利带走。

然而，在某种程度上，这项投资更像是通用性人力资本，因为你或许可以将一些收益带到另一份新工作中。一般来讲，要将知识产权完全交付给雇主是很难的，即使你不能将专利带走，你仍然可以带走很多见解和想法，而这些对于竞争对手来讲可能是很有价值的。

换句话说，知识产权同时具备一般性与特定公司投资的因素。像公司专用性人力资本一样，因为有共享收益的可能，投资一般也是共同分摊的。如果员工留在现在的公司，知识产权一般会有更多的价值，因为其中的技能和知识都是为适应该公司的策略而设计的。但正如通用性人力资本一样，员工也可能离开公司而去竞争对手公司，从而带走一些收益。

非竞争性协议

公司专用性投资，尤其是与知识产权有关的投资，有时会在劳动合同中包含非竞争性协议条款。这些协议是为了限制员工在离开公司时带走知识产权。这些条款会以一些方式试图限制员工下一份工作的内容，通常是员工离开公司后一年内的工作。典型的条款是声明员工在离开后一年内不能就职于竞争公司内的相似工作，或不许将客户带到新公司去。

在法庭中，非竞争性协议的实施是非常困难的。大部分法庭不乐于处理非竞争性协议案件，因为一项长期存在的原则（自一些旧制度如奴隶制契约、仆役制被废弃以来便得以存在）是人们有自由按自己的意愿选择雇主。为了使非竞争性协议更便于实施，公司需要确保限制性条款不能太繁杂，或延续的时间不能太长。

一些法庭也要求员工应为签订非竞争性协议而得到不同形式的补偿。实际上，如果非竞争性协议是用来添加在员工的劳动合同上的话，这种补偿是必要和适当的，因为该协议缩减了这份工作对员工的价值。

其他可能条款。以下是更有可能被法庭通过的条款：

- 要求员工在离开前给出充分的说明和对新公司的描述，以使公司有时间做出反应。
- 要求员工在离开前对接任者进行培训，并为其介绍重要客户。
- 禁止员工在离开时动员其他员工离开。
- 要求员工在离开后逐渐进行收益授权，进度视前公司根据非竞争性协议做出的回应为准。

可替代方法。如果非竞争性协议和法定产权无法充分保障公司免受员工的离职与其携带走公司知识产权所带来的损失，公司还有其他几种选择对该情况进行改善。第一，绩效薪酬，尤其是当员工的工作与知识产权相关时，这有利于统一工作目的。这不仅能促使员工留下，还能增加知识产权的价值。第二，公司可以提供延期薪酬，奖励员工留在公司。公司甚至可以在员工离开公司一两年后向其支付非竞争性奖金。但这一方法在实践中是有限制性的。

~~~~~~

□ 谁应为培训付款?

谁应为培训投资付款? 谁又从中受益? 我们会考虑两种情况：教育及在职培训。教育是通用性人力资本，而在职培训则既可能是通用性的，也可能是公司专用性人力资本。对于通用性人力资本，结论是一目了然的：员工应为该类投资付款。对于公司专用性人力资本，情况就复杂一些。

□ 教育

一些在职学生的学校教育是由其雇主来支付的。这对于雇主来说是一项好的投资吗? 通常意义上来讲，答案是否定的。很多学术培训在很多不同公司的适应范围都很广泛，这使得该类培训可被归为通用性人力资本。比如，我们可以想象一下一家公司资助学生获得大学学位。一旦这名学生获得了该学位，那他的市场价值就会随之上升。而为了留住这名员工，公司会为他涨薪。换句话说，公司能从学校教育投资中获得全部收益的可能性并不大。与之相反，基本可以确定的是员工能够从其学校教育中得到大部分的收益。在他接下来的职业生涯中，他的收入还会继续增长。

为此，由雇主支付入学费用几乎从来都是讲不通的。而通常的解决方案是由个人（或者家庭）来支付入学费用，而且可能的话在其进入劳动力市场之前就进行投资。绝大多数员工的学费都不是由雇主支付的。

也就是说，有些学生的部分学费的确是由其雇主支付的。有些特例可以为之证明。然而，尽管是特例，它们也值得我们来简单地解释一下。公司必须为部分员工支付部分学费的原因如下：

员工隐性成本及雇主收益。为了获得公司为其缴纳的学费，现在正在支付学费的学生会接受在该公司工作的低工资，这是完全可能的。事实上，公司都会用合同来进行义务约束，如果该学生在毕业后的几年内离开这家公司就要偿还学费。这一离开成本使得公司有可能有几年的时间通过支付给员工少于市场价值的工资获得投资的一些收益。

匹配度。如果一家公司只为其挑选的少数员工支付学费，那一种解释可能是这些员工跟该公司的匹配度很高。该公司希望这些员工可以在公司里待很多年，并且将其向关键职位方向培养。在这种情况下，该公司预期如果该员工有意向留在公司里，那公司就可以获得投资的一些收益。关键是，公司和员工共享教育投资的收益。这跟我们稍后对公司专用性人力资本的投资道理相仿。然而，其特异性在于技能，而不是匹配度。

招聘。我们在第 13 章中会讨论收益问题。简单地说，提供一定的收益可能会使应聘者在招聘的过程中产生有用的自我选择。例如，联合包裹服务公司（UPS）为它的员工报销学费。大部分员工上大学的学费并不昂贵，所以这一措施的开支并不大。其中一项好处可能会是联合包裹服务公司能吸引一批工作努力、积极向上的员工。另一项好处是员工一般会很年轻，而联合包裹服务公司正是需要能够在工作中承担运送沉重包裹的员工。

套利。如果为教育或培训支付费用存在税收优惠的话，那与员工付费相比，公司为学校教育付费存在着成本优势。

除了这些种类的特殊情况，公司一般不会也不应为员工的教育投资。注意这正是我们在前两章讲的风险聘用、筛选和信号传递时用到的逻辑。公司在与员工外部市场价值匹配时总是承受着压力。任何会使外部价值上升的因素都会迫使公司涨薪。教育与通用性人力资本便是其中的两个例子。

这就是公司不会广泛开展正式教育项目的原因，而且学校也以独立机构的形式存在。下面的例子，数据控制机构很清楚地展现了这一点，而威普罗科技公司提供了一种相反的方法，这种方法在大多数国家都不太可能运作。

数据控制机构

数据控制公司（Control Data Corporation）是超级计算机的首批制造者之一。在 20 世纪 60 年代，它们生产的电脑中有很多是世界上运行最快的电脑。1965 年，它们建立了一所名叫数据控制机构的部门来为它们的电脑培养操作员。数据控制机构提供行业内最好的培训。这也不足为奇，因为正是数据控制公司制造了该培训所用的电脑。

数据控制公司发现很大一部分在数据控制机构接受过培训的员工都离开了公司，为竞争者或客户服务了。这是因为这项培训的内容很大部分上是通用性人力资本，因此在劳动力市场中适用范围很广。1989 年，数据控制公司决定将数据控制机构分割出来并建成一所独立的培训公司。

威普罗科技公司

随着技术公司的爆炸式增长和大部分内容为通用性人力资本的软件设计工作培训的普及，印度的一些软件公司发现招募员工非常困难。多数公司要求新招募的员工要签下保证在该公司工作满一定时间的契约。而威普罗科技公司（Wipro Technologies）则在此基础上又往前迈了一步。

威普罗科技公司要求每一位新雇员工提供 75 000 印度卢比（相当于 1 400 美元）的存款，然后才给新员工发雇用函。这笔资金将被存在银行里。无力支付这笔钱的员工可以向银行借款。

工程类员工只有在完成威普罗科技公司为期三个月的培训并在之后工作至少 12 个月才可以收回这笔资金及可能产生的利息。持有科学学历的员工要接受 6 个月的培训，并且要在之后工作满 18 个月才能收回这笔资金。

威普罗科技公司报告说这一项目并没有对它的校园招聘产生不利影响。

资料来源：rediff.com，January 22，2005.

☐ 在职培训

通用性人力资本。现在考虑一下谁为在职培训付费？先考虑一下技能为通用性人力资本的极端情况。也就是说，现在的雇主与**其他的雇主**对该培训同等重视。这种情况下，逻辑与教育投资相同。当员工接受该培训后，他的市场价值就会上升。培训一旦完成，公司就需付给该员工更多的工资，或面临该员工离开的风险。因此，一般的法则是，**如果该技能是完全的通用性人力资本，那该员工应该为该投资付全款，并接受其100%的收益**。

部分或全部为公司专用性人力资本。更为实际的情况是现在的雇主与劳动力市场对在职培训的重视程度不同。投资于 Java 或税务技巧的程序员便是一个例子。在那个例子中，尽管对于劳动力市场，培训也有价值，但在接受培训后，该员工的外部价值要低于他的内部价值。大部分的在职培训都有这层意思，它往往至少是集中于当前工作对技能的要求。那这个例子中又会发生什么呢？

设想一下，软件程序员的投资计划如图 3－3 所示。设想他留在现在公司的可能性很大，最好的投资选择是中间一项，即培训内容为 Java 和税务两项。培训有两个阶段——培训和岗位培训。简化起见，我们忽略掉折现率的影响。如果这名员工不接受培训，他每个阶段每月的生产率是 $H＝10\ 000$ 美元。

如果他接受该培训，那他在第一阶段的直接和间接花费（$C＋F$）为 5 000 美元。那么他的净生产率会是 $H－C－F＝5\ 000$ 美元。这由他培训期间的实线表示。这期间的培训花费由虚线和实线之间的阴影部分表示。

培训结束后，这名员工的生产率在公司上升到 15 200 美元，而在整个劳动力市场上升到 14 400 美元。这些数据是由原生产率 10 000 美元与培训后的生产率上升值相加而得。在图 3－3 中，这两组生产率是岗位培训期间虚线以上的两条实线。14 400 美元的实线与 10 000 美元的虚线之间颜色略浅的阴影区域代表员工**离开**公司的投资回报。

人事经济学实务（第二版）

这块区域**加上**它上面颜色深一些的阴影区代表员工**留**在该公司的投资回报，也就是15 200美元实线与虚线之间的区域。因为如果他留在公司的话教育投资回报会大一些，所以该投资在一定程度上是特定公司的。

只有有理由相信员工会留在公司，这项投资对于公司才会是有利可图的。员工与公司有动机找出进行这项投资的方法，并且让员工在第二阶段留在公司。

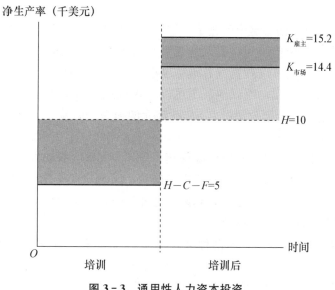

图 3-3 通用性人力资本投资

假设情况像教育与单纯的通用性人力资本，员工支付投资费用，期待能在第二阶段收获回报。换句话说，也就是假设公司同意在各个阶段支付给员工与其生产率相等的工资。据此，公司在各个阶段都没有收获或损失什么。在第一阶段，员工蒙受损失（他的工资比他能够在别的地方赚得少5 000美元）。然而在第二阶段，他却获得了盈利（他的工资比他能够在别的地方赚得多5 200美元）。

考虑一下投资**之后**的情况（因此投资现在是沉没成本）。该公司现在该怎么做？如果它支付15 200美元，则多于留住该员工所需的工资。该员工在别处只能赚到14 400美元。因此，公司可能在此次投资后支付给该员工稍微多于14 400美元的工资。该员工应严肃考虑一下这份低收入水平的工作，因为公司可能会以炒掉他作为威胁，毕竟他在别的地方只能拿到14 400美元的工资。

换句话说，**公司可能会收回自己的承诺，并且在投资完成后重新与员工谈判**。为什么呢？因为如果公司真的支付少于15 200美元的工资，那它就能从员工的投资中攫取一些利益。

如果你正在考虑是否要接受这样的合同，那你应该预见这一风险。如果你预见到了，你会不愿意做出投资决定。那这就是一种遗憾了，因为这可能是一次有利可图的投资。但你选择不投资的原因可能是担心公司会从你的投资中窃取部分利益。

这是很多投资环境下都会产生的普遍问题，经济学家们通常将之称为**套牢问题**（holdup problem）。如果一方做出投资并期待之后能从中获益，而另一方则试图在投资完成后重新协商，问题便产生了。如果这样的风险是可预期的，那一方就可能因为担心他在以后被迫重新谈判时会丧失部分或者全部的收益进而不进行该投资。

如果你不愿意进行投资，我们能不能通过公司投资、公司受益的方式来解决问题呢？换句话说，如果公司在提供培训的同时只同意为员工支付投资之前可获得的工资（每阶段 10 000 美元），那会怎样呢？然后公司会承担培训成本，因为培训期间员工的生产率会低于公司所支付的工资。公司同样会得到好处，因为培训后员工的生产率会有所提升。

你已经可以为自己回答这个问题了：这样做同样会面临重新谈判的风险。一旦投资完成，员工会试着为高于 10 000 美元的工资重新谈判，毕竟他的市场价值已经上升到了 14 400 美元，因此他可以理直气壮地威胁公司要离开。此外，他对于该公司的价值已经上涨到了 15 200 美元，所以他甚至可以要求接近于这个数的工资。公司会想要跟他谈判，因为他的离开会给公司带来 5 200 美元的损失。但是一旦公司这样做了，员工便会从公司的投资中获利。

无论是哪一方做出投资并希望以此获利，另外一方都会有动机失信于人并试着在培训费用支付后重新谈判。投资者会被迫重新谈判，因为一旦双方关系破裂，投资者就会面临更大的损失。不幸的是，**重新谈判风险**会降低投资的预期回报，并可能会降低到一个双方都不愿意进行该项投资的点。

我们该如何解决这个问题？有两种可能。第一种是依赖一方或者双方的信用。我们会在第 15 章中讨论这个问题。第二种是**分摊投资的成本与回报**。图 3-4 是该方法的一个例子。在这个例子中，成本通过培训期间支付特定数额工资的方式进行分摊，该数额 W_1 介于实际净生产率和员工培训后的生产率之间（如果是五五分成，则 $W_1 = 7.5$）。分摊成本能够在第一阶段降低投资风险，因为这时没有多少可以损失的利益。培训后，收益可以通过设置 W_2 数值的方式分摊，W_2 设定在员工实际生产率和该员工在别处可以拿到的工资之间（如果是五五分成，则 $W_2 = 14.8$）。分割收益降低了（尽管没有消除）重新协商的意图。此外，因为关系的破裂对于双方都是损失，因此双方都会尽量避免重新协商。

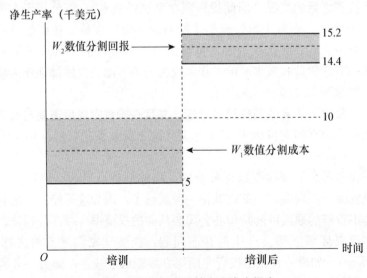

图 3-4　公司专用性人力资本投资

因此，公司专用性人力资本投资比起纯粹的通用性人力资本或者教育投资，前者很可能是不同的。公司专用性人力资本投资更可能是由员工和公司分摊。这意味着在培训期间，员工的工资会少于他在别处可能赚到的钱，但多于他的生产率。培训结束后，公司为他支付的工资会比他在别处可能赚到的多，但比他的生产率少。

□ 在职培训的含义

对于雇用关系，在职培训有很多重要的含义。之前我们已经分析了对它的投资并探讨了谁为之付款及谁获得收益的问题，现在我们来看一下它的含义。

在细致讨论这些含义之前，请记住，在职培训的范围很广，从纯粹的通用性人力资本培训——该类培训与其在公司外其他工作上的价值相等——到纯粹的公司专用性人力资本培训——该类培训在公司外没有任何价值。人们在大学中受到的教育几乎无一例外是纯粹的通用性人力资本。在职培训几乎总是混合型的，甚至高度集中于现在工作的在职培训在员工离开公司后也会对他们有益，只是益处有所减少罢了。因此，我们将探讨一些通用性和公司专用性特征兼具但一方相对较强的培训。

□ 人员流动率

在职培训最重要的一项含义与人员流动率有关。如果培训完全是通用性的，那公司**便不会在意人员流动率**（忽略换掉该员工的成本）。公司没有做出任何投资，也没有获得任何培训回报，所以即使该员工离开，公司也没有任何损失。类似地，员工自己承担全部的投资成本，所以如果他换工作，公司也没有任何损失。

与之不同的是，在职培训越是公司所特有的，那公司和员工就越关心人员流动率的问题。因为双方在特定公司的培训中都进行了投资，如果此员工离开，双方都会蒙受损失。因此，如果公司说他们担心会丧失对员工的投资，那相对来讲他们所说的一定是公司专用性人力资本投资。

这对公司如何看待员工有很重要的影响。如果在职培训是通用性的或者对公司并不重要，那么除了人员分类的考虑，公司多数时候会通过现货市场类型的交易来雇用员工。然而，一旦公司专用性人力资本培训起了作用，员工与公司之间便有了一种**关系**。双方都想再投资并维持这样的关系。经常被用来描述该关系的术语是公司强调**内部劳动力市场**。某公司对员工混合技能的要求越是特殊，这种雇用观点便会变得越重要。我们将会在第 15 章继续探讨这一观点。

□ 投资

一家公司内的员工流动率越低，员工便越倾向于对现有工作和雇主需求强烈的混合技能进行投资。员工流动率越高，员工越倾向于投资于容易在别的公司中得到应用的技能。因此，需要特殊混合技能的公司一般会采取降低员工流动率的措施。

投资模式应因员工任期的差别而有所不同。一位员工在一家公司待的时间越长，他便更可能投资于与该公司需求密切的技能。这增加了他留在该公司的可能，也增强了他做出更多公司专用性技能投资的倾向。因此，随着工作任期的延长，员工倾向于为现有工作做出更多的投资。

□ 薪酬

这些观点中也有薪酬层面的含义。首先，因为大部分的工作都会提供一些在职培训，所以随着一个人在劳动力市场中经验的增加，他的薪酬也会随之增长。其次，除去全部经验对收入的影响，公司内任期长的员工的收入会高于任期短的员工，因为前者的技能与公司所需要的混合技能更加接近，也因为他们会在之前的特定公司技能的投资中受益。

最后，一位员工的技能越是公司所特有的，那他换工作时所失去的收入就会越多，因为与一份潜在的新工作相比，他的技能更适合现有的工作。离开现在公司的预期收入减少得越多，该员工离开这家公司的可能性就越低。这是因为员工越是倾向于投资公司专用性的技能，他便越打算留在现在公司。

□ 劳动力市场活跃度

人们有时会用交易活跃或不活跃来形容劳动力市场。活跃市场中，员工会比较容易找到一份很重视他技能的新工作。不活跃市场则与之相反。一般来讲，劳动力市场的活跃度取决于他工作的职位。在大部分城市中，律师的工作需求会比学术经济学家多。同时，活跃度也取决于商业周期。如果经济处于衰退状态，招聘的公司很少，那员工便很难找到一份与现在的工作薪酬相近的工作。而当经济状况改善，尤其是刚开始抬头时，状况则正好相反。此外，当员工为了一份工作搬家到工作地点而产生成本时，劳动力市场活跃度也会受到当地经济规模的影响。

最后，市场活跃度也取决于员工的混合技能：他的工作技能越特殊，劳动力市场交易则越不活跃。这一逻辑显示了通用性和公司专用性人力资本的概念的内生性——它取决于劳动力市场的活跃度。劳动力市场越活跃，员工技能的公司专用性会越弱，反之亦然。

□ 公司规模

大公司的员工一般会在特定公司混合技能上做更多投资，这一现象有两个原因。首先，根据经验，大公司的员工流动率一般低于小公司。其次，大公司更能为内部想换工作的员工找到其他的职位。实际上，规模很大的公司有时会有相对正式的内部劳动力市场，人力资源部会积极地发布招聘信息，寻找内部员工来填补职位空缺。在公司内部职位间混合技能需求相似的前提下，这样的做法对于就职于大公司的员工来说增大了其技能的市场活跃度。

租金分摊与薪酬

教育投资与信息传递的概念使我们能够简单地探讨一下薪酬的整体水平。在这里，薪酬指的是金钱和员工的其他收益。其他收益对于员工是有价值的，所以员工为了获得公司给出的其他收益宁愿接受较低的工资。

薪酬的整体水平是由什么决定呢？抽象来讲，若公司之间是完全竞争的，那么它们在员工身上获得的利润应为零。这并不是说公司不获得会计利润、股东回报等等，而只是意味着公司从雇用员工身上获得的会计利润水平与其他公司几乎相等。

相似地，员工之间的完全竞争也应该意味着员工在不同公司的薪酬几乎相等。

当这两种状况都发生时，员工和公司则分别会在很大程度上对为谁工作，雇谁工作及员工流动率置之不顾了。这与纯粹的通用性人力资本投资相似。设有相似职位的公司的待遇水平将会保持一致，该待遇水平也会与该员工对公司输出的边际价值相等。

很显然，这样的情况并不符合实际，但它不失为一种有用的理论基础。实际上，员工的工作变动当然会引起公司收入上的损失。而雇主通常不希望失去大部分的员工。这一判断意味着，跟在另外一家公司工作或雇用另外一名员工相比，员工与公司双方在与对方一起工作的过程中都有收益（这一收益在正式的经济学术语中被称为**租金**）。这里便出现了两个问题：首先，这一租金的来源在哪？其次，它是否意味着劳动力市场并不是完全竞争的？

这一章我们介绍了员工留在现有公司能给员工和公司带来额外收入的两个原因。第一个是匹配度。如果员工因为一些原因尤其适合一家公司，那么他留在这家公司便会给自己带来收益。然而，这实际上是对完全竞争理论的一种违背，因为这暗示该公司和该员工都无法找到彼此的完美替代者。在这种情况下，一些垄断利润便会产生。

员工留在现有公司会产生额外利益的第二个原因是公司专用性人力资本培训。然而，在这一状况下，劳动力市场对于员工和公司来讲仍然可以是完全竞争的。公司在做出最初工作邀请的时候，竞价的情况仍会发生。例如，公司会为提供给工作申请者的培训机会方面彼此竞争。工作申请者会就他们在某一公司愿意接受的工资或工作的其他方面彼此竞争。一旦做出公司专用性人力资本培训投资，那双方之间一起工作便会产生利润。然而，就总投资而言，竞争仍可存在。

公司与员工共同工作会分摊租金这其中还有其他原因。例如，双方在寻找新工作或新员工的过程中都会消耗资源。寻找新工作或者替换已有员工有时代价会很大。因此，对于双方而言，结束雇用关系对于双方都会造成损失。这跟匹配度及公司专用性人力资本中提到的很相似。重申一下，找工作和雇用新员工的利润在竞争中可能会被归零。这是另外一种与信号传递及培训相似的投资。一旦产生了成本并找到了匹配的工作，投资回报便产生了。如果找工作或雇用员工的成本很高，那这高昂的成本便会成为工作协议达成后公司与员工都会得到盈余的原因。

这里的关键词是**分摊**。二者一起工作一旦产生租金或共同盈余，公司与员工如何分摊该租金的问题便产生了。如我们所见，分摊方法在**雇用的时候**，也就是显性和隐性合同条款制定的时候便决定了。分摊方法取决于协商结果，而协商结果一定程度上取决于公司和员工的谈判水平，同时也取决于我们已经提到过的经济因素。

成本与利润的分摊方法中需要考虑的一点是增强双方做出正确举动的动机。员工通常会为信号传递付钱，这会促使他在申请工作时做出有效的自我选择。相比较而言，双方会分摊特定的投资，以减少以后重新谈判的动机。

另一项需要考虑的是双方的谈判能力。如果公司之间的竞争很激烈，员工会倾向于获得任何潜在利润的大部分。如果相似员工很多，那公司则能够获得大部分的利润，因为员工之间会存在竞争。

第三项需要考虑的是双方的名誉。我们会在下面简单地介绍这一点，并在第15章中进行更详尽的探讨。

这一部分的要点是员工与公司一旦决定一起工作便希望能长期保持关系的几点原因。这些有时会被称为租金、准租金或盈余。它们可能会影响员工流动和签订复杂雇用合同的动机。同时这也意味着待遇的整体水平经常是不确定的，因为这取决于公司与员工之间复杂的谈判过程。

为论证这一论点，在接下来几章的例子中，我们会假设劳动力市场是完全竞争的。这一假设在所有的例子中并不关键，它只是为了能够使论点看起来更直接的简化方法。当你看到这些事例时，你可以想象员工和公司的盈余有其他的来源，如果是这样，那他们之间可能会存在分享该盈余的谈判方式。

隐性契约

与当前公司相关的在职培训以及知识产权是一种更为普遍的特例。**只要**员工在公司工作并且双方做出了产生利润的投资，这种投资便是**关系专用投资**，这种现象在商业领域非常常见。设想共同开设合资公司的两家公司，如果他们终止了关系，合资公司的利润便丧失了。相似地，共同开设公司的双方在建立公司的时刻便产生了关系专用投资（只要他们一起合作，公司利润会随之增长）。

我们对特定公司培训的分析包括一点：公司与员工共担投资。在之后，一方投资希望能够获得收益，而另一方则试图在投资后重新谈判的时候，利润分割减小套牢问题的风险。不幸的是，这一问题无法通过利润分割完全消除。

我们在第2章中提到因为信用缺失而引起的类似案例。试用期内公司做出承诺，即在试用期结束后给予工作申请者高于其生产率的薪酬，以促进其进行自我选择。这意味着公司可能会在试用期结束后遭受损失。[1] 我们没有讨论到的是员工一旦被甄选，公司便有可能毁约。如果这种情况发生的可能性很高，能力很强的员工在一开始便不会愿意申请该工作。

因此，我们遇到了一种新的情况：套牢问题会阻止我们解决正常工作中遇到的问题。这种担忧在任何特定公司的投资关系中都会出现。我们可以做什么来减少套牢问题吗？

合资公司中存在一种直接的解决方法：两家公司可以选择合并。一旦进行合并，他们便没有了利益冲突，也可继续投资。[2] 很显然，在雇用关系中，合并是不可能的，所以这对于在职培训没有多大帮助。

另一种解决的办法是在正式合同中列明所有情况（例如离职金与非竞争性协议）下的公司与员工的支付与收益方法。这会促使双方遵守约定。

另一相关的方法是依赖政府法规和习惯法。在多数经济体中，雇用行为是受到高度控制和管理的。这些法规可能会防止公司或（更可能是）员工重新协商。例如，在多数

---

① 不一定是账面亏损，可能是经济损失。公司支付给该员工的薪酬可能超过其他没有试用期制的公司给类似生产率员工的薪酬。

② 费希博德公司（Fisher Body Works）的例子是MBA战略课程中的重要部分。在这个例子中，通用汽车公司希望费希博德公司建立一家专门与其合作的工厂，这是一种关系专用投资。为了解决套牢问题，通用汽车公司最终购买了费希博德公司。很显然，这种故事很多都是虚构的（Casadesus-Masanell & Spulber，2000），但这不失为说明并购是如何能解决套牢问题的好例子。

城市里，公司并不完全控制员工的养老基金。这对于员工来讲减小了公司收回所承诺薪酬的风险。

不幸的是，雇用关系非常复杂且难以预测，要靠订立合同，设计法律或公正裁决来涵盖所有不可预期状况通常是不可能的。那除此之外我们还能做什么呢？

一种减少套牢问题的方式是依赖**隐性契约**。在我们的例子中，公司承诺如果员工表现好或者员工投资于公司专用性技能，公司将对员工做出奖励。如果员工有理由相信公司会履行承诺，那他会愿意这样做。

这种方法被称为隐性契约，因为它与正式契约或法则有明显的区别——它是在法律系统中难以或不能被施行的雇用关系的一部分。[①] 当法律系统不适用时，关系专用投资中的双方必须依靠信赖、名誉或相似的机制来达成可靠的关系。

我们会数次看到该问题的出现，例如，大部分奖励制度需要一些主观评价因素。因为主观评价无法轻易获得独立的评判，隐性契约便成为管理激励机制中重要的部分。该话题会在第 15 章中得到正式广泛的讨论，现在只是简单地介绍。

▌本章回顾

这一章中我们讨论了对员工技能的投资。教育与在职培训几乎是经济体最重要的投资。古往今来，尤其是近些年来，这些投资都回报丰厚。我们也讨论了影响教育投资的因素。

教育增强人力资本。人力资本有两种类型：通用性人力资本和公司专用性人力资本。通用性人力资本是为众多雇主所需要的技能或知识（拥有活跃的市场），而公司专用性人力资本是在某一雇主那有特殊价值的技能或知识。培训会涉及一些更像是通用性人力资本的内容，也会涉及一些更像是公司专用性人力资本的内容。

我们之后讨论了谁该为培训支付成本的问题。我们说员工应该为通用性人力资本培训付款，并且在培训期间接受比在别处能拿到的薪酬要少。之后该员工便可在加薪升职中获得投资回报。

如果这能成真，那公司实际上就是在向员工**出售一项服务**——培训。我们之前看到过类似的直观例子——公司在处理员工分类、识别最优秀员工的过程中效率非常高，这也算是为员工提供了一项服务。这很有趣，因为它换位思考了雇用关系。这不仅仅是员工在向公司出售服务，很多时候也是公司向员工出售有价值的东西。我们会在工作设计和绩效薪酬的章节中再次看到这一点。这说明员工和公司之间良性契约的根本就是要将双方的总收益最大化。这一点应该是首要的，然后我们才该分析如何划分收益（这也取决于像激励、公司竞争压力和劳动力市场约束等问题）。

由员工隐性支付通用性人力资本的在职培训意味着不是所有公司都会投资于员工的技能。如果公司员工的劳动力市场交易活跃，那员工应该自己支付技能培训费用，公司则不用过于关心员工流动率的问题。

---

① 有时也会用其他术语如关系契约和心理契约来形容。

当人力资本是公司专用性人力资本时，培训成本由谁负担则会变得复杂。如果由员工来付款，那他则面临着公司试图重新谈判风险或收回培训后涨薪承诺风险。如果公司为培训付款，那公司会面临员工做出同样行为的风险。这是套牢问题的一种。当关系专用投资做出后，一方试图重新谈判时，这种问题就会出现。

然而，当员工的混合技能与工作需求高度匹配时，员工的生产率会更高。因为大部分工作在一定程度上都是有其特殊性的，所以最佳的在职培训通常都是公司所特有的。当这种情况发生时，一些需要考虑的问题就出现了。为了减少套牢问题，员工和公司往往会分摊投资的成本和收益。员工流动也因此对双方都变得昂贵，他们也因此希望能保持长期的关系。员工在公司待的时间越长，彼此之间的投资就越多，而这更增强了这种影响。

对技能的投资随着员工市场交易活跃度的变化而变化。当市场较活跃时，技能更接近于人力资本两极中通用性的一端。大部分的此类技能培训是由大学等培训机构来完成的，而不是在工作中实现的。这样的投资几乎总是由员工付款并享受回报（社会一般会资助此类投资）。然而，有些技能在就职期间通过实践学习最有效。在这种情况下，公司可能会为员工提供此类培训。

由于为复杂的雇用关系指定的合同一般是不完整的，所以当涉及关系专用投资时，声誉与信任便是公司与员工提高经济关系价值的重要手段。因此，在技能投资对于特定雇主来讲更为特殊和匹配时，雇主会实行相应的政策，以巩固员工在公司职级底层得到雇用，并通过长期工作晋升为公司职级上层的内部劳动力市场。相对来讲，如果公司相对于其他雇主对该技能投资的需求相似，那公司会采取一种更为严苛的开除方法，因为员工流动成本并不高。简单来讲，不同的环境下公司应采取不同的措施来处理雇用关系。

在本书的前三章，我们看到了员工与公司之间从简单到复杂的经济关系图谱。我们从想象员工在现货市场中得到报酬开始，发现在那种状况下他的薪酬与其生产率大约相符。之后我们很快分析了分阶段聘用合同，分析了风险雇用的选择价值以及如何给员工分类。下一步是分析对工作技能的投资，一般是联合投资。最后，我们增加了雇用关系隐性契约的概念。

隐性契约的概念让我们看到了机构设计模型这一难题中的一角。有时很多被归为人力软管理的问题都属于这一范畴。尽管要为所有问题建立综合的形式模型并不容易，在第15章中我们能建立一个经济框架，以此促进你对如名誉、声誉以及企业文化等问题的理解。

思考题

1. 为什么在大学学到的技能通常都是通用性人力资本的说法是一条好的经验法则？

2. 想想你曾经做过的工作，其中用到的技能是公司专用性人力资本还是通用性人力资本？为什么？

3. 如果一家公司要求员工投资于公司专用性的混合技能，公司会有成本吗？一家公司是否应该为了员工能学到适合当前市场状况的技能而开设新的工作岗位？为什么？

4. 有些公司招聘低层岗位员工，对其进行广泛的培训并与之建立长期关系。还有些公司强制性地淘汰员工。什么样的公司会朝着这两个极端方向发展？为什么？试着尽可能多地列出这些公司的特征。

5. 有些公司招聘低层岗位员工，对其进行广泛的培训然后强制性地通过非升即走法淘汰很多员工。这样的政策如何能给一家公司带来利润？

6. 什么是套牢问题？套牢问题是怎样产生的？你能给出例子吗（比如说体育界或者娱乐圈内的套牢问题）？避免套牢问题有什么可能的方法？

参考文献

Casadesus-Masanell, Ramon & Daniel Spulber (2000). "The Fable of Fisher Body." *Journal of Law & Economics* 43 (1): 67−104.

Lazear, Edward (2006). "Firm-Specific Human Capital: A Skill-Weights Approach." Working paper, National Bureau of Economic Research.

U. S. Department of Labor, Bureau of Labor Statistics (various years). *Current Population Survey*.

延伸阅读

Becker, Gary (1975). *Human Capital: A Theoretical and Empirical Analysis, with Special Reference to Education*. New York: Columbia University Press for the National Bureau of Economic Research.

Mincer, Jacob (1974). *Schooling, Experience & Earnings*. New York: Columbia University Press for the National Bureau of Economic Research.

Murphy, Kevin (1986). "Specialization and Human Capital." PhD thesis, Department of Economics, University of Chicago.

Murphy, Kevin & Finis Welch (1991). "The Structure of Wages." *Quarterly Journal of Economics* 107: 285−326.

附　　录

在附录中，我们呈现的是一个关于在职培训投资的简单模型。关于更多细节，可以查看拉齐尔（Lazear, 2006）文献。

我们会提取投资谈判的要点。为简洁起见，我们假定公司与员工分摊投资的成本与回报。此外，因为是提取谈判的要点，我们会认为投资的决定是员工做出的。当然，如果谈判有效，在公司与员工的谈判过程中将会产生最优投资决定。

一位员工投资于 F（Java）与 T（税务），成本是 $\frac{1}{2}(F^2+T^2)$，这两项技能对于不同的雇主有不同的相对价值。假设 λ 代表该公司给予 F 技能的权重，而 $1-\lambda$ 是公司给予技能 T 的权重。这样，该员工在现在的公司能够赚得的潜在收入是：

$$W=\lambda F+(1-\lambda)T$$

其他公司确定的薪酬相同，但是权重 λ 则各不相同。其中存在两个阶段，第一阶段，工人投资在职培训。第二个阶段，他可能换工作也可能不换工作，工作中也没有再做出新的投资。该员工下一阶段会留在该公司的可能性用 p 来表示。这样，该员工选择技能 F 和 T 来将其净收入最大化：

$$\max_{F,T} p[\lambda F+(1-\lambda)T]+(1-p)[\bar{\lambda}F+(1-\bar{\lambda})T]-\frac{1}{2}(F^2+T^2)$$

在公式中 $\bar{\lambda}$ 代表其他的潜在公司在 Java 技能上的预期权重。其一阶条件是：

$$p\lambda+(1-p)\bar{\lambda}-F=0$$
$$p(1-\lambda)+(1-p)(1-\bar{\lambda})-T=0$$

投资是公司内外相关技能价值的加权平均数，其权重取决于**离职**的可能性。可以很直观地得到，如果 $p=1$，那么该员工留在公司是确定的，唯一起作用的技能价值是 λ，也就是该员工 F 技能的相对价值。如果 $p=0$，那么该员工便肯定会离开公司，当前公司对于该技能的估值便无足轻重了。这种情况下，只有 $\bar{\lambda}$ 会起作用。

我们将投资技能的最优价值表示为：F^* 和 T^*。现在来考虑一下，对于在投资之后换到另外一家公司的员工来讲会发生什么。我们用 W' 表示该员工在第二家公司的薪酬，新公司给予技能 F 的权重是 λ'，员工收入的变化则可表示为：

$$W'-W=(\lambda'-\lambda)(F^*-T^*)$$

该方程的值并不确定。典型的情况是员工离职的可能性相对很低，员工的投资侧重于该公司重视的技能。然而，如果员工离职的可能性很高，或者现在公司对技能的相对估值又与其他公司无异，那该员工的投资则倾向于接近 $\bar{\lambda}$。如果真是这样，那员工离开这家公司会造成收入上的增长。可以看出，在任何情况下，换工作导致的收入变化会随着员工在下一阶段离开公司的可能性而缩小（Lazear，2006）。

很显然，市场活跃度的增加会促使员工以一种与现有公司对技能的相对估值相一致的方式进行投资。这种状况得以存在的原因是，当市场活跃时，员工实际上会从其他公司中获得 λ 的额外随机收益。该员工也更可能找到与现有工作类似的工作，这也就减小了原雇主对技能估值的特殊性。换句话说，人力资本的公司专用性就市场活跃度而言是内生的。

最后，我们将该模型扩展到三个或四个阶段。想象距退休还有两至三个阶段的员工，他们投资于现有雇主所重视的价值的动机相对要小。这是因为，在还剩下一个阶段时，员工换工作的可能性更高。这其中包含着一项有趣的含义——员工在职培训的公司专用性会随其在公司内任期的延长而增强——投资变得更加特殊，并且在劳动力市场中的一般适用性会减小。

第4章

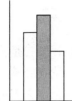

管理员工流动

你是最弱的一环，再见。

——英国流行电视游戏秀《最弱的一环》的口号

■ 本章引言

　　本书想要阐明的是没有任何一种方法对所有公司都适用。在前面三章中，我们对录用新员工、工作设计（薪酬、适用度、甄选和提升）、技能投资进行了经济学上的分析。公司在总体战略上的差别是非常大的，在一些公司，员工流动被认为是非常正常的，因为这为公司带来了新鲜的血液，有助于公司发现人才，然而由于公司在员工技能上的投资很大，员工流动所带来的成本非常高。

　　几个经济学概念在招聘时应用较多，包括逆向选择、信号传递和关系专用性投资。

　　这一章我们会利用经济学工具来分析员工管理的相关问题。前两章主要阐明了如何招聘员工，这章主要阐明如何发展员工的才能以便促进其在专业技术上的进步，提高他们的生产率。在什么条件下，公司需要员工流动呢？公司如何实现对员工的有效管理呢？当我们试图从竞争者手中雇用员工时，我们的分析大都注重员工流动，那么员工流动是好还是坏呢？

员工流动的好坏

员工流动分两种情况：第一是公司裁员，员工不得不离职；第二是公司对定期员工流动的需求。后面我们会谈到裁员问题，在这一部分，我们讨论在经营环境正常的情况下，影响公司员工流动的因素。每个公司都存在员工流动的现象，关键的问题是员工流动的数量和种类。

在考虑员工流动时，分析问题的角度非常重要。[①] 我们是应该从整个公司的角度分析员工流动呢，还是应该针对不同的工作采取不同的方法呢？例如，我们是应该从整个组织的角度考虑员工流动还是应随着情况的变化而改变考虑角度呢？通常，我们选择后者。不同的工作的特征不同，一些工作确实需要员工流动，然而对于另一些工作，公司期望把员工流动控制在最低程度。整个组织中存在不同的工作类型，我们刚才讨论的一些方法适用于公司中的一些工作，但不一定适用于公司的其他工作。实际上，由于职业特征、等级层次等因素的影响，大多数公司中的不同类型工作的员工流动率是不同的。

□ 甄选的重要性

鼓励员工流动的重要原因之一就是通过员工流动，公司能够甄选员工。公司每段时期都能通过甄选发现一些有才能的员工，进而提升公司的员工质量。此时公司在确定职位候选人时的选择越多，公司发现人才的概率就越大。甄选可以提高员工与公司职位的匹配度。

当然，甄选只有在能够识别员工能力时才有价值，因而公司需要对员工进行深入了解。员工能力类型越多，公司对其了解就越肤浅，例如，员工流动对年轻、入职时间较短的员工就非常有帮助。在一定程度上，对新上岗的员工来说，是否适应新工作是不确定的，因此员工流动也是必要的。

当员工能力差别很小，而员工与工作的匹配度对员工的生产率或公司的成本产生很大影响时，甄选是很有价值的。因而，比较看重能力的工作通常有较高的员工流动率，因为只有通过不断地甄选才能找到最佳的人选。

总而言之，员工流动是非常重要的，特别是在员工职业生涯的早期，在专业服务公司和学术机构，这些单位的员工的知识水平都比较高，他们的想法和创造性非常重要，能力上的微小区别就会起到很大的杠杆作用。员工在公司试用期的竞争相当激烈。这些公司大都采取了"非升即走"的制度，因为只有这样公司才能甄选出有才能的员工。

□ 技术变革

员工流动的重要优势就是它为组织带来了新鲜的血液。新员工有新的见解和不同的视角，了解最新的思想以及科技或者其他行业的发展情况。

因此，产业的科技进步越快，员工流动率越高，这在计算机和电信产业表现得比较

---

① 实际上，我们在背景介绍中对这个问题进行了分析：是否存在人事政策的万全之策，还是对不同的工作、不同的员工采取不同的人事政策？这其实是一个分权和集权的问题，这也是下面两章我们要讨论的问题。

明显。公司可以通过雇用其他公司的员工来实现员工流动，这对公司是有利的，因为通过员工流动可以从竞争者那里获得创新的想法（由于员工竞业限制协议的不完善）。此外，雇用**更年轻的**员工对公司也是有利的，因为年轻员工在大学或研究生阶段学到了最新的技术。

公司内存在年轻员工和年老员工的最佳组合。年轻员工尽管为公司带来了新想法和先进科技，但老员工对业务的理解更深，更有能力利用年轻员工带来的新想法和先进科技来开展工作。从这个意义上讲，两类人员可以进行交叉培训或合作。一定程度上，公司需要的技能是专业性的，这是新员工在学校学不到的（假设经营业务比较特殊），因此将年轻员工和年老员工组织在一起进行培训，公司的收益更大。

□ 组织变革

组织变革得益于员工流动。一定程度上，员工是公司的业务专家，但是如果公司改变经营策略，一些员工就不再适应公司的工作了。

公司可以从低层雇用和提拔员工，从而发展员工的专业人力资本。然而，整个产业如果经历重大的变革，公司可能会遇到严重的问题，因为公司的组织管理是内部发展起来的，对其他组织方式没有一点经验。由于公司的过去很成功，对公司外的事情少有接触，有时公司甚至不会意识到他们将面临的问题，为了避免这种问题，公司在各个层次持续引进有外来经验的员工是非常有益的。[①] 持续引进外来员工的公司更可能认识到环境的变化，从而有效地去适应环境的变化。

□ 等级结构

当组织结构中的某层次迅速缩小时，公司就会出现较高的员工流动率。如第 2 章开头处表 2-1 所示，第二列显示了阿珂姆公司不同层次上的员工比例，层次 4 和层次 5 之间的等级结构急剧缩小（大致地说，就是中级管理层上升成了最高管理层），员工流动不可避免地发生了，因为对于层次 4 上的管理人员来说提升的机会较少。

实际上，这是阿珂姆公司有意为之的。层次 4 的管理人员会受到其以上层次不能提拔的管理人员的阻碍，对于层次 3 的管理人员来说，上升通道同样不通畅，这种影响最终会涉及层次 2 和层次 1。职位提升是绩效薪酬的一种重要形式，因此上述问题会削弱员工的积极性。再者，阿珂姆公司的员工得不到提拔，就可能会离职。晋升制度就像一个管道，有进有出才是其目标。

□ 公司专用性人力资本

如第 3 章所讨论的一样，如果只是通用性人力资本培训，在职学习是不会产生员工流动成本的；相反，公司培训专业化程度愈高，员工流动成本愈高。通常来讲，这些成本是由公司和员工个人来分摊的，因为两者是共同投资人，因此越是具有特定业务、经营方法和文化的公司越希望降低员工流动率；同样，对于知识产权起到关键作用的工

---

① 公司初次将业务推广到另外一个国家就是一个很好的例子，公司自己的管理层很可能不能深入了解跨境业务的许多问题，除非雇用一批拥有这些经验的员工。

作，降低员工流动率也是非常重要的；需要员工与客户建立紧密联系的岗位，员工流动的成本也比较高。

留住员工的策略

降低员工流动率的方法有很多，最常见的就是增加员工报酬。当然，这种方法很简单但成本较高。对于一些核心员工，在一些情况下，如果他们收到了其他公司的邀请，公司就要有相应的应对措施（参见下一部分）。

由于只有部分员工为组织创造价值或带来创新，所以公司要把核心员工当作合作者。核心员工拥有富有价值的知识或客户关系，他们的离职对公司的损害很大——特别是这些员工可能会加入竞争对手的团队中去，与公司直接竞争。

为了避免这个问题，公司可以在一定范围内给予员工股票、期权或其他的薪酬。在一些情况下，员工可以成为公司的合作伙伴，毕竟核心员工离职对公司的影响很大，这就是许多专业服务公司都是合伙公司的原因，所以**公司必须按市场价值支付重要员工的薪酬，否则他们就会离开公司**。

弗兰克·夸特隆的投资银行团队

弗兰克·夸特隆（Frank Quattrone）是硅谷历史上最早、最成功的投资银行家。他的职业生涯起于 1981 年摩根士丹利（Morgan Stanley）旧金山分部。夸特隆对硅谷的科技公司特别痴迷，他与这些公司的管理人员建立了良好的个人关系。夸特隆将自己的家也搬到了硅谷，最终在硅谷为摩根士丹利开设了第一家投资银行。凭借他和硅谷产业的紧密关系，他运作了多次著名的高收益公司的首次公开募股，其中包括硅谷图形公司（Silicon Graphics）、思科公司（Cisco）和网景公司（Netscape）。在当时，网景公司的首次公开募股是历史上最成功的一次，当天股价就上涨了 150％。

因为夸特隆领导下的摩根士丹利旧金山分部在硅谷投资银行界具有统治地位，夸特隆在公司内的权力越发扩大，他逐渐取得了分部的控制权。1996 年，当摩根士丹利拒绝夸特隆的一些要求时，他和他的整个科技投资银行团队集体退出了摩根士丹利，成立了德意志银行证券公司（Deutsche Bank Securities，Inc）的旧金山分部。1998 年，整个团队又加入了瑞士信贷第一波士顿公司（Credit Suisse First Boston，CSFB）。

瑞士信贷第一波士顿公司为夸特隆的团队提供了一项非常慷慨的激励计划：夸特隆团队只要带来的利润超过 1.5 亿美元，就提取该数额的 33％ 作为分红。从 1998 年到 2000 年，夸特隆的团队负责的首次公开募股几乎与他们的两个最大竞争对手——其中一个就是摩根士丹利——旗鼓相当。夸特隆团队是 20 世纪末助推瑞士信贷第一波士顿公司业绩增长的重要力量。

（夸特隆最终被指控证券诈骗，这导致了他的团队的垮台，也给瑞士信贷第一波士顿公司带来了严重的问题。）

资料来源：Himelstein，Hamm & Burrows（2003）。

公司可以采用什么措施使工作更符合员工的需要以此来留住特定员工呢？例如，弹性工作时间使得员工更容易追求其他的兴趣或更好地履行家庭责任。如果其他公司难以提供弹性工作时间，那么员工就倾向于留在公司。公司是否实施弹性工作时间取决于实施弹性工作时间的成本。

公司为有能力的员工提供新的机会，会降低员工寻找新工作的概率，这涉及在职培训、工作丰富化（第 7 章），或职位晋升。这些措施对公司是十分有益的，原因如下：第一，新的任务或职责会使得工作更加有趣；第二，培训增加了员工的价值，增强了员工留在公司的动机（最后一章将讲到）；第三，职位晋升可向员工表明公司对其的认可。

员工离职的一个原因是待遇不好。如果员工认为管理人员对其评价不妥，或因为公司的一些承诺（培训、晋升等等）没有兑现，员工就有可能离职。拥有一个健康环境的公司，这种类型的问题就不会经常发生，即使发生了，公司也能有效地予以解决，但这并不表明员工没有抱怨，没有失望。然而，降低员工被错误评价的概率确实可以降低员工流动率。

一个简单的例子可以说明这个问题。当录用员工的时候，公司很容易夸大工作的价值，这样员工更可能接受这份工作。然而，公司夸大工作的价值意味着员工不可避免地会失望。再者，这会破坏工作环境从而导致员工流动率上升。因此，如第 15 章讲到的一样，公司注重合同内容，可以有效地减少员工流动率。

一份不寻常的录用视频

康明斯发动机公司（Cummins Engine）是世界上最大的柴油发动机生产商之一。在 20 世纪 70 年代早期，康明斯发动机公司就利用相对新式的工作设计方法来组织位于詹姆斯敦和纽约的工厂。与传统的组装线相比，员工被编成团队，被给予更多的任务和职责（在第 7 章中我们会讨论这种方法），这些团队自我管理性较强，甚至在雇用成员方面会发挥重要作用。

因为其工作设计方法和所处区域内的其他工厂很不相同，许多新员工感觉工作压力非常大，员工与新的体系匹配不佳。由于上述原因团队成员可能会离职。

剩下的成员为此感到非常痛苦，他们就主动为康明斯发动机公司做了录用新员工的视频，让求职者观看。视频的第一幕出现了**"压力"**这个词，视频的前几分钟是对员工的采访，视频里的员工表示刚开始工作的时候，他们感觉工作特别困难，许多个人问题（包括工作中和工作外的个人问题）产生了。

为什么要设计这样一段招聘视频呢？其关键是让求职者形成准确的预期，避免将来高成本的员工流动，这对康明斯发动机公司来说是至关重要的，因为康明斯发动机公司的组织结构与众不同，新员工在其他公司并没有接触过这样的组织结构。

第二段视频描述了员工是如何适应工作的，员工发现这份工作非常具有挑战性，特别能够调动他们的积极性（记住这个概念，这对学习第 7 章特别有用）。招聘视频的最初目的是对求职者做出善意的提醒，如果他们不能适应这份工作，最好不接受这份工作。这是一个非常有用的录用视频。

资料来源：本书作者收集的视频资料。

□ 降低核心员工流失的成本

实际上，员工流动是不可避免的，但是公司通过运用一些策略可以降低员工流动成本。上一章中我们提到了竞业限制协议，但通常情况下，它的效用非常有限。由于法院不愿意强制实施竞业限制协议中的条款，因此控制员工不把一些信息和想法带到新公司是不可能的。然而，我们可以采用其他一些有效办法。

如果流动员工拥有其他员工不具备的复杂知识，那么员工流动成本会很高。以前述硅谷出售税务管理软件的公司为例，如果起初的编程是由一个员工写的，那么这个员工离开公司后，由于其他员工对此复杂的编程并不熟悉，理解起来就会很困难。

一些措施可以避免员工流动。首先，在关键的任务上，要让多名员工合作，从而避免关键的知识被一人垄断。其次，通过轮岗培训，进一步降低风险。通过员工互相之间的培训，定期调换员工的任务，这样每个员工对产品或生产程序的了解都会加深；如果一个员工离职了，另外一个员工很容易就能补位，因为他早已能够胜任这份工作。

工作设计能够影响员工流动成本，工作标准化程度越高，公司员工流动成本越小，因为其他的员工可以补上空缺。当然，并不是所有的工作都可以被标准化的，特别是在一些规模小的组织内。

公司利用发展过程中形成的**管理经验**来指导工作，例如一些咨询公司建立数据库记录咨询师的工程项目设计。在新工程的结尾，每个咨询师都要记录他们为这个工程创立的新观点和新产品，然后提交给公司的信息管理人员，这位管理人员就会将这些记录编进数据库，同时设置一些关键词，然后他们就可以再次利用这些数据，而不是"白手起家"。当这个管理体系能够达到顺利运转的程度，公司就免于构建新的管理体系了。

□ 利用员工流动

如上所述，员工流动对一个公司来说并不总是一件坏事，实际上，一些公司**欣然接受**员工流动。我们用两个例子来说明员工流动对公司是有利的，还有公司是如何通过人事政策来有效地鼓励员工流动的。

第一个例子是一家具有"非升即走"制度的专业服务公司。"非升即走"制度就如我们在第2章分析的试用期一样，就是没有被提拔的员工必须离开公司去找新的工作。在专业服务公司（咨询、法律、会计）内这种制度是非常普遍的，大学（教授）中也是这个制度。因为专业服务公司的员工的工作与客户紧密相连，员工离职后为其客户工作的这种现象非常普遍。但实际上，这种制度加强了公司与客户之间的联系，对双方都是有利的。

惠普（Hewlett Packard）是硅谷的原创科技公司，随着硅谷的发展，越来越多的科技公司进入这个领域，和惠普争夺员工。除此之外，惠普的许多员工离开惠普创办了自己的公司，和惠普进行竞争。

许多年来，惠普的政策是鼓励离职员工去创业，但是如果员工创业不成功，也鼓励他们再回到惠普公司。

这个政策是在鼓励惠普的员工利用公司的资源研发新产品和提出新想法，相对其他公司来说，惠普的员工流失风险较小，因为惠普有非常强大的内部政策来激励员工研发新产品（参见第 14 章）。为什么惠普会有这种政策呢？

首先，这些想要离职的员工可能是惠普员工中最优秀的一部分——这也是他们在公司外有这么多机会的原因；惠普的政策有利于提升员工的质量，因为有些离职员工最终要回到惠普。其次，像惠普这样的专业服务公司，离职员工会给公司带来业务。最后，离开惠普然后又回到公司的员工价值更高，因为这些员工既有公司内的经验又有公司外的经验，这对于一个充满活力而又持续变化的产业来说是特别重要的。

惠普从这个政策中得到了很多好处。如果员工表现良好，公司的业务就会很好。为了鼓励员工追求事业上的成功，惠普更愿意聘用那些有能力、有抱负的员工。此外惠普在关心员工方面建立了良好的声誉，惠普通过对员工的关心来增强员工的动力和减少员工的对抗，这就是本书所讨论的问题：公司和员工的利益不是互相冲突的。

与其他公司争夺员工

当员工接受了其他公司的工作邀请而威胁要离开公司时，公司该如何反应呢？现在讨论一下这个问题。首先考虑一个相关的问题，公司是否应该与竞争对手争夺员工？种种迹象表明，公司就像在拍卖市场中一样，为了员工特别是为了那些有能力的员工而相互竞标。

□ 与其他公司争夺员工：利益和陷阱

有时，雇用另外一个公司的员工对公司特别有吸引力，尤其是雇用一些具有特定技能的员工。这种与其他公司争夺员工，而不是在市场上雇用求职者的方法对公司有很大吸引力。

如果一个员工掌握的技能大部分员工都掌握，那么雇用另外一个公司的员工的劣势可能会超出雇用市场求职者的优势，雇用另外一个公司的员工的主要劣势是员工现在的雇主通常比外面的雇主更了解这个员工。从评价员工的质量方面来讲，外面的雇主通常处于不利位置。

有时，这种现象被称作 **"赢者诅咒"**（Winner's curse）。通俗地讲，那些容易争夺来的员工通常是不值得争夺的员工，毕竟员工所在的公司可以通过提高员工薪酬来留住员工，如果外来公司竞标成功，就要支付过多的竞价，这就是第 2 章中格劳乔·马克思的引语所提到的问题。这是逆向选择的另一个例子：与了解某员工的公司来竞标，很难雇用到高质量的员工，因为这家公司会利用自己的信息优势来决定其竞标策略。

当员工的技能十分罕见，且和其他公司匹配度较高时，其他公司就可以与现在的公司争夺员工。图 4-1 说明公司是否做出争夺员工的决策取决于其他公司的情况。如果做出争夺员工的决策，公司就要在竞标战中花费时间和其他资源；如果做出不争夺员工的决策，对公司来说就不会产生直接成本。

竞标的结果取决于员工是对现在的公司更有价值，还是对其他公司更有价值。对该员工评价较高的公司往往会竞标成功。如图 4-1 所示，其他公司争夺员工的方框后面有两个分支，如果其他公司决定争夺员工就会产生 4 种结果；如果决定不争夺员工，则会产生 2 种结果。

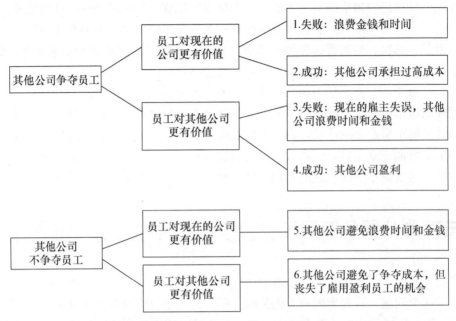

图 4-1　其他公司争夺员工还是不争夺员工

员工的技能通常对现在的公司价值更大，但是情况并不总是这样的。有时员工的技能很特殊，比较适合其他公司，其他公司就愿意为该员工付出更多的成本。

以李·艾柯卡（Lee Iacocca）为例，克莱斯勒（Chrysler）将其从福特公司（Ford）招聘过来。那时的克莱斯勒几近倒闭，其董事会认为艾柯卡是能将公司带回繁荣状态的不多的人才之一，此时艾柯卡对克莱斯勒更有价值。福特低估了艾柯卡的才能，认为他对福特的价值不大，因为当时福特的财政状况非常好。

图 4-1 中的方框 4 说明了艾柯卡的情况，克莱斯勒给了艾柯卡工作机会，同时艾柯卡对克莱斯勒价值又很大，最终克莱斯勒获利了。

方框 2 反映的问题是由公司专用性人力资本投资决定的。在一定程度上，员工对现在的公司更有价值，在这种情况下，其他公司就不应该与其争夺员工。然而，有些时候，由于其他公司掌握的员工质量信息较少，可能会高估某员工的潜在生产率。这样，其他公司就可能会赢得竞标，雇用此员工。显然这是其他公司的一个失误。由于员工现在公司存在的信息优势，其他公司的这种失误往往是难免的。

争夺员工的标准是什么呢？第一个标准是公司必须确认目标员工对自己的价值较大；第二个标准是员工现在的公司没有高估或付给员工过多的薪酬。

如果该员工对现在的公司价值更大，那么即使其他公司雇用到了该员工，其他公司通常会支付过多的薪酬；或根本就不能吸引该员工，但在争夺过程中浪费了时间和金钱。

当目标员工对现在的公司更有价值，如果现在的公司意识到这个问题，那么争夺该员工是有利可图的。如果员工对其他公司更有价值，其他公司往往会在竞标中胜出，除非现在的公司高估了该员工的价值。

什么条件下，公司争夺员工会有利可图呢？主要条件是，员工对公司有价值。当产业发生变化时，公司出于对员工技能和产业的考虑，可能会相互争夺员工，这里有几个例子：

第一，刚刚毕业的学生走向就业市场。毕业生可能比公司现有员工的生产效率更高，有些公司能够为其提供好的工作岗位，但是有些公司无法提供适合毕业生能力的职位较高的岗位。调查数据也足以证明这个问题。拥有 MBA 培训项目的学校的报告指出大部分 MBA 毕业生在很短的时间内就离开了他们攻读 MBA 前供职的公司。

第二，公司所处的产业变化速度很快，特别是经营夕阳产业的公司的员工往往是争夺的目标。这些员工的最初期望没有实现，从而导致员工对公司的价值降低，相反对于其他公司的价值就升高了。

第三，经营正在经历科技变革产业的公司，其员工也往往容易成为争夺的目标。科技变革的速度是非常快的，但其中一些公司的速度相对更快一些，那些能力强的员工是争夺的最佳人选，这就是软件公司和硬件公司员工流动率高的原因。一个供职于一家创新公司的员工发现其公司的科技水平落后整个产业足足 6 个月。此时该员工在其他公司可能发挥更大的价值，他就会去谋一份新工作或者被该产业中领先的公司挖走。

争夺员工，对公司总是有利吗？如果是这样的话，那么所有的公司都会去争夺最优秀的员工，就没有公司招聘新人了。公司直接从市场招聘的员工中，一些应聘者是有能力的，另外一些的能力相对差一些。只要公司支付给员工的薪酬不超过平均质量的员工应得的薪酬，公司就能够很好地生存下来，但是公司必须意识到其所争夺来的员工的平均质量并不比市场中的求职者的平均质量高。公司不是随机地争夺员工，而是争夺能力强的员工。因此，公司必须使得员工的薪酬足够低从而避免核心员工离职后造成损失。例如，如果员工的平均薪酬为 30 美元每小时，那么给员工发放 30 美元每小时的薪酬就会导致公司亏损，因为能力强的员工易于离职，而剩下员工的生产率的价值又达不到 30 美元每小时。

失业与"柠檬问题"

公司拥有裁员的权力，这表明逆向选择可以应用于失业员工。从劳动力市场角度来看，失业员工就像二手车，潜在的雇主会担心这些员工质量不高（"柠檬问题"），这是由于原先的雇主因为某种原因解聘了他们。这种情况下失业员工（缺少人力资本）很快找到新工作是很困难的，即使找到新工作其薪酬也比原先要低得多。

研究发现市场中的汽车在租赁期结束后，就会出现"柠檬问题"，就是**所有**租赁到期的汽车都会被当作二手车售卖，而不论质量好坏，因为人们偏好汽车的平均质量。

"柠檬问题"在劳动力市场中同样会发生。一项研究表明由于工厂倒闭，**所有员工**都失业了，这些失业的员工能够较快找到工作，原因是这些员工可以将自己的失业归咎于工厂倒闭，而工厂倒闭并没有对员工再就业产生较大的影响。

资料来源：Gibbons & Katz (1991).

□ 报价匹配

与其他公司争夺员工是劳动力市场竞争的组成部分，但是有时公司拒绝匹配其他公司对员工的报价，这种"报价不匹配"政策可以阻止员工通过其他公司的报价来提高自身薪酬。

何时匹配外面的报价才是合理的呢？首先，需要确定哪些因素会导致员工寻找新工作。举一个例子，假如员工现在的薪酬为 20 美元每小时，此时对于该员工劳动力市场上只有一份工作的薪酬高于 20 美元每小时，比如说是 20.5 美元每小时。该员工认为有 50 家公司有望提供给他更高的薪酬，但问题是他不知道这 50 家公司的哪家能够提供给他更高的薪酬。

该员工可以填写其中一些公司的工作申请单，该员工在每张申请单上都要花费时间和精力，设其价值为 X。问题是员工在什么条件下去寻找新工作是值得的？

假如该员工现在的公司同意匹配任何其他公司的报价，只要期望薪酬增加的现值超过其寻找新工作的成本，员工就会去寻找新工作。该员工在第一家公司寻找新工作的期望现值是：

$$\frac{1}{50}\sum_{t=0}^{T}\frac{2\,000 \times 0.50}{(1+r)^t}$$

上述公式与人力资本投资回报公式极其相似，因为寻找工作就是对人力资本进行投资。1/50 表示员工有 1/50 的机会找到薪酬更高的工作，在这种情况下，公司匹配了其他公司的报价。该员工每年工作时间由 0 到 T，在每年工作时间不超过 2 000 个小时的情况下，薪酬总额随工作时间的增加而增加。如果这个表达式的值比成本 X 还要大，该员工就会去寻找新工作，而 X 的值越低，寻找到好工作的回报越高。[①]

公司不愿意看到员工寻找高薪工作。如果员工现在的薪酬低于其他公司的报价，公司就不得不支付给员工更高的薪酬。那么"不匹配报价"政策是如何影响员工的行为呢？

这种影响取决于员工是否真的会离职去从事另一份新工作。如果员工愿意离职去从事新工作，该政策对员工寻找新工作的行为无影响；如果员工想获得回报，就必须接受新公司的工作报价；如果员工现在的公司匹配其他公司的报价，员工只需威胁公司，表明自己要离职就可以了。

公司更希望哪种情况出现呢？不匹配报价，员工会离职；匹配报价，员工会继续留在公司。公司虽然并不总是选择匹配其他公司的报价，但员工总是认为公司会匹配报价。在这种情况下，如果公司支付给员工的薪酬超出员工本身的价值，公司就会解聘该员工。

既然"不匹配报价"政策不鼓励员工寻找新工作，公司为什么还要实施这样一项政策呢？原因是在一些特殊情况下，公司利用这个政策可以阻止员工寻找新工作。

假如，员工很喜欢公司，也许因为他喜欢公司的同事、公司的地理位置或者公司整

---

① 如果员工应聘第一家公司失败的话，他肯定会应聘第二家。应聘第二家公司的回报肯定比应聘第一家的高，因为找到薪酬高的公司的概率上升到了 1/49。当然，实际上员工将会应聘他认为成功概率最高的那个公司。

体的工作环境，即使员工在其他公司的薪酬可以达到 20.5 美元每小时，员工也不愿意去其他公司工作。如果公司的匹配报价低于员工对公司的价值，公司就会将该员工的薪酬涨到 20.5 美元每小时，这反而会刺激该员工接受他本无意接受的其他公司的报价；如果公司实施"不匹配报价"政策，员工就不会寻找新的工作。实际上员工只有接受新工作才能获得其寻找新工作的收益，既然员工不愿意接受薪酬高的工作，"不匹配报价"政策就是不鼓励员工寻找新工作，从而为公司节省了成本。

公司如果知道员工不愿意接受 20.5 美元每小时的薪酬，就会拒绝匹配其他公司的报价。实质上，这时公司可以宣称其他公司的报价不对公司构成真正的威胁，因为员工本无意接受其他公司的报价，但问题是有时公司很难区分真正的"威胁"。在这种情况下，公司能从"不匹配报价"政策中获益。

当具备下列条件时，上述情况最有可能发生：

1. 补偿中有大量的非货币成分的薪酬；
2. 员工所得的薪酬不能体现其对公司的价值。

☐ 带有非货币成分的薪酬

工资相对比较容易进行比较，但薪酬通常包括非货币成分的报酬，比较起来就相对困难。如果岗位相同，除去货币报酬，公司很快就能确定员工是否可能接受其他公司的报价。如果公司支付给员工的薪酬低于竞争者提供的薪酬，该员工就会接受其他公司的报价而离职。这种情况下，其他公司的报价对公司来说确实是个威胁。

然而，评估报价并没有那么简单。员工工作中获得的报酬一部分是精神上的。工作条件、社会地位、工作灵活性或在特定地点的工作能力等因素对员工来说都非常重要，但是这些因素对每个人的价值却是不同的。当工作的非货币成分变得重要时，评估员工是否接受其他公司的报价就会更加困难。如果公司对员工的精神关怀不够，员工就有可能接受其他公司较高的报价来弥补此类损失。

员工寻找高报价但又无意接受该报价，这时公司可以利用"不匹配报价"政策，阻止员工寻找其他公司的报价，从而获益。

当员工为了金钱而工作，工作中的非货币成分就不那么重要了，这种情况下，公司通过"不匹配报价"政策获益较小。如果公司不能匹配其他公司的报价，员工就会离职，这样公司就阻止不了员工去寻找其他公司的报价。投资银行通常采用"不匹配报价"政策，因为金钱是这些产业的驱动因素。在政府机构中，工作的非货币成分包括工作的稳定性、较短的工时、较容易的工作，这些因素对政府工作人员很重要，在这些机构中，很难判断其他组织的报价是不是真正的"威胁"。为了阻止员工寻找其他公司的报价来威胁公司增加薪酬，公用事业部门可以采取"不匹配报价"政策。

☐ 低估员工价值

采取"匹配报价"政策的公司很容易受到员工非诚意寻找报价活动的影响，如果公司支付给员工的薪酬与员工的自身价值相当，公司不会对高出员工现在薪酬的报价做出任何反应，这时对公司来说，员工离职是比进一步提高薪酬更好的选择。

如果公司依靠某一员工获得很高的利润，那么其他公司的报价很可能导致该员工薪酬的提升，尤其当员工的薪酬低于其实际价值时。如果存在这种差值，员工可以通过离职威胁公司来提高其薪酬。正是在这种情况下，实施"不匹配报价"政策的公司更可能占用优势从而获利。

总而言之，政策灵活通常比政策僵硬要好。公司"不匹配报价"的政策通常来说不是一个好主意，然而对于每一个规则来说，都有例外。当公司得知员工想要接受其他公司的报价时，"不匹配报价"政策就是个好主意，尤其当公司支付给员工的薪酬低于其自身价值时。

裁员和买断

公司有时必须通过裁员来减小规模。公司如果不得不裁掉一部分员工，应该如何裁员呢？例如，应该裁掉薪酬最高的员工吗？如果决定采用买断的方式来促使员工离职，如何做才最有效呢？

□ 裁员目标

应该裁掉薪酬最高的员工吗？裁掉那些表现最差的员工吗？这类问题的答案是不确定的，但这是解决裁员问题的出发点。

在第1章中我们知道员工薪酬必须与其生产率匹配，关于裁掉薪酬最高的员工，公司一定要小心，因为他们的生产率通常是最高的；公司最好是将那些导致公司损失的员工列为裁员目标，在这些员工中，有的薪酬高，有的薪酬低。一些薪酬高的员工拥有很高的报酬，其他公司的报价也能够满足员工的这些需求，因而这些员工比较难对付。因此，薪酬高但相对生产率低的员工是裁员的最佳目标。

同样，公司裁员可以参考员工的表现。业绩低的员工相对于其获得的报酬来说，其生产率并不低，所以公司裁员的时候，必须小心。但通常来说，业绩低往往意味着，与其他拥有相同工作和技能的员工相比，他们的工作表现不佳。这样一来，相对于高生产率的员工，低业绩的员工很有可能拿到了过高的报酬，因此这些员工才是裁员的理想目标。

□ 公司专用性人力资本

确定裁员目标的一个重要因素就是公司专用性人力资本。我们在上章讲到员工和公司分摊投资员工培训的成本，一同分享投资员工培训的收益，这对确定裁员目标很有启示。

直接陈述这个结果比较简单，但是分析起来就有些复杂了：当分摊人力资本对公司很重要时，公司会首先裁掉年龄阶段两端的员工使其盈利最大化，也就是裁掉那些刚进公司的新人，还有那些即将退休的老人。

如图4-2所示，图中的曲线表明了对公司专用性人力资本进行投资的公司中的员工职业生涯的薪酬和生产率的状况，公司的生产率为 K_t，员工薪酬为 W_t。

员工工作之外最佳选择的价值为 A_t，它取决于两个因素：第一个就是员工工作中所能获得的薪酬，对年轻员工来说，这是最重要的因素；第二个因素是员工对业余时间的重视程度，员工年龄越大，对业余时间越重视。在一些情况下，员工的最佳选择就是退休，逐渐上升的 A_t 曲线就表明了这种情况。如果年老员工在其他公司的薪酬比现在的低，该员工退休的最佳时间就是当 $t = T$ 时，此时 A_t 恰好到达 K_t。

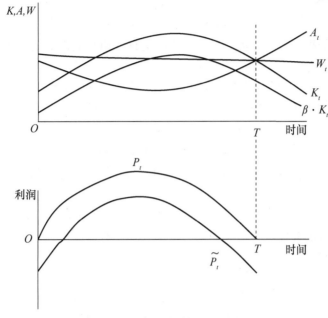

图 4-2　职业生涯薪酬和生产率

在竞争激烈的劳动力市场中，W_t 的现值必须与 K_t 的现值保持平衡。[1] 如果 $PV(W) > PV(K)$，公司就会在员工身上有所损失；如果 $PV(W) < PV(K)$，公司就会很难招聘到新员工。这两个因素的现值必须高于 A_t，否则员工与公司的匹配度就不高。

虽然员工刚开始工作时，薪酬的现值和生产率的现值相等，但随着时间的推移两者就不再相等了。公司对员工进行培训，员工和公司共同承担培训的成本和享受培训的收益。起初员工和公司都在承担成本，一旦培训完成，双方都能获得收益。培训开始时，$W_0 > K_0$，因此对于 $t = 0$ 后的任何一点，生产率现值 K_t 都要高于薪酬现值 W_t，两者之差就是公司的利润。

图 4-2 的第二个图的曲线表示公司的利润 P_t，利润是指 K 的现值与 W 的现值之差，那么 P_t 的形状是什么？首先，以将退休的员工为例，这些员工的薪酬现值虽然低于生产率现值，但是公司能从他们身上得到的利润较少，因为这些员工的职业生涯即将结束。同样，公司在新员工身上的损失也几乎不存在，因为公司还没有对员工培训进行投资。极限情况下，当 $t = 0$ 和 $t = T$ 时，$P_t = 0$。通常情况下，公司在完成员工培训后，在生产率高和职业生涯长的员工身上获得的利润（现值）最大，此时这些员工大都处于中年时期。

假设市场对公司产品的需求（和价格）降低，公司的生产率降低，如图 4-2 所示由 K_t 降到了 $\beta \cdot K_t$，$\beta < 1$。在员工薪酬不变的情况下，P_t 的现值降到了 $\widetilde{P}_t$。这时，公司就不必对年轻员工进行培训投资了，这时裁掉年老员工是有利可图的，因为他们对

---

[1]　参见第 3 章末关于分成制的讨论。

公司的价值降低了，这种情况下，雇用中年员工，公司的利润最大。

□ 裁员的成本

公司裁掉年轻员工可能没有争议，再者年轻员工对公司特定技能的投资也较少，所以他们更换工作的损失较小，因此后进先出（会计术语）的裁员政策会影响公司减少年轻员工数量的目标。

然而裁掉年老员工的争议较大，这也是不合法的。在大多数国家中，年老员工是受反歧视法规保护的。从技术层面上讲，公司律师认为裁员是建立在每个员工净现值的基础上的，但这对年老员工不适用，因为政府或年老员工可以起诉公司歧视年老员工。

进一步讲，年老员工在公司特定技能上投入了很多，现在他们正在享受公司许诺的投资收益。人们普遍认为裁掉年老员工虽然在一定程度上减轻了公司的员工退休金负担，但这是公司的一种背信行为。

公司真的会失信于人吗？当经营环境恶化时，公司有权利用合理的隐性契约来裁掉员工。这种情况真的会发生。公司如果失信于人，就有可能受到批评（也有可能有幸躲过）。因此，公司如果比较在意诚实可信的好雇主名声，裁掉不论是年老员工还是其他员工前都需要仔细考虑。

例如，公司在劳动力市场中的声望很高，现在的低迷只是暂时的。这种情况下，一方面，公司就会非常在意自己的名声，就会以对公司名声损害最小的方式来进行裁员；另一方面，如果公司经营的产业急剧衰退，或公司发出严肃整顿（例如与工会进行谈判）的信号，采取非常措施是必要的。

许多经济体都会对遭遇不正当裁撤的员工进行保护，因此公司裁员最大的成本是随后而来的诉讼——员工如果遭到裁撤，他可以起诉公司。假设公司输掉了诉讼，公司就必须赔偿员工的损失。通常这种起诉成本较高，所以任何形式的和解都可以避免因打官司造成的法律成本。

□ 买断

由于裁员的成本较高，许多公司对员工采取买断的措施。买断是公司和员工之间的一项协议，为了获得买断补偿金，员工会同意离职。买断协议还包括其他的一些条款，如员工不得对公司的不当裁员行为进行起诉，也不能在公共场合批评公司。

亚马逊的非贬低条款

2001年初，亚马逊（Amazon）裁掉了1 300名员工，公司给这些员工提供6～8周的薪酬作为裁员费，条件是员工必须与公司签订不对公司做贬低评论的协议，否则裁员费只有两周的薪酬。这项条款受到了大众的批评，于是亚马逊后来又将其从买断合同中删除了。

亚马逊的买断合同还有一点与众不同。亚马逊用公司股票设立了一个价值250万美元的信托基金，两年后卖出并将这些基金分配给被裁撤的员工。实际上，这些下岗员工获得了一些期权。

亚马逊为什么这样做呢？第一个原因是在科技市场衰退之前，大众对科技公司的期权（许多公司都把其当作对员工的补偿。参见第12章）有很大的热情。第二个原因是舆论的压力。第三个原因是亚马逊想把下岗员工的利益与公司的利益捆绑在一起，一方面来防止大众对公司的贬低；另一方面或许公司只是暂时辞退员工，以后会把员工再招聘进公司。

资料来源：Wolverton（2001）.

如果公司给予员工裁员费，所有员工都符合条件吗？这取决于哪些员工接受买断。

令人担忧的就是逆向选择。在任何薪酬的范围内，总有一些员工的生产率要比其他员工高，换句话说，一些员工薪酬过高，一些员工（效率更高的员工）薪酬相对较低。生产率越高的员工越有更好的工作选择，他们在接受买断时，损失最小，也更有可能接受买断。

以20世纪90年代斯坦福大学买断年龄超过55周岁的教授为例，许多教授都接受了买断。然而离职的教授都是那些最富有成果的教授，因为相比其他教授来说，他们更容易在其他大学找到工作。这表明买断条款必须精心设计从而更精确地定位和促使相应的员工离职或者继续工作，例如，不能买断表现良好的员工，或者让其有被买断的机会。

公司也需要考虑如何使买断条款随员工年龄的变化而变化。如上所述，主要的问题在于年老员工。这些员工越接近退休，离职的损失越小，因为他们享受投资公司特定技能的收益快到期了，所以他们只需要很少的买断补偿。通常那些离退休期限还很遥远的员工的买断补偿要求较高。为了说明这一点，表4-1给出了一个类似于图4-2的假设情况。

表4-1				裁员目标分析				单位：千美元
年龄	W	A	K	$PV(W)$	$PV(A)$	$PV(K)$	βK	$PV(Bk)$
25	30	20.0	20.0	145.5	99.3	145.5	14.0	101.8
26	30	20.1	23.2	145.5	99.9	158.1	16.2	110.6
27	30	20.3	26.2	145.5	100.5	169.9	18.3	118.9
28	30	20.4	29.1	145.5	101.1	181.1	20.4	126.7
29	30	20.5	31.8	145.5	101.7	191.5	22.3	134.0
30	30	20.6	34.4	145.4	102.3	201.2	24.1	140.8
35	30	21.3	45.0	145.4	105.3	238.6	31.5	167.1
45	30	22.5	55.0	144.3	110.5	258.7	38.5	181.1
55	30	23.8	50.0	134.0	109.1	211.3	35.0	147.9
56	30	23.9	48.7	131.0	105.8	191.2	34.1	141.3
57	30	24.0	47.2	127.3	103.2	179.6	33.0	125.7
58	30	24.1	45.6	122.5	99.7	166.8	31.9	116.7
59	30	24.3	43.8	116.6	95.3	152.7	30.7	106.9
60	30	24.4	41.9	109.1	89.5	137.2	29.3	96.0
61	30	24.5	39.8	99.6	82.0	120.1	27.9	84.0
62	30	24.6	37.6	87.7	72.4	101.1	26.3	70.8
63	30	24.8	35.2	72.7	60.2	80.0	24.6	56.0
64	30	24.9	32.7	53.8	44.7	56.5	22.9	39.5
65	30	25.0	30.0	30.0	25.0	30.0	21.0	21.0

表 4-1 中，所有数值的单位为千美元，表中 W 表示的是员工的薪酬（为简单起见，假定为常量 30 000 美元），员工工作之外最佳选择的现值为 A_t，生产率为 K_t。表中也计算了其他各个因素的现值。① 如图 4-2 所示，新员工和即将退休员工的现值 K 和 W 相等。如上所述，其他条件相同，竞争导致这一结果。由于市场对公司产品需求的下降，最后两列表示员工的生产率现值下降了 30%（$\beta=0.7$）。

员工将会对留在公司其所得薪酬 $PV(W)$ 与买断后其所得薪酬 $B+PV(A)$ 进行对比，从而决定是否接受现值 B 的买断，这表明只有当员工买断获得的收益高于留在公司的收益时，员工才会接受买断：

$$留在公司的收益(拒绝买断)=PV(W)-PV(A)$$

表 4-1 中，员工薪酬现值高于员工最佳选择现值，有买断机会的员工都愿意离职。员工离职后公司的利润为薪酬现值和生产率现值的差：

$$员工离职后公司的利润或损失=PV(W)-PV(K)$$

［如果生产率下降，表达式则转化为 $PV(W)-PV(\beta \cdot K)$。］如果表达式为正值，公司会裁掉员工，在这种情况下，表达式等于公司获得的**最大利润**，此时的买断补偿金为 B；如果表达式为负值，公司更愿意留住员工。如表 4-1 所示，生产率现值下降前，对公司来说，所有的员工都是有利可图的；当生产率下降后，对公司来说，年龄在 57 岁及 57 岁以上或 30 岁及 30 岁以下的员工就无利可图了，这些员工就成为裁员目标。

我们现在可以给出买断规则的结论了。只要公司的收益高于员工的损失，买断就有可能。公司买断员工，既能增加自己的利润，又能使离职员工的情况变好。综上所述，公司和员工之间买断协议可以达成，只要：

$$PV(W)-PV(K)>PV(W)-PV(A)$$

或者

$$PV(A)>PV(K)$$

结论：**如果员工最佳选择的现值超出员工生产率的现值，那么买断协议是可能达成的**。因此，达成买断协议取决于公司的低产量和员工在其他公司能够得到的好报酬。

公司想要解聘的员工不一定就是想要买断员工，公司意识到这一点非常重要。公司要解聘年龄 57 岁及以上或 30 岁及以下的员工时（生产率下降后），并不是符合条件的所有员工都会接受买断。买断只对年龄达到 62 岁及以上的员工才有足够的吸引力。对公司来说，公司在 57 岁至 61 岁的员工身上会有所损失，鉴于这些员工所要求的买断赔偿金数目，买断并不是最佳选择。同样，公司对 30 岁及以下的员工的买断也是如此。

□ **买断的实施**

窗口计划。通常，公司宣布买断计划是非常让人吃惊的，因为员工考虑是否接受买断的时间有限。这样的计划通常被称作**窗口计划**，因为买断过程的时间非常短。

公司是否宣布买断计划取决于员工薪酬和生产率之间的差异。员工的生产率越低，

---

① 利息为 25%，上述原则没有考虑利息情况。

公司越急于裁掉员工，给予员工的买断补偿金也越高。员工如果希望公司买断，就会有意降低自己的生产率。窗口计划阻止了员工在公司的重要时期内为获得较高的买断补偿金而有意降低生产率的行为，同样也使员工寻找合适的新工作的机会减少了，因为时间很短。

裁员威胁。另一种增加员工买断接受率的方法是对不接受买断的员工进行裁员威胁。假定公司要随机裁掉 50% 的不接受买断的员工，这会对员工产生怎样的影响呢？此时员工可能会愿意接受买断吧。

假如一个失业的员工对新工作的预期薪酬现值比现在的薪酬现值少 10 000 美元，这 10 000 美元的现值就是员工所能够接受的买断补偿金的最低现值。然而，如果公司威胁要解雇一半拒绝接受买断的员工，也就是说有一半的员工**没有被买断**，那么他们连这 10 000 美元的现值都得不到。此时，员工可能会愿意接受 5 000 美元的现值（或者更少，如果员工想要规避风险的话）。通常，公司买断员工的比例越高，员工要求的买断补偿金越低，附录内容将会说明这个问题。

当然，公司是要承担买断成本的。公司需要寻求较低买断赔偿金中的收益与买断窗口关闭后的裁员成本之间的平衡。威胁要裁掉那些拒绝接受买断的员工对公司有两个益处：一是增加了员工接受给定数量买断赔偿金的可能性，二是减少了员工离职的买断赔偿金。

裁员的速度和程度。迅速地和出乎意料地裁员可以减少对组织的创伤。裁员是一个高度情绪化的过程，经历裁员的组织的员工的生产积极性会极低。其中的一个原因就是员工很关注谁——在什么时候——以什么条件被解雇。这分散了员工的精力，因此为了迅速和出乎意料地裁员，组织是需要经历阵痛的。

同样的原因，公司应该同时裁掉更多的员工，如果公司能做到这一点，就会降低再次裁员的概率（许多公司经历了几波裁员）。这个做法的另一个好处就是那些需要重组的组织就如打扫房子一样彻底地将组织清扫了一遍，因为在大裁员的背景下，解雇一个员工的成本较低。

退休过渡。公司给予一个即将退休员工的最低买断补偿金的现值相对较低。如果给予一位 64 岁员工的买断补偿金的现值低于 56 岁的买断补偿金的现值，公司就会陷入法律困境。公司避免遭遇法律困境的办法是采用**退休过渡**政策，这段过渡时期公司以员工工龄信贷的方式来计算其正常退休所需领的退休金数目。例如，如果员工正常的退休年龄为 65 岁，某员工 55 岁就退休了，且拥有 18 年的工龄，为了计算其退休金就要当作他拥有 28 年的工龄，因为过渡期薪酬的增幅会随着年龄的增加而逐渐减少，年老员工实际上的买断补偿金的现值要比年轻人的低。

就业服务。公司通常会为解雇的或买断的员工提供就业服务，这是合理的还是仅仅反映了公司对解聘员工的愧疚？抑或是公司试图保持良好的形象？

公司这样做不仅仅有利于保持良好的形象，同时会减少成本，公司通过帮助员工找到新工作来降低买断补偿金的现值，员工找到的新工作越好，公司给予员工的买断补偿金的现值越低。

这种逻辑是否成立取决于公司为离职员工找到新工作的效率。只有公司提供的就业服务（或与职业介绍机构签订合同）比员工购买同样的服务便宜得多时，公司才要为员工提供就业服务；否则，公司只要为员工购买的就业服务付款就行了（比如，通过付款凭单制度）。在大多数情况下，对公司来说这是最好的方法，就业服务机构在重新安置员工方面非常专业，公司不可能比其做得更好（特别是当裁员牵扯精力的时候）。

殊途同归，公司为员工提供就业服务或给予补偿都是要降低买断补偿金的现值。

本章回顾

在公司内部，甄选最佳员工和建立员工忠诚度具有十分紧密的关系。甄选能够提高员工的整体质量，忠诚度能够提升员工的积极性，降低员工流动成本，有利于鼓励员工对公司特定技能进行投资。优秀的公司有能力平衡两者的关系，同时完成各自的目标。这种平衡关系因公司而异，取决于某些因素的相对重要性。

这一章利用前三章提到的经济学工具对这种权衡进行了分析。员工录用和员工流动之间是紧密相连的，理解员工流动的原因，刺激员工流动，需要使用几个经济学概念，包括逆向选择、人力资本投资和激励措施。

员工流动对组织的益处颇多。通过员工流动，组织可以持续地更新人才，这不仅能够提高员工的整体质量，而且同时避免了公司科技的贬值。随着科技的进步和经营环境的不断变化，员工流动对组织越来越重要，员工流动使公司更不可能掉进过度关注组织内部的陷阱；公司可能对自己的业务非常擅长，但是对整个产业的变化趋势没有任何察觉，这样的公司是很难适应社会环境的，而其他公司有经验的员工的加入降低了出现上述现象的可能性。员工流动最重要的优势是为员工打通了上升的渠道，从而使公司能够发展和激励最优秀的员工。

公司和员工都要承担员工流动成本，包括公司录用新员工的成本和离职员工找新工作的成本以及对专业技能投资的成本。如果员工流动率过高，公司和员工都不会愿意在对方身上投资过多。

前四章是本书的第一部分，通过分析员工职业通道、专业技能投资和员工流动，我们了解了公司将会采取哪些措施来管理员工。第二部分我们将话题转向工作设计和组织设计。

思考题

1. 谷歌公司最近进行了首次公开募股。由于公司进行公开募股和实行员工股票期权制度，许多员工都成了千万富翁。你预见到这为谷歌公司遗留了什么问题？如果有问题，谷歌应该做些什么？

2. 你和校友经营一家咨询公司，你想采用合伙制组织这家公司，当你意识到公司并不总是按照自己的意愿发展时，如何制定合伙协议来防止你和校友在未来发生冲突呢？这些做法又是如何影响你们经营新公司的业务？

3. 你如果收到其他公司的工作邀请，应该告诉你现在的公司吗？

4. 你是弗兰克·夸特隆时代的摩根士丹利的首席执行官，他的团队集体脱离公司而为主要的竞争对手工作，这是对摩根士丹利的威胁吗？你是如何看待的？你会如何反应呢？一旦这个威胁消失，你将采取哪些措施来避免这样的事情再次发生呢？

5. 你正在和一位潜在的雇主协商，讨论公司是否支付你参加 MBA 夜校的学费。你将怎样去说服你潜在的雇主为你支付学费呢？如果你是雇主，你又会怎样讲明你的理由呢？

6. 什么技能在工作中是最有效的？什么技能在学校学习中是最有效的呢？什么技能最适合在工作中培训？什么技能最适合在课堂上学习？

参考文献

Gibbons，Robert & Lawrence Katz （1991）．"Layoffs and Lemons."*Journal of Labor Economics* 8：351−380.

Himelstein，Linda，Steve Hamm & Peter Burrows （2003）．"Inside Frank Quattrone's Money Machine."*Business Week*，October 13.

Wolverton，Troy （2001）．"Amazon Gives Cut Workers More Time to Sign."*Cnet News*，February 21.

延伸阅读

Barron，John，Mark Berger，& Dan Black （2006）．"Selective Counteroffers."*Journal of Labor Economics* 24 （3）：385−409.

Lazear，Edward （1986）．"Raids and Offer Matching."*Research in Labor Economics* 8：141−165.

Lazear，Edward & Richard Freeman （1997）．"Relational Investing：The Worker's Perspective."In *Meaningful Relationships：Institutional Investors，Relational Investing and the Future of Corporate Governance*，Ronald Gilson，John Coffee and Louis Lowenstein，eds. New York：Oxford University Press.

Pfann，Gerard & Ben Kriechel （2003）．"Heterogeneity Among Displaced Workers."*Royal Economic Society Annual Conference*，164.

Wilson，Robert （1969）．"Competitive Bidding with Disparate Information."*Management Science* 15：446−518.

附 录

如果公司威胁要解聘一部分不接受买断的员工（概率设为 p），公司则可以降低买断补偿金的现值。

此时员工留在公司（拒绝买断）的收益是：

$$PV(W)-PV(A)>0$$

这个表达式的结果必须为正值，否则员工就会离职。考虑一下员工的决策（假定风险中性），如果员工接受买断，他的收益为 $B+PV(A)$；如果员工拒绝买断，他继续工作的概率 $1-p$，所得收益为 $PV(W)$；然而，如果他被辞退，所得收益为 $PV(A)$。因此，员工会接受买断，如果：

$$B+PV(A)\geqslant(1-p)PV(W)+pPV(A)$$

因此，员工接受的最低买断补偿金的现值为：

$$B^*=(1-p)[PV(W)-PV(A)]$$

当 $p=0$ 时，这个表达式的值最大，此时 $dB^*/dp<0$。员工被解雇的威胁越大，越可能接受给定的买断补偿金的现值，从而降低了员工的买断补偿金的现值。

第二部分

组织和工作设计

本书的第一部分将公司看成一种管道，员工进入这个管道，在其中不断成长，然后离开这个管道。尽管这种看法很有用，但并没有涉及员工管理的问题。员工管理是我们这一部分要讨论的话题，我们将其称作工作设计。同时，我们也会分析组织设计以及组织设计和工作设计所应用的原理。第5章和第6章探讨决策制定和组织结构，第7章和第8章探讨员工个人的工作设计。

第5章简要回顾和探讨设计**经济体**所应用的原理。在利用经济体结构处理权衡问题及其他关键问题的基础上，我们可将经济体的组织结构应用于规模较小的经济单元，比如公司、业务部门和个人工作。换句话说，我们可以用**市场比拟**公司内部的组织结构。

我们对于市场有几个重要的观点。首先，市场是一种强大的信息处理机制。市场能够有效**利用信息**，这是其他方式望尘莫及的。其次，市场可以**协调**不同经济组织的关系（尽管不那么完善）。公司经常在有效利用信息和协调员工或部门关系之间进行权衡。这是我们在第5章讨论集权和分权的基础。

第6章分析了组织结构。这一部分，我们从宏观的角度来观察市场，而本书的大部分内容注重单个员工的管理。这一章我们讨论如何划分公司部门以及如何协调不同部门的活动。

第7章我们回到微观分析层面：探讨如何设计员工工作。实际上，第5章已经粗略地分析了这个问题，因为是否给予员工决策权是工作设计的重要组成部分。第7章将分析什么类型的任务和多少任务应该组合到一个工作中。在这一章经典的经济学原理再次起到了非常重要的作用，同时心理学的**内在动机**也派上了用场。我们发现工作设计在经济学方面和心理学方面是互补的。第7章是本书中组织心理学和人事经济学相互作用最明显的一章。

第8章在第7章的基础上，探讨工作设计中更高级别的问题。其中最主要的就是团队的使用和架构，有时我们将其称作**高可靠性组织**。诸如航空母舰的组织结构，与典型的公司结构相比，其组织设计和工作设计之间的权衡更加困难，因为其风险较高（比如失败成本）。了解这种组织如何解决设计问题，可以使你在解决其他相似问题时更具洞察力。

第8章中的第三个话题与当今世界密切相关，就是信息科技对工作设计和组织结构的影响。而第5章强调信息利用和信号传递成本对公司结构的影响，这对公司决定决策模式、等级结构和工作设计都非常有启示。

在第二部分，我们将总结公司设计的主要观点。我们认为公司可以被看作一个大规模的信息系统。公司不仅仅要加工信息，而且还要**创造**信息。因此，本书引出这样一个主题：公司可以通过组织结构和工作设计来优化自身，或进行创新以不断适应新的经营环境。这个主题在第二部分的所有章节作用都很大。

上述观点与第一部分紧密相连。创造和利用信息对于公司的重要性可以帮助我们理解为什么员工技能对公司如此重要。我们也会了解（尤其是学完第7章和第8章后）在当今的经济生活中何种技能价值较高以及该种技能价值在最近几十年中得以提升的原因。在第3章中我们也谈到了这个问题。

最后，市场激励人们创造价值。个人可以拥有资产，并且能够在市场竞争中出售这些资产，这激励着人们更加有效地利用资产。从这个意义上讲，商品或资产的价格可以形成一种评价体系。如同市场，公司同样激励员工做出有效的决策。这也是我们在第 7 章中讨论内在动机的原因。市场模型中动机的重要性也成为本书第三部分的导论。正如我们看到的一样，在考虑评估和激励措施之前，分析内在动机对工作设计非常有帮助。

第二部分　组织和工作设计

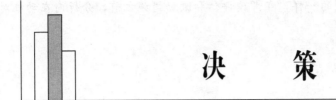

第5章

决 策

任何人都不要说行动是困难的。行动需要勇气、机遇和冲劲，而世界上最困难的是决策。

——弗朗茨·格里帕泽（Franz Grillparzer），1844

■ 本章引言

对于刚刚成立的公司，除招聘员工外，所遇到的一个基本问题就是如何架构公司的组织结构，这就涉及如何分配决策权。许多问题需要决策。谁来决定什么？作为一个组织的领导人，为了组织的一致性和对组织的掌控，就应当自己做出大部分的决策吗？如果是这样，他一个人能承受得住吗？

阅读商业新闻时，人们或许会发现近些年来许多公司都赋予员工更多的权力。你会这样做吗？如果把决策权下移，会产生什么问题呢？给予员工权力到底意味着什么呢？

从根本上说，决策意味着什么呢？有不同的决策方法吗？什么类型的组织结构更容易产生正确或者错误的决策？什么类型的组织结构会抑制创造和创新呢？本章我们会分析这些问题。

■ 经济体的组织结构

我们在讨论这些问题之前，简要地考虑一下规模最大的组织——经济体的组织结构。构建最佳的经济体是 20 世纪最热门的话题，有些人提倡政府主导的中央集权经济；

有些人提倡政府发挥作用较少的分权经济。这些讨论对思考第 5 章至第 8 章的内容是非常有用的。

20 世纪末的事实表明市场主导的分权经济更加有效，因为它能够更好地促进经济的增长，促进人们就业和社会繁荣。相对于中央计划经济，市场经济更具创造力和适应性。这是为什么呢？

关于这个问题最完美的答案就是几乎所有的经济学书中都会提到的段落，亚当·斯密（Adam Smith）的市场经济中**看不见的手**：

> "他所追求的仅仅是个人的利益所得，但他这样做的时候，有一只看不见的手在引导着他去帮助实现增进社会福利的目标，而这种目标并非是他本意想追求的东西。通过追求个人利益，却无意识地增进了社会利益，其效果比真想促进社会利益时所得到的效果要好。"
>
> ——亚当·斯密《国富论》（*The Wealth of Nations*），1776

尽管个体的行为是利己的，但斯密指出了在政府未发挥主要角色时，市场在创造经济价值中的重要作用。分散经济是有效率的。它是一个**自组织系统**，可以自发的产生和演化，并达到均衡时的价格和产量，而不需要中央计划者来对市场进行指挥。

试想在芝加哥大学旁边的一个小型的、普通的社区杂货店。商店出售各种各样的咖啡豆，这些咖啡豆来自哥伦比亚、肯尼亚或世界其他地方，也出售来自斯里兰卡、中国和日本的茶叶。你还可以买到诺曼底的黄油、挪威的熏制鲑鱼、意大利的熏火腿、威斯康星州的牛奶以及用堪萨斯州或加拿大阿尔伯塔省的小麦制成的蛋糕。商店里也有来自附近农场的蔬菜，来自加利福尼亚州、墨西哥和南美洲的水果，你甚至可以买到巴塞罗那制造的巧克力棒。

来自全球的货物通过船运到了芝加哥，然后摆放在了商店的货架上。商品供应一般都很充足，几乎没有脱销的时候，而且商品还相当新鲜。这样的情况很惊人吧，整个过程无人指挥。在设计公司的组织结构时，正常的逻辑是雇用最具才能的员工来管理公司。与相对混乱、无人指挥的市场中自利的个人决策者相比，一个有才能的中央计划者能够更好地配置资源和使经济更加有效地运行，这看起来逻辑性非常强，然而事实却相反，为什么会这样呢？

□ **市场是一种信息系统**

弗里德里希·冯·哈耶克（Friedrich von Hayek）对亚当·斯密的**看不见的手**的理论做了详细的说明，为上述问题提供了答案。[①] 他的主要观点是市场是**信息机制**，即市场是一个不能被中央计划者复制的强大的**信息系统**：

> 人们掌握的片面信息怎能产生单独一个人无法拥有的、需要汇集所有人的信息才能产生的结果呢？
>
> ——哈耶克，1945

---

① 华西里·里昂惕夫（Wassily Leontief）和弗里德里希·冯·哈耶克分别于 1973 年和 1974 年因对看不见的手做出的研究而获得诺贝尔经济学奖。

为了理解哈耶克的论证，假如你就是一个经济体的中央计划者，你的工作之一就是对生产咖啡的资源进行配置，然后将生产好的咖啡分配给不同的顾客，如果你想达到最佳的效果，你需要什么样的信息呢？[①]

首先，你需要知道不同的人对咖啡的重视程度。相对茶或橘汁来说，人们对咖啡的喜欢程度如何？人们在多大程度上愿意放弃其他资源来得到高品质的咖啡？不同的工作地点需要咖啡的数量如何？是宾馆需要还是餐馆需要呢？

其次，你必须知道如何种植咖啡，所以你必须有相关的农业科技知识，比如化肥、天气和土壤条件等等。同样，作为中央计划者，你也必须了解其他行业的上述的信息，因为你需要知道用于制造咖啡的这些资源的其他潜在用途。制造咖啡需要土地、水、劳动力、化肥、物流，这些资源都可以被用来生产其他商品，在使用这些资源的时候，你必须做出适当的权衡。用经济学术语来讲，就是你必须了解生产咖啡的机会成本。

上述信息中的绝大部分虽然是系统的、可预测的，但是获得上述信息需要中央计划者的经验和技术专长，况且其中的三分之一的信息是不系统、不可预测的。例如，从事咖啡产业，你需要知道种植咖啡豆的最佳时间，何时浇水、何时施肥及何时收获。这些信息可能在各个地方都不相同，也就是这些信息是局部的和因地而异的。由于信息的这种性质，中央计划者想要知晓所有的信息是非常困难的。哈耶克还指出：

> 如果我们同意社会中经济问题的解决需要因时因地迅速地适应变化，那么决策必须由熟悉情况的人做出，因为这些人对资源的相关变化有最直接的了解。我们不能期望把所有的信息都反映给中央计划者，然后由中央计划者整合各种信息，发布指示来解决问题。我们必须以分权的方式来解决问题。
>
> ——哈耶克，1945

因此，哈耶克指出**分权**对特定时间和地点的信息利用非常重要。市场经济使得咖啡种植者能够根据自己日常工作中获得的信息做出决策，从而使效果达到最佳。事实上，向中央计划者提供所有的信息也是不可能的，成本太高，这就是中央计划者决策效率低的原因。

同时，市场利用的信息更加系统。农民把咖啡的价值转嫁给了顾客，因为农民是基于咖啡的市场价格来进行决策的。农民整合了他所利用资源的价值，因为他所利用的劳动力、土地和其他投入是基于这些资源的市场价格的。农民不必知道这些资源的其他用途，也不必知晓咖啡销往了芝加哥，更不必知道谁消费了他种植的咖啡。他所要知道的就是资源的价格和产品的价格。当他利用这些价格进行决策的时候，他不必掌握其他任何信息，实际上价格信息就已经把各种类型的信息都包含进去了。

换句话说，价格所包含的信息就可以用来协调整个产业乃至整个国家的资源配置，而不需要为中央计划者提供所有方面的详细信息。价格就是一个经济信息体系。

□ 市场是一种激励机制

除了能够有效地利用分散的信息，市场还有另一个好处。以农民为例，因为农场归

---

① 用经济学术语来讲，你需要知道咖啡的需求曲线和生产函数，对其他的商品和服务也是如此。

人事经济学实务（第二版）

其所有，所以他有经营农场获利的动机。但在中央计划经济体制下，农民更像官僚，他们没有有效利用农场资源获利的强烈动机。

此外，市场经济使得人们有了利用资源获利的动机，资源就易于掌握在信息灵通或拥有技术的人的手中。当信息、技术和资源结合的时候，信息的价值就体现出来了。假如农民不擅长种植咖啡，在市场经济体制下，他有三个选择：对种植咖啡的人力资本进行投资；雇人或租让土地；或者出卖土地。如果他选择雇用员工，他就希望雇用那些知道如何有效利用其资源的员工。如果他想租让或出卖土地，谁给的价格高呢？当然是那些掌握技术和信息的人，且这些信息、技术和土地资源结合能够产生最大的收益。

□ 市场和创新

市场是产业创新和提升的最大动力。这个结论源于我们讨论过的两大普遍原则：资产拥有者有快速有效解决问题和抓住机遇的动机；资产拥有者有投资创造高利润的新产品或新服务的动机。

大部分情况下，市场经济能够利用全社会所有人的创造力，从而有利于产业的创新和提升。在计划经济体制下，远离中央计划者的人们的想法不可能被考虑到。同样，对局部情况反应的灵活性使市场经济能够快速、高效地适应新情况。

□ 计划经济的优点

市场经济不可能是完美的，计划经济更是如此，**规模经济**造成的自然垄断就是一个例子。当一个公司产生规模经济时，它的平均总成本，也就是单位成本会随着公司的发展而不断下降。如果商品由于规模经济而维持较高的产出量，那么规模大的公司的商品的单位成本要比规模小的公司低得多，规模小的公司从而被挤出市场，规模大的公司就可能会垄断或接近垄断这个产业。通常巨额的**固定成本**驱动规模经济的发展，固定成本就是公司进行生产必须要投入的成本，但固定成本不会随着商品的产量而变化。规模大的公司和规模小的公司都要投入较高的固定成本，而规模大的公司可以利用多个部门共同承担固定资本投资，从而占据了有利位置。通常政府管理规模大的公司从而防止其利用垄断地位牟利。

有些情况下，政府也需要提供产品，这就是人们经常提起的**公共产品**。逐利的公司不会提供公共产品，因为经营公共产品不能盈利。人们也不得不消费公共产品，例如无线电广播，任何人只要拥有无线接收设备就能捕捉无限电波，所以广播电台对听众进行收费是不大可能的。如果广播电台不能从广告中获得收入，那么就不会有私营的广播公司，政府就不得不提供此类公共产品。

市场失灵的另一个原因是正的或负的**外部性**。买卖双方之间的交易对未参与交易的第三方造成损失或带来利润时外部性就产生了。污染是最典型的负外部性的例子。由于钢铁的买卖双方都不承担环境污染的成本，这样环境污染就会越来越严重。政府通过对钢铁公司征税或采取其他措施来限制环境污染从而改善环境状况。

技术溢出是一个正外部性的例子。许多时候，由于专利和版权保护的相关法律的不完善，公司可以在不承担任何成本的情况下复制他人的创新，在这种情况下，公司创新的积极性就会降低。例如一家医药公司的研究成果被同行复制并与其竞争，那么该公司投资研发的积极性就会降低。此时，政府可以通过补贴研发来弥补市场对创新激励的不足。

在一些情况下，**标准**非常重要，商品的顾客越多，标准越重要。这种现象被称作**正网络外部性**。传真机传输协议就是一个很好的例子。假如传真机使用不同的传输协议，就不能发给他人传真或收取他人的传真，传真机的价值就大大降低了。市场经济体制下，公司竞争激烈，而且设立了许多行业标准。有时，设立标准的过程很顺利，但有时又不是那么一帆风顺（比如欧洲和美国的手机通信标准不同），而中央计划者能够制定一个统一的标准，从而减少无效的竞争。

当然事情并不是那么简单。设定标准的竞争会刺激公司创新，从而提升科技水平。如果由政府来设定标准，是不会有此效果的。我们必须在由中央计划者设定标准和公司设定标准之间进行权衡。显然如果公司设定标准，竞争会非常激烈，所以政府有必要协调这些公司的活动。

□ 用市场模型来进行组织设计

公司必须具有同市场一样的功能。首先，市场能够利用经济体中的信息。大量的信息以价格的方式显现出来，从而降低了信号传递的成本。其次，如果信号传递成本较高，市场会有效地将人才和决策配置到信息灵通的地方。再次，决策者尽管分权决策，但决策者可以通过价格机制来进行协调。最终，市场将会极大地激励有效的决策、投资和创造。

以下的八章内容，我们会涉及上述概念。第5章到第8章主要介绍组织如何发展和利用信息，我们以传递成本来划分信息。市场经济能够利用局部信息。虽然动机或其他机制会导致集权，但其协调作用非常重要。激励机制就是公司如何在经济体中扮演好所有者角色的过程和方式。

因此，架构公司的组织结构，必须使公司具有以下功能：
- 能够有效地利用公司总部和分公司的信息；
- 必要时能够进行协调决策；
- 能够为协调决策提供强大的动力；
- 能够进行创新和改进。

惠普公司利用集体信息进行决策

市场体现集体信息的一种方式就是预测和评估风险。保险和证券市场在规避定价风险方面非常有效。例如，公司股票的价格就体现了公司未来现金流（净债务）的贴现值。股票的价格是由数以万计的个人投资者和基金经理共同决定的，他们利用自己掌握的信息对公司的未来发展做出评估。

博彩行业是另一个类似的例子。例如，一个体育团队获胜的概率就是所有人赌注的结果，实际上，这就是市场风险。

上述两例表明，市场擅长进行风险评估，这不仅仅是因为价格包含了市场的所有信息，还因为投资者和投机商人有通过信息赌博获利的动机。

　　一些公司也在试图复制这种集体信息效应。为了提高对月销售额的预测水平，惠普公司让经济学家查尔斯·普洛特（Charles Plott）为员工设计了一套交易系统。公司给具有相关知识的几十个员工每人一个价值 50 美元的交易账户，员工利用这个账户对公司这个月的电脑销售量下注——这实际上就是期货买卖契约。惠普公司发现市场预期（内部员工进行交易的结果）的月销售额比公司营销人员做出的预期准确性要高出75％。惠普公司已经将这个系统整合到月销售额的预测系统中去，现在正在测验整合后的系统。

　　资料来源：Kiviat（2005）.

　　第一步应该考虑的是采用集权决策还是采用分权决策？一方面，最高管理层很难了解低层信息，也就是说，低层信息价值越高，采用分权决策越合适。这些信息就是哈耶克所强调的存在于"特定时间和地点"的信息。另一方面，控制和协调组织越重要，采用集权决策越合适。

　　假设做出一项有效决策需要一定的信息。公司可以将这些信息交给决策者，也可以根据这些信息进行决策。

　　如果信号传递的成本不高，公司就没有理由进行分权决策。公司结构中的较高层次可以做出决策，然后将此信息交给最高决策层参考。这样，最高管理层既利用了信息，又做好了协调工作（因为最简单的协调机制就是由最高管理层做出决策）。

　　如果信号传递的成本较高，公司就面临权衡问题。信息价值越高，分权决策的准确性就越高。相反，如果协调的价值越大，集权决策就越合适。

　　原则上，公司可以模仿市场利用各自的动机来协调工作，然后进行分权决策，但是公司内部的激励机制不是很完善，所以这不是最佳方法。我们考虑采用集权决策，是因为仅仅通过支付员工薪水是不可能完成协调工作的。这就是市场模型对公司设计来说并不完美的主要原因，也就是市场价格表现价值要比公司现有绩效的表现价值好得多。[①]

　　除集权决策和分权决策外，公司还可以采用中间路线，即可以把决策权给予中层管理人员。公司中层管理人员可能掌握公司所需要的信息，相对于信息从低层传递到高层的成本，中层信号传递到高层的成本较低。此外，相对于低层员工，中层管理人员更能考虑到协调问题。在这种情况下，公司可以通过中层决策来利用低层信息，并做好协调工作。

　　接下来，我们分析在组织中是由谁做出决策以及决策又是如何做出的。假设公司是按传统的等级结构来组织的。完全的集权决策结构就是决策由首席执行官做出。完全的分权决策就是决策由生产第一线的员工做出。一些决策可由中层管理人员做出。原则上任何层次上的任何员工都有决策权。本章主要关注分权决策。首先我们考虑一下集权决策的优势。

---

　　①　如果我们考虑所有的短期和长期因素，对员工的绩效测量精准，那么我们可以将员工外包并与他们签订合同。公司存在的部分原因就是在现货市场很难对劳动力交易定价。前面的几章我们讲了这个问题的原因，其他的原因会在第 9 章中阐述。

集权决策的优势

<hr>

通用汽车公司的集权决策

从 20 世纪 20 年代起，通用汽车公司（General Motors）就以分权决策结构闻名于世。通用拥有相对独立的产品部门和地区部门。然而最近通用改变了它的组织结构，对公司的一些重要决策采取了集权决策的方式。

通用要求不同部门生产的汽车必须使用相同的基本零件，产品设计工作也要协调进行。这样做的目的是减少无用功，在生产和采购方面形成规模经济。由于采用集权决策，公司在上下级的信号传递和部门间的相互协调上花费的时间和精力较少，通用希望通过这种方式来加快公司的发展。

资料来源：Hawkins（2004）.

<hr>

□ 规模经济或公共产品

公司的不同部门可能享有相同的资产。这意味着规模经济或公共产品会影响整个组织。比如，不同的部门享有公司总部的空间；不同的生产部门可能共享一个设计团队。公司所有部门都要承担设计和会计系统的成本。共同的资产可能是无形资产，例如品牌价值、企业文化或有效的领导力。

通过激励系统，公司可以利用分权决策来实现资产分享。例如，大部分公司试图通过会计系统配置管理费用。但是，确定公司各个单位使用公司资本所产生的成本大小是非常困难的。尤其对于无形资产来说，这种问题更加严重。在这种情况下，分权决策会导致部门动机扭曲和资产利用效率下降：盈利少的部门会使用更多的公司资产，而盈利多的部门使用的公司资产反而较少。那些贷款不足的部门减少了资产投资，从而不能充分地利用公司资产。

将创造、配置和维护资产的责任集权化是一个办法。例如，相对于产品联系不紧密的公司来说，拥有良好品牌的公司的生产线更可能采用集权决策。知名的公司更有可能对人力资本采用集权决策。

□ 更好地利用总部的信息

哈耶克强调在经济体中信息是十分重要的。然而，在一些情况下，公司的最高管理层掌握最重要的信息。假如公司业务遍及各地，当不同部门的信息汇集到总部办公室时，总部管理人员能够觉察到地方部门尚未发现的模式或发展趋势。这种宏观视角是建立在整个公司的全部经验基础上的，这表明，当决策涉及公司的全面战略时，需要进行集权决策。

类似地，集权决策有利于提高信息的利用程度，因为它提升了不同部门间的信息传递的效率。如果公司的管理层没有向各部门传授过往经验、如果公司各部门之间没有直接交流，则部门之间难以互相学习经验。

□ 协调

集权决策最重要的优势是提高了公司的协调性。当协调性更重要时，公司就会选择集权决策。这样的例子有哪些呢？

协调对公司来说是非常必要的，因为公司必须把各个部门的产出通过一定的方式统一起来。装配线就是一个典型的例子。从宏观角度看，一个部门必须使用另一个部门生产的零部件来组装产品。组合不同部门生产的零部件来生产产品是公司的内在属性。为了**避免**协调问题，公司可以选择部门结构。然而，在一些情况下，协调问题确实存在。

当公司的各个部门需要同步时，就会出现协调问题。我们以战时的军队为例。如果步兵在炮兵摧毁敌方的抵抗之前进入战场，那么军队就可能会战败。战争中，不同军种以一定的顺序来发挥作用是非常必要的。为了保证战术的顺利执行，军队必须进行集权决策。（另一种办法就是让各个部门相互交流，我们称其为横向协调机制。）

战略决策通常是以集权方式做出的。显然，制定战略要考虑大部分乃至所有部门。然而，有时战略决策也不是以集权方式做出的，在一些情况下，公司的战略决策是以分权的方式做出的。但在这种情况下，创新对公司非常重要，这时各个部门的产品相互之间没有必然联系（大学的各个系就是一个例子）。但是如果公司各部门的产品之间有一定的联系，公司的战略决策就必须以集权的方式做出，这和政府为科学技术设定标准类似。

~~~~~~

迪士尼的战略规划

2005年年初，罗伯特·伊戈尔（Robert Iger）代替著名的麦克·艾斯纳（Michael Eisner）成为沃特·迪士尼公司（Walt Disney）的首席执行官。

迪士尼是一个拥有众多部门的大型公司。迪士尼的战略决策大部分是由总部的战略规划部做出。过去，公司部门可以发布新产品，成立合资公司或兼并其他公司，但是所有的战略决策都必须得到战略规划部门的同意。

成为首席执行官两周后，伊戈尔就撤销了战略规划部。战略决策权几乎全部分到了各个部门。拉里·墨菲（Larry Murphy）负责艾斯纳时期的战略规划，她表示撤销战略规划部门是公司由集权体系向分权体系进行的自然演化。

这个自然演化有以下几个原因：首先，集权决策在艾斯纳为首席执行官时，对公司更合适，因为艾斯纳在迪士尼的时间很长，经验丰富，他非常清楚公司各个部门的运作——许多部门是在他的手中建立起来的。尽管伊戈尔在迪士尼也工作多年，但他不可能像艾斯纳那样对公司的各种业务都深入了解。所以在伊戈尔接手首席执行官后，各部门的管理人员决策会更加有效。其次，迪士尼注重集权决策时间较长，各个生产线的利益协调已经实现。最后，许多部门已经对这种集权战略决策感到厌烦，因为它限制了部门的创造力。

资料来源：Marr（2005）.

~~~~~~

如果采用分权决策，当各个部门的外部性存在时，协调问题就产生了。例如，一个部门的研发对公司另一个部门的产品有益，在这种情况下，就会产生部门之间的正外部性。但是如果完全采用分权决策，一个部门很可能会忽略其研发对其他产品的影响。如果一个部门发布了一种新产品，这种新产品和公司另一个部门的产品有竞争，就会产生部门之间的负外部性。如果生产线完全采用分权决策，这种负外部性就更可能产生。

分权决策的优势

对分权决策的优势最重要的分析来自哈耶克：低层组织掌握重要信息，且信号传递成本较高。在这种情况下，公司就应考虑分权决策以充分利用信息。我们首先关注决定信号传递成本的因素，然后分析分权决策的优势。

□ 专业信息与普遍信息

信号传递的成本从高到低是有一定的范围的。例如，像咖啡价格这种信息的传递成本非常低，咖啡价格就是一个数字，通过科技手段可以及时传播。相比之下，人事经济学领域的信号传递成本就比较高。人事经济学领域内的信息非常复杂，且许多信息不容易被量化。即使形成书面文字，文字也不能完全把其概念解释清楚。教授通常会通过实例讲解来帮助学生理解人事经济学的内容，这些实例包括案例分析和学生的个人工作经验。

在经济学中，传递成本较低的信息一般被称作**普遍信息**。传递成本较高的信息通常被称作**专业信息**。我们所指的传递成本高不只是指传输成本高，同时信息接收成本也很高。信息由一人传递给他人，如果信息接收者不能理解信息，那么信号传递就是不成功的，如图 5-1 所示。（借此机会澄清一些概念，经济学家的术语容易让人迷惑，专业信息和普遍信息听起来像公司专用性人力资本和通用性人力资本。然而，这些概念并不相同。公司专用性人力资本和通用性人力资本分别指的是某些技能对某个公司更有价值和某些技能对许多公司都有价值。如果将人力资本比作是培训，那么我们这部分讨论的内容就是每天的培训信息。与此同时，专业化是指员工掌握技能的程度。从这个意义上讲，大学中选择专业就是专业化；而工商管理硕士（MBA），由于要学习不同领域的东西，相对来说就是非专业化。）

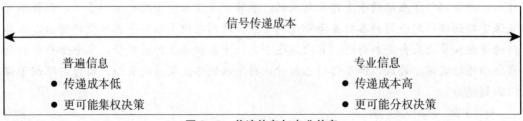

图 5-1 普遍信息与专业信息

在这里，专业信息是一个非常重要的概念，它有助于分权决策。

下文列示了几种更为具体的信息种类。这些信息种类在哈耶克的著名论述"时空的特定环境"中有所涉及。

☐ **易变信息**

很简单，信号传递成本高的原因就是易变信息必须及时被利用，否则就会失去其价值。股票交易所里的交易者必须对市场动态进行及时反应，否则就不能利用新信息进行买卖，因此股票交易所里的交易者是经过培训后精心挑选出来的，他们从而才有权力做出交易决策。同样，假设公司销售部门收到顾客的大量紧急订单，如果顾客因未能及时收到订单的确认信息而转向其他供应商时，公司就会给销售员进行授权（一定范围内），允许销售员与顾客进行协商从而决定是否接受订单。

集权决策费时。公司采用集权的决策方式需要非常慎重，因为采用集权决策方式的公司的反应和适应环境的速度较慢。

☐ **复杂性信息**

信号传递成本高的另一个主要原因是**复杂性**信息。复杂性意味着信息存在许多变体（与一磅咖啡的价格正好相反），更重要的是不同信息相互依赖的复杂性。以仅含有商品价格的简单电子数据表、含有许多数字和公式的电子数据表以及含有不同单元格的相互参照型的电子数据表为例，后者的传递成本要高一些，因为后者的接收者必须要理解表中的公式和数据。

我们会在第 7 章中讨论信息复杂性对工作设计的影响。任务的相互依存度越高，将任务分解就越困难。由于任务十分复杂，执行任务的员工必须掌握一定的专业信息。

☐ **信号传递需要专门技术的信息**

信号传递对人力资本的要求较高，为了能够理解传递的信息，当然这种情况比较特殊，需要员工掌握较多的专门技术。比如，许多公司的研发决策必须由工程师做出，而管理层的监督非常有限，这就是因为这种决策需要掌握专门技术。

☐ **不可预测性/特殊性信息**

由于信息交流日趋频繁，信号传递的成本也水涨船高。环境是动态的。然而，动态的环境不一定需要专业信息。假设环境变化可以预测，也许一个客服就可以处理 12 种不同的客户投诉。但同一类投诉不断地出现，就不需要太多的分权决策。相反，公司可以为员工设计标准的操作流程，规定员工在处理 12 种不同的客户投诉时必须要做的事情。因此，环境越具有不可预测性或越具有**特殊性**，员工就越需要掌握专业信息。

☐ **主观性/经验性信息**

在美国，有一件家喻户晓的案件，尽管法官没有最终形成定论，但凡是了解这个案子的人都知道这个案子的是非曲直。这是一个有关**主观性**或**经验性**信息的例子，这类信息的传递成本通常很高。因为此类信息无法量化，也很难对其进行严格的描述，这类信息被称为主观性或定性信息。主观性信息的传递通常需要双方当面讨论当前的情况，允许信息接收者询问问题。在一些情况下，信息的主观性非常高，以至于我们把其称作为经验性信息——为了真正地理解信息，你就必须亲自去体验。

为了有效地利用主观性或经验性信息，公司部分采用分权决策是不可避免的。例如，白领的绩效评估通常是主观性的。即使冒着承担违反反歧视法规的法律责任的风险，公司也通常让监督人对白领的工作进行评估。

□ 分权决策的其他优势

□ 节约管理时间

不重要的决策以及协调需求较少的决策，应当由低级管理层来做出，这样最高管理层才能够关注最重要的决策。因此越不重要、越不需要协调的决策就越应当由公司的低层管理者做出。

□ 提升管理技能

问题分析能力和决策能力是人力资本的表现形式，在一定程度上，这两种能力需要员工在工作中学习提高。为了使未来的管理人员发展得更好，公司必须给予低层管理者一定的空间进行决策。首先，新上任的管理者可以自行裁量不是很重要的问题。新上任的管理者可能受到多方面的限制（例如预算限制花费），这样可以减少因决策失误而造成的损失。随着管理人员才能的增长，他的自由裁量权也会增大，他们就可以做出风险更高的决策。这是公司培训管理人员，助其升到更高一层管理岗位的最好方法。

这也是下属能提升到与其领导相似岗位的其中一个原因。随着下属在工作中积累越来越多的经验，领导就会交给其更多的任务并给予其更大的决策权。实际上，这就是训练员工如何从事领导工作。

□ 内在动机

分权决策是**工作丰富化**的一部分，我们在第 7 章将讨论这个问题。工作丰富化的另外一部分就是分配更多的工作给员工，这样做的好处是让工作变得更具挑战性和趣味性，因此员工才有勤奋工作的内在动机。

■ 权力和责任

美国部队中，最低的职位是二等兵。下士和中士对最低级别的士兵有领导权。中士向中尉汇报工作，中尉向上尉汇报工作。上尉是少校的下属，少校是中校和上校的下属。将军位于部队等级的最高层，将军肩章上星的数量表明其将军级别。

军队中等级森严的原因很多，最重要的一个原因就是必须快速及时地做出战斗决策。战时，集体决策速度慢，决策就不符合实际情况。因此，设立如此森严的等级就是要让下属毫无疑问、毫无延迟地执行上级的命令。

但对于大部分公司来说，这种瞬间决策、下级绝对服从上级的方式是不需要的。但有时存在一些特殊的情况，一个团队与其他公司或客户进行生意谈判时，团队中任何一员的行动都要以团队的利益为重，并且团队成员有权做出决策。

对于工作设计来说，决定职位的权力层次和职位所应承担的责任通常是非常重要的。某些副总裁比别的副总裁权力大，这种区别就是由个人能力决定的。

我们应该重点讨论的是员工掌握传递成本高的专业信息的程度，这对公司非常重要；另一个要重点考虑的就是员工与同事的协调程度，这既有集权的特点又有分权的特点。在本节中，我们跳出对专业信息与协调的权衡，注重研究决策的过程。

□ 决策是一个多阶段的过程

决策不仅仅要给出问题的答案，而且是一个需要十分审慎的过程。我们将决策划为几个阶段是非常有益的。通常的做法就是将决策分为四个阶段：[①]

1. 提案阶段
2. 确认阶段
3. 实施阶段
4. 监督阶段

第一阶段，提案阶段。在这一阶段必须进行一系列的选择。对创造和创新来说，这是一个非常重要的阶段。有时这一阶段被称作"头脑风暴"——我们有哪些发展的可能性？

一旦发展的可能性被确定下来，我们就做出了选择。随后是第二阶段，确认阶段。这一阶段要确定常用的战略，这时，未来行动的基本方向就已经确定了。

一旦选定策略，那么施行策略的方式就是多种多样的。那将进入第三阶段，实施阶段。这一阶段的常用术语就是战术。尽管这一阶段更注重应用，但是创造性相当多。在这一阶段，细节决定成败。

按照第二阶段既定的战略落实工作非常重要。然后进入第四阶段，监督阶段。

一定程度上，上述过程几乎适用于任何决策。假如你是工厂的经理，明年要使产品成本降低10％，你会怎么做？首先，应该知道能采取哪些措施，是降薪、裁员，还是争取好的供应商，或提高生产率。其次，必须从这些方法中进行选择（选择的方法并不是唯一的），一旦做出了选择，就要落实。最后，必须对措施实施过程进行监督（总部负责此项工作）。

将决策过程划分为几个阶段是非常有益的，因为不同阶段的工作可以交给不同的人去做，尤其是第一阶段和第三阶段，即提案阶段和实施阶段倾向于采用分权决策，而第二阶段和第四阶段，即确认阶段和监督阶段倾向于采用集权决策，这样做有两个原因。

第一阶段和第三阶段采用分权决策，第二阶段和第四阶段采用集权决策的原因就是要实现既利用低层信息又要处理好协调的目标。在第一阶段中做出选择需要收集低层员工的大量信息，实施阶段也是如此。以上述工厂降低10％的生产成本为例，工厂经理要向低层员工寻求意见，这就是提案阶段的分权决策。在实施阶段，经理会再一次寻求公司员工关于对降低成本方法的建议，这是因为低层员工了解许多经理不了解的生产细节。

然而，为了保持目标一致，总体的降低成本的战略决策是由工厂经理做出的。监督阶段也是如此，这是要确保降低成本的措施不相互冲突，也不能与公司的总体战略相冲突（例如，大幅降低产品的质量）。因此，第二阶段和第四阶段采用集权决策能够更好地解决协调问题。

相对于第一阶段和第三阶段，第二阶段和第四阶段更倾向于采用集权决策，因为员工的动机有时不纯，他们的利益并不总是与公司的一致。在这种情况下，公司必须确保

[①] 参见 Fama & Jensen（1983）。

被授权员工的决策有利于公司目标的实现。这其中的一个重要的方式就是保留修正员工决策的权力，公司通过实施监督决策来限制员工的自由裁量权。换句话说，当决策者动机不纯的时候，公司对其进行制衡是非常必要的。

这种观念不仅适用于组织的低层，同样适用于组织的最高层。董事会的一个重要作用就是监督动机不纯的首席执行官。值得注意的是私人公司通常并不需要关注**治理**结构，这是因为私人公司的管理者实际就是公司的拥有者，他们不存在动机不纯的问题。

集权决策和分权决策之间的区别比较简单。提案阶段和实施阶段采用分权决策，确认阶段和监督阶段采用集权决策。这就保证了公司**既**能利用低层专业信息**又**能实现协调，公司由此受益颇多。

第一阶段和第三阶段通常涉及**决策管理**，第二阶段和第四阶段通常涉及**决策控制**。决策管理倾向于采用分权决策，而决策控制倾向于采用集权决策，这是一个基本观点。

这一基本观点对于处理决策问题简单且实用。例如，这种观点能指导你如何在公司内实施一项整改项目。进一步讲，这一基本观点澄清了公司授权给员工的意义。授权通常意味着公司将决策权交给员工，但保留了公司的决策控制权（特别是在最后的监督阶段）。

最后，决策管理和决策控制为我们提供了一种管理员工的思路。通常信息和决策的上传下达非常重要。大部分的中层管理工作涉及两项内容：第一就是批准和监督下属的工作，传达普遍信息；第二就是加工、提炼员工对于提案和实施阶段的建议，然后上传给更高一层的管理者。因此。决策控制意味着**等级制度**。

现在我们将决策管理和决策控制进行细分。在起初阶段，公司注重决策管理；在控制阶段，公司注重决策控制。侧重点不同体现了公司类型的不同——创新、风险、文化等等。

□ 扁平（权力）结构与等级（权力）结构

公司在设置权力结构方面回旋余地较大。一种是扁平（权力）结构，每个员工都有权力决定项目的通过与否；另一种就是金字塔形的等级结构，权力高的一级有权否决下一级做出的决策。从上述定义可以看出，扁平（权力）结构更注重决策管理，而等级（权力）结构更注重决策控制。

□ 两种类型失误之间的权衡

选择扁平（权力）结构还是等级（权力）结构取决于公司接受不良项目与拒绝好项目所造成的成本的大小。用统计学术语来讲，就是要对假阳性错误（第一类错误）和假阴性错误（第二类错误）进行权衡。

以斯坦福大学的毕业生经营的女性用品商店为例。香港人格雷迪思（Gladys）和威利（Willie）在纽约开了一家进口女性内衣和睡衣裤的公司。他们自称要树立年轻和时髦的形象。格雷迪思正在决定是否要进口浪漫款式的内衣，这就需要在销售、配货以及最重要的设立生产线方面进行先期投资。如果销售量达不到预期，公司就会产生损失。格雷迪思必须决定是否设立浪漫款式的内衣生产线。在这个过程中，她可能会犯两类失误：一是投资了生产线，但产品没有利润；二是不投资生产线，维持现状，如表5-1所示。

表 5 - 1　　　　　　　　　　正确决策和失误决策的可能类型

	生产	不生产
生产线盈利	良好的决策	假阴性错误
生产线不盈利	假阳性错误	良好的决策

如果公司生产了浪漫款式的内衣，结果发现不能盈利，那么格雷迪思就犯了**假阳性错误**。假阳性错误就是接受不盈利的项目。如果格雷迪斯决定不投资浪漫款式的内衣生产线，但此生产线其实可以盈利，那么她就犯了**假阴性错误**。假阴性错误就是拒绝盈利性的项目。

所以公司要对假阳性和假阴性错误进行权衡。如果格雷迪思采取比较激进的策略，接受任何新项目，她就永远不会犯假阴性错误。由于她对生产线进行了投资，当生产线不盈利时，她肯定要犯假阳性错误。格雷迪思的策略越激进，犯假阳性错误的概率越高，犯假阴性错误的概率越低。

或者，格雷迪思可以采取极端保守的策略，拒绝任何新项目。如果她从来没有对新生产线投资，她永远不会犯假阳性错误，但是她肯定会犯假阴性错误。如果新生产线盈利，她就会犯假阴性错误。格雷迪思的策略越保守，犯假阳性错误的概率越低，犯假阴性错误的概率越高。

如图 5 - 2 所示。水平轴表示犯假阳性错误的概率——继续投资不盈利的项目。垂直轴表示犯假阴性错误的概率——拒绝盈利的项目。图中 D 点表示公司接受所有的项目，因此接受不盈利项目的概率为 1，图中 C 点表示公司拒绝所有项目，因此拒绝盈利项目的概率也为 1。C 点和 D 点之间的实线表权衡。如果公司接受了一些项目，拒绝了另一些项目，此时的决策结果就是实线上的某点。例如，A 点就表示公司没有拒绝所有的好项目，也没有接受所有的不良项目。

公司接受新项目时，如何确定其策略的激进程度呢？如果接受不良项目的成本太高，且公司控制严格，决策就要移向 C 点。如果拒绝一个好项目的成本过高，且公司控制宽松，决策就要移向 D 点。

提高信息利用率的目的是减少各类决策失误。如果公司决策时信息充足，权衡结果就是虚线曲线而不是实线曲线。值得注意的是，权衡结果如果是虚线，公司的失误就会减少。B 点表示犯假阳性错误和假阴性错误的概率要比 A 点低。与实线相比，此时公司更倾向于虚线。但请记住信号传递是需要成本的，按照虚线做出的决策较好，但是达到虚线曲线状态所需的时间较长，成本也较高。

□ 权力模型的三个例子

现在我们回到工作设计和权力模式上来。权力结构不同，所犯错误的程度就不同，下面我们以图 5 - 3 中格雷迪思和威利的决策结构为例。

等级权力结构决策层面上，格雷迪思要比威利的等级高。威利能想出新点子，但是没有任何权力接受任何项目，她所做的只能是让他人接受她的建议。这就是刚才提到的决策管理。而格雷迪思既提供新点子，又指导员工实施新点子。格雷迪思有权决策，这就是决策控制：既能确认新点子，又能监督其实施。这种结构会降低公司犯假阳性错误的概率，但提高公司犯假阴性错误的概率。

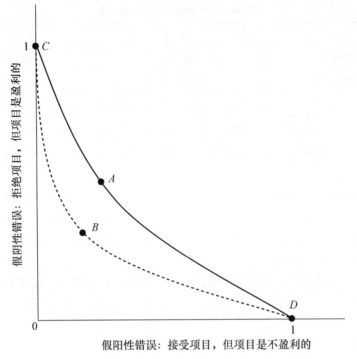

图 5-2　失误权衡和权力结构

图 5-3　权力结构

　　图 5-3 右侧的这种结构被称作**扁平权力结构**，采取此结构的公司犯假阳性错误的概率较高，犯假阴性错误的概率较低。此种结构下，格雷迪思和威利都有权力评估项目、接受或拒绝项目。两人都需要花费时间进行思考和评估新项目，彼此之间不能互相制衡。相对于等级权力结构，扁平权力结构更注重决策管理，而不注重决策控制。

　　哪个权力结构更好呢？显然，与扁平权力结构相比，等级权力结构下的项目通过率较低（参见本章附录）。等级权力结构下公司犯假阳性错误的概率低，但犯假阴性错误的概率高。这种结构下公司接受的不良项目数量不多，但拒绝的好项目较多，其中有两个原因：首先，等级结构需要两人同意而并非一人同意，项目评估比较严格；其次，两人对项目评估，即格雷迪思和威利共同工作，可以评估的项目数比一个人评估的要多。

　　如果项目在交给格雷迪思之前必须经过威利的评估，那么只有一半的项目能通过初步审查，因此通过的项目数量很少。最重要的是等级权力结构下较高管理层能够否定低层员工做出的最终决策，这导致项目审查更加严格。所以，与扁平权力结构相比，等级权力结构下通过的项目数量较少。

第三种可能是公司采取扁平权力结构，但必须征求他人的意见。格雷迪思的权力不比威利大，但威利审查过的项目，格雷迪思也要审查，反之亦然。如果两人意见相同，决策结果显而易见。如果两人意见不同，那么就必须用其他一些措施来调节双方的分歧。这里可能性非常多，但对于目标来说，调解细节并不是很重要。除要解决分歧之外，这种征求他人意见结构（第三种可能）比等级结构要宽松，但比扁平结构严格。

在等级结构下，如果威利拒绝一个项目，那么格雷迪思就永远看不到这个项目，因此格雷迪思只能看到威利交给他的项目。而在征求他人意见结构中，格雷迪思能看到被威利拒绝的项目。如果格雷迪思喜欢某个项目，只要两人意见一致，结果往往是积极的。那些在等级权力结构下不可能被接受的项目在征求他人意见权力结构下可能会被接受。因此，尽管两种结构审查的项目数量一致，但征求他人意见结构相对来说更宽松，通过的项目更多。

此外，征求他人意见结构要比扁平结构严格，只是不那么明显罢了。通过征求他人建议，后续决策者可以推翻起初接受项目的决策。征求他人意见结构更严格的主要原因是当他人的意见提出以后，审查项目的数量就会减少。如果一个人审查一个项目需要一周的时间，在扁平结构下，每个人审查一个项目的话，每周能做出两个决策；与此相反，在征求他人意见结构下，由于两个人都要审查两个项目的提议，所以每周只能做出一个决策。

图 5-4 表示的是不同权力结构下公司犯假阳性错误和犯假阴性错误的比例，相比图 5-2，此图更加直观。公司应该选择哪种权力结构呢？由于两者存在权衡，这取决于各个结构下公司的收益。我们已经确认了三种权力结构，现在在图 5-5 至图 5-7 中对三种不同收益结构进行对比。

先小幅上升，后大幅下降。 图 5-5 表示的收益结构比较适用于大油轮瓦尔迪兹号（Valdez）。几年前，瓦尔迪兹号油轮发生了漏油事故，埃克森石油公司（Exxon Mobil）为此进行了经济赔偿。埃克森石油公司在清理漏油、诉讼、费用结算上花费了数十亿美元。有证据显示，这起事故是由于船长酗酒引起的。

瓦尔迪兹号油轮事件代表一种典型的收益结构。前期工作做得极其好，但一旦出现失误便是灾难性的，最后与预期收益相差甚远。这种情况下收益是有限的，但是失误造成的损失却价值数十亿美元。

瓦尔迪兹号油轮的船长早前通过油运为公司获取了大量收益，但却在酗酒后指挥船只行进，他冒此风险是十分不值得的，这个失误的成本太高了。如图 5-5 所示，公司想使犯假阳性错误的概率最小化，而愿意接受高概率的假阴性错误。这种情况下，由于能够缩短油轮到港的时间，船长头脑发热地决定了进行这个"项目"，"头脑冷静后再进行决策就不会造成事故"从而犯了假阴性错误。"醉酒后前行，导致了事故的发生"犯了假阳性错误。因为犯假阳性错误的成本非常高，公司应该选择一种权力结构使得该风险最小化——相对来说，等级权力结构最合适。船长不应该也不可能拥有他在完全清醒前就下令油轮前进的权力。如果船长通过无线电向公司汇报情况，公司就绝不会允许其继续前进，从而降低灾难发生的概率。

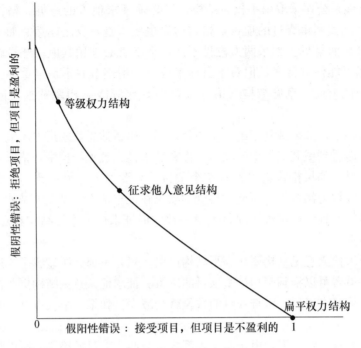

图 5-4 权力结构与失误

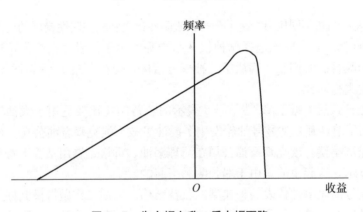

图 5-5 先小幅上升，后大幅下降

先大幅上升，后小幅下降。图 5-6 是一个先大幅上升，后小幅下降的收益函数。该函数与许多新公司的情况契合。大部分时间里，新公司不盈利或者盈利水平很低。然而有时一些创新公司会取得成功，赚取巨额利润。公司选取哪种权力结构有利于收益的上升呢？监督否决权较少的扁平权力结构使犯假阴性错误的概率最小化。刚起步的公司不想太过保守，但新公司名声小，资金少，再怎么损失也不可能太大，但有可能获得巨大的收益。新公司乐意冒险，即使接受那些不成功的做法，公司的损失也不大，因为公司初期没什么可损失的。

新公司通常给予员工个人很大的权力。不同类型的人并不一定进入不同类型的公司，有时创造力较强的员工在等级权力结构的公司中工作不畅。等级权力结构下的公司容易拒绝一些好项目，毕竟等级权力结构不鼓励创新。在扁平权力结构下，公司给予员工个人更多的选择，允许员工发挥创造力。在等级权力结构下，公司有可能拒绝风险高、狂热的想法，但在扁平结构权力结构下，公司往往是能够接受这些想法的。

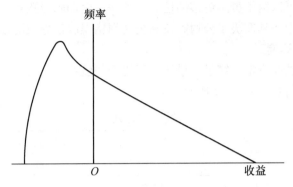

图 5-6　大幅上升，小幅下降

这个思路对从另一个角度证明分权结构鼓励创新，而集权结构在控制和避免失误方面更有效。

对称收益。大多数的公司既不属于瓦尔迪兹号的范畴，也不属于新公司的范畴。大多数公司的业务收益是对称的，特别是那些成立已久的公司。图 5-7 表示一个当地商店的收益函数。对于这家商店来说，良好的销售业绩和创新不会像新公司那样使其收益大幅上升；销售业绩不佳和出现假冒伪劣产品可能让公司受损，但不会像瓦尔迪兹号油轮石油泄露那样产生灾难性的损失。这种情况下，公司倾向于在承受程度内犯假阳性错误或假阴性错误，因为提高任一类错误的概率都不能使发生另一类错误的概率最小化。

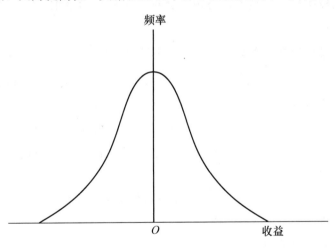

图 5-7　对称收益

□ 投资高质量的决策

图 5-2 中的虚线在实线的下面。在其他因素相同的情况下，公司最好达到虚线的权衡状态，因为对于给定的任何假阳性错误概率，虚线表示的假阴性错误概率要比实线小（两个端点处除外）。换句话说，虚线表示犯两类错误的概率要比实线低。

公司如何达到虚线的权衡状态呢？达到这种状态是需要成本的。为达到虚线状态，公司有必要提升决策过程，提升决策过程的办法很多，但成本都比较高。公司可以雇用能力高的猎头为公司寻找能力高、薪酬要求高的员工；公司可以给员工更多的时间考虑项目；或者，公司可以给予员工更多的信息，如雇用咨询师或购置一些有用的数据。公司能否从这些措施中获利取决于公司收益和公司因错误决策导致的损失之差。

□ 应用：航线案例

假设一位飞行员在决定是穿过雷暴区飞行更短的航线还是绕道雷暴区飞行更安全但较长的航线，假设信息如表 5-2 所示。

表 5-2 　　　　　　　　　　　　雷暴区与航线 　　　　　　　　　　　　单位：美元

	坠机概率	坠机成本	预期坠机成本	预期燃料成本
穿过雷暴区	10^{-5}	10^{9}	10 000	17 000
绕道雷暴区	10^{-9}	10^{9}	1	20 000

公司应该怎么做呢？如果飞机坠毁，公司将承担价值 10 亿美元（10^{9} 美元）的资金、声誉、保险和诉讼成本。然而，两段航线中飞机的燃料成本和坠机概率是不同的，所以预期成本也不同。在这种情况下，飞行员的最佳选择就是绕道雷暴区。这个收益先期小幅上升、后期大幅下降的例子符合图 5-5 的收益结构。因此，公司应当选择等级权力结构。但是现在的情况又有所不同，因为存在公司和飞行员目的不同的问题，飞行员更关心的是自己的生命，而不是公司的收益。为了使飞行员不要过于保守，公司会制定规则，让飞行员除非得到公司的批准才能飞行长路线。当面临雷暴区时，飞行员请求公司允许其飞行路程较长、成本较高的那段航线，而公司可以批准或否决飞行员的请求。

根据坠机的概率和收益结构，公司将会批准飞行员的请求。如果飞行员穿过雷暴区，预期成本是：

$$穿过雷暴区的预期成本＝(10^{-5})(10^{9})＋17\ 000＝27\ 000(美元)$$

表达式的第一项表示坠机的概率和坠机的损失。17 000 美元是燃料成本。如果飞行员选择路程较长的航线，预期成本是：

$$绕道雷暴区的预期成本＝(10^{-9})(10^{9})＋20\ 000＝20\ 001(美元)$$

表达式的第一项表示坠机的概率和坠机的损失。20 000 美元是燃料成本。此时的预期成本要低于穿过雷暴区的预期成本。

只要飞行员请求，公司就给予批准，在这种情况下，飞行员向公司发出请求就没什么意义了。当飞机遇到雷暴区的时候，飞行员被赋予全权来选择距离长的航线，那么扁平权力结构就是公司的首选。

由于没有选择较短航线，那么飞机没有在较短航线坠机的可能，即假阳性错误的概率为 0；与之相反，假阴性错误的概率是 1。即便穿过雷暴区不会导致坠机，选择穿过雷暴区的较短航线也总是被公司拒绝。

假设新型设备——预报器能够准确预报闪电，而且这个设备能给出何时可以安全穿过雷区和何时穿过雷区不安全的建议，表 5-3 给出了预报器准确性的数值。

预报器建议穿过雷区航线的概率是 9 999/10 000。此时坠机的可能性只有 $1/10^{-8}$。然而，如果预报器建议绕道雷雨区，飞行员违反建议导致坠机的概率是 1/10。预报器提供的准确信息使公司往往能做出正确的决策。

表 5－3 预报器的准确性

			坠机的可能性	
			穿过	绕道
建议的 可能性	穿过	0.999 9	10^{-8}	10^{-9}
	绕道	10^{-4}	10^{-1}	10^{-9}

如果采用预报器的建议，公司的最佳决策将会改变。以前，公司总是首选绕道雷暴区，现在无论预报器何时给出穿过雷暴区的建议，公司都会首选较短航线。在预报器的建议下，航行的预期成本是：

$$穿过雷区的预期成本 = (10^{-8})(10^{9}) + 17\ 000 = 17\ 010(美元)$$

然而，选择绕道雷暴区航线的预期成本仍然是 20 001 美元。因此，无论何时预报器给出穿过雷暴区的建议，公司都会首选较短航线，但当预报器给出不应穿越雷暴区的建议时，公司会选择较长航线。

这里有两个问题：第一，公司应该购买预报器吗？这取决于购买预报器的成本和使用的频率。第二，如果购置了预报器，公司应该采取什么类型的权力结构呢？

如果没有预报器，每个飞行员都要选择路线。由于飞行员的动机与公司的利益相契合，所以在分权结构中，不存在动机问题，但有了预报器，情况就不同了。公司99.99%的时间都是首选穿过雷暴区的较短航线，但飞行员的看法可能有所不同。首先，预报器建议较短航线，坠机的概率为一亿分之一，如果选择较长航线，坠机的可能性是十亿分之一。两个概率都很低，但是前者是后者的 10 倍。其他因素相同的情况下，尽管选择较短航线时公司的收益更高，但飞行员会首选坠机概率低的较长航线。其次，除去坠机，穿过雷暴区飞行难度更大。这两方面表明飞行员和公司的决策可能不一样。

这种情况下，如果购置预报器，公司权力结构应该改变。公司现在应首选等级权力结构，飞行员可以向公司提出请求绕道雷暴区，但是公司有权拒绝飞行员的请求。

这个例子说明了信息、决策结构和员工动机之间的相互影响。如果存在信息中枢（预报器），等级权力结构的集权决策就有意义了。如果不存在信息中枢，分权决策就派上了用场。但是只有当决策者的利益与组织的利益相契合时，分权决策才能运转良好。

本章回顾

组织不仅仅是员工的集合，特别是在现代经济体中，组织还是信息的制造机和处理器。大部分公司的组织结构设计和工作设计（我们很快就讨论这个问题）的目标是利用信息提高效率、适应环境和进行创新。

经济体本身也面临着同样的问题。经济体中最有效的组织方式是市场经济。为了利用存在于特定时间和特定地点的专业信息，分权决策就派上了用场。充分利用信息使得生产更有效率，市场适应性更强。因为市场经济鼓励所有人投资，充分利用集体信息，所以市场经济更具有创新性。

市场经济是一个自我组织的体系——这个体系中很少有统一的领导。尽管如此，它也能够完成大量的协调工作。这些协调工作是通过价格来完成的，价格表示不同商品或服务的价值。在不了解货物或服务的其他用处时，分权决策能够利用价格信息来指导决策。因此，价格是传递普遍信息和协调经济体的有效方法。

由于市场经济是通过资产所有权来激励市场主体的，所以市场经济运行良好。个人可以拥有、购置和出售资产，这提高了个人层面上的资产利用率最大化的积极性，同时也提高了信息和决策的匹配度，因为人们有利用信息进行决策的动机；反之亦然。市场经济的强大驱动力也是分权经济充满创新和活力的重要原因。

市场模型对思考公司组织设计非常有用。虽然没有任何一家公司能够完美地模拟市场结构，但复制市场的目标、市场的运作方式，还是有可能的。因此，组织设计要实现几个关键目标：一是利用信息，特别是存在于公司、顾客和供应商中的专业信息；二是进行必要的协调；三是提升公司价值最大化的动机。

思考组织设计的最佳出发点就是确认最具价值的专业信息。其中一个方法就是确认专业信息的五个重要因素，即谁掌握信息，是什么信息，信息在哪里，信息是什么时候出现的，为什么要利用信息。谁掌握着对公司有价值的信息？这些信息很难传递到最高管理层吗？这些信息是什么？它存在于某一个地点吗？这种信息易逝吗？为什么这些信息对公司业务有利？在分权决策重要的时候，思考一下这些问题会很有帮助。

现在考虑一下分权决策的协调问题。可以采取下列三项措施：一是提高协调的动机；二是如果上述措施不充分，一些决策就要以集权的方式做出；三是建立其他一些协调机制（下一章我们将讨论这个问题）。

现在考虑决策过程。将决策过程划分成不同阶段、不同的个人或部门处理不同阶段的决策，从而提高专业信息的利用度和部门间的协调性。除此之外，公司可以选择注重决策管理的权力结构或注重决策控制的权力结构。这样公司就能解决任何决策体系中都存在的创新与控制之间的权衡问题。

本章大部分内容都是从整个组织的角度来观察决策的配置。但是员工的自由裁量权的大小是工作设计的主要部分，因此可以把这章内容当作工作设计的导论部分。在第6章进一步讨论组织结构后，第7章将对工作设计这一主题进行阐述。

思考题

1. 仔细定义专业信息和普遍信息的概念。回顾人力资本专业化投资的概念，通用性人力资本和公司专用性人力资本的概念。这些术语听起来十分相似，但它们所指有所不同，要理解它们之间的不同之处。

2. 举个工作中利用专业信息的例子。换句话说，就是这种信息对你的工作来说非常重要，但将这种信号传递给你上司的成本较高。这种情况下，上司允许你做出决策吗？如果允许，为什么呢？如果不允许，又是什么原因呢？

3. 信息科技降低了信号传递的成本。你预测一下这将会对组织结构产生什么样的影响？

4. 你的工作是监督一家大型医药公司的研发工作。由于这些年专利保护工作做得比较好，公司的一种新药为公司赢得了很多的利润。研发新药是公司一项重大的投资。新药可能会伤害患者，损害公司品牌形象，因此研发失误会给公司带来巨大的损失。最后，政府的食品和药品管理部门会在新药上市的最后阶段加强监管。请描述你的决策过程，决策会在研发新产品的不同阶段而不同吗（例如，基础的探索研究阶段与最后的药物产品形成阶段）？

5. 你认为一个公司的决策方式会随着公司的成熟而改变吗？如果会，将怎么改变？是什么原因呢？这对公司员工有什么影响？对企业文化有影响吗？会提升产品设计效率吗？随着公司的成熟，公司决策的着重点将如何改变呢？

6. 你的上司对公司的决策过程感到不满意，要求你准备一份决策过程成本备忘录。你是如何测算决策过程成本的？公司决策过程的成本和收益应包含哪些方面呢？

参考文献

Fama，Eugene & Michael Jensen (1983). "Separation of Ownership and Control." *Journal of Law & Economics* 26.

Grillparzer，Frank (1884). *Libussa* (opera).

Hawkins，Lee, Jr. (2004). "Reversing 80 Years of History，GM is Reining Global Fiefs." *Wall Street Journal*，October 6.

Kiviat，Barbara (2004). "The End of Management?" *Time*，July 6.

Marr，Merissa (2005). "Disney Cuts Strategic-Planning Unit." *Wall Street Journal*，March 28.

Smith，Adam (1776). *The Wealth of Nations*. Modern Library Classics，2000.

von Hayek，Friedrich (1945). "The Use of Knowledge in Society." *American Economic Review* 35 (4).

延伸阅读

Aghion，Philippe & Jean Tirole (1997). "Formal and Real Authority in Organizations." *Journal of Political Economy* 105 (1)：1-29.

Jensen，Michael & William Meckling (1992). "Specific and General Knowledge and Organizational Structure." In *Contract Economics* Lars Werin & Hans Wijkander，eds. Oxford：Blackwell.

Sah，Raaj Kumar & Joseph Stiglitz (1986). "The Architecture of Economic Systems：Hierarchies and Polyarchies." *American Economic Review* 76：716-727.

附 录

□ 等级权力结构、扁平权力结构和征求他人意见权力结构

我们用格雷迪思和威利公司的例子将等级权力结构、扁平权力结构和征求他人意见权力结构进行了对比。图5A-1至图5A-3表示的是新项目在三种权力结构下接受评估的流程图。在等级权力结构下，威利评估新项目，拒绝了一些项目，然后给格雷迪思推荐了一些项目。格雷迪思评估威利推荐的项目，拒绝了一些项目，执行了一些项目。在扁平权力结构中，两人都评估不同的新项目，那些被一人接受或被两人都接受的项目都被执行了。在征求他人意见权力结构下，两人都评估所有的项目，如果存在分歧，公司就会做出决议，如果 $\lambda < 1$，该项目就会被接受，并被执行。为简化这个过程我们把其比作抛硬币，因此 $\lambda = \frac{1}{2}$，这时很容易就得出当 λ 在 0 与 1 之间时所有的结果都是一样的。

每个人在一段时期内都要审查 N 个新项目。因此，威利在等级权力结构下，每段时间评估 N 个项目；在扁平权力结构下评估 $2N$ 个项目；在征求他人意见权力结构下，评估 N 个项目。每个人花费半数时间评估新项目，另外半数时间评估已被同事评估过的项目，项目评估最终有两个结果：好（盈利）或坏（不盈利）。

项目经过第一次评估，公司就做出正确决策的可能性 $= p > \frac{1}{2}$。如果 p 小于或等于 $\frac{1}{2}$，公司就只能如投硬币一样二选一了。项目经过第一次评估后公司出现失误的可能性 $= 1 - p$。

如果项目经过第二次评估，那么决策就会更准确些。这是因为进入第二次评估的项目一般都是一些好项目，所以项目经过第二次评估后，公司做出正确决策的概率 $= q > p$，因此公司出现失误的概率 $= 1 - q < 1 - p$。当然，这只适用于等级权力结构和征求他人意见权力结构。

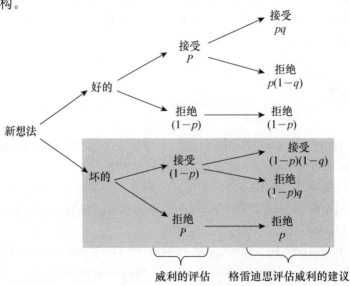

图 5A-1 等级权力结构

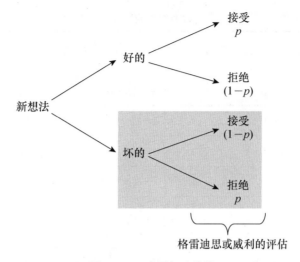

图 5A-2 扁平权力结构

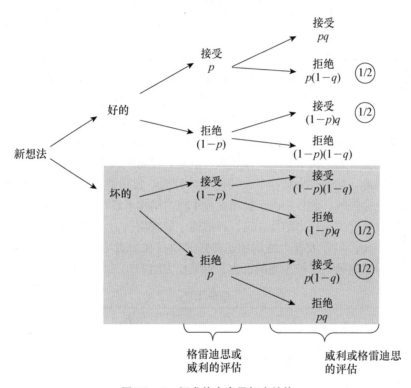

图 5A-3 征求他人意见权力结构

图 5A-3 中标有 1/2 的地方，表明此时在二选一（投硬币）的这种情况下，一半项目被接受，一半项目被拒绝（基本上 λ 都在被接受的范围之内）。

表 5A-1 包含了四个最终决策（正确接受新项目和拒绝新项目的决策，还有两类错误）的概率，均用代数来表示。上面一组只计算了一个新项目在三种不同权力结构下的接受/拒绝概率；下面一组计算了一段时间内所有新项目的接受/拒绝概率，因为在扁平权力结构下一个新项目要经过两次评估。

	扁平	征求他人意见	等级
一个新项目			
接受好项目	p	$\frac{1}{2}(p+q)$	pq
假阴性错误	$1-p$	$1-\frac{1}{2}(p+q)$	$1-pq$
假阳性错误	$1-p$	$1-\frac{1}{2}(p+q)$	$(1-p)(1-q)$
拒绝不良项目	p	$\frac{1}{2}(p+q)$	$1-(1-p)(1-q)$
整个决策过程			
接受好项目	$2Np$	$N\cdot\frac{1}{2}(p+q)$	Npq
假阴性错误	$2N(1-p)$	$N[1-\frac{1}{2}(p+q)]$	$N(1-pq)$
假阳性错误	$2N(1-p)$	$N[1-\frac{1}{2}(p+q)]$	$N(1-p)(1-q)$
拒绝不良项目	$2Np$	$N\cdot\frac{1}{2}(p+q)$	$N[1-(1-p)(1-q)]$

表 5A-2 以更简洁的方式总结了三种权力结构下新项目接受/拒绝的概率。最上面一组列出了一个新项目被接受与拒绝的可能性大小比较；最底下一组根据每个权力结构评估的项目总数，列出了每个项目的接受/拒绝的结果比较。

当我们关注整个决策过程的时候，表的后一组表示总体上扁平权力结构下的公司要比其他两种权力结构下的公司所犯的失误要多。但是，在扁平权力结构下，公司接受好项目的数量也多。因此，扁平权力结构下公司的变数较大，公司能够成功执行更多的新项目，同时很多项目也会失败。此外，由于公司在扁平权力结构下新项目只经过一次评估，所以公司决策速度较快。扁平权力结构在这三种结构中最有创造力，也最混乱。征求他人意见权力结构处于中间；与等级权力结构相比，好的项目在前者中可以有第二次被接受的机会，但不良项目也有第二次被拒绝的机会。等级权力结构在三种结构中最为保守。

表 5A-2　　　　　　　　　　　　　　　　　　结果比较

	大部分		中间		最少
一个新项目					
接受好项目	征求他人意见	>	扁平	>	等级
假阴性错误	等级	>	扁平	>	征求他人意见
假阳性错误	扁平	>	征求他人意见	>	等级
拒绝不良项目	等级	>	征求他人意见	>	扁平
整个决策过程					
接受好项目	扁平	>	征求他人意见	>	等级
假阴性错误	扁平	>	等级	>	征求他人意见
假阳性错误	扁平	>	征求他人意见	>	等级
拒绝不良项目	扁平	>	等级	>	征求他人意见

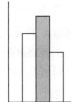

第6章

组织结构

混乱是自然的规律，有序是人类的梦想。

——亨利·亚当斯（Henry Adams），1983

■ 本章引言

第5章讨论了决策的配置问题。这一章讨论与决策配置紧密相连的宏观问题：组织结构。组织结构涉及面比较广，以至它本身就是一个学科。本书只关注组织结构的几个关键问题。

假设你是一家大型航空公司的新任首席执行官的管理团队的一员。在过去的几十年，该公司取得了巨大的成功，一些高端产品成功首发，当然有些产品并不那么成功。同时，公司面对的竞争对手越来越强。其中的一个竞争者被产品质量问题所困，你所在公司的首席执行官想避免同样的问题发生在公司身上，几个部门在产品设计和市场营销方面的矛盾越积越深。首席执行官要求你策划一个最佳方案来组织公司从而延续公司过去的辉煌，同时解决现在存在的问题。你应该从哪里开始呢？

很明显，你必须要考虑如何将公司现在的部门分成更小的单位。大型公司通常非常复杂，以至于仅仅依靠一个管理团队不能完成所有的监督任务。我们讨论的一个重要问题就是如何将整个公司分成不同的部门。

第二个要考虑的问题是如何构建权力结构。首席执行官关心的是日益激烈的竞争，而公司的决策速度太慢。虽然公司在创新方面取得了一些成功，但在保持产品质量方面有一定的压力。第 5 章讨论了相关的问题，这些问题在这一章中也非常有用。例如，从第 5 章可知，因为关注产品的质量，公司经常在决策速度和决策可能犯错误之间进行权衡。

组织结构对员工的职业规划有着十分重要的作用。在传统的等级权力结构下，大多数员工在其职业生涯中会在他们职责范围内深化他们的专业能力；其他的权力结构则可能会削弱组织结构与工作梯度之间的联系，从而有可能限制员工技能的发展。权力结构对绩效评估的效率也有影响。本章会提到这个问题（第 9 章会对其做深入阐释）。

最后，不同部门之间的冲突表明公司需要提高组织的协调性。在不同的权力结构下，公司协调问题的大小和类型给我们哪些启示呢？公司进行协调应该采用什么方法呢？这是这一章需要讨论的内容。

组织结构的趋势

著名的商业媒体通常会提到在过去的二十几年中，组织结构在朝着扁平化方向发展，这是什么意思呢？

一项研究分析了从 1986 年到 1999 年间 300 家大型美国公司的高层治理结构。研究发现在这段时间里，首席执行官和最低层管理人员之间的等级层次减少了 25％。同时，各层管理人员直接向首席执行官汇报工作的数量大幅增加，公司向着扁平结构发展。

研究还发现了其他几个有趣的模式。有证据表明公司在向扁平结构发展的过程中，已经采用分权决策了。出现这种现象的原因是管理人员监督的下属太多，而用于决策的时间太少，因此必须委派更多的员工做出决策。除此之外，拥有扁平结构的公司基于更广泛的绩效指标能够更充分地使用薪酬激励（在第 9 章中，我们将详细讨论该术语），比如员工持股。

资料来源：Rajan & Wulf（2006）.

组织结构的类型

本节我们讨论公司常用的四种基本的结构。后一节，我们将讨论应用每种结构时的有利因素。如果你已熟知基本的组织架构知识，这一部分可以跳过或略读。

实际上，公司的结构非常复杂，经常是几个组织结构的混合体。例如，公司有许多部门，一些部门采用矩阵结构，一些部门采用传统的功能等级结构，其他部门仍然采取非正规的网状结构。而一个部门也可能有不同的组织结构，比如一个业务部门以功能等级结构为主，但同时采用了非正式的网状结构来进行协调。一个单位可能以一种组织结构进行决策和组织员工，但又采用另一种组织结构来进行其他的决策。因此，这四种基本组织结构是基础。公司规模越大结构越复杂，包含的因素也越多，越是如此，一张组织结构图就越难描述该公司的组织结构。

四种基本的结构，除了一种结构外，其他三种结构都充分利用了上一章介绍的重要原则：等级。

□ 等级

图6-1表示一种在历史上发挥了巨大作用的组织结构：功能等级结构，这种组织结构有两个比较重要的因素：功能和等级。

等级意味着信息的传递、员工的监督、组织的决策都发生在贯穿于组织最低层到最高层的线性结构上。如图6-1所示，每个功能区都有一个领导（比如销售执行副总裁）。副总裁向执行副总裁汇报工作，经理向副总裁汇报工作。每个员工都被要求直接与自己的上下级合作，而不是超越层次级别与更多的员工进行交流。

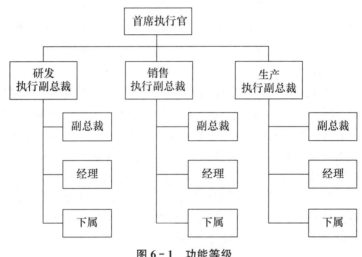

图6-1　功能等级

在等级结构中，首席执行官享有终极权力。但是低层员工也会做出决策，原因在上一章已经提到，就是分权决策通常需要利用低层的专业信息，从而为最高管理层节约时间。分权决策会导致决策管理和决策控制的分离，但有利于进行监督和协调。

从这个意义上讲，所有的结构都有等级，因为如第5章所述，**单一决策者**也是有优势的。如果员工不知道该向谁汇报工作、谁是最终的决策者，那么这个组织的运行成本就会增加。如果一群人试图达成共识，决策速度会慢下来。由于员工不知道找谁去解决问题，组织也容易产生混乱。群体决策使组织的政治性显得非常重要，所谓政治性就是组织的规则。因此，所有类型的组织结构都在充分利用等级进行决策。

等级会给组织造成巨大的成本。想想小时候的传话游戏，就能明白其中的道理。在传话过程中，所有的玩家围成一个圈，第一个队员紧贴在第二个队员耳边说一句话，第二个玩家要把他所听到的这句话传给下一个玩家，依次传递下去，直到传到最后一个玩家，最后的那个玩家必须说出他听到的内容。通常，最后这位玩家说出的话和原话不一致——原话在传递过程中失真了。

同样的情况可能会发生在等级结构中，特别是层次较多的结构。设想一下，低层员工拥有首席执行官需要的协调公司各部门的信息，这位员工会将此信息反馈给他的上级，这位上级再反馈给他的上级。所以当信息传到最高层的时候，除非信息很容易被量化，否则信息很有可能在传递过程中失真。这种情况时常发生，因为在每个层次上，信息都是经过加工后才传递出去的。在决策的执行过程中，也可能发生这种现象。

第一批正式的组织结构是在一些大的组织中发展起来的，如政府、军队，还有教会，等级是这些组织早期的重要元素。

□ 功能结构

功能等级结构的第二个重要因素是功能。一旦公司达到一定规模，就要分成易于管理的若干单元，否则管理层就难以应付。最符合逻辑的做法就是把功能类似的员工集合在一个单位里，通常是按照员工技能和职责将组织分成若干个单位。

如图 6-1 所示，公司分为三个功能区（实际上，公司功能区可能会更多）。功能区一注重产品研发，功能区二注重产品销售，而功能区三则注重产品生产。

在这样的结构中，员工的职业生涯只能在某功能区之内发展。刚入职负责生产的员工逐渐得到提拔，但只能局限在产品生产这个功能区内；负责销售的员工可能会得到提拔以担负更大的销售责任。

专业化收益驱动功能结构。在**功能结构**中，员工几乎全部时间都与他同在一个功能区的同事工作。不同功能区之间的信息传递在高层容易发生（在极端的情况下，只发生在首席执行官和最高管理层之间）。为了完成工作，功能区的员工只具备自己功能区所需要的知识和技能就可以了，比如会计只具备会计学的专业知识，但是不具备生产和销售的知识。这就是对技能的专业化投资，第 3 章已经提到这个问题。

下一章将讨论专业化的第二个重要好处：工作也可以专业化，员工可以完成有限的任务，这些任务都是和员工所具备的知识和技能有关的。功能等级结构使得**单任务性**工作的设计更加容易。当然，单任务性工作设计和单任务性的人力资本的匹配度是很高的。

功能结构还有许多其他好处，如功能等级结构的稳定性强。因为员工从等级的底层做起，然后被提拔上来，所以功能结构中的管理人员通常监督他曾经从事的工作，这就意味着他会成为比较高效的管理人员。管理人员能够更好地处理下属传递的信息从而更好地指挥下属（换句话说，决策管理和决策控制都比较高效）。由于管理人员具有与员工同样的技术，所以信息传递比较简单，管理人员对员工的绩效评估会也更加准确，因为管理人员知道工作的来龙去脉，熟知员工的绩效在何种程度上来源于员工的努力。

如上所述，功能等级结构无论是在员工培训、工作设计，还是在决策和信息传递方面都有很多优势，但功能等级结构有一大劣势，这就是专业化使得员工对自己的工作如何影响其他部门不甚了解，所以采取功能等级结构公司的部门协调性很差。

出现这个问题主要有两个原因，第一个是技能和任务的专业化使得员工不可能考虑其他部门的情况，加之存在员工扭曲的内在动机（在功能结构中，公司绩效主要关注员工的专业技能，员工从而无暇关注不同功能部门之间的协调，第 8 章会解释其中的原因）；第二就是在功能等级结构下，公司部门会出现信息和决策在传递过程中的失真，在功能等级结构下，信息传递是纵向的，而不是横向的。

□ 事业部结构

公司规模越大，首席执行官越是需要把公司分成易于管理的多个部门。在这种情况下，大多数主要的决策权都被授予了本部门的管理人员。部门按功能划分，可以充分利用专业化的优势。然而，对于大型公司来说，简单的功能结构通常是不充分的，因为功能部门规模太大，而不能实现有效管理（例如，上述信息和决策的失真现象就非常严重）。

再者，规模大的公司通常比较复杂，公司的生产线不断在扩展，公司的销售区域日益增多，员工开始使用各种各样的技术和科技，所有这些现象都使得纵向的协调工作会更加困难。由于这些原因，大多数向大规模发展的中等规模公司会划分一些部门。**事业部结构**的例子如图6-2所示。

图6-2中，公司被划分为三个部门，每个部门都采用功能等级结构，这表明公司可以将我们提到的所有结构整合起来。

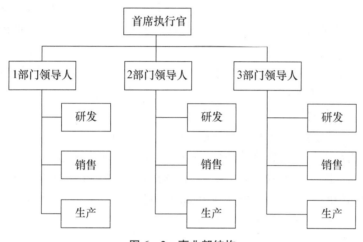

图6-2 事业部结构

除了能够改善大规模的功能结构产生的负面影响，事业部结构还使得每个部门都关注自己的业务。实际上，这就是扩大版的专业化，公司能从中获得收益。

例如，一家设计和出售高端电脑的公司将台式电脑、笔记本电脑、掌上电脑销售给学校（中小学和大学）和公司客户。其中一些电脑采用了最新技术，功能非常强大，而另一些电脑则使用普通零件，只能完成基本的操作任务，价格比较便宜。

这类公司拥有不同类型的客户、产品和科技水平，因此这类公司的业务非常复杂。如果只有一个机构来监督公司的这些活动，最高管理层将要在精力分配和资源配置之间进行艰难的权衡。

在这种情况下，公司要考虑设置不同的部门。每个部门负责不同的领域，这将会简化各个部门的任务。

例如，公司决定以产品为标准划分部门，图6-2中的三个部门将会是台式电脑部，笔记本电脑部和掌上电脑部。笔记本电脑部的员工只需将精力放在如何最好地提高笔记本电脑的设计、加工或销售就可以了，由于不用考虑会对台式电脑或掌上电脑部的影响，笔记本电脑部上至部门领导人下至普通员工的工作都大大简化了。

人力资本投资和单任务性工作设计是经济学（和本书）比较注重的问题。从组织机构的层面上来讲，这个原则同样适用，而且专业化表现在多个方面。

例如，电脑公司可以按照客户的类型划分各个部门，在这种情况下，电脑公司可划分为两个部门：一个部门经营教育类产品，另一个部门经营公司类产品。各个部门的员工只需注重他们各自负责的生产线的运转就行。员工可以从事台式电脑、笔记本电脑、掌上电脑的销售，但是他们更注重如何设计产品或如何将产品卖给客户。

第三种分部结构可能会根据技术标准来划分部门。电脑公司有生产高端电脑的部门，也有生产低端产品的部门，这种事业部结构并不常见，但的确存在。最后一种事业部结构就是按地区划分部门，比如有的公司在美洲有分部，在欧洲有分部，在亚洲有分部。

专业化会导致不同专业员工之间的协调成本上升。事业部结构同样会导致这种情况。将公司划分为不同的部门，意味着某种程度上将公司划分成了一些拥有自治权的小公司。通常，公司对部门领导的评估和奖励是基于整个部门的绩效。各个部门的动机、战略、员工技能和工作设计的专业化意味着部门之间不会充分考虑相互之间的影响。

以市场模型来主导组织设计，由于不同部门之间正外部性或负外部性的影响，协调问题就应运而生。在正外部性的情况下，部门之间合作就不充分；在负外部性的情况下，部门之间竞争太激烈。

再以电脑公司为例。如果我们根据产品标准划分部门，笔记本电脑部门和台式电脑两个部门就会相互竞争。因为负外部性影响，导致员工动机不足，这种竞争可能会降低公司的总体利润。因此，采取事业部结构的公司的首席执行官和最高管理层的主要任务就是监督各个部门的工作，从而提高各个部门之间的协调性。这些任务包括保留战略决策的权力，制定激励机制，解决现有纠纷。

□ **公司部门如何界定？**

公司如何决定采用哪种事业部结构呢？如果不具备专业的商业知识，这个问题很难回答。解决此问题的关键在于公司需要决定从哪些方面入手使其经营活动与众不同。假设一家公司的三个产品都需要类似的技术，那么以科技为标准对公司进行部门划分就是错误的。一方面，每个部门都注重产品的研发，就会导致不同部门之间研发的重复问题和不兼容问题；另一方面，如果产品需要的科学技术不同，将研发分为三个不同产品区域就会降低公司的损失。

销售和市场营销按照地理方位、产品类别和客户类型来划分，通常是有道理的。如果同一个销售团队能够高效地将产品销售给不同类型客户，那么按地理方位划分部门就很有意义。除此之外，按地理方位划分部门，公司在不同语言和文化的区域内开展业务可以使公司的市场营销、产品信息和技术支持更易多样化。

如果不同类型的产品或客户需要不同的销售和市场营销技巧，那么以产品或客户为标准划分部门来组织销售就很有意义。例如，高端客户对价格的敏感度较低，但是他们对高端专业产品或服务的需求很大。

公司任何层次的组织工作的一个重要原则就是**模块化**。在一定程度上，系统是**模块化**的，可以大体上被分成功能不同的单元。从软件设计到生物进化，从生物进化到社会学，模块化原则能够应用于许多领域，当然也可应用于组织结构和工作设计。

公司将整个组织分成不同部门后，各个部门间的协调问题就出现了。一定程度上，工作模块化后，组织的协调成本会降低。因此，根据经验，公司在划分部门时确定模块是非常有益的。公司如何将其划分为自我管理的部门？我们刚才讨论过电脑公司的例子，以研发为标准划分，意义不大——电脑公司的研发功能不容易模块化。相对来说，以产品或区域为标准来模块化销售部门，通常比较有意义。

部门之间的外部性影响较小或协调成本不高的时候，模块化是可能的。在软件设计中，这个原则经常被称作**低耦合，高内聚**。对于高内聚的任务，把其放在同一个单元中或加强协调是非常重要的；低耦合的任务通常被分进不同的模块（工作、单位或部门）。下一章会再次应用模块化原则。

微软的软件设计

2007年初，微软（Microsoft）发布了大众急切期待的 Windows Vista 操作系统，这比预期要晚一年。很显然，推迟的主要原因是公司在设计 Windows Vista 这个复杂、庞大的软件程序（技术上的，一系列相互连接的程序）时缺乏模块化。

单个程序员负责整个程序的部分内容，然后将这些部分程序集合成整个程序。然而，微软在编程过程中，没有注意到应用模块化原则。有 4 000 名工程师为 Windows Vista 工作，他们被一起管理，形成一个巨大的工程。

微软从两个方面改进了研发程序。第一，公司将整个工程分为许多子工程，如同公司的部门。管理人员绘制了整个 Windows Vista 工程的路线图，这张图高 8 英尺，宽 11 英尺，看起来就像一张铁路图，图中成百上千的路线互相交叉。工程的管理人员将工程设计成许多子工程，这些子工程可以被添加也可以被删除，但工程整体上没有任何改变。

第二，管理人员要求工程师要注重编码质量从而提高每个子工程的质量，然后将子工程组合成整个工程。工程师需要对自己的编程完全负责，就像乐高积木那样独自负责一个功能。

资料来源：Guth（2005）.

原则上，公司可以将不同类型的任务分给不同的部门。例如，公司可以将研发部门集中管理，这样公司能够从规模经济和产品标准化中获利最大；同样，公司可以将市场营销和销售以客户类型为标准来划分部门，这会增强公司销售技巧的灵活性；通过本地化生产，公司可以使产品经销成本最小化。然而，当公司的各部门以完全不同的标准划分时，复杂性就会陡然增加。假如生产方法注重地区差异，产品生产、销售或研发的协调性就不强。比如，研发部门注重研发先进的液晶显示器（LCD）技术，但是不注意为不同的客户设计不同的产品。这些关注点不同的部门使得首席执行官和最高管理层的协调工作倍加艰难。因此，为了保持结构的简单，将员工编入任务相对一致的部门是有好处的。

□ 矩阵结构

事业部结构的一个缺点就是会使公司丧失专业化和规模经济的收益，而在功能结构下，公司能够获得这些收益。假如不同部门都拥有自己的销售员工，当每个销售团队单独为客户提供服务时，工作效率就难以体现。同样，如果每个部门都有自己的会计，公司就会出现多重、互相矛盾、成本较高的会计系统。

像研发这种需要先进科技知识的功能单位，上述问题将更加严重。如果多个这样的功能单位存在于不同的部门中，每个单位将不得不独自发展技术知识（或利用信息管理系统）。这与集所有科研力量于一体的组织相比，更易浪费资源，效率也更低。

第三种结构——矩阵结构集功能结构的规模经济优势和分部结构的优势于一身。如图 6-3 所示，公司被分为功能和部门**两个**区域。每个员工都同时隶属于两个区域：功能区域和部门区域。例如，一位工程师既要负责软件设计，又要负责笔记本电脑设计。值得注意的是，每个员工都有**两个**上司——一个是功能区域的管理人员，一个是部门区域的管理人员。

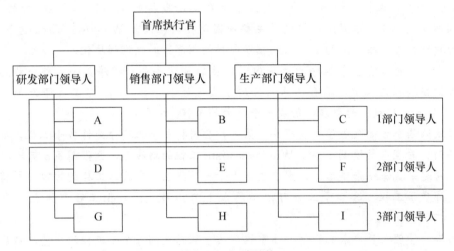

图 6-3 矩阵结构

如图 6-3 所示的结构被称为**矩阵结构**，此矩阵是二维的，也就是每个员工有两项任务。

许多公司分配给员工的项目都是跨功能区域的，与图 6-3 中正式的事业部结构不同，这些项目通常是临时性的，项目结构就是指这些临时的矩阵结构。两种结构都采用同样的方法，不同的是矩阵结构更加稳定和正式。应用同样的组织原则，临时的跨功能团队比起矩阵结构来说，前者存在的时间更短。

在事业部结构中，从一定意义上讲，一个员工有两种身份：一种是部门身份，一种是在此部门内的功能身份。但与矩阵结构不同，在事业部结构中，每个部门有不同的功能（例如，不同的销售团队）；而在矩阵结构中，有一个跨越所有部门的功能组织。换句话说，在事业部结构中，功能嵌套在部门里，而在矩阵结构中，功能覆盖所有部门。

矩阵结构同时具有功能结构和事业部结构两者的优势。矩阵结构是以功能为标准划分部门的，具有功能等级结构的优势。员工可以注重人力资本投资，成为专家。员工的职业道路清晰（尽管在功能结构中，员工的专业知识发展会很快），此时，监督者所做出的绩效评估将更加高效。

同时，员工以**不同的功能标准**被分配在同一个部门，这可大大提高工作的协调性。这表现在以下几个方面：第一，同一个部门的员工有相同的目标；第二，每个员工都有上级来负责提升整个部门的绩效，这使得员工工作协调性增强；第三，不同功能区的员工信息传递通畅，工作关系更加直接，而传统的等级结构的跨功能区域协调工作通常是由最高管理层完成的。矩阵结构的重要优势就是大量的协调工作可以在低层完成。当我们在下面介绍**集成问题**时这个想法是很重要的。

矩阵结构同时具有功能结构和事业部结构两者的优势，但是也有缺陷，这种缺陷是因单个决策者违反原则造成的。在矩阵结构中，每个员工都有两个上级，但这两个上级的目标可能是冲突的。功能上级的目标是使专业知识的功能最大化，例如，研发管理人员注重将基础研发应用到不同的产品，而不是只能够应用于特定产品，然而，工程师的部门管理人员迫使工程师将精力集中在特定产品上。

在大多数情况下，员工的职业生涯发展需要功能这个阶梯，因此员工首先忠诚于他的功能上级，因此，与事业部结构相比，矩阵结构更注重专业知识（而不是部门绩效）但其在程度上不及功能结构。

由于两位上级持续向他施压，工程师的压力比较大。在工程师的绩效评估和奖励问题上，两位上级的看法也可能不一致。因此，矩阵结构容易导致办公室政治、冲突增加、决策速度减慢和机构官僚化等问题（比如，在解决冲突方面要花费大量时间）。在某种程度上，冲突是揭露和解决协调问题的一种机制，但这种机制非常复杂，协调成本也非常高，因此只能在矩阵结构的优势足够明显的时候使用。

□ 网状结构

如图 6-4（圆圈表示公司的边界）所示，这就是最近二十几年受到持续关注的**网状结构**。网状结构是很难严格界定的，这种结构更关注组织内和组织外员工以及管理人员之间的非正式关系。所有的组织中既存在正式的结构，同时也存在非正式的结构，这种非正式的结构就是管理人员与同事的关系**网**。当员工从事某项工作时，他并不总是需要按照正式流程服从管理人员做出的决策，相反有时管理人员会直接联系同事。这种做法的好处是决策速度加快，信息失真程度降低，协调性加强，但这种做法的代价是破坏了正常的命令渠道。

同样，大多数公司都会组织一些临时的跨功能区域的团队。一定程度上，这种团队集功能结构和事业部结构的优势于一身，但要比矩阵结构的灵活性高。一些公司十分重视这种临时性的团队，鼓励管理人员利用关系直接进行信息传递和协调工作，这样的组织结构被称为网状结构。

如图 6-4 所示，公司被分为三个不同的团队。这些团队可能负责设计特定的新产品或负责特定客户。公司还有两个采用传统功能等级结构的组织单位——研发部门和生产部门，公司从专业化和规模经济中获得的利益最大。在这种情况下，组织内的一个或更多团队要经常与组织外的客户、产业联盟和供应商共事。

从这个意义上来讲，人们很容易画出其组织结构图，如图 6-4 所示，此结构有两个功能部门、三个其他部门（团队）。

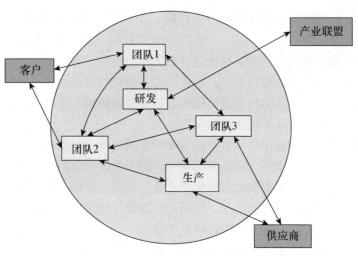

图 6-4 网状结构

网状结构表明，并不是所有的组织都要按照传统的功能等级结构方式去组织。在这个例子中，团队 2 的管理人员需要与其他两队的管理人员、研发部门与生产部门以及与客户建立良好的工作关系。

网状结构是一种内部市场机制，但是这个市场的资产不是有形资产，而是管理人员与他人无形的人际关系，这种关系被称作**社会资本**。管理人员可以填补**结构洞**——两个大网络之间的缺口，在网状结构中有着特殊的价值。因为管理人员使得网状结构更加完善，实现了供需平衡，并且让有影响力的市场更加有效地运作。但是无形的社会资本意味着市场影响不能以价格形式直接地显现出来，因此这些交易的协商性和政治性更强。尽管网状结构非常接近市场设计，但是它仍然不完善。

综上所述，一些公司尽管采用功能结构、事业部结构或矩阵结构，但是这些结构并不是一成不变的。实际上，大部分公司的结构包含上述各种结构，只是采用各个结构的程度不同。

■ 公司应该采用哪种结构？

公司应该采用哪种结构？第一点就是整个公司不能只采用一种结构，公司中的不同组织之间应采用不同的结构，进一步讲，即便同一组的员工，那些来自不同结构的员工的技术通常也是不同的。因此，关键问题是如何更好地架构公司的组织结构，也就是说公司的各个部门应该以哪种结构为主？

无论如何，也不能忽略两种重要因素：单个决策者原则和专业化。以第一个因素为例，由于网状结构比较混乱，最终的决策者不明确，员工工作目的的相互矛盾，所以其成本较高。因此，在网状结构下，明确决策者、确定团队和其他单位的目标通常是非常重要的。同样，网状结构往往能够充分利用等级决策机制。网状结构的决策管理效率很高——通过头脑风暴和创新活动，但还是需要决策控制。

第二个重要因素就是专业化。实际上，所有的公司都在充分利用功能等级结构，在这种情况下，员工更注重技能、任务，因此功能等级结构几乎是所有组织的重要组成部分，这应当是组织设计的首要问题。

除单个决策者原则和专业化两个重要因素外，其他因素也在起作用。第三个影响最优结构的因素是任务复杂性，复杂意味着公司需涉及更多的领域。专业化易使**区别很大**的部门分为更小的单元。这不仅驱动着功能组织的发展，同时也推动着部门的发展。因此，业务越复杂，结构越精细。

业务复杂性往往意味着更多的专业信息存在于组织低层，因此业务越复杂，公司就越应该充分利用分权决策，而功能等级结构应采取集权决策方式。

公司被分成不同的部门，采取分权决策的方式，部门间的活动就更加需要协调，因此，公司需利用协调机制，我们会在下面介绍几种协调机制。

第四个因素是公司经营的环境稳定性。环境越稳定，低层的专业信息就越不重要，公司就越能够集权决策。除此之外，环境稳定表明公司已经熟悉了业务流程。在这种情况下，由于重要的决策不多，部门之间更注重联系紧密的决策，这时公司分成不同的部门就没有价值了。

从第 5 章可以看出，越是等级化的结构，控制力就越强，但这是以决策速度慢、创造力低为代价的。因此，如果公司想要加快决策速度、激励创新、减少**下行危险**，就要加强分权决策和削弱等级影响。

第五个因素是协调问题。下面我们定义了两类协调问题，其中后者对矩阵结构或网状结构有利，前者对事业部结构有利。

协　　调

☐ 两类协调问题

当组织的两个部门需要合作才能为公司创造更大价值的时候，部门之间就需要**协调**。组装线就是一个例子。一个员工将产出的半成品交给下一个员工，这个员工完成他的工作，然后沿着组装线将产品传递下去。这些员工需要协调产品的数量和到位的时间，以保证他们的工作成果能更好地融合，确保产品不会出现质量问题。

第一类协调不需要各个部门之间的相互沟通，我们称其为**同步问题**。员工的输出是同步的，从而不需要互相沟通，组装线上的产品数量和到位时间就是属于这种情况。

公司拥有多种产品，且形成了品牌效应。在这种情况下，产品的设计必须符合公司制定的产品形象、质量、外观的标准，但生产线的管理人员不必要每天都与他人交流。公司的策略如果是在零售终端提供统一的服务，那么分布在各地之间的商店也不需要交流，但是需要公司对其进行协调，以便尽可能为客户提供相同的服务。

第二类协调问题是**集成问题**。以笔记本电脑的设计为例，我们知道一个公司应该通过确定"是谁/是什么/在哪里/什么时间/为什么"来决定公司所需要的、能够创造公司价值的专业知识，我们也知道公司应该将决策权授予那些具有专业知识的员工。那么设计笔记本电脑需要什么样的专业知识呢？

第
6
章
组
织
结
构

显然，工程学知识是非常关键的。工程师需要利用电子工程学知识来设计主板和其他电子零件，需要利用软件工程学知识来设计操作系统，需要利用材料工程学知识来设计机身和其他部件。由于这些知识都是专业知识，传递成本很高。因此，我们应该把笔记本电脑设计的决策权授予研发员工。

然而，对于设计笔记本电脑来说，还需要其他的专业信息，其中之一就是客户对笔记本电脑需求的信息。我们有成千上万种笔记本电脑设计方案，所以就必须在一些电脑特性之间进行权衡（例如，计算能力、电池寿命、重量和价格）。为了使笔记本电脑盈利，公司需要决定哪些特点需要集合到一起来生产和销售笔记本电脑。公司的销售人员（和客户）掌握着哪种将会最畅销的设计信息。由于这些信息很复杂，大部分需要量化。因此，为了充分利用专业信息，笔记本电脑设计的决策权应交给公司销售人员。

其他的专业知识对于笔记本电脑设计也是非常重要的，比如产品成本、生产和配送。由于笔记本电脑设计需要各种专业知识，**不同的专业知识需要集成**，公司不能把决策权交给一个部门，或者注重一个小组的专业知识而忽略其他小组的专业知识。这就是我们所说的**集成问题**。

有两种方法可以解决集成问题：一个是在较高层次上协调各小组的工作。例如，首席执行官监督产品设计，然而这有可能行不通，因为信息传递给首席执行官的成本太高，况且信息量是非常大的。

另一个方法是利用低层的横向调节机制，即那些拥有专业知识的员工需要在一起决策，这也正是矩阵结构的目的所在。因此，当需要**集成**多种专业知识做出重要决策的时候，矩阵结构是最好的选择。公司在新产品发展过程中普遍采用矩阵结构。

□ 协调机制

存在两种协调机制：第一种是集权协调机制，当信息传递成本低的时候，采用这种机制最佳；第二种是横向协调机制，比如采用跨功能区域团队或矩阵结构，或网状结构，采用这些结构管理起来通常都很复杂，成本也比较高，然而，当公司面临集成问题时，采用这些结构是非常必要的。

同步问题协调起来比较简单，因为不需要太多不同单位通过各种机制进行沟通。这里简要描述一下。

□ 中央预算

公司通常会制定正式的年度预算。组织中的各个单位制定下一年度的财政年度预算，这些预算在上一级机构中集合，最后集合到公司最高管理层。公司总部将考虑各个部门的预算，比较投入产出比，据此把资源配置给各个部门。每个部门拿到预算再配置给下一级部门，这样一直到组织的最低层。

上述方法和经济体的中央计划经济惊人地相似。公司从本书第5章所提出的集权决策中得到的利益越大，这些机制对公司就越重要。

第一，由于限制了每个部门花费的自由裁量权，这一定程度上加强了公司对组织的控制；第二，在这个自下而上的过程中产生了大量的信息（一定程度上，这些信息并没有失真），这些信息在公司最高层累积并得到处理，公司的中央决策者从而通过决策管理做出更好的投资和战略决策；第三，将年度预算和计划下发给下级部门增强了各部门对下一个财政年度的工作协调性。

□ 培训和标准化操作程序

协调员工和组织最好的办法就是规范员工和组织的行为。因此，公司想要使客户在每个商店的体验都一样的话，员工就需要统一着装。此外，公司还要加大对员工的培训。标准化程序越详细，组织内的统一培训投资越大，员工行为的可预测性越强，协调问题就越容易解决。

□ 企业文化

强有力的、持久的企业文化的优势就是使员工行为保持一致，这与上面提到的标准化操作程序和统一培训十分相似。例如，公司的员工都理解合作的价值，那么企业文化就会有利于公司内各个部门的协调工作。然而，有时企业文化不一定能够提高协调性。比如苹果公司的企业文化就以**个人主义**闻名于世，因此苹果员工的工作目标不一致，公司内对抗激烈，协调性很差。

□ 信息传递

另一种提高组织协调性的方法是发展组织内的信息传递系统，包括公司简报、年度例会、高层管理备忘录等等。通过这些方法，各个部门能够及时地对公司的目标和组织方法有统一的理解，从而提升公司的协调性。

□ 管理人员、协调者和工作轮换

管理人员会为专业人士提供的交流平台起到协调作用。如图6-1所示，首席执行官起到协调作用。如果首席执行官对公司的研发、生产和销售有深入的了解，那么他就能够做好各部门的协调工作。因此，相较于专业人才出身的管理人员，一个以往经历**没有过于专业化**的管理人员可能是一个更好的协调者。从这个意义上说，通才型管理人员对公司的价值极大。[①] 公司的绝大多数员工都是专业化人才，因此公司也能享受到本书提出的专业化所带来的经济收益。管理人员可以对专业知识浅尝辄止，但知识面一定要广，这样才能协调其他专业人员。

培养通才型管理人员的方法就是工作轮换。公司通常选定一批发展潜力大的初级管理人员并对其实行工作轮换，也就是一段时间内将这些管理人员从公司的一个部门调到另一个部门，虽然这违反了专业化原则，但在这个过程中，这些管理人员学到了不同功能部门的知识，虽然这些知识并不十分深入，但与专业人员相比，他们对公司的了解更宏观。同时，这些管理人员在组织内形成了联系网络，他们就可以利用这些联系来提高公司的协调性。

对于工商管理硕士来说，这种协调角色非常重要。工商管理硕士（MBA）的课程就是公司管理的课程，通常工商管理硕士（MBA）的课程不涉及某个领域深入的知识，所以工商管理硕士毕业后通常被雇用后提升到协调者的位置，而不是专业人员的职位。

□ 人格

在任何一个需要协调的岗位，管理人员的人格都是非常重要的。从事协调工作需要与不同类型的同事交流，这样员工才能相互理解、协力工作。协调者需要有达成妥协的

---

① 在规模小的公司当中，通才型管理人员更加重要，因为可能没有足够的专业人才来完成公司的任务。在第14章中我们将对企业家精神进行详细的分析。

能力和政治工作能力。与那些专业人员相比，工商管理硕士（MBA）、联络员和那些矩阵结构或网状结构中的管理人员需要具备一定的人际交往技巧。公司既要录取和培训专业人才，也要录取和培训通才。

□ 网络

正如上面所提到的企业文化和管理人员人格，协调既需要非正式的机制也需要正式的机制。网状结构的一大好处是无论何时需要协调工作，相关的管理人员都可以直接进行交流。社会学家强调管理人员发展组织内外联系网的价值。例如，一个员工与某单位有较强的关系，在一个组织中的影响力将非常大，这能够填补网状结构中的**结构洞**。[①]高效的管理人员通常是具有企业家精神的人，他能加强与各部门的联系，更好地协调工作。

□ 绩效评估和激励措施

我们研究正式的协调机制：绩效评估和激励措施。组织内的绩效薪酬就如市场经济中的价格体系。正如哈耶克指出的，价格完成了大量的协调工作（主要是上面提到的同步问题，而不是集成问题）。对于边际成本和资源收益等大量的信息来说，价格就足以解决协调问题。

如果组织结构合理，适当的激励措施就能很好地解决公司内的协调问题，这是通过绩效评估做到的。绩效评估包括对一个员工的行为及其对其他同事影响的评估，也就是说，绩效评估体系应该评估员工的表现对公司其他人的正外部性或负外部性影响。以上是这本书第三部分的全部内容，也就是第9章至第12章的内容。当绩效评估不完善时（通常是这样的），公司可能会采取一些其他的机制来提升公司的协调性。

下面我们来讨论组织结构的执行问题。

执　行

□ 控制范围和等级层次数量

我们知道，实际上所有公司都在不同程度上使用等级结构。第5章讨论了等级层次增加会增强对组织的控制力，但这是以牺牲创新为代价的。现在我们将讨论影响层次数量的其他因素。

如图6-5所示，除了创新力不足外，层次越多，成本越高。信息必须在更多的管理人员之间传递，加大了信息失真的程度。由于信息传递需要一定的时间，所以信息加工和决策需要更长的时间。

如果公司减少层次数量，为了完成等量的工作，就必须增加每个层次上管理人员的数量，那就成了扁平结构。扁平结构**控制范围**较大，向上级汇报工作的员工数量也较多，而结构越垂直，控制范围越小。

扁平结构的控制范围大大减少了层次间的成本，但每个层次上的成本增加了，实际

[①] Burt (1995).

上增加了总的成本。每个管理人员必须监督和指导更多的下属，这必将花费管理人员更多的时间，而他们花在其他任务上的时间就少了。除此之外，由于管理人员的注意力分散了，扁平结构通常会降低监督的效率。例如，由于管理人员监督下属工作能力的下降，下属就能够推脱责任。同时，管理人员与下属沟通的能力、指导下属工作的能力以及培训下属的能力也会降低。

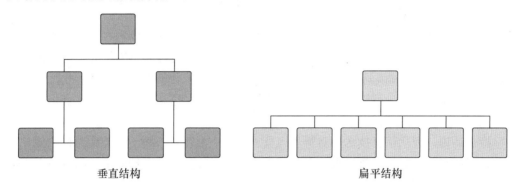

垂直结构   扁平结构

图 6-5　控制范围与层次数量

因此，组织需要在控制范围和层次数量之间进行权衡。许多因素影响着等级结构的控制范围和层次数量。由于扩大控制范围的边际成本较低，任何降低监督下属成本的行为都意味着控制范围的扩大；同样，由于层次增加的边际成本降低，任何降低信息传递成本的行为都意味着等级层次的增加。

☐ **任务类型**

工作类型会影响等级结构，工作程序化程度越高，管理人员监督员工越容易。同时，管理人员为培训下属所花时间越少，在标准不明晰的情况下，决定下一步如何做（或帮助下属做决定）花费的时间也越少。监督工作不仅仅涉及对基本政策所需进行的指导，还要通报目前的情况。因此，工作程序化程度越高，控制范围越大，等级层次越少。

相反，那些复杂的工作需要监督者更多的投入。为了能更好地分析情况和做出决策，员工需要监督者丰富经验和技能的支持。由于员工的选择较多，同时他们的选择又对组织非常重要，所以监督是必须的。因此，工作越复杂多样，控制范围越小，等级层次越多。[①]

☐ **管理人员技能和员工技能**

管理人员和员工都具有较高的技能将易于组织扩大控制范围，减少等级层次。每个管理人员和员工都能通过加工信息解决问题，此外有能力的管理人员通常在监督和指导工作方面更加高效；有才能的员工执行上级的命令也更加高效。几乎所有的公司都将有才能的管理人员放在较高的层次上，与处在低层次时相比，这扩大了高层的控制范围。

☐ **动机**

在等级结构下，公司需要授予员工一些决策权，但是公司必须确保员工有合理的动

① 环境越复杂，公司越需要快速做出抉择，创新也越重要。第二部分讨论的就是这个问题，这会减少等级层次。为了减少控制范围，公司必将等级划分为更小的单元。可以发现，在这种情况下，规模不经济特别突出。此外，创新和快速决策对小公司更有利。

机去完成公司交予的任务，也就是说员工的动机是为了公司目标的实现而不是个人目标的实现。有两种方法可以确保员工动机合理：一种方法就是建立绩效评估和奖励体制；另一种方法就是加强对员工的监督以防止他们推卸责任。如果绩效评估很有效，那么减少监督就是必要的。制定良好激励措施的公司，控制范围通常较大，因为管理人员的行为对公司的直接影响较大，而这种影响易于扩大高层管理者的控制范围。

□ 信息获得成本和信息交流成本

决定等级结构的一个重要因素就是信息获得成本和信息交流成本。降低获取信息的成本就会提高等级中知识型员工的生产率，反之，管理人员控制范围扩大。信息传递成本较低的分析工具，如电子表格和数据分析程序，提高了管理人员对员工所收集信息的分析能力，所以管理人员能够分析更多员工提供的信息，这和上面提到的增强员工技能十分相似。

换句话说，现代信息技术是对管理人员工作的一个补充，而不是替代。特别地，对那些技能高且身处高位的管理人员而言，现代信息科技提高了管理效率，相应地也影响了管理人员的薪酬。

降低信息传递成本有相似的作用。管理人员和员工之间的信息传递更加高效（失真程度低），这使得管理人员能够监督更多的员工。因此，信息技术的进步将会扩大组织的控制范围，使组织向扁平结构发展。这正是本章开头所描述的拉詹和伍尔夫（Rajan & Wulf）的研究发现。

然而，信息技术的进步对等级层次的影响是不确定的。一方面，由于信息传递更快，失真程度更低，信息传递成本的降低趋向增加等级层次数量；另一方面，员工的生产率越高，组织控制范围越大，意味着每个层次中的员工可以完成越多的任务，也就是说，在输出量一定的情况下，等级层次数量越少。

□ 技能、薪酬和结构

几乎所有公司都把新员工分配到较低层次，然后随着员工职业生涯的推进，把表现良好的员工**提拔**到较高层次。事实上，随着经验的积累，管理人员的人力资本也在增加，也就是说公司把最有才能的管理人员提到等级的最高层。

这种模式是有道理的。以图6-5所示的垂直结构为例，每个管理人员都与他的上级以及每一个下属进行直接交流。一定程度上，管理人员可以使下属更高效地工作。高层管理人员的生产率提高，下面所有员工的生产率也都相应地提高，这是一种串联效应。

这种效应不会反向而行，原因如下：第一，低层员工只和直接关联的管理人员联系——大部分的信息传递是自上而下的。第二，管理人员对下属的生产率有很大的影响，而不是下属对管理人员的生产率有很大的影响。管理人员监督下属工作，防止他们推卸责任，还要对下属进行绩效评估，管理人员为低层员工提供指导和培训；但是下属的工作是管理人员的主要信息来源，也就是说管理人员集合了同一个层次所有员工的信息。

因此，能力的影响力随着层次的升高而升高，这里有几个重要的含义：首先，我们之前也强调过，就是公司应该将员工分类，以便使最有才能的人升到最高管理层；其次，更深层的含义是让新员工从低层做起，随着员工职业生涯的发展，公司应当从**内部劳动市场**提拔管理人员（当然，这适用于功能结构）。

这种能力的影响力意味着薪酬必须随着层次的上升而升高，管理人员才能越高，他所在的层次就越高，其生产率也越高，市场价值也越大，所以他们的薪酬也越高。然而，事实上，生产率的提高要比能力提高得快，这是对薪酬最大的影响因素。为什么呢？我们在这个小节中已经讨论了原因。在大部分公司中，薪酬不但随着层次的提升而升高，并且在每个新层次上，薪酬提高得也更快，一直到最高管理层，就如第 11 章中的图 11-1 所示。

这一部分和前一部分进一步讨论了技能和薪酬问题，这个内容从第 3 章起就贯穿在整本书中。信息获取成本和信息传递成本的降低提升了管理人员的生产率，在等级结构中，层次越高，对薪酬影响越大。信息科技的进步也加大了不同层次员工的薪酬差距，我们在第 8 章将讨论这个问题。

□ 公司结构的升级

公司的最佳结构是在公司经营一段时间后形成的。首先，新公司着重决策管理，也就是说，他们对等级结构利用程度较低。对这种公司来说，创新和冒险是非常重要的，因为由失误引起的下行风险的概率非常低，由成功的新产品引起的上行机遇的概率非常高。

除此之外，新公司一般是小公司，公司越小，网状结构对其越适合。因为小公司内大部分员工都相互熟识，这样很容易形成一种员工可以直接相互交流的机制。

随着公司的发展成熟，庞大的员工数量使得非正式的网状结构效率降低，公司就会发展比较正式的结构（事业部或矩阵）。由于公司已经建立了产品生产线和品牌，所以自然而然地就会在决策中变得保守，成长中的公司所面临的一个关键问题就是在形成正式结构的过程中，不要损坏原有的组织结构。

随着公司的成熟，程序通常会更加标准化。成功的公司所从事的产业与那些失败的公司所从事的产业相比更加稳定，此外成功的公司可以实现信息制度化。由于公司取消了低层员工的自由裁量权，所以可以说标准化程序是集权的一种表现形式。因此成立时间较长的、成熟的组织倾向于采取正式的等级结构、保守的经营策略。

组织结构**变革**是一个有趣的现象。公司经常改变其结构的现象很常见。一个极端的例子就是苹果电脑公司在 4 年内 14 次改变它的部分结构，为什么会出现这种情况呢？

没有任何一种组织结构是完美的，公司采用任何等级结构都能实现一定的目标，但对于实现公司其他目标，该结构的效率就不是很高。例如，苹果公司的组织结构对工程团队（高科技团队）是很有利的，但在迎合客户喜好方面的效率就不是很高。组织结构重组以后，销售的加强缓解了这些问题。公司发现区域组织结构能使公司跨区域市场营销的效率更高，这同时也有助于公司实施全球战略。然而，在某些区域，公司是以牺牲规模经济为代价的。一旦公司根据区域划分产品，就会注重规模经济从而降低生产成本。随后，公司会重组其组织结构，更加注重公司的其他方面，例如提升公司的先进技术。

本章回顾

大型公司的组织结构极其复杂，这使得公司表现出一定程度的官僚化特征，同规模小、成立时间较短的公司相比，大型公司决策速度慢、创新力和活力不足。做好大型公司的协调性工作非常困难。

在微观经济学中，完全竞争市场条件下，一个公司的均衡规模是由规模经济的程度决定的（公司一单位成本的产出量）。公司的生产曲线由范围经济（增加一种产品的产量是否就会减少另一种产品的单位成本）的程度决定。

组织的官僚性成本是产生规模不经济和范围不经济最重要的原因。以规模不经济为例，公司规模变大，就会需要更多的员工，这些员工需要监督、指导和管理。随着公司的发展，等级的层次会增加，部门数量也会增加，这就使得决策速度降低，公司策略会更加保守。低层的员工和最高管理层距离的增加，加大了信息和决策失真的程度，因此公司就需要更多有才能的但薪酬要求较高的管理人员来监督员工的工作。

以范围不经济为例，公司的业务越复杂，部门之间的区分越必要。即使公司能够有效利用模块化，也需要协调各个模块（部门）的活动。由于监督的专业化范围较广，协调工作非常困难。组织越复杂，等级层次越多，协调的成本越高，这时公司就需要更多有才能的但薪酬要求高的管理人员，而公司的生产线相似度越低，这些影响就越严重。实际上，公司多样化经营会增加组织成本。

即使网状结构得以应用，大部分公司还都在利用功能等级结构，有两个重要原因：第一个原因是一个拥有单个决策者的组织会更高效——公司是从来不按民主或接近民主的形式进行组织的，这意味着等级是组织结构中最基本、最普遍的元素。

第二个原因是公司能够从员工技能和任务的专业化中获得收益。技能的专业化降低了人对人力资本的投资，这通常提升了投入产出比（这里显然要排除像工商管理硕士（MBA）这样的通才）。在下一章中我们可以知道，公司从工作设计的专业化中也能获得收益。以不同类型的技能为标准来架构公司的组织结构，可以使公司的专业化收益最大化。此外，功能结构的另一大优势就是员工的职业路线更清晰，管理人员监督、指导员工工作和对员工进行绩效评估更加有效。

即使公司选择简单的功能等级结构，大型、结构复杂的公司也需要将公司分为较多益于管理的部门，通常这些部门是按生产线、区域、客户类型或科技为标准划分的。每个部门都存在收益和成本问题，通常公司会决定自身应该注重哪一方面（例如，客户类型还是地区），然后用来指导部门划分。

专业化和等级影响公司的组织结构，而决策权的配置也影响公司的组织结构。因为公司一些决策的做出需要利用局部信息和相互协调。一些决策需要高层做出，此时就要利用集权等级结构。如果专业信息存在于低层，决策就应由低层员工做出。

低层员工做决策需要以公司的利益为重，因此一旦选择了合适的绩效评估制度，激励措施就会成为一种重要的协调机制，这与市场中的价格机制相似。公司通过使员工获得薪水，从而将工作"销售"给员工，以此来激发公司**内部企业家精神**。

由于激励措施不是完美无缺的，公司还应使用一系列其他的协调机制，包括工商管理硕士（MBA）培训、标准化操作程序、一般培训、企业文化等。

当专业信息存在于两个或两个以上部门时，决策的做出就需要**集成**所有的专业信息，这就是所谓的集成问题。此时决策权不能简单地授予一个部门，相反决策应该由员工监督，由具有相关知识的多个部门共同做出，像矩阵结构这样的复杂结构就是用来解决这个问题的。尽管管理工作非常困难，但当出现集成问题时，公司设计组织结构的选择不是很多。

如同几乎所有公司都在利用功能等级结构一样，大部分公司也在利用非正式的信息传递和协调机制，因此管理人员与同事的关系网就成为一种协调机制。特别强调关系网结构的公司有时被称为具有网状结构。

专业知识驱动公司的组织结构变革说明公司的产品和经营环境能够驱动公司战略的改变。公司越复杂，越趋向于划分更多部门，也越倾向于分权化，这会影响工作设计。公司通常会遇到协调问题，因此需要采取复杂多样的组织结构。

思考题

1. 你的公司或大学的组织结构如何？解释一下公司或大学的组织结构反映了本章的什么原则？

2. 传统的功能等级结构在军队中有效吗？为什么有效或为什么无效呢？功能等级结构是适合战时还是和平年代呢？

3. 历史上，规模经济——总产量增加、单位成本降低——在汽车和钢铁产业中十分重要，然而现代生产方式大大降低了规模经济在这两个产业中的重要性。预测一下：这对这些产业组织结构的影响如何？这又对过去强调规模经济的公司的竞争地位会产生什么样的影响？

4. 矩阵结构首先是在航空航天产业中变得重要起来的，这些产业以生产先进技术产品（例如，喷气式飞机或火箭）著称，此外咨询公司采用矩阵结构也十分普遍，为什么矩阵结构对这些类型的公司有效呢？

5. 矩阵结构或网状结构通常因其复杂性而备受人批评，解释一下其中的原因。

6. 为什么网状结构能够流行 20 多年？解释下列可能产生的影响：较多地利用外包服务；与主要供应商形成紧密的战略关系；信息技术成本的降低；科技的快速变革。

7. 实际上，公司改变其组织结构十分困难，如果一个公司决定改变其组织结构，公司需要投入的成本有哪几种？

8. 接着上面的问题，预测一下哪种类型的组织结构易于改变，为什么？

9. 本书多次提到的阿珂姆公司，其管理等级有八个层次，从入门层次的管理人员一直到首席执行官，从 1969 年到 1988 年，阿珂姆公司的管理人员数量增长了两倍（Baker，Gibbs，& Holmstrom，1994），然而阿珂姆公司的等级层次从未增加。请至少解释其中的两个原因。

参考文献

Adams，Henry (1995). *Collected Works*. New York：Penguin Classics.

Burt，Ronald (1995). *Structural Holes：The Social Structure of Competition*. Cambridge，MA：Harvard University Press.

Guth，Robert (2005). "Battling Google，Microsoft Changes How it Builds Software." *Wall Street Journal*，September 23.

Rajan，Raghuram & Julie Wulf (2006). "The Flattening of the Firm：Evidence from Panel Data on the Changing Nature of Corporate Hierarchies." *Review of Economics* and *Statistics* 88 (4)：759−773.

延伸阅读

Baker，George，Michael Gibbs，& Bengt Holmstrom (1994). "The Internal Economics of the Firm：Evidence from Personnel Data." *Quarterly Journal of Economics* 109：881−919.

Bolton，Patrick & Mathias Dewatripont (1994). "The Firm as a Communication Network." *Quarterly Journal of Economics* 109：809−839.

Calvo，Guillermo & Stanislaw Wellisz (1978). "Supervision，Loss of Control，and the Optimum Size of the Firm." *Journal of Political Economy* 86：943−952.

Chandler，Alfred (1962). *Strategy and Structure：Chapters in the History of the American Industrial Enterprise*. Cambridge，MA：MIT Press.

Garicano，Luis (2000). "Hierarchies and the Organization of Knowledge in Production." *Journal of Political Economy* 108：874−904.

Geanakoplos，John & Paul Milgrom (1991). "A Theory of Hierarchies Based on Limited Managerial Attention." *Journal of the Japanese and International Economies* 5：205−225.

Lawrence，Paul & Jay Lorsch (1967). *Organization and Environment*. Boston：Havard Business School Press.

Qian，Yingyi (1994). "Incentives and Loss of Control in an Optimal Hierarchy." *Review of Economic Studies* 61：527−544.

Rosen，Sherwin (1982). "Authority，Control and the Distribution of Earnings." *Bell Journal of Economics* 13：311−323.

Van Creveld，Martin (1987). *Command in War*. Cambridge，MA：Harvard University Press.

第7章

工作设计

工作介于劳动和娱乐之间，那么职业是属于劳动还是工作，这不仅取决于职业本身，还取决于个人从事职业的体验。

——W. H. 奥登（W. H. Auden），1970

■ 本章引言

公司需要招聘一名员工，通过刊登广告来描述招聘职位。广告的大部分内容都在描述一个成功的应聘者必须具备的资质，但是广告着重点应在职位本身。然而，许多广告并不注重职位本身。以下面的广告内容为例：

招聘：工程专业，大学本科，请拨打电话＋55-5555-6482。

上述广告内容遗漏了很多细节，从而不可能吸引合适的应聘者。特别是该广告内容没有描述工作职责、工作时间、工资和工作地点。公司类型、公司使命、公司优势也都没有说明。

我们将这个问题延伸一下。什么是职业？对其如何规定？职业的重要特征是什么？不同的职业该承担什么样的工作呢？个人在工作中应该被赋予多大的权力？

另一个问题是工作设计对员工行为的影响。是不是有些工作设计会限制员工的创造力？是不是有些工作设计更能提高员工的积极性？如何在进行工作设计的时候，将这些因素考虑进去呢？

工作设计的类型

表7-1展示了工作设计过程的部分内容，表中的数据是美国劳工统计局（Bureau of Labor Statistics）通过对美国市场中的私营、非农工作随机取样得到的。表格分析了职业的四个特征：丰富化、自由裁量权、技能和相互依存度。

丰富化指一种职业需要员工完成多项任务。值越大表明一种职业所承担的任务越多。自由裁量权与分权成正比，值越大意味着员工需要做出的决策越多。因此，丰富化和自由裁量权是任务和决策的数量指标。

多技能性是员工工作中所需的能力与人力资本的宽度和深度指标，也就是说，它既是技能水平（例如，基础技能或高级技能）的指标，也是技能类型的指标。多技能性的值越大表明员工受到的培训的级别越高，工作中所需要掌握的技能越多。

相互依存度是组织中一种工作和另一种工作相互关联的指标。它表明了一个员工的行为对同事或顾客的影响力度。值越大表明相互依存度越大，生产过程的互联性越强。相互依存度也表明组织中的协调工作非常重要。

表 7-1　　　　　　　　　　　连贯和不连贯工作设计的概率

	边际概率			Σ
	L（<中值）	M（中值）	H（>中值）	
技能	0.251	0.540	0.209	1
自由裁量权	0.190	0.610	0.200	1
丰富化	0.194	0.603	0.203	1
相互依存度	0.185	0.619	0.196	1
		预测值	实际值	$\left(\dfrac{实际值}{预测值}\right)$
工作设计特征的组合	连贯			
	LLLL	0.001 7	0.054 1	31.6
	$MMMM$	0.123 0	0.250 2	2.0
	$HHHH$	0.001 7	0.062 6	37.6
	不连贯			
	$1L, 3H$	0.006 8	0.000 7	0.1
	$2L, 2H$	0.010 2	<0.001	>0.1
	$3L, 1H$	0.006 8	0.000 7	0.1

资料来源：Gibbs，Levenson，& Zoghi（2008）.

这些指标是在公司专用性人力资本的基础上做出的。技能的指标范围是1~9，自由裁量权的指标范围是1~5。丰富化和相互依存度的指标范围是1~6。为了便于不同公司的比较，中值是根据不同职业的数值计算出来的。例如，丰富化的中值是根据话务员工作计算出来的。然后，对于同一职业中的不同工作的指标来说，每个职业的指标记

作 L （低，也就是低于同行业和职业中其他工作的中值）、M（中间，也就是和其他的值一样）和 H（高，也就是高于中值）。

表 7-1 的上一部分表示职业的四个特征。例如，大约 25％（即 0.251）的职业需要员工掌握相对低层次的技能。同样地，大约 54％（即 0.540）的职业需要员工掌握中等层次的技能，但只有大约 21％（即 0.209）的职业需要员工掌握相对高层次的技能。因此，职业的四个特征各个水平的值相加总值是 100％（即 1）。

表 7-1 的下一部分很有意思——它表明这些职业特征之间是否相互关联。假定你掌握了法国某个地区气温（低、中和高）和红酒价格（低、中和高）之间相互关系的数据，你对红酒的价格与葡萄成熟季节的温度是否相互关联非常感兴趣。如果某种红酒的价格水平与温度水平**不相关**，通过观察，你认为一年中气温比较低时，红酒价格也低的概率是多少呢？预测的概率结果是：①

预测的概率 P(低气温,低价格)＝P(低气温)×P(低价格)

如果气温低时，价格低的概率实际值与上述这个值差距很大，就能得出两个变量之间存在统计相关关系。例如，如果气温低时，红酒的价格亦低，实际的概率比预测的高。相反，如果气温高时，红酒的价格亦高，那么实际的概率将比预测的低。

那么将这个逻辑用于表 7-1 的工作设计，观察四个职业特征是共同决定还是分别决定。如果这四个职业特征是分别决定的，那么职业的四个特征值都低于中值的概率就等于表中 L 列四个特征的边际概率的乘积。

预测的概率 P(LLLL)＝0.251×0.190×0.194×0.185＝0.001 7

如表 7-1 中的预测值所示，实际值那一列显示了各个类型职业特征的概率。例如，一个职业的四个特征都低（LLLL）的概率为 0.054 1。因为 0.054 1/0.001 7 等于 31.6，这就意味着如果职业特征不相互关联的话，那么 LLLL 职业特征的概率实际值比预测值多 30 倍。

同样，HHHH 职业（四个特征可能性都高）概率的预测值为 0.001 7。实际上，HHHH 职业特征的概率实际值是这个数值的近 40 倍。而 MMMM 职业特征的概率实际值为 0.250 2，但预测值只有实际值的一半。

上述发现清楚地表明公司倾向于利用**连贯**工作设计。也就是说，职业的四个特征倾向于都是低值，都是中值，或者都是高值。为了核实这项发现，表 7-1 的最后三行将其与**不连贯**工作设计特征的概率和实际值做了对比。不连贯工作设计指的是那种某些职业特征概率高，但另一些职业特征概率低的职业。可以肯定的是，不连贯工作设计的特征的概率实际值仅仅为预测值的十分之一。虽然表中并未明确表示，但我们可以得出职业越连贯（虽然不完全连贯），实际值越高于预测值；相反，职业越不连贯（虽然不是完全不连贯），实际值越小于预测值。

所以，公司倾向于选择连贯设计。如果一个员工具有的人力资本越高，就会被授予

① 更正式的表述形式是，P(低气温, 低价格)×P(低气温)×P(低气温时的低价格)（此表达式中的第一个乘号，原书中如此，怀疑原书错，应为等号——译者注）。假设两个变量不相关则应用上述公式。因此，正文中的等式假设两个变量间零相关，甚至更强地假设两个变量相互独立。

越大的决策权,就会承担越多的任务。进一步讲,工作设计就像生产一个复杂的产品,生产过程之间是相互联系的。反过来也是如此。

表7-2为我们展现了另一类有趣的工作设计。这些数据来自对英国一家公司员工的调查,这家公司刚刚经历了一次重要的组织结构变化。受访者被问及组织变化是如何影响工作设计的。表7-2显示的问题与表7-1分析的变量完全一致。表7-2表明了组织结构的改变对工作设计的影响十分巨大,组织结构的变化提高了公司对丰富化、相互依存度和技能的要求。

表7-2　　　　　　　　　　　　组织变化对工作设计的影响

	员工与之百分比	
	增多	减少
任务	63%	6%
责任	46%	3%
需要的技能	50%	4%

资料来源:Caroli & Van Reenen(2001).

总而言之,这些表告诉我们几个重要的信息。第一,工作设计的两个主要特征是员工决策和员工任务的数量。第二,工作设计的类型区分明显。丰富化与更大的自由裁量权一致,两者又与高技能相一致。四个特征的概率都低的工作通常被称为**单任务性**工作,四个特征的概率都高的工作被称为**丰富化**工作。

第三,我们知道了在什么情况下,工作应该设计成单任务性的,什么情况下设计成丰富化的。当工作仅是生产过程中相互依存的一部分的时候,工作设计应当倾向丰富化。当公司组织结构变化时,工作设计也应当倾向丰富化。

在过去的几十年间,工作设计有趋向丰富化工作、远离单任务性工作的趋势。这与商业媒体提出的观点是一致的,就是公司不断地增加对员工的授权。认识到这个总体趋势是很重要的。因为许多公司还在采用单任务、低技能、授权少的工作设计。

这一章首先讨论了哪些任务应该被集合到一个工作中去,这是本章最重要的一部分。员工承担任务的数量和类型必然与员工掌握的技能有关。本章也讨论了特定工作设计所需要的技能。本章末尾简单地谈到了上两章的重点问题——决策问题,并将其与工作设计联系起来。

最佳工作设计:技能、任务和决策

□ 多技能性和丰富化

□ 多技能性

丰富化是指员工需要完成多种不同的任务。多技能性是指员工**有能力**完成多项任务。有时丰富化收益实际上是多技能收益。将任务与工作联系起来,有时是没有必要的,因为只有现任者才有能力完成某些任务。多技能性的优势如下:

灵活性。能够完成多个任务的员工可以代替其他员工。灵活性对规模小的公司的价值要比规模大的公司大。在一个大规模公司中，许多员工可能在做相同的工作，所以一个员工熟知多个任务并不是那么重要（在附录中我们会正式说明）。

以国泰航空（Cathay Pacific）的预订业务为例，一定时间内大量的预订员在工作。预订员工作必须有一定的灵活性，如果一个预订员缺席，另一个具有预订技能的员工能代替缺席的员工。因此，将一个登机口服务人员调到预订部门是行不通的。因为登机口服务人员不一定熟悉预订流程，他们只关注自己的职责。

再以一家小餐馆为例。起初，餐馆的主人既是管理人员，又是厨师，还是采购员、服务员、收银员和餐厅领班。随着餐馆的发展，主人就会雇用服务员。相反地，规模大的饭店，可能会有 500 个员工，工作类型可以细化到切菜工。如果是餐馆规模比较小，假如服务员不会做饭，当厨师生病的时候，那么餐馆就必须关门了。通过培训服务员掌握厨艺可以防止餐馆关门。规模小的公司只有几种类型的工作，多技能性使其工作的灵活性增强，这也是多技能性的价值所在。

交流。多技能性便于同一个公司不同岗位的员工之间进行交流。同一个熟悉情况的人讨论问题，比与一个完全不知状况的人讨论问题要容易得多。

以木匠和电工为例，他们都是建筑房屋的一员。电工需要以特定的方式布局线路，房屋的木质结构必须满足电工的需求。如果电工懂得一些木工的话，那么他与木匠的交流将会更容易。

建筑房屋是一个团队工作。在团队中，各个岗位相互高度依存，多技能性带来的高效信息传递使得收益大增。

创新。多技能性通过两种机制来助力创新。第一个影响，在信息传递方面，当员工了解生产的各个方面，就很容易设计出提升生产程序的技术。在前一个例子中，如果木匠懂得电工的工作，他很有可能使得木架结构与电路相符。这种影响就如丰富化对工作的影响。我们将在后面讨论这个问题。

多技能性对创新的第二个影响：当员工个人技能高度专业化时，创新就很有可能导致人力资本过时。例如，汽车的发明使得铁匠这个职业实际上绝迹了。

那些认为自己的技能会过时的员工可能会反对创新，对于我们来说，认识到这一点非常重要。虽然创新力不强的公司将会被挤出市场，但是没有一家公司会自愿地遵守这一市场规律。拥有一批多技能的劳动力可以提高公司适应市场变化的能力。

□ 多任务

专业化与丰富化。工作设计的一个重要原则来自亚当·斯密的《国富论》。亚当·斯密在书中写到专业化程度会受到市场的限制。他以针厂为例，针厂的员工可以单独制作完整的一根针，或只是简单地负责针生产的一方面，比如打磨针。[①] 为了满足大量的订单，公司需要员工从事单一的任务并组织大量的员工进行生产。如果市场每天只需要 5 根针，把生产线和工作设计为单任务性就不符合实际了。相反，在这种情况下，公司只需 1 个工匠每天做 5 根针。

---

① 我们称斯密所说的针为钉（即大一些的针）。斯密的这个专业化生产的例子可以追溯到 800 年前的波斯时代（Hosseini，1998）。

小型公司很可能在工作设计上采用丰富化，与大型公司相比，他们更注重员工的多技能性。

斯密的分析给我们传递了一个重要的信息，就是**专业化**，它的对立面就是丰富化。[①] 在针厂，制作一根针要经过 18 道手续。专业化生产的针厂可雇用 10 种不同类型的员工来完成这些手续。这种情况下，有员工整天的工作就是清理电线，这十分简单。这就是我们经常看到的制造业中一个极端的例子：任务少，重复工作。针厂如果按这种模式生产，1 天能生产 20 磅针。斯密指出以前单个员工每天仅能生产 20 根针。因此，将整个生产过程分成多项小任务，员工进行专业化生产，可以极大地提高生产率。

由于专业化收益非常大，任何偏离专业化的行为都应当得到及时的纠正。

为什么专业化能提高生产率呢？一个原因是当员工负责有限的任务时，他有机会完善他所承担的任务。如果员工承担的任务过多，他就可能博而不精。专业化生产后，员工就会精而不博。专业化的另一个好处就是员工可以在任务转换方面节省时间（和注意力）。最后，专业化也使得人力资本投资专业化，从而节省了公司的培训成本。

专业化成为现代经济中最重要的因素之一，亚当·斯密在《国富论》的第一章就提到了这个问题。由于实现专业化生产以后，人们的生产率提高了，专业化就成了经济发展的基础，相比非专业化生产来说，贸易使得双方的经济状况都好转起来。

□ **丰富化**

丰富化是偏离专业化的行为：让员工承担多个任务。虽然专业化收益很重要，但也是需要成本的。丰富化的好处如下：

降低交易成本。专业化生产后，丰富化能够避免多类成本。其中之一就是运输时间。假如一部分的保险索赔业务由位于芝加哥的办事处负责，另一部分索赔业务由位于亚特兰大的办事处负责，那么相关文书必须从芝加哥寄到亚特兰大，这就导致了时间延迟。丰富化将会降低这方面的成本，然而随着信息技术的普及，丰富化收益可能会减少（下一章，我们将深入地讨论这个问题）。

同样，当保险索赔由一人传递给另一人时，后者必须重新了解这个索赔的细节。如果三个人为一份保险索赔负责，都看同一份文件，那么这份文件就必定被阅读了三次而不是一次。将一个任务分解成许多小任务，就会节约宝贵的组织时间。

除了组织成本，专业化还包括**官僚性成本**。项目由一处到另一处就会出现员工将项目推迟一段时间的可能。即使组织时间很短，也有耽搁延迟的倾向，项目的传递减缓了项目完成的速度。

增加供给。员工能利用完成一项任务的技能完成另一项相关的任务。例如，一个税务会计对税法相当了解，能够完成个人所得税表格，同时他也能给客户建议，以减少明年纳税人的税务负担。这就是税务会计经常给其客户推荐投资工具的原因。然而，当完成一项任务的技能不能用于完成其他任务时，丰富化的成本就会很高。这就是为什么我

[①] 不要对术语感到困惑。专业化通常是指工作设计中的单任务性。有时它指公司注重对人力资本的投资，就如第 3 章所讲的内容一样。专业化与专业信息**不一样**，我们在第 5 章也讨论了这个问题。专业化与专业投资也**没有**什么关联，我们在第 3 章提到过这个问题。

们不经常看到学校护士兼做杂工的原因。尽管没有一项任务能够占用一个人的所有时间，公司要求员工的技能也不同，以至于丰富化根本就不可能实现。

多种任务集于一身的工作，需要员工具有完成一系列任务的技能。由于水管工通常不了解复杂的电路，所以一个员工能够同时安装水管和电线的可能性不是很大。由于任务需要的技能和水管工掌握的技能非常相符，所以水管工能够把水管和水龙头安到洗衣房。

生产的互补性。同时利用丰富化和专业化的一个重要原因就是任务之间存在互补性。如果执行任务 A 时，能使得执行任务 B 更高效，反之亦然，那么任务 A 和任务 B 互补。以修理工为例，洗衣机修理工向另一个修理工描述洗衣机的问题，然后另一个修理工展开修理工作，这就是重复劳动。

在生产过程中，尤其当整个生产过程的任务紧密相连时，任务之间通常是互补的，这通常包含特定环境中的专业信息。在修理工作中，员工通过诊断机器问题详细了解了这个机器，这通常会转化成为经验。员工可以将这个信息传递给他人，然后由他人来修理机器，但是信息传递的成本相对较高。

从这个意义上讲，互补性的任务较可能在产品或生产过程比较复杂时出现。例如，亚当·斯密所列举的针厂，生产程序非常简单，生产中各个步骤的相互依存度不大。相反，如果一个公司生产柴油机，柴油机的每个部分都必须与它的相邻部分完全匹配，这时，最好将制造机器各个部分的任务集合到一个工作中去。

第 5 章和第 6 章提到的原则是与个人工作设计相关的。任务互补性程度愈高，专业化造成的协调成本愈高。所以就要避免这类问题发生，否则成本会提高，生产率或产品质量会降低。所以将互补性的任务集合到一个工作中，对公司是非常有利的。

此外，就像适用于组织结构一样，模块化原则也非常适用于工作设计。如果工作实行模块化，大多数互补性强的任务会被分在同一个模块中，这样就会降低协调成本。尽管在不同工作之间或模块之间协调成本依然存在，但是如果模块划分得比较合适，这样的成本会是很低的。

软件工程就是工作设计中的一个模块化例子。单个程序员很难处理一个大型的编程工作（比如，一个操作系统或者大型的应用），所以整个工程必须划分成多个小工程。通常，一个程序员会负责一个或多个特定的子程序或软件，也就是说负责整体编程的一个或几个模块。项目经理必须解决子程序之间的衔接问题，也就是协调各个子程序的关系。在这样一个模块设计完好的工程中，管理工作相对比较简单。实际上，现代软件就是以模块化原则为基础设计的。虽然软件工程师设计的程序相对独立，但数据结构和软件界面使得程序在设计和功能上的协调问题最小化了。

在职学习。任务互补性是非常重要的，承担多项任务的员工能够通过学习各种方法来改进产品生产过程或产品。在生产过程中，最难完善的就是那些复杂、互补性较高的任务。这也是丰富化出现概率较高的部分。当员工执行互补性较高的任务时，就很可能发现新的方法来完成这些任务，这些新方法使得这些任务的成果将更加高效地结合在一起。

再以柴油发动机为例。假设公司遇到了这样的一个问题：两个部件不匹配，相互摩擦，导致发动机发动不起来。假设该公司以专业化为标准组织生产工作，这两个零件很可能是由两个员工生产的。每个员工都尽力高效地制造各自负责的零件，但是从不考虑自己制造的零件与同事制造的零件的匹配性。相反，如果仅有一个员工负责制造两种零件，该员工就会考虑两个零件的**匹配性**。

再以保险公司为例。如果把索赔分成不同的阶段，那么员工倾向于关注如何执行好每一阶段的工作，从而视野比较狭窄。如果一个员工负责从头至尾的整个索赔过程，那么他就会了解**整个过程**（我们称之为**任务完整性**）。这时员工对任务之间互补的重要性以及任务之间的匹配性就有了更深入的了解，这种情况下，员工能为客户提供优质的服务。

监督困难。有时，将多个任务集合在一个工作中会使员工注重一项任务而忽略其他任务。例如，由于销售比发展客户关系更容易量化，一个既负责销售又负责发展客户关系的员工可能会更注重前者而忽视后者。由于公司能够直接根据员工的销售业绩支付报酬，将这两个任务集合到一起容易使员工顾此失彼。替代方法是按员工工作时间来支付报酬，那么员工销售的绩效工资就不存在了。此时将任务分解，公司会做得更好。第9章和第10章将会详细地讨论这个问题。

内在动机。由于员工会对工作产生反感，亚当·斯密认为专业分工太细会成为一个问题。因此，丰富化的优势就是可以增强员工的**内在动机**——由工作产生的动力。我们会在这一章讨论这个问题。

□ 决策

丰富化需要员工在职学习，员工负责越多的任务就被赋予越多的决策权。员工在丰富化的工作中所获得的知识相对来说是专业化知识（交流的成本很高），这样的知识通常非常复杂又是经验性的。因此，公司必须提升员工实验新方法和利用成功方法的能力。

进一步来讲，员工的**分析**和**决策能力**非常重要，丰富化是公司提高员工学识的一种手段。因此，丰富化不仅仅要求员工提升各方面的技能，以完成员工负责的每一项任务，同时也要求员工有很强的思维能力。在下一章的内容中，这一点将非常重要。

用科学的方法来培训员工

许多公司的全面质量管理方法利用了本章的原则。全面质量管理注重提高产品质量。许多质量问题是由于产品生产过程的过度专业化引起的，正是由于生产专业化，员工才不会考虑他们的工作成果如何与生产的其他过程相契合。因此，全面质量管理意味着更加注重丰富化（在下一章中，"团队"这个话题经常出现）。全面质量管理表明员工通过在职学习，随着学识的不断提高，能被赋予更多的决策权。这种方法能够提升员工质量，也能更好地达到其他的组织目标，例如产量和效率。

全面质量管理意味着公司需要提供额外的培训。因为员工需要执行一系列的任务，所以就需要掌握一些新的技能。培训也包括提升员工的决策能力。著名的全面质量管理顾问约瑟夫·朱兰（Joseph Juran）提出了一个很引人注目的方法。朱兰向他的客户推荐用下面的七步骤来培训员工，以使员工能够诊断问题，想出解决问题的方法和执行解决方案。

1. 分析症状。
2. 推理原因。
3. 测试推理结果。
4. 确定原因。
5. 形成补救方案。
6. 测试补救方案。
7. 控制收益。

值得注意的是，前三步注重科学方法，随后的三步注重实用性。换句话说，朱兰提倡提升技能水平低的员工的思维能力，因为员工需要一定的思维能力来发展和利用他们在工作中获得的专业信息。

资料来源：Jensen & Wruck (1994).

互补性与工作设计

上述分析并解释了表 7-1 中的内容。由于任务的互补性越高，员工学习的机会越多，所以任务互补性越高，丰富化价值越高。当实施丰富化制度时，员工需要不断地在职学习，此时赋予员工更多的自由裁量权是非常重要的。公司**授权**给员工是为了利用他们积累的信息和知识。丰富化和员工的技能是正相关的，主要表现在两个方面：第一，员工执行多项任务表明员工需要掌握较多的技能；第二，学习和决策同步进行表明承担多项任务的员工也需要提升分析和思维能力。

如表 7-1 所示，工作设计的四种特征是正相关的。即如果职业特征在一个维度上的值比较高，那么在其他的维度上的值很可能也会比较高，反之亦然。

然而，这并不意味着所有的职业都需要向丰富化发展。相反，表 7-1 表明公司要既利用工作丰富化又利用传统的单任务性工作。

这说明公司任何一项新政策的设计都要考虑公司现有的政策。在我们关于工作设计的例子中，如果员工技能很低且从事的又是单任务性工作，没有那么多有价值的专业信息值得利用，那么分权决策就没有任何意义了。在本书中，由于简化和集中对分析复杂的问题十分必要，我们通常将特定的政策分开来看，比如组织设计问题。但是实际中，由于政策是相互联系的，公司应该尽量同步设计。

有这样一个例子，一家分公司的管理人员被告知要提升顾客的满意度。这位管理人员认为最好的办法就是在顾客满意度调查的基础上，建立给予员工福利的激励机制。如果在这个过程中，不改变工作设计的话，这个办法很可能不会成功。因为员工希望提高绩效，但是发现他们是受限制的。同样，如果工作设计改变了，但是激励机制不变，结果也不是最佳的。公司应该采用一个更加系统的方法（难度较大），那就是要同时改变工作设计、绩效评估和激励机制。

系统的组织设计和生产率

人们做了这样一项缜密的研究，就是观察在钢铁生产线上不同的工作设计和激励措施对生产率的影响。研究者收集了各种人力资本政策、生产率及产品质量的详细数据。这项研究中所有被调查的公司都采用一种特定的生产程序，所以影响生产率的就只有组织设计这个因素了。

研究者将样本分为四种不同的组织设计。一个极端就是公司采用如表 7–1 所示的 LLLL 型组织设计，也就是以专业化、较少的自由裁量权以及低技能为特征；另一个极端就是公司采用如表 7–1 所示的 HHHH（工作丰富化）组织设计。研究人员考虑了激励措施的类型，认为基于措施而不是数量的激励与工作丰富化是互补的（学习完第 9 章后你就会明白）。这些都是利用连贯法进行组织设计的例子。与两种极端情况相比，其他的两种类型利用的是不连贯的组织设计方法。

在这项研究中，有几个有趣的发现。第一，越是采用单任务性工作设计、集权决策，雇用低技能的劳动力，生产率和产品质量越低。

第二，单项人力资本措施的影响力非常小，甚至可以忽略。相反，公司越是采取一系列互补性的政策，它的生产率和产品质量就越高。研究发现，公司采用工作丰富化、基于质量的激励措施以及鼓励员工学习新技能时，人力资本措施所产生的影响力最大。这也证明了**系统**方法对组织设计最有效。

资料来源：Ichniowski, Shaw, & Prennushi (1997).

何时利用不同的工作设计

在这章的讨论中，有这样几个问题：为什么一些公司**不**采用更加现代的工作设计呢？为什么许多公司还在使用经典的工作设计呢？如果改变人力资本政策，效率会更高，那为什么改变政策的公司少之又少呢？

对上述问题有这样几个解释：一个解释是改变政策需要成本。如果成本过高，公司继续使用效率较低的政策利润更高。一定程度上，系统性组织设计最有效。这种情况下，由于公司不得不因协调问题而改变更多的政策，所以此时的成本也会更高。

另一个解释是，管理人员总是不清楚最好的政策是什么。公司不能掌握完善的信息意味着公司没有最佳政策。同样，管理人员设计和执行措施的动机不纯，就会使得工作难上加难。然而，经过一段时间的竞争，公司积累了更多关于高效运行的经验（如 Ichniowski, Shaw, & Prennushi, 1997 的研究），这些都将使公司趋向利用更好的政策。这个解释并不是那么令人满意；再者，除了试图采用最好的管理制度，此解释对工作的指导作用也一般。

□ 泰勒主义

工作丰富化不总是被公司采用的第三个原因是其不是最佳做法。对一些公司、产业、科技或产品（例如钢铁生产线）来说，工作丰富化比较有效，但是传统的工作设计方法更适合专业化和集权化的组织。因此，不同类型的公司有不同的最佳工作设计方法。

我们回顾一下前面讲到的管理理论，特别是 20 世纪初的**科学管理**运动。这场运动被称为**泰勒主义**，这是为了纪念此理念的主要创始人——弗雷德里克·泰勒（Frederick Taylor）。

泰勒主义的理念非常直接：公司雇用能力强的工程师设计最好的方式来组织生产和执行生产任务，利用最具才能和受过高等训练的员工的专业信息。这对提高生产率和产品质量非常有利。

工程师通常会将整个过程分成多步，这非常像亚当·斯密所描述的针的生产。然后，公司试图完善执行每一步的方法。很明显，如果工程师确实想出相对高效的设计，那么公司**给予员工的自由裁量权就会很小甚至几乎没有**。相反，员工应该严格按照工程师的工作设计来执行任务。所以有这样一个推论，**员工需要很少的技能，特别是决策技能**。这种工作设计方法正好和朱兰的全面质量管理方法相反。

公司将生产过程分为不连贯的步骤，而不注重员工的在职学习，这通常会导致工作设计的专业化。例如，在一条生产线上，员工负责一项或几项任务，且反复操作，然后将他们的成果传递给下一个执行任务的员工。进一步地讲，将生产程序分成不连贯的步骤，将这些步骤程序化会使部分工作自动化（现在称为计算机化）。

联合包裹公司快递卡车司机的工作设计

联合包裹公司（UPS）是世界上最大的快递公司，从事快递生意已经有 100 多年了。公司的业务比较简单——将包裹从 A 地运到 B 地。在这 100 年中，卡车运送包裹的过程很少有改变。联合包裹公司是实践泰勒主义最佳的一个现代范例。

联合包裹公司对卡车司机进行全面的培训，精确到如何快递包裹。例如，卡车司机应该左脚先登上卡车，因为左脚稍微比右脚快一些；卡车司机应当在路边就按喇叭（吸引顾客的注意力，节省时间）；卡车司机应该用右手的中指持车钥匙（快递完后，能迅速启动卡车）；卡车司机应该第一时间启动卡车（这加速了卡车的驶离）等等。此外，联合包裹公司还有多套标准政策和程序。

联合包裹公司还将工作设计不断深入。过去的数十年中，其逐渐地通过改进快递卡车的设计来提高效率。其中一个例子是，联合包裹公司的工程师发现将司机的座位向外倾斜，能使司机上车和下车的速度加快。

每一项改进看起来只使效率提高了一点点。然而，各个改进叠加起来使得司机每天至少能多送几个包裹。在利润低下、竞争激烈的产业里，这样微小改进的收益都意义重大。

资料来源：Vogel & Hawkins (1990).

泰勒主义就像中央计划经济，而从事工作丰富化的员工被赋予更多的决策权就像用市场方法来组织公司。同样，就如应用于组织设计一样，第 5 章中的原则也能应用于工作设计。工程师提出最佳工作设计方法，致使员工在职学习的空间缩小，这种情况下，集权就很有意义了，分权的成本则会提高。

换句话说，与一个经济体的设计相似，公司也有两大类方法来优化设计。一个就是**事先优化法**，比如泰勒主义。这会导致组织结构的集权化、工作的单任务化、员工的低技能化；另一个就是通过丰富化、分权和雇用高技能的员工来**持续改进**工作设计。

当然，大部分公司会处在这两个极端中间的某个位置，而且大部分公司会同时利用两种方法中的某些因素。例如，许多工厂都是采用工程师利用集权的方法来设计生产线和监督产品质量。这些工厂也会利用诸如全面质量管理的方法来评估员工。其关键问题不在于公司是利用这种工作设计方法，还是利用另一种工作设计方法，而在于对哪些员工采用哪些工作设计方法，利用这些工作设计方法到什么程度。

□ 推进泰勒主义或持续改进的因素

事先优化和持续改进的不同之处为我们提供了分析公司是否会倾向传统结构（泰勒式的）或现代结构（持续改进）的一种思路。一方面，如果公司能够想出执行任务的最佳方法，就没有理由让员工实验他们自己的方法；另一方面，如果泰勒主义效率不高，那么通过分权决策、工作丰富化得到的额外改进的潜力还是很大的。因此，问题是在泰勒主义运行良好，还是运行效率低下时，采取此种方法。

如果将泰勒主义看作是投资，公司投资泰勒主义的程度取决于其成本和收益。为了想出最好的工作设计方法，公司必须雇用工程师来分析、测试不同的方法，公司将承担其中的费用。然后，公司培训员工来执行这些设计。解决最优组织设计和工作设计问题是非常重要的。投资回报越大，公司投资泰勒主义就越多。如果公司在事先优化方面投资较少，公司就很可能采用持续改进的方法。

投资的收益取决于相对高效的工作设计方法的成本和实施这些方法后公司的利润。我们将影响公司采用集权方法、事先优化方法，还是持续改进方法的因素罗列如下：

公司规模。其他因素相同，公司规模越大，事先优化收益越多。规模大的公司有更多的员工执行相似的任务，所以改进的广度较大，这使投资形成了规模经济。

复杂性。程序越简单，事前优化越易行。与制造柴油机相比，制造针更容易些。复杂性使泰勒主义成本升高，这意味着公司在事先优化和员工技能提升上的投资会减少。

复杂性表现在以下几个方面。生产过程步骤的多少。针由两部分（针尾和针尖）组成，然而一个柴油机由几千个零部件组成。同样，与银行全面的风险管理评估相比，保险索赔的过程就相对简单些。与风险管理评估相比，保险索赔过程更易标准化，工作更加简单，工作方法倾向集权，对员工的技能要求也不高。即使在风险管理评估过程中，咨询公司也尽量地制定标准化的程序，以此来减少成本和提升服务质量。然而，如果项目过于复杂，标准化是很困难的。

复杂性也可能来自生产线。如果公司只生产一种产品，那么就只有一个程序待以完善。如果公司生产多种不同的产品，那么优化的难度就增加了（即使我们知道优化一种产品会间接地优化另一种产品）。一个极端情况是，生产订单产品的公司在事先优化时，

人事经济学实务（第二版）

会面临更大的挑战。

复杂性来自任务之间强大的互补性（协调成本）。步骤较多但步骤之间相对独立的过程的优化相对简单。如果各个步骤之间相互关联，就要通盘考虑各个步骤，所以过程优化通常比较困难。表7-1表明公司的生产过程之间互补性较强，公司在工作设计中就倾向于减少使用泰勒式方法。

复杂性是信息传递成本高低的一个决定因素。当信息为普遍信息时，泰勒主义和集权最适合公司。复杂性意味着员工工作中专业信息的经济价值得以体现。

可预测性。事先优化包括提出最佳方法和培训员工如何使用这些方法。员工所面临的状况难度越大，这种方法越不奏效。因此，前景越不能预测，公司越倾向于使用持续改进的方法。如果生产环境是随机的，但是同样的状况一次又一次地出现，这时泰勒主义能够奏效。此时，公司可以对员工进行培训，使员工有效面对每一种状况。然而，偶然性越高，优化问题越复杂。再者，许多随机状况是不可预见的。在这些状况下，公司可以设计大体的步骤来指导员工如何执行任务，然而这种指导不是完美的，员工有自己处理状况的余地。

考虑管理咨询行业，每次接触的客户都不同于上一个。可能会重复利用一些过程和方法，但是经常会需要开发一些新的方法或者应用。此外，对于新的方法或应用的可行性判断也很重要。

时间范围。另一个决定事先优化投入产出比的因素是公司的投资时间范围，既包括过去的投资也包括将来的投资。如果公司成立多年，特别是当公司的经营环境稳定时，公司很可能会想出非常有效的工作设计方法。相反，一个新公司想出最有效工作设计方法的概率少之又少。因此，许多公司的组织设计和工作设计都要遵守生命周期定律。公司刚成立时会采用持续改进的措施。随着公司的成熟，公司会倾向于采用正式的程序和措施，决策方式也会变得更加集权。

稳定也是公司较为注重的一个因素。假如公司判定基本市场状况在未来10年内不会发生太大的变化，这种情况下，公司认为能够在较长时间内从投资中获得收益，所以公司在谋划策略方面的投资较多。例如，公司正在经历科技变革，由于在工作设计方法上的改变很及时，公司在谋划策略优化上面的投资就不会很多。相反，公司更注重结构建设，以此来不断适应新科技和新环境。

英特尔的"精确复制"

英特尔公司（Intel）在开设新的半导体工厂时，利用了一种非常规的工作设计方法，这种方法被称作"精确复制"。在这种工作设计方法下，公司不鼓励各个工厂实验自己的新方法。相反，英特尔试图在各个工厂中采用统一的方法。他们辛苦地在各地复制这种方法，包括统一员工手套的颜色和墙上的图画。英特尔的业务极度复杂，互补性极高，变化速度极快，所以这种方法与我们期望的刚好相反。然而，这种方法也有其优点：一方面，由于英特尔从事的行业失误成本较高，所以英特尔对利用控制和集权决策等方法来执行公司的新策略有特别强烈的需要；另一方面，当每个工厂都采用同样的方法时，英特尔可以用统一的标准来评估不同工厂的绩效，这有利于发现生产和产品问题。这就是我们在第 5 章提到的中央信息的概念。

这个例子说明对于公司来说，组织设计和工作设计没有最佳方法。不同方法运行的好与差，取决于公司的经营环境、目标和所能遭遇的风险。

资料来源：Clark（2002）.

总而言之，公司所从事的产业越简单、越稳定、越可预测，公司就越有可能利用泰勒主义，其工作设计也越倾向采用专业化生产模式、集权决策并雇用技能低的员工。

公司所从事的产业越复杂，越具有活力，越不可预测，在一定程度上公司也能在一定程度上利用泰勒主义。然而，这些公司的员工通常掌握更多的专业信息。这样的公司倾向于采用分权决策、丰富化生产模式并雇用技能高的员工。

上述观点可以解释这章早先描述的模型和趋势。如表 7-2 所示正在经历组织结构变化的公司倾向于利用持续改进的方法，这是有原因的，因为组织结构变化意味着先前的方法已经不适用于公司，所以此时员工可以对改进公司的方法提供许多有深度的见解。

实际上，持续改进方法的趋势已经持续几十年了。由于各国管制的放松，国际贸易的深入发展，特别是信息技术的突飞猛进，许多产业都经历了飞速的变化。

事实上，上述分析也可以用于解释第 3 章提到的一些模型。在过去的几十年间，公司对技能投资的收益显著增加。如果经营环境良好，公司倾向于利用持续改进的方法，同时高度重视技能高的员工。朱兰提倡的全面管理方法可以解决普遍技能问题。普遍技能使员工可以被重新调配，同时员工也获得了有效的持续改进。下一章中，在讨论信息技术的影响时，我们会更深入地探讨这个问题。

内在动机

影响现代工作设计的另一个重要因素就是员工的内在动机。专业化会使员工觉得工作很无聊，从而导致内在动机缺乏。

社会心理学的一个重要内容就是如何利用现代工作设计来提升员工的内在动机。心理学方法和工作设计非常契合，这一点在本书的前言部分中已经提到，就是组织设计的经济学方法和心理学方法是互补的。实际上，严格地讲，许多心理现象并不是由于心理问题产生的。

理查德·哈克曼（Richard Hackman）和其合作者开发的内在动机心理模型是世界上最著名的心理模型之一。如图 7-1 所示，根据哈克曼的观点，可以利用五个核心工作设计特征来提升员工的内在动机，这五个特征是：多技能性、任务完整性、任务重要性、自治性和反馈性。

最后两个特征（自治性和反馈性）的实质就是分权决策。自治意味着要赋予员工更大的自由裁量权和更大的决策权。反馈意味着要为员工提供对他们行动和决策有价值的信息。这种反馈是很有必要的，因为员工可以借此找出问题，检验新方法，然后执行新方法。实际上，最后两个特征不仅仅是由心理因素决定的。

根据心理学家的观点，前三个特征——多技能性、任务完整性和任务重要性使得工作对员工来说更有意义，即使不使用绩效薪酬，员工的内在动机也很强。那么如何解读这种现象呢？

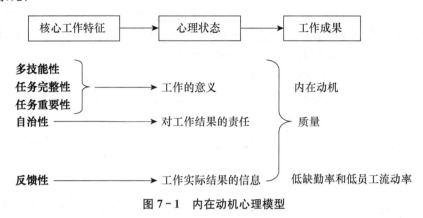

图 7-1　内在动机心理模型

资料来源：Hackman & Oldham (1976).

任务重要性意味着员工在一定程度上认为他们所生产的产品或服务对他人是有价值的。例如，一名机修工认为维修一架客机要比维修一台割草机更有意义，因为客机承载了更多人的生命，所以这名机修工维修客机的动机更强。同样，非营利组织或大学的员工的动机就是他们觉得自己在为一项大的使命做贡献，对他们而言这份工作很有价值。当然，这只是一种心理影响。

任务重要性通常不可能成为管理人员激励员工的杠杆，也不可能因此改变整个组织的任务以使其显得更加重要。一些产业的任务重要性程度要高一些。通常层次越高的员工的任务重要性感越强，因为他们更有能力采取切实措施来影响公司的整个任务。

对心理学家来说，任务完整性是指所有员工的工作使得整个任务能够完成。如果业务模块化程度高，那么员工就可以承担一系列联系紧密的任务，而不用关心他们的行动对其他任务的影响。上述模型不是一种心理作用，而是公司分配任务能力的表现。

心理模型的最后一部分是丰富化或多技能性。多技能性是指员工拥有多项技能。虽然起初的工作设计注重员工的多技能性，但实际上，丰富化同样重要。

我们已经描述了多技能性和丰富化的收益。心理学家和亚当·斯密得出了同样的结论：承担更多任务、掌握更多技能的员工内在动机更强烈。

上述观点就是当员工在工作过程中有很多**学习**的机会时，他们工作的内在动机最强烈。员工通过在职学习掌握的新技术能够成为其新的人力资本。或者员工承担新任务，学习新方法来执行新任务，这也会成为一种新的人力资本。后者涉及丰富化的工作，特别是复杂的和联系比较紧密的工作。

进一步来讲，当员工在工作中受到**智力上的挑战**时，内在动机就会被刺激起来。[①]对工作的厌烦很大程度上是由于员工不需要思考而重复地执行任务。因此，让员工执行

---

① 心理学家认识到从事具有挑战性工作的员工的利益（经济学术语，效用函数）不同，员工内在动机的程度就不同，也就是说员工的成长需求强度就不同。

新任务或掌握新技能，更能刺激员工的内在动机。

虽然多技能性或丰富化能够刺激员工的内在动机，但是丰富化对工作设计更为适用，原因是不同的在职学习对公司的价值不同。即使员工掌握多项新技术，也不一定能够提高公司的生产率。如果员工的在职学习注重持续改进，公司从员工掌握的信息和强烈的内在动机中将会获益匪浅。因此，公司的工作设计应该使员工的在职学习对公司的价值最大化，而不仅仅就是为了使员工掌握新技能。

上述观点表明工作丰富化的心理收益和经济收益是完全互补的。当生产过程还不完善时，公司还有很大空间来提升工作设计从而使员工获得持续改进。给予员工更多相关的任务和更大的自由裁量权，这一点公司是能够做到的。同时，员工也掌握了更多的技能，包括解决问题的能力。上述方法就是应用基本的经济原理来发展和利用员工掌握的信息。

当公司采用上述方法时，工作更能刺激员工的内在动机。这意味着员工对自己所从事的工作更加关注，更加感兴趣，能够对自己的工作做出**思考**。当然，这种心理影响提高了员工持续改进的效率。

总之，图7-1中所示的内在动机心理模型的五个特征中有一些是纯心理影响——任务重要性和丰富化或多技能性。丰富化的经济方面（注重员工掌握的专业信息对其持续改进的影响）和心理方面（激励员工更多地思考自己的工作）是紧密相连的。

▌ **本章回顾**

工作设计的三个目标：（1）提高员工执行任务的效率；（2）创造和利用员工工作中的信息；（3）提升员工的工作动机。有时这些目标是相互矛盾的。在一些情况下，工作设计就是一种权衡（最初是在专业化和其他目标之间的权衡）。然而，在许多情况下，这三个目标又是一致的，一种工作设计可能对三个目标的实现都有利。在这种情况下，一个好的工作设计的影响力是非常大的。

本章着重讲了工作设计的两个主要特征：工作丰富化和分权。设计一个特定的工作涉及两个关键问题：哪些任务应该集合在一个工作中？员工可以行使哪些决策权？

回答这两个问题取决于以下几个因素。工作设计的一个重要原则是专业化收益，这也是经济学的重要原则之一。当公司规模较大时，员工的技能和所承担的任务都可以专业化，然后所有员工合力制造出最后的产品。如果工作设计偏离专业化，那理由一定要充分，因为在这种情况下，公司要放弃一部分专业化收益。

专业化和丰富化是相反的，然而，丰富化的优势也很多。当任务之间联系比较紧密时，员工能够利用他们相似的技能完成多项任务。进一步地讲，员工完成一项任务能够提高执行另一项任务的能力。最后，将这些任务联系在一起，员工就能发现提升整个生产过程的方法。这对提高产品质量特别有效，因为产品质量问题很大程度上是由于互相关联的任务之间协调性不高造成的。

由于丰富化倾向于提升员工的学识，分权决策自然就和丰富化相契合。相反，单任务性工作倾向给予员工较少的自由裁量权。单任务性工作仅仅需要部分技能，而丰富化往往意味着员工要掌握多项技能。有趣的是，让员工承担更多的任务，给予员工更多的决策权意味着员工解决问题的能力对公司意义重大，所以员工在工作丰富化中倾向于掌握多种不同的技能。

人力资本政策互补原则的一个重要实例就是如何将工作任务的数量、自由裁量权的程度、员工所需的技能有序地组织到一起，以及制定政策时要考虑这些政策如何能够增强或削弱其他政策。

这也能帮助我们理解为什么会存在诸如表7-1所描述的工作设计方法。进一步地讲，这也解释了为什么一些公司采用这种工作设计方法，而其他公司采用那种工作设计方法。公司会采用一些最佳工作设计方法，然后这些最佳方法会以集权的方式在公司实施。当然，正式的做法是采用工业管理学的方法，但是通常公司采用的方法不是很正式，比如公司经常采用逐渐改进的方法。当公司结构稳定时，公司就可以采用最佳工作设计方法了。相对来说，如果员工学识最大化，公司收益较小，那么公司更倾向于采用专业化生产，给予员工较少的自由裁量权和雇用技能低的员工。如果公司没有找到最好的工作设计方法或者方法还在改进中，公司就应该考虑注重持续提高，公司会倾向于采用丰富化生产、分权决策和雇用技能高的员工。

因此，不同的公司会根据自身情况采用不同的工作设计方法。组织结构复杂、产业可预测性差、经营环境不稳定的公司更倾向于注重持续改进。正处在结构改革的公司也采用持续改进的方法。经营环境比较稳定、产业可预测性强的成熟公司，以及业务比较简单的公司，更注重集权决策和专业化生产。

这一章中用到的许多原则都来自前两章。正如经济体一样，公司面临同样的问题，就是在中央计划（集权）和分权之间的权衡。持续改进可以通过分权的方式使低层员工最大限度地创造和使用专业信息。当关系紧密的任务之间协调性提升时，丰富化可以提高公司的生产率。最后，就如应用到组织设计中一样，模块化可以应用到工作设计中。这证明了一个基本观点（这个观点来自《国富论》），这个基本观点对于我们理解宏观和微观组织设计问题是十分有用的。

市场经济的优点就是能够持续进行改进、重组和创新。在面临经济危机时，市场更加有力。同样，采取持续改进的方法使公司不断发展从而适应不断变化的环境。然而，就市场而言，分权降低了中央管理层对整个组织的控制力。对于规模较大的公司来说，集权至少在决策的初始阶段对公司是有利的。对于持续改进和战略执行来说，分权的效率最高。

工作设计方式是员工内在动机的主要决定因素。根据心理学家的观点，更具挑战性的工作能够刺激员工的内在动机，这意味着员工会思考如何做好自己的工作，这和利用专业信息来实现公司持续改进的目标是高度吻合的。

公司通过**外在刺激**亦可以影响员工的内在动机。我们在第5章讨论过这个问题，激励措施是公司激励员工高效工作和协调员工关系的一个重要方式。显然，如果员工内在动机比较强烈，公司就不必依赖外在动机来刺激员工，反之亦然。我们将在第9章和第12章中分析外在动机问题。从这个意义上讲，两种激励方法互为补充。然而，内在动机和绩效薪酬之间有其他联系吗？我们会在第9章中讨论这个问题。

思考题

1. 列举一些联系紧密的任务，并且两种不同类型的员工执行这项任务时，会导致严重的协调问题。

2. 列举公司业务模块化的例子。以制造业、专业服务和其他领域为例。

3. 工作设计中的专业化只能适用于蓝领工作吗？为什么是？为什么不是？列举诸如管理人员等高层工作人员采用或没有采用专业化方法的例子。

4. 什么是泰勒主义？公司什么时候应该采用泰勒主义？什么时候又该采用持续改进方法？

5. 当公司倾向于泰勒主义时，公司会录用哪种类型的员工？

6. 回顾一下你过去所做的工作，或者你现在从事的工作。你对这份工作的内在动机很强烈吗？为什么是？为什么不是呢？你能将其和图 7-1 的内容联系起来吗？工作中什么因素还会影响你的内在动机呢？

参考文献

Auden, W. H. (1970). "Work, Labor, and Play." In *A Certain World: A Commonplace Book*. New York: Viking.

Caroli, Eve & John Van Reenen (2001). "Skill-Biased Organizational Change? Evidence From A Panel of British and French Establishments." *Quarterly Journal of Economics* 116 (4): 1449−1492.

Clark, Don (2002). "Intel Clones Its Past Factories, Right Down to Paint on Walls." *Wall Street Journal*, October 28.

Gibbs, Michael, Alec Levenson & Cindy Zoghi (2008). "Why Are Jobs Designed the Way They Are?" Working paper, University of Chicago.

Hackman, J. Richard & Greg Oldham (1976). "Motivation Through the Design of Work: Test of a Theory." *Organizational Behavior and Human Performance* 16: 250−279.

Hosseini, Hamid (1998). "Seeking the Roots of Adam Smith's Division of Labor in Medieval Persia." *History of Political Economy* 30 (4): 653−681.

Ichniowski, Casey, Kathryn Shaw, & Giovanni Prennushi (1997). "The Effects of Human Resource Management Practices on Productivity: A Study of Steel Finishing Lines." *American Economic Review* 87 (3): 291−313.

Jensen, Michael & Karen Wruck (1994). "Science, Specific Knowledge, and Total Quality Management." *Journal of Accounting and Economics* 18 (3): 247−287.

Smith, Adam (1776). *The Wealth of Nations*. Modern Library Classics, 2000.

Taylor，Frederick （1923）. *The Principles of Scientific Management*. New York：Harper.

Vogel，Todd & Chuck Hawkins （1990）. "Can UPS Deliver the Goods in a New World?" *Business Week*，June 4.

延伸阅读

Carmichael，Lorne & Bentley Macleod （1992）. "Multiskilling, Technical Change, and the Japanese Firm." *Quarterly Journal of Economics* 107：1137-1160.

Gilbreth，Frank Jr. & Ernestine Gilbreth Carey （1948）. *Cheaper by the Dozen*. New York：Harper & Row.

附　　录

□ 规模小的公司的灵活性比规模大的公司的灵活性更具有价值

灵活性在员工缺勤时将体现它的价值，因为此时其他了解工作的员工可以代替缺勤的员工来执行任务。但是，当公司的规模增大时，灵活性问题就显得不是那么重要了。

假设员工某天出勤的概率为 p，那么员工缺勤的概率则为 $1-p$。如果公司员工数量为 N，某天员工出勤的期望值为 pN。那么员工出勤数量的方差是 $p(1-p)N$，所以标准偏差是：

$$\sqrt{p(1-p)N}$$

随着 N 逐渐变大，二项分布接近正态分布。鉴于此，因为在低于平均97.5％的时间内，正常随机变量的实现是超过了1.96的标准偏差。实际上97.5％的时间里出勤员工数量会超过：

$$pN-1.96\sqrt{p(1-p)N}$$

因此，如果公司计划出勤员工值为 pN，那么97.5％的时间内，员工的出勤比例 *Proportion* 至少是

$$Proportion=\frac{pN-1.96\sqrt{p(1-p)N}}{pN}$$

此值随 N 的增大而不断增大，因为

$$\frac{\partial Proportion}{\partial N}=\frac{1.96\sqrt{1-p}}{2\sqrt{pN^3}}>0$$

如表7A-1所示，公司出勤员工数量随 N 变化而变化，假设 $p=0.95$，任何一个

员工 20 天内出勤 19 天。列 1 表示公司员工数量;列 2 表示 z 的值:

$$\text{prob}(\text{实际出勤员工数量} \geq z) = 0.975$$

列 3 表示出勤比例。

当 $p = 0.95$,员工数量为 100 时,在任何一个工作日,预期其中 95 名员工会出勤。但是,97.5%的时间内,至少 92.82% 的员工会出勤。这比期望值 95 名员工少 2 名员工,或者是期望值的 0.977 倍。如果公司只有 10 名员工,9.5 名员工会出勤。在 97.5%的时间内,至少 8.81 名员工会出勤,或者说是期望值的 0.927 倍。

随着公司员工数量的增加,低于员工出勤期望值的概率就会大大降低。因此,随着公司的成长,公司对能够承担多项工作的员工需求会缩减。

表 7A - 1 员工出勤比例

员工数量 N	出勤员工数量 z	出勤比例 Proportion
10	8.8	0.927
15	13.4	0.941
25	22.7	0.954
50	46.0	0.968
100	92.8	0.977
1 000	943.1	0.993
5 000	4 734.6	0.997
10 000	9 478.2	0.998

第 8 章

高级岗位设置

万变不离其宗。

——阿尔冯斯·卡尔（Alphonse Karr），1849

■ 本章引言

　　本章我们把岗位设置拓展为几个高级问题。这样，我们会再次体会到，岗位设置的原则很大程度上也适用于整体组织设计。

　　在所有我们尚未涉及的话题中，最重要的是团队。公司存在正是因为共同工作比个体工作更富有成效，即整体大于部分相加之和。为了让个体能有效地共同工作，公司必须了解如何建立团队并激励其成员。最近几年，**团队**这个词被大量提及。为何如此？**团队工作的价值何在？** 从负面角度考虑此问题，假如你正在考虑将员工组成团队，不要忘了团队的另外一个名字是**委员会**。委员会向来以官僚化而闻名，因此建立团队并非总是提高效率的途径。只有当团队可以带来巨大效益时，才有建立团队的必要。本章主要讨论团队的生产效益和成本。我们还将通过联系前面的章节来解释广泛使用团队的现象。

　　另一个重要话题是当今工作环境中的信息技术。近几十年来，我们经历了计算机技术与其他高科技技术革命。本部分的一个问题是公司如何组织信息的创造和使用，很明显的一点就是信息技术对岗位设置和公司整体结构的作用和影响。我们将会看到，信息技术有时会对岗位设置和企业整体结构产生巨大的影响。

　　最后，在本章末尾，我们将简单讨论一些特定的公司，这些公司如果利弊权衡不当，面临的后果会更加严重。它们犯错成本很高，急需快速反应和协调能力。这类组织如何解决更为严重的利弊权衡问题的方式对于所有组织都有启示。

团　　队

经理人喜欢吹捧团队的优势。我们总是不禁想起某位球星回答任何关于他出色表现问题时的陈词滥调——没有团队就没有他的出色发挥。这种假谦虚其实也在商界泛滥。分析何时需要、何时不需要团队很重要。慎用团队有如下两个原因。

□ 团队决策

团队的第一个问题是清晰的等级划分原则会受到侵犯。团队只有确立一个明确的领导，决策才会更快更直接。一旦把团队引入组织决策，员工总是容易陷入关键问题的过度讨论和算计中。况且，我们并不确定集体决策的成果就是最优决策。

所以，通常在事情失控之前，在团队中推举一个明确的领导、监督者或是建立有效的争端解决机制很重要。建立团队时，将决策控制权从团队中剥离，并赋予团队的领导者尤为重要。团队领导者的角色不仅在于决策管理、协同团队成员想出新想法和工作方式，而且也要有独立于团队之外的最高监督权。

□ 搭便车效应

团队的第二个问题在于员工可以经常藏在其他人的生产效益之后，由此积极性就会被拉低。这便是**搭便车效应**。设想你与 9 个朋友在罗马吃比萨，除非大家都是会计或保险公司的精算师，通常的规则是由这 10 位用餐者平摊费用。每个用餐者都想喝一杯酒，上好的巴罗罗葡萄酒 8 欧元一杯，而家酿的基安蒂只要 3 欧元一杯。如果用餐者点一杯巴罗罗，他需平摊 80 欧分，点一杯基安蒂则平摊 30 欧分。无论别人怎么做，每个人的成本差距 50 欧分不会改变。因此，对我来说，只要喝巴罗罗葡萄酒的价值比喝基安蒂葡萄酒价值大于 50 欧分，我就会点巴罗罗，以此可以推及所有用餐者。如果大家都点了巴罗罗酒，最后每人都要多付 5 欧元，即便他们认为自己的这杯只值 80 欧分多一点儿。

让我们设想一个工作情景中的相似状况。1 名员工与其他 4 名员工在同一个团队。这个团队被要求完成一项有严格时间限制的任务。每个员工都被告知，如果他们比进度每提前 1 天完成，这个团队就可以获得 100 欧元的奖金，而这笔奖金由团队的 5 名成员平分。设想任意一位成员，比如吉奥的加班决策。他既可以选择加班，也可以选择回家看世界杯。他喜欢看世界杯，但也想要提早完工得到奖金。吉奥算出如果今晚加班，他就可以使任务提前 1 天完成。这对他的小组来说价值 100 欧元，但由于 5 人平分，他只能拿到 20 欧元。考虑再三后，他决定回家看世界杯。然而，假如他可以独享 100 欧元的话，他就会干劲儿十足地留下来加班。

整体努力水平处于效率水平之下的原因是：**承受工作痛苦的员工得不到全部的好处**。是什么阻止公司奖励个人的努力而不是整个团队呢？只要个人的努力可以被观察到，这种阻力就不存在。然而，在团队环境下，个人努力是很难从集体的努力和成果中剔出来的。这是由于团队正是基于成员间高度依赖的工作而设定的。其实质是，这种情况下个人的表现很难被准确衡量；我们将在下章中就此常见问题做更加详细的描述。

团队产生的两个问题——决策效率低和搭便车效应——使得"委员会"这个词适用于许多工作组。而委员会通常不被认为是效率的典范。这说明了为什么只有当理由充足时才使用团队。

□ 何时使用团队

鉴于以上提出的问题，公司何时建立团队？是在效益最高而成本最小的时候。在此我们做如下两方面讨论。

使用团队最初的效益源于我们在前面章节讨论过的多重任务处理。当工作任务有较强的互补性时，将它们合在一起处理会更有效率，而且在工作中学习效果也更好，多重任务处理的价值正在于此。然而，更多的情况是很多互补任务合成的工作对于一个员工来说太过艰巨。这样一来，公司或者将任务再分配，这又会涉及我们在第 5 章中提到的协调问题，或者是"增加"员工。增加员工有两个途径：其一是如第 7 章中提到的那样，拓宽和增强员工工作技能；其二则是使用能够密切合作的团队。

同样的理念也适用于第 6 章中提到的建立团队以提供平级协调。不仅仅多个单任务或员工间需要协调，组织单位之间也需要协调。不同组织单位的工作高度互补时，协调就显得尤为重要了，公司往往会从相关单位选拔人员来建立协调工作组。很有力的例证是我们第 6 章中提到的集成问题。

这就解释了公司员工工作高度互补时建立团队的原因。这里的一般性原则，借用一句老话，就是**总体大于部分之和时应当使用团队**。例如，一人搬不动重物而需要两人时，团队就很必要。同样，一位顾问无法按期完成的任务而需要两个顾问合作完成时，而且在按期完成的情况下，客户愿意付更高的费用，此时组织团队完成任务就是一个很好的选择。

为何团队被越来越多地使用？

有证据显示，近几十年来，不同形式的团队生产模式（包括像质量监管组等方法）被越来越多地使用。使用团队的成本，即潜在的低效率小组决策和搭便车效应并未降低。这必然是近来团队的效益在增加的缘故。

如前所述，工作依存度高时，团队价值就会体现，这是由于团队能很好地支持协调或持续改进。协调和持续改进的目的在事先优化（类似于泰勒主义方法）效果不明显的公司中显得至关重要。上一章接近末尾处提到，持续改进更为重要，这是由于近几十年来的商业环境更为复杂且变化迅速。由于团队反映的是同一个组织设计问题的侧面，其效果也可以解释团队使用情况的增长。

尽管很时髦，但要记住不能为了使用团队而使用团队。**只有当团队支持内部知识转移或协调时，团队才有价值**，况且团队的成本很大。

现在设想另外一个国泰航空登机验票员的例子。验票员有时与另外一名验票员一起工作，但不一定总与同一个人一起工作。设想某个航班验票处有两个入口，尽管两名验票员的工作之间有一些互补性，但每个人几乎是在自己的岗位上独立工作——在此种情况下，总体并不比部分之和大多少。这并不是说团队工作毫无收益。一起工作的两个人可以分享信息，可以更好地相互协调，但将他们组成团队的成本一定会抵消从中得到的收益。

使用团队最主要的成本是搭便车效应带来的产量损失。在航空公司的例子中，如果两名验票员的劳动报酬以团队产量为基础，那么每个人都会有偷懒的念头。比如验票员的劳动报酬以他们放行乘客的速度为基础，乘客被要求排成一队，走到下一个验票员那里。但在这样的安排下，无论个人给团队带来多少收益增长，上级都不能轻易观察出来，也很难以此奖励个人。因此，激发团队工作的唯一办法是按照团队产量决定奖励，但这不可避免地又回到了搭便车效应的老问题上。[①]

我们可以按照组成团队的成本和收益对活动进行划分。收益水平高且成本水平低的生产活动应该由团队去做。表8-1给出了一个渔场的例子。最适合团队生产的活动是捕鱼本身，最不适合团队的是鱼的销售工作。

表8-1 团队工作的成本与收益表

活动	级别（1为最高级）		说明
	收益	成本	
捕鱼选址	3	3	集体判断可能是有用的，讨论也会起作用。但委员会决策很慢，而且很难决策。
在小船上捕鱼	2	5	捕鱼包括许多个人无法完成的工作。监督团队其他成员的成本很低。无所作为的团队成员可以被其他成员赶出去。
在大船上捕鱼	1	4	大船上的工作任务比小船更重，团队工作或许更为重要。撒开很大的网要有许多人手和一些机械。团队越大，团队的监督问题越困难，搭便车效应就越明显。
批发售鱼	5	1	销售人员可以单独工作。把他们作为一个群体进行监督会带来很大的搭便车问题，因为同事监督很困难。
销售记账	4	2	会计们一起工作并不能产生很大的收益，尤其是在一个人就能处理所有账册的时候。此外，会计们的工作可以进行个体监督。

[①] 在这个例子中，一个可行的绩效评估是把一个验票员服务的乘客数量与另一个验票员服务的乘客数量**相对应**。这样将更不利于激励团队，这是因为他们最终将陷入相互竞争。见第11章关于合作与破坏的讨论。

□ 团队生产的其他收益

□ 专业化

正如我们在第 7 章中看到的，专业化是岗位设置中最重要的因素之一，也是个体合作的重要原因。团队中，每个成员可以发挥其专业特长，负责整体业务进程中的必要部分。从这个意义上讲，整个公司都是一个团队，每个员工从事其擅长的工作。然而，这其实并不是我们通常说的团队概念。我们所说的团队是指一组人员的工作都密切相关。正是基于此原因，这些员工更倾向于频繁地相互合作。

专业化在团队中确实扮演了重要角色。然而，不妨回忆下，工作丰富化最大的好处是持续改进。个体员工通过了解互补性的工作是如何运作的（心理学家称之为任务识别），能够更好地完成自己的工作。此外，个体员工熟悉了单项工作如何相互协调，更容易找到降低成本和提高生产效率和产品质量的途径。要获得跨任务学习的收益，员工必须了解每一项相关任务。

然而，这并不是说员工需要经常性的操作来完成这些任务。大多数情况下，员工需要了解的仅仅是每个紧密关联的步骤或是任务以及它们是如何衔接协调的。上述提到的好处可以通过使用上文提到的工作丰富化来将所有任务在一个时间节点上都赋予一个员工，也可以通过使用**工作轮换**并使员工在某一段时间内完成工作来实现。与工作丰富化相比较，工作轮换具有一个最大的优势——在每一个时间节点上，员工都专注于较为有限的一些任务，从而达到专业化生产（尽管不是通过对技术的更多投资）的最大优势。

因此，尽管工作丰富化能够帮助员工了解其他团队成员的工作，但是绝大多数团队中的员工并不承担所有任务。相反地，他们更加专业化并且时常轮换任务。当员工在执行各自工作任务时，他们相互合作交流，彼此间分享信息。在他们通过工作轮换、相互学习彼此的工作，一段时间后知识分享不断增多。这样既可以获得跨任务学习的收益，同时又避免了专业化的收益的过多流失。

□ 知识转移

知识转移是团队生产的第二个收益，而且更多地发生在专业化不太强的时候。为了使知识转移有价值，个体必须具有不同的信息域，而且信息域相互间要有联系。如果大量信息重叠，团队生产并不会带来很多知识转移。如果一个人的信息与另外一个人毫不相关，知识转移就毫无意义。即团队成员掌握自己任务所需的私有信息，其他成员不具备此信息，但他们各自的信息构成了完成整个任务所需的全部信息。图 8-1 阐释了有利于知识成功转移的条件。

设想有两名员工，图尔和凯特。左边标为 T 的长方形，代表图尔的所有信息。右边标为 K 的长方形，代表凯特掌握的所有信息。还有一个同时属于 T 和 K 的小长方形，表示两者共有的信息。大部分区域都不是共有的，说明凯特知道的一些信息图尔并不知道，反之亦然。因为大部分信息区域都不是重叠的，因此团队工作有可能会通过知识转移带来潜在的好处。

团队工作是否有意义还取决于两者工作对信息的要求。图 8-1 展示了两种情况。设想，图 8-1 中的实线椭圆部分是执行工作任务所需信息。凯特自己掌握了完成任

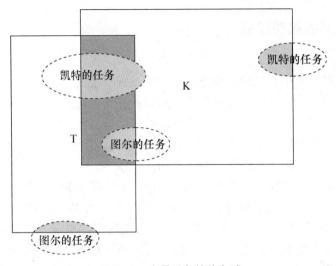

图 8-1　大量重复的信息域

务所需信息的一半（她的另外一半实线椭圆在图尔的长方形信息域中）。同样，图尔自己掌握了完成自己任务所需信息的一半。通过团队工作，图尔可以把凯特执行其工作任务所需的一半信息转移给她，凯特也同样会这样做。由此，图尔和凯特可以相互获得自己工作所需却又不在各自信息域中的信息。有了信息转移，他们可以执行更多的任务。

现在设想一下，执行工作任务所需的信息在点状椭圆区域中。如前所述，图尔有大量凯特没有的信息，反之亦然。并且，由于点状椭圆区域有一半在凯特的信息域外，凯特只掌握了一半执行其任务所需的信息。但另一半既不在凯特信息域中的椭圆点状区域也不在图尔的信息区域内。图尔掌握了大量凯特没有的信息，但是都与凯特没有关系。同理，对于凯特也是如此。在这种情况下，因为两人掌握的信息对彼此没有意义，信息域的非重叠部分就是毫无联系的。

只有在如下两个条件成立时，团队工作才能产生有价值的知识转移：

1. 每个成员掌握自己的私有信息，组成团队后，团队可以使新的信息在成员之间流动。

2. 每个成员掌握的私有信息对团队中的其他一些成员有价值。

这两个因素对团队挑选成员也有裨益。例如，一个汽车机械师和一名成本会计不会组成一个好的团队。尽管他们的信息域的确不重叠，彼此的私有信息却毫无联系。

图 8-2 反映了这种情况。信息域差不多完全分离，但会计所需的信息汽车机械师并不知道，反之亦然。相互学习彼此掌握的信息可以增加知识，但是并不能帮助他们更好地完成自己的工作。汽车机械师对完成自己工作必需的许多事情都不了解。在图 8-2 中，汽车机械师的任务椭圆大部分位于他的信息域之外，但这些任务同样不在会计员的信息域之内。汽车机械师需要的且不具备的信息，会计同样也不具备。反过来也是一样。

现在假设图 8-3 中有两个受过相同训练的会计员，A 和 B。即便他们彼此的知识都关联密切，这两个人之间也不可能有许多知识转移，因为他们的经验和知识几乎相

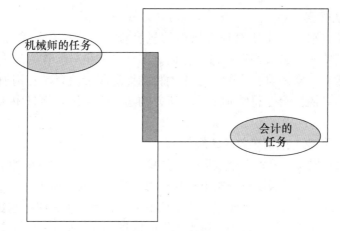

图8-2　几乎不重叠的信息域

同。他们都无法完成全部工作，但由于他们的信息如此相似，一个人不可能完成的任务很可能另一个也无法完成。

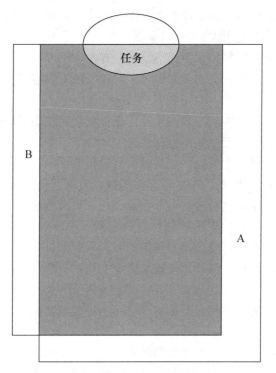

图8-3　重叠的信息域

□ 团队执行中应当考虑的一些因素

我们已经讨论过团队执行中应当考虑的一些因素，例如通过工作轮换来平衡跨任务学习的收益和专业化的收益。现在，我们讨论其他应当考虑的一些因素。

□ 最佳团队规模

团队的规模很重要。由于跨任务培训的机会很少，小的团队会使信息传递不充分。然而，大型团队会造成沟通障碍。任何试图在团队里有所作为的人都知道，在一个大型团队里做事非常困难。人们出于多种目的而进行交流，单在沟通上就要花费很多时间。有时候，团队会变得特别混乱，所有沟通也会中断，而且团队内部可能派别林立。

□ 同事监督和减少搭便车效应的规范

决定最佳团队规模的另外一个重要因素是搭便车效应。小团队中的搭便车效应不会成为太大的问题。比如，假设有一家由蒂姆和梅丽莎经营的小型干洗店。因为蒂姆只能拿到他努力生产的一半回报，搭便车效应是免不了的。但由于**同事监督**，这个问题不会太大。首先，梅丽莎了解大量关于蒂姆工作的信息，反过来也一样。如果合伙人太过偷懒，合作关系就破裂了。正是这种散伙的危险促使两个合伙人都勤奋工作。

在小团体中，同事监督很有效。与大团体相比，小团体的员工更能知道另一个员工在干什么。而且，与大团体相比，小团体惩罚偷懒的积极性更加强烈。在小团体中（比如两人的合伙公司），一个合伙人放弃努力对另外一个合伙人的报酬有很显著的影响。尽管当面指责合伙人工作不努力是件不太愉快的事情，但在只有两名合伙人时，不这样做的话，成本相对来说就会很大。

在大型合伙公司中，同事监督不如小型团队有效，原因有二。第一，任何一个员工的偷懒都不会给任何其他成员造成重大影响。同样，由于收益有很多个合伙人平分，同事监督的收益就降低了。因此，惩罚偷懒的积极性就降低了。第二，在大型团队中发现偷懒更加困难。当工作任务涉及许多人而且任务很复杂时，明确问题源头可能就会很困难。因此，搭便车效应在大型团队中更加普遍。

同事压力可以减少搭便车效应，这与同事监督相似。同事压力通常在团队中以**规范**的形式出现。规范是公司中被团队内部绝大多数人共同遵守的政策、做法和坚持的信仰。共同习惯或信仰能帮助公司建立内部企业文化、伦理或者礼仪。规范是规范员工工作的隐性契约组成部分。我们在第 3 章中首次提到了隐性契约的概念。我们将在第 15 章做更多讨论。在此，我们讨论公司如何形成和利用规范。

比如，如果管理者自愿在星期六加班是企业文化的一部分，员工可能会不愿意违背这种行为方式。星期六工作可以贡献劳动，并产生额外利润。当然，这也会存在成本。在星期六工作成为规范的公司里，员工的劳动报酬也要高于那些没有星期六工作习惯的公司。

除为星期六工作支付薪酬的有关直接成本之外，公司通常还要支付创造和维护此类规范有关的其他成本。此类成本可能是持续的，也可能是一次性承担的。维护规范的努力水平取决于违反规范的制裁类型。轻微的批评将不会有什么影响，但是排斥的威胁可能会有很强的后果。

员工承担的执行成本也趋向于持续性。如果压力减轻，执行力落后，规则也就会趋向于瓦解。以星期六工作为例，如果员工星期六不来工作，会有什么后果？如果对星期六不上班的员工不执行惩罚或者只进行轻微批评，很可能员工下次还会违反规范。更糟糕的是，一个员工星期六不工作会感染其他员工，导致整个规范失效。为了防止此种情况发生，必须要惩罚那些违反规范的人。

有些规范的建立和实施的成本通常不是持续性的。相反，他们更像是一次性的总付成本。例如，军队投入大笔资金用于招募新兵，并向他们灌输自豪感与忠诚的观念。军队广泛使用新兵训练中心，以促进新兵和新兵之间、新兵和军队之间的紧密结合。这种发生在士兵生涯早期的联系会在其后面的军队生活中带来很多好处。对于战友的忠诚和同理心体现了军队对于培养士兵的献身精神和同志友爱精神早期投入的价值。

公司同样也致力于建立员工对公司的忠诚感。公司的很多做法与其说是在完成任务，还不如说是为了创造移情作用、忠诚感和潜在负疚感。例如，质量圈活动——即员工们坐在一起讨论完成公司某项任务的最佳方法——最大的作用在于能使员工感到自己是公司的一员，并培养其对同事的忠诚。质量圈所提出的建议极少被真正执行，但是我们并不能认为这样做是浪费时间。只要这些讨论能支持那些宝贵规范的确立和维持，在质量圈上花些时间是很值得的。

激励员工去加强规范，相互约束的做法之一是建立团队配额和奖金制度。公司许诺团队一定的**奖金**，而未完成配额任务则要受到惩罚。当某个人的努力没能达到规范的要求时，团队中的其他人就会跟着受损失。结果是，那个不够努力的员工就会感到同事压力，并开始遵守规范。如果配额任务未能完成，员工在此配额任务中的金钱或者其他利益就会有风险，所以此规范将会不断加强。这是一个外部激励措施和内部激励措施相互作用的例子。

违反规范并不总是消极的。有些时候，同事们会制裁过于努力工作的个人。这种情况在生产员工中最为普遍。如果某员工生产过快，他可能会感到同事压力，因为上级主管可能会认为工作所需的时间比公司要求的要少。于是公司就会加快生产速度，从而使那些不愿意更加快速工作的员工承受损失。

□ 团队构成

到底是应该由主管指派各团队的成员，还是由团队自由选择其成员呢？最常见的办法是由主管来指派个人进入团队。这种办法在主管比单个员工了解更多信息时更有效。当一名新员工加入一个团队时，主管可能比单个员工知道同样多或者更多的信息。这种情况下，让不知情的员工安排新成员进入某个团队就不太合适了。有些时候，员工间彼此了解的程度确实比主管强。比如，员工在一起工作了很长时间，新员工是老员工的朋友或者员工们从事高度专业化且超出主管信息域的工作任务时，让员工去建立团队可能更好。我们在此讨论员工自己建立团队的两种机制：轮流选人和竞价选人。

□ 轮流选人

最直截了当的方法就是轮流选人，即孩子们玩棒球游戏时的分组办法。假设有两个球队，I和II，还有四名新手：爱丽丝、布鲁克、查尔斯、大卫。一种办法是让每支球队的"队长"轮流选择本队的新成员。假设这两支球队对选手们的评价顺序如表8-2所示。[①]

---

① 在对比轮流选人和竞价选人的过程中，我们提炼出了团队成员激励的重要问题。激励问题是本书第三部分的主题。

排名	a. 偏好	
	Ⅰ队	Ⅱ队
1	爱丽丝	布鲁克
2	布鲁克	查尔斯
3	查尔斯	大卫
4	大卫	爱丽丝
排名	b. 效率	
	Ⅰ队	Ⅱ队
1	爱丽丝	大卫
2	查尔斯	布鲁克
3	布鲁克	查尔斯
4	大卫	爱丽丝

如表 8－2 所示，两支队伍对布鲁克的偏好超过了查尔斯。然而，效率原则决定了爱丽丝和查尔斯应该进球队Ⅰ，布鲁克和大卫应该进球队Ⅱ。即其他球员不变时，布鲁克对球队Ⅱ比球队Ⅰ更有价值。类似地，两支队伍对查尔斯的偏好超过了大卫，但查尔斯对球队Ⅰ的额外价值超过了他对球队Ⅱ的额外价值。

假设抛了一枚硬币，球队Ⅰ赢了。他们首选的是爱丽丝，球队Ⅱ于是选了布鲁克。然后球队Ⅰ选了查尔斯，球队Ⅱ选了大卫。合理分配此时就实现了。如果球队Ⅱ抛硬币获胜了呢？球队Ⅱ首选布鲁克，接下来球队Ⅰ被迫选走了爱丽丝。球队Ⅱ接下来选择的是查尔斯，球队Ⅰ选择的是大卫，这样球队Ⅰ最终得到的是爱丽丝和大卫，而球队Ⅱ得到的是布鲁克和查尔斯。这就破坏了效率原则。

在这个例子里，效率原则实现与否取决于抛硬币的结果。这是任何一个团队选人方案都不情愿有的情况。这种情况也不是这个例子所独有的。如果不考虑其他任何条件，让团队轮流挑选成员，往往会导致团队成员分配不合理。有必要让团队对自己选择的后果负责，因为他们的选择既会影响自己，也会影响其他团队。

□ 竞价选人

另一个办法就是让团队竞价招入成员。可以举办一场**英式拍卖会**，竞价点数最高的团队赢得这名成员。英式拍卖会就是我们熟悉的拍卖方式，买家自由竞价，每次有人超过上一次的报价，直到出价最高的买家得到拍卖品。

为了能吸引到团队成员，团队必须出让一部分利润，而这也会相应地影响团队成员们的劳动报酬。我们来拍卖爱丽丝的劳动力。在效率层面上比较，爱丽丝的能力在球队Ⅰ中最能得到体现。她对于球队Ⅰ的利润贡献大于她对球队Ⅱ的利润贡献。因此，球队Ⅰ会拿出比球队Ⅱ更多的利润作为竞价来争取到她。拍卖布鲁克时的情况则相反。同样的机制也适用于查尔斯和大卫。因此，爱丽丝和查尔斯最终加入球队Ⅰ，布鲁克和大卫加入球队Ⅱ。拍卖通常能产生资源的有效配置，相比轮流选人的方法，它在分派团队成员方面更可取。

需要进一步注意的是，规定进入每个团队的人数毫无必要，实际上也不受欢迎。如果球队 I 招收第三名新球员的价值大于球队 II 招收第二名球员的价值，那么最好是球队 I 招收三个人，球队 II 只招收一个人。这会在拍卖过程中自动实现。

这是将市场隐喻应用于公司内部的例子。市场能够很好地配置资源，这是因为当个体作为资源能被很好地利用时，他们的竞价就会被提得很高。如果公司不能实实在在地通过团队去竞价来获得团队成员，那么负责人员分配的执行官应该估计每个成员对每个团队的价值，并据此原则来分配人员。而且，对于公司来讲，让不同部门为争取员工而相互竞争可能更有效率。

阿拉斯加的捕鱼业

阿拉斯加的捕鱼活动是在船上进行的。确定最佳的捕鱼地点是捕鱼的重要一环。这里有些渔民捕鱼很出色，有些则对鱼类的习性深有了解。这里的渔场归属是合伙人制的，但是这种关系并不完全固定。一个人由于捕鱼技能或是领渔技能出名后，他的市场价值就会上升，因而他也可以要求获得渔场利润中更大的份额。

有时候，这位渔民会与他现在的合伙渔场进行谈判。合伙人可能会认可这名技术熟练的渔民的市场价值有所上涨，分给他更大的利润份额。但更多时候，渔民更改利润分成比例的要求得不到满足，就会离开现在的合伙渔场，加入其他渔场。渔民同现在的和新的合伙渔场的谈判过程与我们刚才描述过的竞价过程极其相似。通常这样做能使整个行业的劳动力得到合理配置。

资料来源：Farrell & Scotchmer (1988).

☐ 员工所有制公司

有些公司给员工发放股票，这样做通常是为了激励团队合作。当公司把足够大比例的股票分配给劳动者持有时，人们就称它为"员工所有制"公司。著名的例子就是美国联合航空公司（United Airlines）。员工所有制是如何运作的？

通常的答案是它们与非员工所有制公司的运营方式并没什么区别。它们都任命了一位首席执行官，组建了一个管理团队，要求他们使公司利润最大化。然而，这种所有制结构会对公司决策产生一定影响，尤其是对人力决策产生影响。一旦公司为了迎合劳动力而偏离了效率原则，就会损害公司的健康成长（美国联合航空公司最终进入了破产程序）。

为了弄清楚这个问题，我们不妨想一想位于西北太平洋地区的木材加工员工所有制公司。[1] 这里许多木材加工公司都是员工所有制的。尽管个别员工是纯粹意义上的员工，其他员工却实际上拥有公司股份。这些股份不能在股份交易所公开交易，但可以转让。当地的报纸会刊登股份转让的广告。当新员工加入公司时，他可以买下准备离职的员工所持有的股份。

---

① 本案例出自 Craig 和 Pencavel (1992)。

在这些相对较小的员工所有制公司里，员工有权指定董事会成员，董事会成员再去选择管理者。那么管理是如何进行的？与非员工所有制公司相比，管理层对员工所有制公司给予更多保护。行业不景气时，这些合作制公司解雇员工的可能性更小，它们更倾向于降低全体员工的工资。这样做好还是不好呢？

这里的答案显得模棱两可。员工所有制公司的股价上涨得较快，但还是比不上非员工所有制公司。合作制公司在行业中的产量份额已经由 20 世纪 50 年代的 35％ 左右降到了 80 年代的 20％ 以下。其中，一部分变化反映了需求的地区转移，但员工所有制公司员工的人均成本高于非员工所有制公司。

显然，员工们一部分收益以较高的就业保障形式存在。但这种就业保障是有成本的。如果员工们把他们的员工所有制公司卖给非劳方经营公司，比如佐治亚太平洋公司（Georgia-Pacific），并仅作为纯粹的员工在公司里工作，他们确实能获得更多经济利益。事实上，一些员工所有制公司已经这么做了，但另一些却坚持保留员工所有制并生存了下来。员工们似乎愿意为控制自己的公司付出代价。

信息技术的影响

最近几十年来我们见证了信息技术在传播速度和能力方面的巨大提升，其价格也大幅下降。信息技术给组织和岗位设置带来了怎样的影响呢？

对组织结构的影响

集权还是分权？

权力集中倾向。商业媒体通常倾向的观点是信息技术导致权力分散，从而使员工获得更多权力。这打破了传统决策结构，而用更加非正式的结构取而代之。但是，事实确实如此吗？价格低廉且功能强大的计算机的作用之一就是使交流成本锐减。换句话说，信息技术的重要影响就是**把以往过去具体的专业信息变成了普遍信息**。从这个意义上讲，信息技术导致决策权力的**集中化**。以下是几个例子。

在如今的卡车运输行业中，卡车广泛使用科技的状况很普遍。仪表盘通常都有内置计算机，可以使司机和调度员进行双向沟通（他们也可以通过手机交流）。许多卡车顶部配有卫星天线，具备全球卫星定位技术。

这项技术使得决策权分散到司机手中了吗？丝毫没有。卡车公司可以像乔治·奥威尔（George Orwell）在《1984》中刻画的老大哥一样来监控司机。定位技术每时每刻都能精确定位卡车所处的位置，追踪其行驶轨迹。公司对于司机何时停下来休息，休息多久都了如指掌。如果司机拐错了弯儿，或者不按计划停车（比如，司机为谋私利而送货），公司也会知道。司机在高速公路上开多快他们也能知道。总之，信息技术使密切监视成为可能。

并且，实时沟通可以使公司按照意愿向司机发布指示。调度员可以通过有效的卡车分配来确保其满载，使顾客的要求得到快速回应。因此，集中统一协调对于卡车运输行业很有价值。科技使调度员能够在一天当中调整司机的行程，命令其改变路线去装载新的货物。同样，调度员还可以通知司机改变路线以避免交通拥堵，或者是减速慢行以符合公司保险商的要求。

中心化的强烈趋势也正在改变卡车运输行业的组织结构。过去，该行业一直是比较去中心化的，许多司机都是独立的股东——一种外包的形式。现在的趋势是很少利用司机作为独立股东这种形式，更多的是公司拥有卡车然后雇用司机。

Mrs. Fields 食品公司是另外一个应用信息技术的组织，这又是个很有意思的例子。[①] 该公司开发了一个专业系统，此系统可以将商店以往的销售数据与现在的销售数据相结合（某个星期的某一天、某个节假日、某种气候状况下的销量，某天某商场是否有促销等），从而预测出不同产品的销售情况。每天开业前，系统会向店长提供一整套建议，例如今天各种饼干各应该烤多少炉。随着一天中实际销售的进行，系统将更新建议。它也会向店长提供其他建议。例如，为了保证新鲜，要把放置两个小时以上的面团处理掉。

信息技术在店长的工作中应用更为广泛。如果店里需要雇用新人，应聘者需在电脑上填写面试简历。之后软件将筛选出进入第二轮面试的人，这些人将再次在电脑上填写问卷。Mrs. Fields 食品公司把这些回答与以前受聘人员的数据比对，选出合格的应聘者。

Mrs. Fields 食品公司是如何完成这些工作的？它是通过将销售和员工的数据输入到公司办公中心实现的。公司办公中心利用所有商店的集体经验将该业务模型化。它将此模型与公司老板经营食品公司的专业性结合。这都是通过利用**专家系统**实现的，它可以把决策进行软件编程。这是高度集中的最优选择，且富有泰勒主义的精神，但是是通过计算机实现的。

往后退一步看会很有意思，这哪里体现了经营食品公司的具体知识？每个商店几乎都用不到具体知识，因为最重要的信息——即便是当地商场每天的销量——都进入了办公中心。经营食品公司仅需的知识就是如何对某顾客进行追加销售，以及每天如何管理员工。

同时，Mrs. Fields 食品公司模式在利用公司老板的优势以及公司总部开发的专家系统过程中取得了大量的规模经济效益。中心计算机中的专家系统所包含的商业模式是一份很有价值的不动产，它可以在每个商店中被不断地重复利用。实际上，Mrs. Fields 食品公司的商业模式就是克隆公司老板的专业知识和搜罗其他商店综合知识，并在世界范围内的商店中不断复制应用。

科技对 Mrs. Fields 食品公司的经理的工作影响是显而易见的。他们的自由裁量权很小。严格意义上讲，经理有权推翻软件推荐的建议。但是如果他频繁地这样做就会引起总部的注意。除非根据经理建议取得的绩效比根据计算机提供建议所取得的绩效好，否则经理的建议很可能就会被叫停。因为软件是基于多年来的管理经验外加销售记录中的大量数据进行预测的，所以经理的预见通常不如这些软件的预见准确。

由于工作的自行裁量权很小，店长不需要很高技能和很多培训。同样，公司需要的公司专用性人力资源也很少。员工流动率比同行业平均水平高也就不足为奇了。但是 Mrs. Fields 食品公司对此坦然接受。

---

① 公司老板 Debbie Fields 的丈夫 Randy，曾经是名计算机顾问，拥有经济学学士学位。

最后，如同卡车运输业一样，利用信息技术使权力集中，Mrs. Fields 食品公司变得更加垂直一体化。Mrs. Fields 食品公司的大多竞争者都采取**加盟模式**（franchise model），这种模式与外包很相近。相比之下，Mrs. Fields 食品公司的店铺归总公司所有。

以上所举的两个例子很重要，因为它们证明了有关信息技术影响的时髦说法通常是错误的，或者至少要更加复杂。在许多例子当中，信息技术导致权力集中，岗位设置更精确，技术工人价值降低。只要我们记清楚普遍和具体知识的概念，就会觉得这其实再合理不过了。

权力分化倾向。然而，信息技术也可能通过某些方式导致权力分化。其中重要的一种方式就是信息技术会向下级员工提供信息，支持他们的决策。一个很好的例子是**统计过程控制**（statistical process control，SPC）。在实际操作的环境下，SPC 向员工提供多个方面的生产实时数据，例如生产线上滚动的金属厚度。由于快速测量和传输成本很高，以前并不能做到对类似数据的**实时更新**。SPC 提供给员工的数据有几个用途。例如，数据是会过时的——必须对数据做出快速反应，否则就没有意义了。在这种情况下，允许员工做出反应（例如对金属厚度的波动做出反应）就是合理的。同样，数据也可以为员工提供反馈意见。正如我们前面提到过的内部动机的心理学模型一样，反馈是权力分化的重要组成部分。实时反馈能够使员工诊断问题，对补救措施进行检测。没有实时反馈这些是做不到的。

计算机成本的降低意味着当今许多员工拥有强大的（以历史标准看）计算机和分析工具，例如电子制表工具和数据库。员工还可以在公司内部和互联网上轻易获得大量信息。这就意味着员工会自行搜集和分析信息。即便他们的主管没有给他们指示，实际上他们也会很主动。电子邮件带来了相似的效果，它可以让任何员工绕过直属上司，联系到直属上司的上级或是公司其他部门的同事。其结果就是主管一定程度上丧失了对下级的控制，而且在正式的命令级外还会有一些非正式交流。

□ **对组织结构的其他影响**

在更长的一段时间里，信息技术会导致公司规模扩大还是缩小？人们对这个问题的看法存在一些争论，而就这个问题下结论还为时尚早。但是我们不妨在此讨论信息技术的一些影响。首先，通常同样数量的员工的生产效率会更高——有生产率骤增的情况。近些年来，发达经济中的生产效率增长速度很快，信息技术似乎就是这一进步的重要原因。如果同样数量的员工产出更大，就员工数量来看，这可能会导致公司规模缩小。但是就产出（或市场份额）来看，公司规模可能会扩大，其原因就是公司可能会取得更大的规模经济。

在卡车运输行业和 Mrs. Fields 食品公司的例子中我们讨论过垂直一体化的问题。公司越是权力集中，其垂直整合程度就越高。然而，信息技术也会降低交易成本，维护与外部供应商的合作关系会更便宜。因此，信息技术可以造成组织分化——不只是海外建厂雇用当地员工，还可以外包。这实际上也是当今外包流行的主要推动力。

购买巨无霸汉堡

在密苏里州开普吉拉多（Cape Girardeau）附近的 55 号公路上有个麦当劳。你停在得来速（drive-through）通道上对着话筒点巨无霸汉堡。你的点餐订单会被科罗拉多州的员工接收——这几乎是在1 000英里外。该集中呼叫中心会处理你的订单，之后利用信息技术传送回麦当劳。该集中呼叫中心由麦当劳的特许经销商负责运行，但它并不是麦当劳集团的一部分。

不妨再往前想一步，下次你在使用得来速服务点餐时，跟你说话的人可能在印度的班加罗尔——不论你在哪里。

资料来源：Fitzgerald（2004）.

信息技术对公司组织和策略还有着其他显著影响。由于信息技术使交流速度加快，而且它的分析通过计算机完成，所以总能大幅提升决策速度。这也印证了我们在前面章节中讨论过的关于基于时间的竞争和更短的产品循环周期问题。而且，信息技术降低了客户化的成本，这会鼓励公司采取更为复杂的生产线。值得注意的是，这两个都是公司工作趋向丰富化，远离泰勒式岗位设置方法的原因。

□ 对岗位设置的影响

一个非常有意思的问题是信息技术对岗位设置的影响。许多人指责计算机化造成失业。这是真的吗？如前所述，信息技术降低了传统工作的自由度和技术含量。然而，信息技术也可以支持工作的多样化。我们怎么才能得知哪些工作更容易以某些方式受到信息技术的影响？[①]

就这个问题而言，不妨先回答这个问题：计算机何时作为人力的**替代品**（substitutes），何时作为人力的**互补品**（complement）。让我们从替代品说起。根据比较优势原则，当计算机能相对更好地完成任务时，公司会利用计算机而不用人力。当计算机成本低或生产效率高，或者两者兼顾时，计算机就会成为人力的替代品。

计算机（就像制造业中的机器一样）较员工有着很大优势。它们很可靠：每天都能工作（至少是在维护好的情况下）。它们也没有激励问题：管理层无须考虑内在动机或者是支付工资的问题。它们还是可预测的：通常它们每次分析信息或是每次完成任务的方式完全相同。实际上，本书中多数涉及的都是员工价值对公司很珍贵而机器成本却不高的情况，以及如何与员工打交道的问题。例如，与人不同，计算机就不会出现信息不对称或人员流动的问题。

这就表明假如机器或是计算机几乎与人一样，都能很好地完成一项任务，机器就**应当取代人**。这种情况何时出现？

计算机最擅长应用那些简单的**基于规则的逻辑**（rule-based logic）。软件就是一套指令，针对每种可能性发布细分指令。例如，Mrs. Fields食品公司开发的软件会向求职者提出一系列的简单问题，再对收到的数据进行处理，再给出正反意见（雇用或不雇用）。设想你正在设计一款招聘软件。它在高级工作中的使用效果可能并不理想。因为高级工作中要分析复杂问题，例如招聘具有高级技术知识的求职者，或者检验应聘者是否适应企业文化等。这款软件可能更适合Mrs. Fields食品公司的收银员，因为这个任

[①] 就这个问题，读者可以参考Levy & Murnane（2004）的研究。

务设置更为具体，自由度很小且技术含量很少。

　　所以，当泰勒主义最有效时，计算机化就最有效。如果工作环境相对简单，软件所设定的规则就比较少。如果任务之间依存度较低，分离起来就比较容易，如何正确完成每一项任务的决策也就容易一些。如果工作有可预见性，不同的可能性就可以提前细分，并被编入软件的程序中。

为鸡汤定制的专家系统

　　有时候你可能会买一罐金宝（Campbell）鸡汤。这种鸡汤在全世界各地都有售。这罐鸡汤由庞大的工业烹饪系统生产。制汤过程的关键组成部分是水压式灭菌器或蒸锅，它可以阻止细菌进入汤中。如果细菌进入到系统中，就会腐蚀货架上的易拉罐，使产品腐败并弄得一团糟。

　　Aldo Cimino是一位有着45年工作经验的员工，他在这家公司里主要负责操作蒸锅。金宝意识到Cimino不久就要退休，到时它会失去这个人力资本。于是金宝雇用了德州仪器公司（Texas Instruments），与Cimino合作研发一套专家系统。这套系统能够尽可能地按照Cimino的工作方式工作。这就是一个把专家系统应用到工作上的例子。

　　设计该专家系统花费了几个月时间，将它完美地用在工作上又花了几个月。该系统最终用了150条算法（规则），使那些不如Cimino有经验、有技术的员工能够几乎像Cimino一样很好地完成工作。这正是因为很多问题都能被该系统诊断修复。该系统将很多Cimino的专业知识转化成了常识。

　　资料来源：Edmunds（1988）.

　　如果应用于工作的规则很难细分，情况就会变得更加困难。计算机科学家有时会将这类情况归为概率性的而非确定性的。人类非常擅长**模式识别**（pattern recognition），但目前计算机还做不到这一点。这与专业系统和神经网技术领域的差别一样。尽管利用这些技术可以更多地完成那些需要计算的工作，但是这些技术通常距离成功复制人类的做工方式还相差很远（饼干店店长的工作除外）。

　　那些具备决策权，并且被期望在工作中不断学习的员工需要掌握的一项关键技能是促成问题的**抽象化**（abstraction）——从具体情况中总结出一般原则，并把一般原则应用到新的具体情况中。（请回想一下第7章中朱兰推荐的关于解决培训的问题）。在这个层面上，人类与计算机相比有着巨大的优势，因为计算机没有抽象能力。大多数的计算机程序都是提前细分可能性。一旦计算机遇到没有事先细分的状况，它们就不知道该如何反应了。

　　最后一点，实际上根据定义，**创造性**的工作是不可能通过计算完成的。除了对那些外生性的状况做出反应，创造力更需要产生新的可能性。

　　因此，那些计算机能够取代人做好的工作一般都是自主性低，很少需要多重任务处理的且技术含量低的工作。这些工作还包括了**常规性**的信息处理，例如书记员的工作和低级或中级的管理岗。

什么是再造工程

再造工程是借助泰勒主义的经典方法在现代工作环境中使用先进计算机的做法。应用再造工程的典型例子就是保险公司或银行。这些把信息处理作为核心工作的公司最能凸显再造工程的特征，因为计算机处理这些任务会特别出色。

许多任务和工作可以通过计算机完成，因此再造工程导致了大量书记员和低级或中级的管理人员下岗。再造工程还能重新组织整个工作流程。因此，再造工程规模很大且涉及核心调整，通常需要外部咨询公司的协助才能实施完成。

尽管再造工程通常利用计算机取代很多工作，但是剩余的工作也会变得多样化。例如，以往的情况下保险公司员工可能被分配去处理具体表单的工作——处理客户服务整个环节中的一步。利用再造工程之后，员工可能会在计算机的协助下，负责处理从开始到结束的整个服务流程。这样任务识别（套用心理学模型内在动机）或是模块性（modularity）会更好。在整个处理服务需求的过程中，服务质量和客户满意度会得到提升，处理时间会下降。信息技术使一个员工处理整个客户交易成为可能。

自动化和计算机化的作用适用于**所有**工作。泰勒主义的一些原则，例如那些专业化原则，至少在某些层面上是相关的。例如，人们把计算机技术应用于高级医疗器械中，能够完成一些以前需要医生才能完成的任务。许多实验室的实验都是自动化的，而在过去这都需要人们非常辛苦地按部就班才能完成。同样，一些医疗机构利用计算机为医生提供**决策支持**（decision support）。医生把患者的特征和症状输入进计算机。软件会将此信息与数据库中以往的病例比对，之后向医生提供进一步的诊断和治疗的建议（与Mrs. Fields食品公司把某一商店状况与其他商店经验比对的情况相似）。这样医生就有时间集中精力对付那些更为古怪的病例，或是处理那些工作中需要些创造力和亲力亲为的工作。

总之，信息技术有取代我们在第7章中提到的从事古典 *LLLL* 类型工作员工的趋势。它还能为从事 *HHHH* 类型工作员工提供决策支持。因此，尽管计算机会使某种工作消失，同时它也会创造出一类新的工作。这也正如我们第3章中说到的，为什么人力市场越来越重视高级技术员工，而计算机化也并未使整体失业率增加。高科技使技术工人更加高产，因此也使技术工人价值提高。此外，这也再次印证了人力市场中认知技能以及对于人力资本持续投资的重要性。

▌高可靠性组织

在本部分中我们来看一类特定组织。这类组织为我们把本书中的各种观点和主题联系起来提供了范例：**高可靠性组织**（high reliability organizations，HROs）。HROs 的犯错成本极高。对于HROs，我们通常必须采取快速行动，但也经常会面临不可预见的状况。这显示出权力分散会产生好的效益。然而，HROs 的每一步操作总是紧密联系的，因此协调也能产生好的效益。所以，HROs 同样面临着一般公司所面临的典型问题，但是 HROS 的风险要高很多，而且折中起来更加困难。因为在用案例弄清楚关键问题所在的时候，极端案例处理起来并不是那么容易。

关于 HROs 有很多例子，例如：战时的一个战斗单位、登陆战时的航母、医院的抢救室、参与一项重大交易的国际银行。HROs 的许多原则可以有效应用到更为普遍的风险管理中。

HROs 的一个普遍原则是开发两个分离的平行结构：一个用于一般操作，另一个则用在极端风险出现时。这一区分在部队（战争与和平）或是急救室（病患很多或很少）中体现得很明显。在平稳时期，组织的主要目标是为高风险时期做准备。这段时间里，决策可能更慢一些，也更集中一些，组织也会把重心放在训练和筹备中。一旦高风险时期来临，这些组织通常会下放决策权，而专注于快速执行。

第二个普遍原则是尽量多地利用泰勒方法。在和平时期，组织会广泛利用资源，制定应对紧急状况的计划，尽可能多地预测事件可能性，并制定出事件发生后需要遵循的条例和步骤。

附录（见表 8A - 1）中有一个来自美国军队**执行矩阵**（execution matrix）的例子。这个矩阵（实际上以电子数据表的形式提供给战斗单位）细分了战斗中的多种可能性事件。这些构成了矩阵的竖行。横行细分了每个战斗单位在具体情况下应该采取的行动。

理论上讲，如果所有的情况都能被细分，即每个战斗单位（或是个人）的合理行动都能提前设计，这个方法就能完美地协调各个单位并且使它的技能得到充分发挥（等于是对应到现在的行数）。此外，交流成本也会不存在，所有行动的实施都不会延误。

附录中矩阵的弱点在于其方法的局限性。最原始的矩阵图只为七个战斗单位细分了仅仅十三种可能性事件。这与一个全面的事前优化预案相差很远。

当我们不能向员工提供一套具体指令和步骤来应对所有可能事件时，下一步能做的就是训练。HROs 有大量训练：这大概也是大多数 HROs 员工在"和平时期"的基本工作。多数训练都是演习。员工会在其中模拟实际情况，学会在问题出现之前预先排除，学习如何去做，以便能为快速有效应对实际问题做准备。

训练不仅具体细分到员工应该在每个可能事件中做什么，而且教会队员一些**抽象原则**，使他们能够应对训练中没有细分到的情况。训练通常包含模拟组织**使命**，即这个组织目标以及每个目标相互间的权重。这就教会了员工利用目标函数在新情况中做出最合理的反应。对于高级别的员工，多数训练都涉及**解决问题的能力**——怎样针对出现的问题拿出解决方案。例如，军校的军官会研究讨论战例，分析出一套最优的行动方案。在这一过程中，他们也学会了如何做出战略性的考量。

更重要的是，案例分析可以教会员工如何持有**同样的看法**——分析问题的方式和解决问题的目标都与整体组织一致。HROs 整体训练过程的目标就是让员工变得尽可能一致。一旦训练成功，团队协调性就会提升，不再需要太多的沟通交流，因为每个人的行为都是可预测且一致的。

通过建立严格的规范使训练和行动协调一致这一目标不断加强。如前所述，我们要注意军队新兵训练营是如何在军队中注入忠诚度和同志情谊的。这类组织都有很强的团队意识。

尽管在经过大规模训练和很强的文化熏陶后，权力分化后的协调性可以被保证，但是这些组织仍然需要沟通和交流。例如，如果发生某种紧急情况，某个员工注意到了这一点，而这个员工把这一信息传递给其他同事是很重要的。同样，交流在单位中也可以提供反馈意见，提高决策效率。基于这些原因，HROs 的一个常见特征就是大规模、全方位地使用实时交流。例如，在手术室中，医生在所有时段中都与护士保持沟通。护士会重复指令，把正确收到和实施指令的情况反馈给医生。

最后，HROs 作为进一步降低错误率的手段，被应用在了冗余的系统中。这包括非常可靠的设备、备用系统、额外储备和压力时期可以采取的减压措施。它还包括了交叉训练，它可以使员工在需要时代替其他岗位的员工。最后，它还包括交流的双向检查和错误检测（第 5 章中描述了项目考核的额外层面，这里也一样）。

这些步骤，特别是与组织结构平行的步骤、大量的训练和再培训以及冗余的成本是很高的。不是每个组织都采取相同的政策。然而，这些经验适用于所有组织。一旦我们看到任务或决策有可以被提前分析的可能，我们就应该去分析。这有助于标准化的实现。这也能够更好地指导员工，减少他们犯错的可能性并提高一致性。

我们认为文化规范能够提高工作方法的标准化。规范还能使员工更好地认识和尊重公司目标，这会减少激励存在的问题。所有的这些都能使组织更好地协调那些需要整合而无须沟通的任务。

标准化和规范在计算机化的过程中扮演着重要角色：它们解放了员工，使他们把精力更多地集中在高级的认知任务上。这不仅提高了效率，也能提高员工的创新和适应能力。最后，对于那些需要通过沟通来完成的任务，信息技术也起着关键作用。

■ 本章回顾

商界和商业组织存在着赶时髦的情况。当某公司采取的某套措施成功后，竞争者们会竞相模仿。他们大多不会去分析这种做法是否对它们也同样适用。而且，有一种倾向认为新的发展或新的趋势与过去相比有着根本不同。本章的课程和整个第二部分应该能够让你在这些观点面前持一种健康的怀疑态度。正如本章开头引用的名言所说，组织设计的基本概念适用于现在，正如它们同样适用于 200 多年前一样——事物越是变化，它们就越是趋同。对于基础概念的理解可以让你拥有一个组织设计模型。这个模型可以帮助你理解目前流行的有效措施，它们为什么有效，在何种情况下有效。

良好的组织设计的基本目标永远不会改变。从员工专业化中得到的收益对充分利用培训和在实践中不断学习都至关重要。而这一点也要与那些从高度互补工作中获得的持续增长的收益保持平衡。沿着这条线索走下去，组织的另外一个目标是创造和利用知识。这通常暗示了权力分化的重要性，但是这必须与协调成本保持平衡。

团队一直都是组织设计中的重要组成部分。当一个员工需要处理太多任务时，团队能够协调那些关系紧密的任务。利用个体专业分工的优势，团队可以使协调的收益达到平衡。当我们需要在范围更广的层面上决策时，团队还能整合组织间特定具体知识。然而，团队也会有两个主要成本：效率低下的团队决策和搭便车效应。确定最优团队规模也很困难。因此，我们应该很仔细地组织团队，而且只有在收益超过成本的情况下才使用团队。

岗位设置的过去一直都是，将来也会是这两股力量的对抗。信息技术加剧了紧张程度。

其中一股力量会推动任务和决策的标准化。其目的是找到执行任务的最好方法，之后统一按照这种方法行事。100多年前的泰勒主义就是一个例子，而今再造工程又可以作为一个例子。任何时候组织利用标准的程序、规则和指南，或是把任务计算机化，都是在朝着这个方向前进。鉴于这是一股主要力量，组织会强调事先优化、工作分工、权力集中和对于员工技能的低投入。

另一股相反力量则是利用人工具备但机器或计算机不具备的能力，企图来增加经济价值。这包括利用抽象思维、模式认知和创造力来应对复杂多变的情况。总之，在知识不能被编程的地方，总会需要特定情形的特定具体知识。而最好的方法就是依靠掌握了这些知识的员工。当这股力量占主导时，组织则强调持续提高、多重任务处理、权力分化和提高员工技能（包括认知技能）的投入。

在过去几十年中，有一股更倾向于后者而远离前者的趋势。然而，消除对这种趋势将会延续的假设很重要。在组织适应全球化、高科技和其他变化的过程中，组织会逐步把学到的经验标准化。这样一来，我们很可能会在很多情况中看到一股回归传统组织和岗位设置的潮流。这正是 Mrs. Fields 食品公司倒闭的原因。

这一部分中一个很重要的话题是员工的决策和学习。把员工的动力和公司的目标结合起来是一个很重要的话题。我们在讨论内在激励时介绍了这个话题。我们现在把目光转向第三部分支付绩效薪酬的话题。

■ 思考题

1. 产品设计团队的目标是整合组织中不同部分的特定具体知识，你将如何把团队建设的原则应用到这个产品设计团队中？

2. 心理学家通常认为工作小组的最有效规模在 5 到 6 人，人数不能再多也不能再少。这样做的原因有哪些？这一发现与你的亲身经历一致吗？

3. 为什么学校的学生通常都是通过抽签决定分组，而不是通过一些增加效率的方法？（提示：这不是因为他们没有竞价选人的方法，而是因为他们的目的**不是**团队效率，而是出于其他考虑。）

4. 信息技术是如何改变你的工作的？它让你的工作更加丰富吗？它对工作技能的深度和广度的要求更高吗？还是正好相反呢？

5. 信息技术是如何改变秘书的工作的？你能想出一些计算机取代秘书工作的事例吗？请做出解释。

6. 信息技术大大降低了多种形式信息的交流成本。这是否意味着第 5 章中的中央计划模式现在变得更重要了？为什么？有什么其他相关因素吗？

7. 你认为专家系统的最终极限是什么（如果有的话）？为什么？

8. 什么样的组织会面对利用特定具体知识，组织协调或低错误率的压力？它们采取什么样的措施来解决这些组织问题？

9. 基于你对问题 8 的回答，你能从针对更为普通的公司设计中学到什么经验？

参考文献

Craig, Ben & John Pencavel (1992). "The Behavior of Worker Cooperatives: The Plywood Companies of the Pacific Northwest." *American Economic Review* 82 (5): 1083−1105.

Edmunds, Robert (1988). *The Prentice Hall Guide to Expert Systems*. Englewood Cliffs, NJ: Prentice Hall.

Farrell, Joseph & Suzanne Scotchmer (1988). "Partnerships." *Quarterly Journal of Economics* 103: 279−297.

Fitzgerald, Michael (2004). "A Drive-Through Lane to the Next Time Zone." *New York Times*, July 18.

Kandel, Eugene & Edward Lazear (1992). "Peer Pressure and Partnerships." *Journal of Political Economy* 100 (4): 41−62.

Karr, Alphonse (1849). *Les Guêpes*, January.

Levy, Frank & Richard Murnane (2004). *The New Division of Labor: How Computers Are Creating the Next Job Market*. Princeton: Princeton University Press.

延伸阅读

Cash, James & Keri Ostrofsky (1993). "Mrs. Fields Cookies." Harvard Business School case #9−189−056.

Hackman, J. Richard (1990). *Groups That Work (And Those That Don't)*. New York: Jossey-Bass.

Hubbard, Thomas (2000). "The Demand for Monitoring Technologies: The Case of Trucking." *Quarterly Journal of Economics*, May: 533−560.

Pfeiffer, John (1989). "The Secret of Life at the Limits: Cogs Become Big Wheels." *Smithsonian*, July.

附　　录

☐ Ⅰ. 规范

我们在此对规范进行形式分析。[1] 规范的水平取决于对违背规范行为进行制裁的类型。而且，对于任何制裁而言，在公司内部都存在一种相对应的均衡来规范努力水平。为了方便理解，我们可以把个人效用写成：

$$效用 = Pay(e) - C(e) - P(e - e^*)$$

式中，e 是个人努力水平；$Pay(e)$ 是由努力决定的报酬函数；$C(e)$ 是给定的努力水平带来的痛苦的货币价值，与 e 水平相关；P 是同事压力的成本；e^* 是内在的规范努力程度。

同事压力是由个人努力水平 e 和内在的规范努力程度 e^* 决定的函数。当员工希望同事付出更多努力的时候，$dP/de < 0$；此时员工松懈努力，同事压力会增大。当员工想让同事减少工作时，$dP/de > 0$。

$d^2 Pay/de^2 \leqslant 0$；我们总是把努力规范化从而达到这种程度。$dC/de > 0$，并且 $d^2 C/de^2 \geqslant 0$，此时额外的工作让员工更加筋疲力尽。

假设同事压力的成本采取的是如下形式：

$$P(e - e^*) = -\gamma(e - e^*)$$

式中，γ 是常量，因此员工受到的同事压力就是个人努力水平 e 和内在的规范努力程度 e^* 之间差距的线性函数。选择这个等式是为了简单起见；相同的分析在任何同事压力的分析中都适用。这表明个人努力水平低于内在的规范努力程度 e^* 一个单位，员工就会受到货币价值 γ 美元的压力痛苦。

员工最大化问题产生的一阶条件是：

$$\frac{dPay}{de} - \frac{dC}{de} + \gamma = 0$$

一般来说这个方程有解。由于所有员工都是相同的，e^* 就是这个方程的解。因此，我们就得到了规范努力水平。利用隐性函数理论，我们还可以得出：

$$\frac{de}{d\gamma} = -1 \Big/ \left[\frac{d^2 Pay}{de^2} - \frac{d^2 C}{de^2} \right]$$

且员工最大化问题的二阶条件结果为正。因此，γ 增加可以提高员工努力水平。当对违反规范的惩罚提高时，员工遵守规范的努力水平也就提高了。

---

[1]　Kandel & Lazear (1992).

□ Ⅱ. 执行矩阵的例子

情况		战斗单位						
		第一战斗旅	第二战斗旅	步兵旅	先头部队	炮兵旅	机械旅	骑兵旅
十三种情况中的一些可预见突发情况例子	开始演习	防区防守	防区防守	准备进攻	准备突击	瞄准特定区域	生存性和反机动支持	监控第一战斗旅；掩护第二战斗旅
	敌方向东进入第一战斗旅防区	防区防守	防区防守	准备进攻	一旦发现情况通知C方	瞄准特定区域	继续提供生存性（优先）和反机动支持	掩护第二战斗旅；准备进行后方越线和战斗交接
	敌方向东进入第一、第二战斗旅防区	如果敌方越过特定区域或者第二战斗旅被用来机动防守，实施反击	防区防守	向第二战斗旅（机动防守）发布攻击警告	一旦发现超过30辆车向东或向北，通知C方	在特定区域为其他移动单位提供火力掩护	在X西南方布置雷区	移动至Y，并作为预备部队
	敌方向南移动，可能进入第二战斗旅防区	如果敌方向其他方向移动则指示相同						
	敌方向西南移动，进入第一战斗旅防区南部		防区防守	如果第二战斗旅防区没有行动，准备在第一战斗旅防区进攻	反击	向某处提供火力支援		反击

注：其他没有在此列出的情况也对应类似条目。这个例子源于美国陆军预备役演习采用的执行矩阵。此处删减了一些具体战斗情形的条目。原始矩阵总共有七个战斗单位面临的十三种战斗情况（开始演习除外）。

第三部分

绩效薪酬

第 7 章中，我们重点关注了内在动机。第 5 章中，我们也认识到，如果公司赋予了员工决策权，把他们的动机与目标相结合就非常必要。在接下来的几章中，我们来考虑绩效薪酬和**外在**激励的问题，进而继续构建这些思想。第 9 章涵盖了关于激励机制最复杂的问题：如何衡量绩效？第 10 章中，我们将探讨如何实施绩效评估（如何把它和奖励联系起来）。第 11 章至第 12 章涵盖了一些很特别的话题：晋升激励、员工持股、行政支出。正式展开之前，我们先对整个话题做个介绍。我们来思考一下为什么绩效薪酬如此重要。

第一，论据很清楚：通常员工对激励的反应都很强烈。这就是说，公司如果很好地设计激励计划，激励计划就会成为价值创造的源泉；如果激励计划设计得不好，激励计划就会成为价值毁灭的源头。

第二，即便员工有着很强的内在动机，激励也会扮演非常重要的角色。这是因为，员工动机可能与组织目标结合得不够密切。例如，两组员工的内在动机都很强。其中一组是公司研发实验室的研究人员，另外一组是医生。这两组员工都必须依靠激励去适当地调整他们的动机。公司可能需要激励研发人员集中精力研究那些能够带来销售利润的产品，而不一定是让他们开展那些最尖端的研究。医疗机构可能需要激励医生更多地在治疗效果和治疗成本之间进行权衡。

第三，人们很容易低估激励的重要性。心理学家认为，人们在评估人的行为过程中，倾向于犯基本归因错误：把人的行为过多归结到人的心理上，而低估了环境——限制、奖励和团队影响对人行为的影响程度。换句话说，人们低估了激励（宽泛解释）对行为的影响程度。在很多情况中，潜在的激励会激发出员工让人乍一看莫名其妙的行为来。

从激励员工的角度看，这一洞见非常重要。通常劳动力整体发生心理变化是很困难的，虽然在招聘或是岗位设置中会引起一些（相对缓慢的）变化。相比之下，激励相对很容易引起改变。因此，绩效薪酬和其他外部奖励是管理人员可以动用的最重要的动机杠杆。

第四，绩效奖励能提升公司人力资源的许多目标。这个我们在前面几章中已经看到过几次。例如，延付绩效薪酬会增进招聘中员工的自我甄别选择。同样，绩效薪酬会增加人力资本的投资回报，促进技能投资。好的激励还能促进决策，鼓励员工为了公司利益而贡献才能。大多数人力资源政策都涉及一些激励计划（尽管许多很细微）。更宽泛来讲，激励带动了现代经济的发展。理解基本的激励理论可以为你提供一种直觉，这让你在诸多商业环境中都受益匪浅。[1]

经济学家对激励问题的思考已经成形，我们在此做一个梗概性描述。但当你读到绩效薪酬的部分时，要把薪酬想成一种隐喻。我们不仅仅是指金钱上的报酬，我们更要把公司可以与员工绩效挂钩的**任何**东西抽象出来。当然，在实践中，金钱奖励例如奖金或是股权是最重要的。但公司也会有许多奖励（一些是很隐晦的）。例如，奖励给绩效好的员工好的办公室，扩大他们工作时间的自由度；分配给员工更有趣味性的工作或者使他们得到晋升。这些奖励都可以以绩效为依据，它们都是外部激励的一种形式。我们将

---

① 大多数商学院课程中，例如公司财务和管理会计都应用到了激励理论。

在以下章节中描述这些原则的应用。

委托代理问题

经济学中，分析大多数激励问题的基础框架被称为**委托代理**问题。关于委托代理问题的文献的专业性很强。我们在此做一个简短概述，从而加强你的直观感受，但是我们更关注其实际意义。我们将通过方程式来表述这些概念，但此处我们不需要高级的数学知识。方程式有助于让我们的思维和直觉变得更为缜密和可靠。

当**代理人**（在我们的情况中指代员工）代表**委托人**（在我们的情况中指代企业家）行事，但代理人的目标与委托人的目标不同时，就会出现激励问题。假设企业家自己经营，委托人就是代理人。这时不会有利益冲突，也不会有激励问题出现。然而，通常现代公司的经营权与所有权是分离的——所有者雇用经理人去代表自己经营公司。（其中的原因可能是，企业主想使投资组合多样化，从而使风险降低；或者是因为企业主不具备经理人的技能。）这表明激励问题是公司高层关注的重要问题，我们将在第12章中谈到这个问题。

我们如何来分析这个矛盾呢？我们需要对委托人和代理人的目标进行建模。假设委托人的目标是把公司当前的贴现价值最大化。对于一个公开上市交易的公司来讲，这就是指股票总价值（股价乘以股票数量）。实际上，如果我们考虑不同定义下的委托人（例如，如果公司是政府代理机构或是非营利性组织）目标，就会发现这其中的关键问题是存在利益冲突。

员工付出的多方面努力都会影响公司价值。我们在此说的努力是指公司希望员工所采取的行动。这可能是指员工在应对不同任务时，工作更加努力，更加快速或者延长工作时间，决策时采取更加缜密的思考，与同事合作或是向顾客提供帮助。

在本书第二部分中，我们讨论了岗位设置特征之一的多重任务处理。多重任务处理暗示公司不只需要一种类型的努力。在这部分的后半部分，我们将讨论多重任务处理牵涉的一些激励问题。但我们目前假设员工的工作只有一个维度，因此公司鼓励员工付出一种类型的努力，我们用 e 表示。

一位员工对公司的总贡献量 Q 取决于员工的努力，$Q=Q(e)$。Q 不是公司的总利润，而是在不计公司支付报酬的情况下，把这位员工创造的利润折成的现值。因此，这位员工对公司利润的贡献等于 $Q(e)-Pay$。

利益冲突的严重程度取决于员工付出努力动机的强弱。一类典型的情况就是内在动机过弱——公司总是希望员工更加努力或勤奋地工作。把这个问题程式化的方法是，不妨假设某些活动对员工来说是要付出代价的：他们更喜欢工作得慢一些、不认真一些，等等。在这个意义上，我们不妨认为如果员工付出更多努力，他们就要负担心理成本。这一成本叫作**努力负效用**。我们把它表示为 $C(e)$。记住这是员工的心理成本，而非货币成本。[1] 然而，即便是非货币概念也可以用货币尺度来衡量（见第13章）。例如，我

---

① 这个前提假定的特点是：$C(e)$ 随着 e 的增长而增长。这就抓住了员工努力需要付出代价的意思，他们工作越是努力，额外努力所需的代价就越大。

们可以通过员工被要求更加努力工作时提出的加薪要求来量化员工的努力成本。

只有当报酬以绩效为依据时，报酬才会产生激励效果。假设公司用 PM 作为绩效衡量来估算员工贡献 Q。如果绩效能够被准确无误地衡量，则 $PM=Q$。但通常我们并不能做到精确衡量。那么，报酬是 PM 的某个函数：$Pay=Pay(PM)$。如果绩效衡量得不够完美，我们不妨把它表示成 $PM=Q+\varepsilon$。其中有一个随机变量 ε，也就是绩效衡量的误差。

支付绩效薪酬是有风险的，因为绩效基本上不可能被精确衡量。人们往往会规避风险，所以员工在公司中工作又会存在额外成本：报酬风险成本。我们应用决策理论常用的方法来把这个成本建模。员工的风险成本与**确定性等价物**正好相反，或者可以说与员工为规避风险所愿意支付现金的数量相反。我们用一个标准的模型把它表示为：确定性等价物 $=\dfrac{1}{2}\cdot R\cdot\sigma_{Pay}^{2}$。在这个公式中，我们假设合适的风险衡量为报酬的方差。R 被称为**绝对风险规避系数**。它是反映一个员工风险规避程度的参数。风险规避程度小的员工 R 值低，反之则 R 值高。综上所述，员工为公司工作所产生的净值为：

$$Pay(PM)-C(e)-\frac{1}{2}\cdot R\cdot\sigma_{Pay}^{2}。$$

如上所述，公司从员工那里获得的价值等于 $Q(e)-Pay$。公司会选择薪酬计划 $Pay(PM)$，使其净利润最大化。同时，公司受到这样一个实际情况的限制——报酬总数必须不低于员工劳动力的市场价值。因此，公司还必须补偿激励实施过程中的员工努力成本 C 和风险成本 R。

员工激励取决于什么？

是什么在驱动着员工的积极性？在所有的经济学中，决策都是以个人行为改变的边际收益与边际成本间的平衡为依据的。在员工激励的情况中，问题就在于员工是否会更努力地工作。边际成本指员工更加努力工作所产生的额外负效应，用 $\dfrac{\Delta C}{\Delta e}$ 表示，Δ 是用来表示变量中增量的符号：[①]

$$员工更加努力工作的边际成本=\frac{\Delta C}{\Delta e}$$

由于报酬以绩效衡量为依据，而绩效衡量取决于员工努力，员工在工作的某个层面上更加努力工作的边际收益为：

$$员工更加努力工作的边际收益=\frac{\Delta Pay}{\Delta e}=\frac{\Delta Pay}{\Delta PM}\cdot\frac{\Delta PM}{\Delta e}$$

由于员工会平衡边际成本和边际收益，所以任何增加边际收益的做法都会增加边际

---

① 此处假定额外努力对报酬风险不产生影响。

成本。第二个等式告诉我们应该重点关注两点。第一，绩效衡量是如何随着员工努力的变化而变化的。如果它能很好地反映出员工努力程度，那么它就能促进激励，反之则不然。第二，报酬是如何随着绩效衡量变化而变化的。如果报酬能很好地反映绩效，激励效果就明显，反之则不然。这两个因素是接下来两章的探讨重点，它们构成了本书中这一部分的核心。第9章分析了公司如何衡量员工对公司价值的贡献。第10章则分析了公司如何把这一衡量与奖励联系起来。

现在我们来思考员工和公司利益冲突的根源所在。回想一下，公司必然会隐性地承受 C 和 $R \cdot \sigma$。这两个成本使得员工工作的价值减少，因此如果 C 和 $R \cdot \sigma$ 增加，员工所要求的报酬也会增加，反之亦然。从这个意义上讲，激励系统的成本 C 和 R 不会在员工和公司之间产生利益冲突。它们就是经营的成本，如同任何生产投入一样。如果使用更强的激励去驱使员工更加努力工作，$C(e)$ 就会增加，但是公司也会为此补偿员工。换句话说：

$$由公司负担的员工更加努力工作的边际成本 = \frac{\Delta C}{\Delta e}$$

因此，员工做工所产生的成本对公司和员工来说总量是相同的，都是 $C(e) + R \cdot \sigma$，边际成本也是一样的。利益冲突真正的源头在于员工的收益（报酬 Pay）与公司的收益（Q）是不同的。用公式表示为：

$$公司依靠员工更加努力工作而获得的边际收益 = \frac{\Delta Q}{\Delta e}$$

这通常与员工更加努力工作去获得的边际收益不同。这种情况的发生是由于绩效考核并不能准确无误地体现绩效，或者是因为员工贡献没有得到全面体现。这些是我们以后在激励方面将不断遇到的问题。

尽管我们不会一直用列公式的方法分析激励薪酬，但我们会用这些基本思想去指导我们思考问题，并在接下来的学习中使其更加缜密。我们在这里描述的直观性知识在以后会用到，在此花些时间梳理清楚是很值得的。

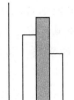

第 9 章

绩效评估

人事经济学实务（第二版）

当你无法测量时，就说明你知道的信息少且质量低下。

　　　　——开尔文男爵（Lord Kelvin）（见于芝加哥大学社会科学大楼前的石刻）

无论如何都要去测量！

　　　　——富兰克·奈特（Frank Knight）[某天我从教工俱乐部吃午饭回来时留意到的
　　　　雕刻文字——乔治·斯蒂格勒（George Stigler）也曾经说过这句话]

■ 本章引言

　　激励计划中最困难的部分是绩效评估。假设你是经理，你想测量出——量化——单个员工对公司价值所做的贡献。如何才能做到精确呢？员工可能在团队中一起工作，因此很难做到责任分明。有些员工可能搭其他同事的便车，而有些可能很善于与人合作，但是因为你不可能观察到他们所做的一切，所以你也没法分得很清楚。此外，有些员工的绩效可能还有运气的成分。某员工可能只是在正确的时间出现在了正确的地点，他接到了新的客户电话，接下了一笔销售大单。或者由于某客户突然破产，某员工就丧失了他的销售订单。最后还有，即便有些贡献可以被观察到，但是它们还是很难被量化。而员工对团队规范、新员工的指导和客户满意度所起的作用，你又能如何测量出呢？

　　绩效评估的效果不仅很难保证，而且评估成本还很高。主观评估通常会占用管理层很大一部分时间。搜集准确的绩效标准（包括从会计系统中获取数据）也会占用很多资源。

如果评估不能准确反映员工的贡献，就会产生一些负面后果。员工会认为绩效和报酬之间的联系不够确定，提出风险补偿要求，从而使公司成本增加；员工积极性也会变差；或者更糟糕的是，员工积极性很高，但是由于做了错误的工作而损害价值。因此，即便评估很困难且成本也很高，它依然是一个好的奖励系统的必要组成部分。努力优化评估方法和步骤对于公司非常重要。在本章中，我们将讨论绩效评估中出现的重要问题。

□ 绩效评估的目的

除其他因素外，员工的绩效主要依靠自身能力、积累技能或人力资本和努力。基于之前描述过的委托代理问题，我们用一个简单的模型来表示，Q 取决于能力 A、积累的人力资本 H 和努力 e_i：$Q=Q(A，H，e_1 \cdots e_k)$。

这表明，在评估中，我们可以根据评估目的重点去测量员工的能力 A、技能 H 或是努力 e_i。在接下来的学习中，我们会再次回到这个问题。本章大部分内容会集中在利用评估去测量绩效和激励员工付出更多努力上。

□ 绩效评估的方法

我们把员工对公司价值的贡献用模型 $Q=Q(e_1 \cdots e_k)$ 表示，就会得出几个绩效评估的方法。第一，我们要估测整体 Q 值（我们称之为**广义**绩效评估）。例子之一就是股票价格，它对于评估上市公司的执行官绩效很重要。第二，我们要估测绩效的几个维度（我们称之为**狭义**绩效评估）。制造业中常见的测量标准就是每个工人的产量，另一个则是质量（例如，生产次品的数量）。第三，我们可以把测量不同维度的不同测量手段结合起来。例如，评估一个车间经理的绩效可以使用收入、成本或是利润（收入减去成本）标准来测量。

请注意，所有这些试图去测量 Q 的组成部分的绩效评估法都是基于**产出**的。另外一类，更为精确的测量法则是关于员工的**投入** e_i，比如工作时间、日常工作或任务量。

最后要讲一点，评估可能是定量的，也可能是定性的。我们接下来讨论定量的绩效评估的方法，之后再讨论主观绩效评估。

绩效测量

组织总是竭尽所能去量化员工对公司价值的贡献。绩效测量有几个优势。因为它们都会体现在数字上，所以更容易跟薪酬挂钩（例如，利用公式计算出奖金）。在一般的业务过程中，我们很容易获取到许多绩效标准。例如，会计系统就是一个规模庞大的绩效标准系统。当会计数字跟员工贡献非常吻合时，人们就经常用会计数字来计算奖金。会计数字还会作为晋升标准的参考等。公司也会把员工工作的小时数、客户满意度和一些其他量化信息作为评估参照。

最后，相比使用主观判断进行评估，人们通常认为量化绩效标准更加客观。的确如此，它们也总被称为客观的绩效标准。然而，量化评估的客观性并不明显。在下面的论述中我们还要讨论，许多标准是由员工、雇主或是公司操控的。即便测量不能被操控，它的准确性也许也并不能达到预期要求。例如，法律事务所想要激励合伙人多引进新业务。律师每介绍一位新客户，就会受到奖励。看上去，这或许是很容易被量化的绩效维度。然而，有些时候律师接手新的业务仅仅是因为他恰巧接到了新客户打来的电话。由于这些原因，我们不使用客观绩效标准这类术语，旨在强调量化测量有它们自身的瑕疵。但是，它们似乎确实要比主观评估更加客观。

为了制定有效的激励措施，经理人需要关注绩效标准的哪些特质？我们要考虑五个基本特质：风险预测、扭曲、范围、岗位设置的匹配、潜在的**操控**。

□ 风险预测

会计学教材里经常提到：绩效测量应该包含任何员工可控的部分，去除任何员工不可控的部分。每次绩效测量都有一定的风险：它们在不同时段以出人意料的方式出现。我们注意到，由于员工是规避风险的，绩效测量的风险会造成激励计划中的问题。然而问题没有这么简单。我们需要考虑绩效标准中非常重要的两类风险。这两类风险对最优激励计划的意义也不一样。我们要区分**不可控风险**和**可控风险**。对它们的区分需要用到本书第二部分关于专业知识的重要概念。

不可控风险与风险的经典定义是一致的：员工在可控能力以外造成的绩效变化。设想你是一家上市公司的CEO，你把股票价格作为绩效衡量指标。CEO的能力和努力程度不同，股价就不同。按照这个逻辑，我们把股价作为绩效衡量指标。然而，股价还会随着其他外部事件变化，这包括宏观经济波动、行业动向、技术改进、竞争对手动向、通胀、利率变化、外汇等因素。CEO无法对这些变量施加影响，也几乎没有能力去减轻这些变量对股市所造成的影响（尽管读者还要去看我们之后对可控性的深入探讨）。

由于这些变量对CEO来讲是不可控制的，但它们又会影响到绩效测量，对CEO造成风险，所以公司可以采取几个方法来应对这一风险。公司可以选择另外一种风险较小的绩效衡量指标。公司也可以通过弱化报酬和绩效的联系降低CEO的风险。我们在下一章中会谈到这个问题。或者公司会通过提高CEO的底薪来补偿其面临的风险，同时外加一个风险溢价。总体上看，不利条件有很多——不可控风险对于激励计划来讲是个重要问题。

相对而言，可控风险不太明显，却非常重要。它指员工在有能力控制的工作环境中发生的变化。例如，CEO可能无法控制竞争者的战略行动，然而CEO却能够对这些行为做出预测，并提前做准备。一旦对方实施战略，CEO就能做出反应。另外一个例子是，假设某员工工作包含两项任务：销售和客服。每天他花在两项任务上的时间都不一样，这取决于哪一类客户给他打电话。客户的相对需求是一个随机变量。然而，客户随机需求对公司价值的效用却大体处在员工的控制范围内：员工可以通过他每天工作表现的变化做出回应。因此，客户需求对公司价值的效用是由员工控制的。

在更宽泛的意义上，所有员工在他们的工作中都会积累一些特定知识。上面段落中的两个例子可以被看作员工具备的特定知识。由于制定激励计划时这些知识还不存在，所以在很重要的层面上它们是随机变量。然而，对于员工而言，它们并非是纯粹的或是不可控制的风险。

可控风险（特定知识）对激励计划的影响正好与不可控风险的影响**相反**。当员工岗位设置显示他掌握了更多关于其所处时间和环境的特定知识时，公司就应该**加大激励力度**，鼓励员工充分利用这些知识为公司增加价值。由于这些风险对于员工而言是可控制的，因此公司无须支付风险溢价。

我们会在接下来的主观绩效评估的讨论中阐释这一重要思想。现在，重要的一点是理解区别员工不可控风险和可控风险的重要性。当风险不可控时，公司或许要去考虑**狭义绩效评估**，倾向于弱化激励，或许还要支付风险溢价。

相反，当风险可控时（员工掌握了重要的特定知识），我们的市场比喻很贴切：公司应当把权力下放给员工，之后采取较强的激励措施去鼓励员工利用其知识实现公司目标。我们很快就会看到：在这种情况下，我们会采用**广义绩效评估**或者是**主观绩效评估**。

因此，对于绩效测量，我们第一个要问的问题是："信噪比"（信号噪声比）（the signal to noise ratio）是多少？有多少绩效测量中的变量是由员工眼中真实存在的经典意义上的风险引起的？随着员工工作的开展，针对具体情况产生的特定知识也会得到体现，绩效测量中的变量又有多少是由这一因素引起的？

□ 风险与扭曲：绩效标准范围

基于以上概念，理想的绩效测量应当只体现员工对公司价值的全部贡献，其他的都不体现。而对于同一个公司里的两个员工：一个 CEO，一个清洁工，我们不妨借助他们二人的绩效标准来考虑我们的问题。

就上市公司 CEO 的报酬而言，最常见的绩效标准是公司股票价格（或者说是市值，即股价乘以股票数量）。[1] 根据定义，这是公司价值。因此，这种测量标准能够完全反映 CEO 可控范围内的所有事情：CEO 做的任何提高或降低公司价值的事情都能在这种测量标准下反映出来。从这个意义上讲，这就是完美的测量标准。

然而公司股价还受到其他诸多因素的影响。这些因素超出了 CEO 的控制范围：竞争对手的行为、宏观经济因素、货币浮动等。鉴于此，这种绩效标准对于 CEO 而言也是有风险的。不可控因素会造成绩效标准出错。

我们现在考虑一下清洁工。同样的逻辑在这里也适用。股价包含了清洁工在可控范围内对公司价值产生的一切影响。从这个意义上讲，股价是很好的绩效标准。然而股价也包含了很多不可控制的成分。实际上，把股价作为清洁工的绩效标准是非常荒谬的。这是因为不可控因素在这里远远大于可控因素。这样做实际上就是把清洁工的报酬变得跟买彩票一样。由于清洁工会去主动规避风险，公司补偿清洁工会非常昂贵，因为公司不得不支付给清洁工大量的风险溢价。

如果把股价作为清洁工的绩效标准，则太过荒谬。那应该用什么样的标准取而代之？我们可以去测量地板的干净程度或者每次处理垃圾的重量。我们想用这些指标，是

---

[1] 请读者在此注意，股市对于高级管理层而言实际上就是一个规模巨大的绩效标准系统。这是股票市场最重要的职能之一（尽管不是唯一职能）。大部分的现代公司财务都以此为基础。

因为它们与清洁工的工作更加吻合——它们更加关注员工可控范围内的事情,并且过滤掉了员工不可控因素。这样一来,我们就降低了绩效测量风险。同样,对于 CEO 而言,我们可以选择利用会计盈余作为指标。会计盈余是从会计系统中获得的,它能够更好地指代利润[1],因此可以以它为起点来量化 CEO 的贡献。而且这样做风险也小,因为它更多地受到 CEO 可控范围而非不可控范围的影响。

不幸的是,更加狭义的测量标准会产生一个新的问题——它会**扭曲**激励。在清洁工的例子中,测量地板的清洁度并不能增强清洁工的成本意识。而如果我们测量处理垃圾的重量,也可能促使清洁工扔掉更多东西,或者只去处理很重的东西。如果我们以会计盈余作为 CEO 的评估指标,就很可能驱使 CEO 过多集中于短期收益,因为收益都是以每段时期的绩效为依据。实际上,任何绩效标准都有可能造成一定的扭曲,尽管有时候扭曲可能不太容易被发现。所以在过于关注某项激励措施前,很值得去仔细考虑一下扭曲状况。

这些例子着重体现了公司在选择大多数量化绩效标准时经常面临的权衡问题:测量标准的范围(见图 9-1)。更加广义的测量标准包含绩效的更多方面。在上市公司中,股价是最为广义的指标,因为它代表公司价值。广义指标的好处在于它们对激励的扭曲程度比较小。这是因为广义指标在评估中涵盖的员工工作的维度更多(可控因素更多)。然而同时它也包含着更多的不可控制因素。这会产生评估误差,使激励计划的风险更大。

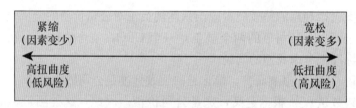

图 9-1 广义或狭义绩效标准间的折中关系图

降低风险的做法自然是利用狭义的绩效标准,例如用会计盈余代替股价。选择狭义的测量标准,一是因为它测量起来更加容易;二是因为它能过滤掉很多不可控因素,减少员工的风险。但实际上,不可能在过滤掉所有不可控因素的同时完全不过滤掉一些员工的可控因素。因此,狭义的测量标准或许风险性小,但是会更多地扭曲激励。

□ **绩效测量中常见的扭曲**

因为大多数工作对整体公司价值的影响都体现在几个维度上,所以风险和扭曲之间的此消彼长会以几种方式呈现。表 9-1 提供了绩效维度,以及每个维度上使用狭义度量所造成的各种扭曲的例子。

激励扭曲最典型的原因是绩效标准衡量了工作中的某些任务,但忽略了另一些任务。例如,测量数量却忽视质量。然而,也有一些其他常见原因。每种原因都是由于使用的测量标准对于所测量的维度而言相对较窄:有形标准与无形标准,团队规模,或者时间范围。

---

[1] 当然,会计盈余并不能衡量出真正的经济利润,因为会计数字还不能够完全代替经济学概念。也有人通过更加精巧详尽的方法,试图去让这些会计数字更准确地反映经济现实,例如经济附加值(EVA)。

表 9 - 1 绩效测量在不同维度上的广义度和狭义度

评估需要考虑的绩效维度	例子
需要包含或排除哪些工作任务？	定量与定性
使用现有的标准还是加入些定量信息？	使用会计数字可能会忽视无形资产或是机会成本。
每个测量单位多大？	是个人、团队、单位、部门还是公司范围内的绩效标准
使用什么时间范围？	过去一年的销售额与客户维系数/增长数

无形标准。从定义上看，我们很难量化无形资产。质量就是一个典型例子，因为任何以量化指标为基础的激励措施（例如生产工作中的**计件工资**）都会扭曲激励从而影响质量。但是工作中的许多维度是很难量化的。在服务性的工作中，客户满意度往往只能通过客户调查的方法获取，往往不能进行非常精确的测量。同样，专业的服务类公司能够轻易地计算出每单具体客户的业务收益和利润，但常常很难了解客户的满意度。

机会成本。标准会计数字存在的一个重要问题是它不能反映**机会成本**——放弃其他选择的成本。例如，公司拥有一个工厂。出于会计记账的目的，这个工厂是被充分贬值的（可能在会计报表中，它是没有价值的）。或者，工厂被列入账面价值，价值只是当时厂房大楼的建设成本。而大楼真正的价值取决于公司把大楼出售给他人的价格。如果公司决定使用这座楼，那公司就放弃了这个价值。因此，除非对会计数字做一些调整，否则关于资产使用的决策会被严重扭曲。

当公司要求所有部门只能从公司的一个内部部门获取某项服务时，同样的问题也会出现。由于这个部门处于垄断地位，我们很难评估此部门的绩效。如果公司允许外部供应商进入，这就不仅有了竞争（这样就可以激励内部供应商的绩效），还有了很重要的绩效标准——服务的市场价格。

团队规模。公司评估时，常常面临团队规模选择的问题。因为员工在生产中相互依赖，使用狭义的测量标准，比如个体绩效，就可能会扭曲激励，这就弱化了与同事合作的动力。不幸的是，如果用一个广义的测量标准，比如团队或是业务部门绩效，就会使指标的可控性降低，风险大大增加。例如，以团队绩效作为个人激励的依据，就相当于说一个员工应当为同事的行为负责，这是不完全可控的（然而，其中一部分是可控的，我们以后会讨论到）。绩效标准采用的团队规模越大，涉及员工工作对公司其他员工的影响就越多，但是指标风险也越大。我们将在员工利润分享计划的话题中探讨这个问题。

时间范围。大多数的绩效标准都是回顾性的：它对发生的情况进行测量。有些激励是为了激励那些具有长期影响的行为，而这些激励往往会被绩效标准扭曲。通常，这些行为都以不同的投资形式出现，例如应用新科技、品牌建设，或是员工培训。把奖励推迟一段时间，这是公司有时使用的办法。这就使得公司能够等待并测量出长期绩效。但这个方法有个很明显的问题——许多层面上都体现出了员工风险，很可能员工在得到奖励前就已经辞职了。

□ 绩效标准与岗位设置的匹配

绩效测量的目的是估算出员工对实现公司目标所做的贡献，因此把绩效标准与岗位设置匹配起来很重要。这个问题我们已经提过。当员工掌握了更多关于所处时间和环境的特定知识时，公司应该尽量设计合适的测量标准，激励员工充分应对可控风险，获取利润。该标准的范围应该与员工工作的狭义和广义程度相匹配——用我们在第二部分中强调过的两个岗位设置组成部分的术语来描述即权力分化和工作丰富化处理。

想一想可能适用于部门经理的绩效标准。[①] 公司惯常使用的标准是把部门定义为**成本中心**、**收益中心**或**利润中心**。前两个测量标准——成本和收益为相对较为狭义的标准。最后的利润则较为广义——它把前两个标准结合了起来。由于这个原因，利润中心能分别反映出收益和成本的所有可控因素，同时也能反映出它们的不可控因素。

公司有时会进一步拓宽绩效标准，把部门定义为**投资中心**。为了尝试把资产的机会成本（标准的会计数字可能会忽视这一成本）也纳入测量标准的范围中，投资中心用到了会计利润中更为广泛的概念（比如经济附加值 EVA）。此外，利润标准测量部门经理对公司市值的短期贡献，而投资中心使用的绩效标准会尝试着对利润的当前价值进行折算。

公司有时还会更进一步把一个部门建成近乎独立的公司组织。特许经营使用的测量标准更加宽泛，这是因为特许经营的基本目标就是把门店转售价值最大化。这与最广义的绩效标准和公司所有权很接近，绩效标准等于公司价值。

绩效标准的范围不同，公司向部门经理施加的限制和赋予的决策权就不同。例如，公司特许成本中心经理被赋予投入、采购、生产工艺和人事方面的决策权；公司特许收益中心经理被赋予销售方式和销售人员方面的决策权。其他多数决策都会集中到这些经理以上的层面。公司通常赋予利润中心经理的决策权包含成本中心和收益中心经理的两套决策权。此外，利润中心经理还被授予了在产品细分、定价和产品质量方面的决策权。

投资中心经理通常具有利润中心经理所有的决策权，而且受到的限制也更少。公司会在大型资产收购和实体资本长期投资方面赋予他们更多决策权。这说明公司为了获取投资的金融收益，拓宽了投资中心经理的绩效标准范围。

特许经营经理的决策权通常要比投资中心经理更大，限制也更少。其一，他们有出售特许经营权的权力（可能出售给另外一个特许经营人，至少也可以再回售给特许权授权方）。当然，授权店所有人也不受限制（法律限制除外），他们具备对公司运营做出所有决策的能力。

在这里我们特别需要注意：在测量标准由狭义到广义的过程中，限制和决策权是如何变化的。随着绩效标准被拓宽，限制会越来越少，部门的决策权会越来越多。简而言之，狭义的岗位设置（在任务和决策权意义上）与狭义的绩效标准相关联，反之亦然。

这很有道理。如果员工被分配到更多任务或是具备更多职权，狭义的绩效标准会导致更大的扭曲。因此，为了进行扭曲和风险的平衡，需要利用更为广义的测量标准去纳

---

① 参见 Jensen & Meckling (1998)。

入一些工作的额外维度，尽管这意味着测量标准的风险会增加。

同样的原则适用于细分或多重任务处理的情况。其他因素不变，员工分配的任务越多，绩效标准就越宽。这是为了确保员工负责的任务能够在评估中得到体现。

实际上，评估与岗位设置趋于自动匹配。假设评估员工的绩效标准很宽，但是自由裁量权很小，这就意味着绩效标准中的不可控因素很多。为了降低风险，员工就会要求或者直接开始承担额外责任，从而去避免自己可控范围以外的事情所构成的风险。

最后要指出的是，员工的工作也会随着时间变化而变化（特别是随着员工技能的增加，工作范围会变宽，员工自主权变大）。由于这个原因，评估标准通常随着员工在职时间的增加而拓宽。公司通常会逐渐把员工责任越来越多地归结到主观评估因素上。

□ 操控

量化绩效测量的最后一个问题是它可能被操控或是存在舞弊。再想想我们举过的清洁工的例子，公司以处理垃圾的重量来衡量他的工作绩效。这也许会鼓励清洁工把垃圾带到工作场所，因为这样能够完善绩效测量结果——但是这样对公司价值却没有好处。

当然，公司和员工都可能去操控绩效测量。假设有一个合营公司，其中的一个公司为另外一个公司提供服务，并从合营公司的利润中获得收益。在这种情况下，后者可能受到利益驱使，把大量成本归结到合营公司中，故意少申报了许多利润。实际上，电影《阿甘正传》（*Forrest Gump*）就发生了类似情况。作家霍华德·格鲁姆（Howard Groom）以制片厂谎称这部大获好评的电影赔钱为由，起诉了这家电影制片厂。制片厂曾许诺格鲁姆获得这部电影的利润分成。假如合同基于收益，这种冲突可能就不会发生了，因为成本在这种情况中比收益更容易操控。

操控的问题跟激励扭曲的问题很相似，但多少有些不同。扭曲的问题在于，激励计划中工作的不同方面受到的相对重视程度（有些可能为零）不相称，致使员工过度重视一些事情，而忽视了另外一些。操控之所以发生，是由于员工或者雇主只具备特定时间和空间的知识。绩效标准确定之后，他们有策略地利用这一知识，即便当他们的行为不能提升公司价值时，他们的评估成绩也能被提高。扭曲源于激励计划设计时多重任务激励之间的不协调；操控源于激励计划制定后，员工策略性地利用不对称的信息——工作中的特定知识。

操控的概念与我们之前说过的绩效标准范围相关。正如扭曲一样，狭义的绩效标准更容易导致操控，因为狭义度量反映员工工作的部分较少，某工作维度的行为稍有变化，就可能对度量的绩效产生很大影响。相比之下，广义的绩效标准对操控则不太敏感，因为员工需要在更大更广的绩效维度上做出改变才能操控测量。

操控给我们的启示是：一旦赋予绩效标准激励目的，绩效标准的质量可能会随着时间的增加而降低。假设现在有一个之前没有被用于计算员工奖金的绩效标准，现在公司认为这个度量标准与公司价值联系紧密，所以公司决定以此度量标准来给员工计算奖金。员工现在就有了提高该标准值的动力，而其中部分可能是通过操控行为完成的。如果操控存在，绩效标准与公司价值的联系就可能会被削弱——这个度量的作用就不大了！依据此绩效标准来给员工发奖金的时间越长，设置于此绩效标准下的激励越大，这种现象造成的问题就越严重。因此，公司可能会觉得它最终还要选择一个不同的绩效标准。而新的绩效标准也会渐渐失效，公司之后还要更新标准。

主观绩效评估

以上我们讨论了量化绩效标准及其缺陷。现在我们来考虑主观绩效评估的优势和劣势。

或许对于经理来讲，最痛苦的工作莫过于主观地给出员工绩效评定。在许多工作中，员工一般每年会收到一次或两次的主观评分（通常以 1～5 分制或是 A～E 制为衡量标准）。图 9-2 展示了阿珂姆公司员工评价体系的实际评分分配（1 分为最高评分，5 分为最低评分）。这种分值分配在大多数公司中是非常典型的，它的一些特点也经常让人担忧。分值夸大的情况是存在的：平均分高于中间分。同样，经理们非常不情愿给出最低评分：只有约 1% 的员工得到最差的两级评分。同时，评分也反馈不出什么信息：几乎 30% 的员工得到了最好的评分，而另外 50% 的员工得到第二好的评分。如果评分的目的仅仅是为了区分绩效，突出最好和最差的员工，这种评分分配似乎不太奏效。

当经理被问及他们为何不愿意给出消极反馈或差劲的绩效评价时，他们总会说担心这样会打击员工的积极性。这似乎很难让人理解，因为好的激励制度应该给出积极和消极的两种反馈。我们将在第 11 章谈到晋升激励时解释这一现象。

经理不愿意给出差评的部分原因是给人带去坏消息通常是件不太好的事情。因此，这样就出现了**因情感产生的偏见**，这有助于解释为什么差评如此少。并且员工可能还会向经理施加压力改分，这也让经理很不好受。

当然，员工也不喜欢主观评估，其中一个主要原因是这比量化评估主观很多。他们会担心评估结果受到主管个人意见和偏见的影响，主管可能会厚此薄彼。当然，这也会降低激励，因为努力和奖励之间本该有的联系被减弱了。这也让员工承担了一定的风险。

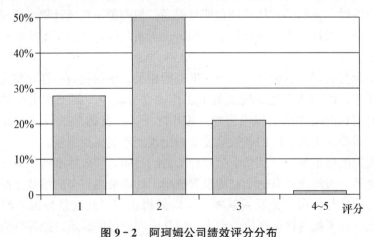

图 9-2　阿珂姆公司绩效评分分布

资料来源：Gibbs（1995）.

除了这些瑕疵之外，实际上工作中的许多重要方面都用到了主观绩效评估。主观性在招聘、晋升和解雇决策中往往很必要。对于从事定性智力工作的中层经理而言，可能不存在量化绩效标准，因此加薪和奖金通常都是由主观评判决定的。主观性甚至对于推销员而言也很重要，尽管推销员的业绩通常很容易被量化。例如，销售展望和培训机会可能是主管分配的。最后一点，董事会的最重要角色之一就是主观评估CEO的绩效。

□ 为什么使用主观绩效评估?

设想一个经营工厂的经理的平均年终分红占薪酬的 40%，年终分红以工厂年利润（即工厂作为利润中心）的一定比例来测算。该工厂已经开设 40 年。这个工厂顶部是金属板，一天龙卷风来袭，把房顶掀掉了。由于损毁严重，工厂在一段时间内都无法开工。一年下来，工厂不但没有利润，反而还蒙受了损失。如果你是该工厂经理的上司，龙卷风过后你来到工厂，你会如何评定她的绩效?

人们的一个常见反应是认为龙卷风属于不可控的因素，由于它是自然灾害，因此，经理不应该受罚。然而，另一种反应则是：即便我们不解雇经理，她也应该受到严格处罚，因为她对于工厂负有最终责任。哪个观点正确呢? 在缺乏其他信息的情况下，我们很难说清楚。两种观点在不同情况下都说得通。

例如，如果说这是本地区 50 年来第一次遭受龙卷风袭击，或者经理刚接手工厂不久，免去对经理的惩罚还说得通。另外的情况是，可能本地区龙卷风频发，可能经理接手工厂很多年。或许房顶亟待修缮，但经理推迟了对房顶的维护。在此类情况中，她至少要为龙卷风造成的公司价值损失负部分责任。

我们也会遇到一些中间状况。不妨设想，例如，组织系统图上显示，房顶维护的任务交给了一位厂房工程师负责，他要负责监督公司所有厂房的结构建筑。这就表明我们不能把责任归结到工厂经理身上。然而，也有可能是经理了解房顶的一些情况，但是忘记告知厂房工程师。如果是这样，很明显工厂经理应当受到处罚。

我们最后要说一点，即便经理没有办法去预测这次事故，我们还是可以因为她应对不得当而处罚她。我们想激励经理更好地应对突发的安全问题，开辟第二条生产线，尽快恢复工厂生产。这个讨论能说明一些问题。

□ 什么是"可控"和"不可控"?

在这个例子里，我们列举了多种处罚经理应对自然灾害不当的情况。灾害给公司价值带来损害，而经理本来可以在灾害的整个前后过程中采取措施。判定事故是否具有偶然性，有助于我们区分可控和不可控分因素。在此，我们讨论一种严格区分可控风险和不可控风险的做法。

> 事故对公司价值产生影响。如果员工有能力对此施加一些作用，那么这件事至少在一定程度上是可控的。员工可以防止或减轻负面事件造成的损失。对于有积极影响的事件，员工可以为能够充分利用机会而提前做准备。

鉴于这一定义，对于员工而言几乎没有事件是完全不可控的。我们可能会遇到很多情况，其中并不是因为员工"错误"，但我们还是要去处罚——或是奖励——员工。

□ 员工何时需要承担责任?

即便经理不需要为房屋维护承担正式责任，但是她或许对房顶情况有些了解。正如我们在讨论权力分散时认识到的那样，当员工具备一些特定知识或掌握一些特定的信息时，我们可能需要赋予她一定的决策权（责任），去激励她利用这些知识。因此，我们进行主观绩效评估时，主要需要做的事情就是界定员工对哪些事情负有责任、对哪些不负有责任。只要事故中员工有可控成分，我们就至少会把部分责任归结到员工身上，因为员工对特定情况具备一些相关知识或信息，正如我们看到的，员工可能掌握了事故发生前后和事故发生过程中的信息。如果是这样，员工就应该肩负一些事故预警和制定预案，以及现实中应对事故和善后处理后续事故的责任。这正是我们所要表达的激励员工变得积极主动的意思。

□ 如何进行主观绩效评估?

我们此处的讨论同样也会为我们**如何**评估员工提供有效方法。假设你需要评估下属，并给出一份年度绩效测评。根据上面提到的例子，开始时很容易去**回顾**：过去一年中员工做了什么，发生了什么。

当你这么做时，避免心理学家所说的后见之明——**偏见**是很重要的。在事件发生之后，你很可能比员工在事件发生过程中知道得多。在我们列举的例子中，我们现在知道龙卷风会发生而且房顶很脆弱。然而，员工当时是否知道这些事情？因此，我们最经常做的第一步就是要弄清楚。套用水门事件听证会（Watergate hearings）上美国参议员霍华德·贝克（Howard Baker）质询美国总统理查德·尼克松（Richard Nixon）时说的话，"他当时知道哪些信息，他什么时候知道这些信息?"唯有如此提问，你才能去判定员工在具体情况中的行为是否得当。

这可能会导致我们对事件**可预见性**程度的分析变得更加宽泛。我们要评估员工是否针对可预见性事件制定了计划。同时，我们也要看员工是否在合理的范围内，针对不可预见性事件制定了应急预案和操作步骤。

到此为止，评估集中在对过去事件的评估以及这些事件对员工奖励（评分、奖金、加薪、晋升、解雇等）的影响。然而，有效的主观绩效评估最重要的成果在于**前瞻性地**思考。上司与员工讨论发生的事件，讨论事件中员工采取的行动及原因，讨论员工应当采取但没采取的措施。对于这些问题的讨论可以向员工传达他们**今后的**责任。评估实际上就是对工作的界定，为未来的赏罚分明提供了先例。在复杂的工作环境中，公司很难在字面上清楚地界定员工责任，尽管这也不是不可能。但这些都可以在主观绩效评估中得到澄清。主观绩效评估的好处在于使决策更合理，把员工激励和公司目标很好地结合起来。

我们最后要说一点：有效的绩效评估可以从"这是你的绩效评分"阶段提升到未来建设性的讨论上。经理应该就员工需要集中注意力的地方以及员工应该（不应该）负责任的部分做出澄清。有些技能是员工工作所必需但欠缺的，公司可以利用这个评估机会进行反思，从而开展新的技能培训。同样，员工可能需要额外的信息或资源来更加有效地完成工作，这可能也会在上一年的绩效报告中体现出来。

□ 如何接受主观绩效评估?

简单地想想如何**接受**上司对你的主观评估，这会对你很有帮助。上司都很讨厌听到

"这不是我的错"这种话。这等于说，"这件事是不可控制的"（尽管不如这句显得文绉绉）。而我们前面也谈过，几乎没有完全不可控制的事情。相反，上司希望你能够积极主动一些。比如，你可以讨论一下你的过失和失败，向你的上司承认这些，并把你从中学到的东西汇报给他，并且以你将在以后工作中如何改进作为结尾。

接下来，你要把评估作为一次改进工作的机会。你要向上司寻求关于如何更好地完成任务的意见和建议，向他寻求能改进你工作的培训、信息或者资源。如果你积极主动，评估将是一次很好的机会。

□ 主观绩效评估的优势

在龙卷风的例子中，工厂经理的量化绩效标准——利润跌到了零（或者为负），导致经理无法拿到奖金。很可能的是，在我们仔细考虑了事故所有相关因素后，结果依然如此。但这只不过是个惊人的巧合而已。换句话说，对经理实行严格的量化奖金制度会导致错误的后果：不是绩效标准出了问题就是赋予计算报酬的权重出了问题，或者两者都有问题。我们对此进行修正的唯一办法就是通过某种方式，把自行裁量权引入激励机制中。

尽管主观评估也造成了很多问题，但我们还要回到主观评估的重要性问题上。我们在龙卷风例子中的讨论表明，如果主观评估实施得当，会带来很多好处。

提升量化绩效标准。我们或许可以利用主观绩效评估来避免量化评估中的一些典型缺陷。细致的主观绩效评估不只可以清晰地界定经理负责的可控部分，它还能过滤掉不可控的部分，降低经理承担的风险。在龙卷风的例子中，好的评判可以把不可预测部分所造成的影响和不属于经理责任的部分从评估中剔除。从这个意义上讲，主管绩效评估的误差可能比量化评估的要小。

同样，主观绩效评估还能减少激励中的扭曲情况。工作的某些维度是很难量化的，我们在绩效评估中对这些维度给予足够重视，可以激励员工努力完成这些任务。一个经典的例子是，工作包含了质量、创造力和其他一些无形的东西，而我们很难用数字来表示这些东西。因此，公司为了激励员工做好这些方面的工作，通常需要采取主观评定来对这些任务的完成情况进行评估和奖励。

我们最后还要指出，主观性能够减少激励制度中的操控行为。如果某员工对量化评估做了手脚，经理可能事后会察觉到（或者至少对此产生强烈的怀疑），但经理可以依靠主观性来纠正这一点。鉴于主观性可以在很大程度上预防操控行为，员工会在数据操控上收敛很多。

激励员工勇于冒险。上面我们提到，有效的主观评估能够把员工在整体评估中真正不可控的因素过滤掉，从而使风险降低。它还会激励员工勇于冒险。因为依靠主观评估，经理可以更容易对员工成果进行奖励，而不必同时对错误进行惩罚。从结果上来看，经理奖励上限同时避免惩罚下限的灵活度会增大。

改善决策。正如我们看到的，在偶发事件中，至少公司部分性地奖励或惩罚员工通常都是合理的。因为主观评估能激励员工利用其关于特定时间和空间的知识，所以这很重要。主观评估能在三个层面上促进员工的决策：更有效的准备、实时的反应和事件的善后工作。

赋予激励制度更多灵活性。公司年初设计的激励制度可能会由于情况的变化而使效果变得不理想。当这种情况出现时，公司可以调整激励计划。然而，一旦公司调整激励计划，可能会让员工觉得不公平（就像我们要在下一章中提到的**棘轮效应**一样）。而有效利用主观性可以使员工更容易接受激励措施的改变，因为他们已经对上司的主观性有了预期。经理在一年当中告知员工工作重点的改变，实际上也就改变了激励。

扩大交流。如果你回过头重读我们关于如何开展主观绩效评估的讨论，你会意识到我们所描述的仅仅是有效的日常管理而已。最有效的主观绩效评估其实隐含在经理每天与员工一起工作的过程之中。经理监督员工所作所为及其动机，对其做出评判并提出改进意见。经理不是要等到年终评估，而是全年每天都与员工保持沟通。这样可以提高员工的效率，改善员工与上司的工作关系。同时，它还可以澄清合同中的模糊条款。并且，清楚明确的沟通更容易使员工对主观评估产生信任，从而使评估效果更好。

改善培训。经理可以通过一项考虑周到的主观绩效评估，利用自己的经验，为员工提供前车之鉴。如果经理做得好且经常这样做，这将是一种很出色的日常培训形式。

很显然，如果主管绩效评估做得恰当，它有着诸多的好处，诸如给有效的日常管理带来很多益处。尽管主观绩效评估会带来很多困难，成本也很高，但是因为有这些好处，主观性在实际操作中的重要性也就不足为奇了。

充分发掘评估细节

林肯电气公司（Lincoln Electric）位于俄亥俄州的克利夫兰市，它的激励方案在商业史上或许是最为著名的。其中一个重要的组成部分就是所有员工都有年度利润分红。尽管利润分红方案的激励效果大都不好，但是林肯电气公司的效果却很好。原因有两个：第一，代价风险很大——通常每年的奖金可以使员工薪酬翻倍，减少了搭便车效应；第二，奖金是基于**个人绩效标准**测算出的，而不是更为常见的（实际上也是不可控的）公司范围度量标准。公司范围度量则是大多数的利润分红计划所采用的。

林肯电气公司计划的绩效测量采用的正是主观绩效测评。激励制度正是其成功的关键，而主管测评正是其关键组成部分。每一次打分都由公司的一位高层管理者检查核对，所以经理会格外认真对待。测评每年进行两次。根据公司统计，一位普通经理给下属测评一次要用 3 周时间——每年 6 周时间。管理者进行有效的主观评估是件很辛苦的工作，但是也会带来很多好处。可以说，主观评估是经理最重要的工作任务之一。

资料来源：作者在工厂考察以及与公司经理的谈话。

□ 实际情况的考虑

□ 评估者与被评估者

把评估员工的权力下放给经理会给公司带来很多风险，因为经理的激励会变得不完善。这些风险包括：员工工作动力降低、糟糕的晋升决策和扭曲的决策。此外，公司还要承担法律责任，因为主观性更容易导致偏袒和歧视。尽管问题很多，但是我们并不能通过集权评估来控制风险。原因很简单：评估是经理对主观的、经验的知识的应用，这些知识传授起来成本很高。而为了利用这一知识，大多数的评估——特别是复杂工作环境中不具备数字绩效标准——不可避免地把评估权下放给了直系领导。

有些公司会利用**360度评估**。这种评估让下属参与到评估中，向**上司**提供反馈意见。这样做的目的是什么？理论上，它可以提高管理水平，因为经理的评估对象会提供反馈意见。然而，问题也很明显：因为下属批评了他们的上司，他们面临惩罚的可能性很大。

由于这个原因，360度评估通常都是保密进行的——公司不会让经理知道发表具体评论的员工姓名。尽管这会起一些作用，但是在小的工作团队中，上司总是能猜出是谁发表了什么具体评价。因此，360度评估的有效性是有限的。即便如此，许多公司还是会把它当作提高监管、沟通水平和改善整体工作环境的一种方法。有些组织的文化规范和岗位设置注重决策中（我们称之为决策管理）的开放交流和员工参与，360度评估在这类公司中更为有效。

□ **公平性、偏见和影响成本**

主观性让经理在奖金分配中更容易产生歧视、厚此薄彼且通常带有偏见。这当然会降低激励，因为它意味着除了绩效外，还有其他因素影响激励。这是风险很微妙的表现形式。换句话说，当评估中掺杂了主观性时，公司就多了一层激励问题：公司必须去考虑如何激励经理实施评估系统的问题，评估必须与公司利益而非经理个人利益相一致。

这紧接着表明，如果公司有好的主管激励设计，公司在较低层次上遇到的评估问题就会减少。此外，我们可以给评估人施加限制。例如，一些公司给评估人设定不同的**强制分布曲线**。我们将在第11章相对绩效评估的话题中讨论这些制度。

我们可以明确的一点是：员工对评估者的信任越大，主观性在激励制度中所起的积极作用就越大。因此，信任因素在此扮演关键角色。

在实际操作中，经理的声誉会对激励的实施产生实际作用。反复无常或是带有偏见的经理会诱发员工的某些行为并吸引愿意为他工作的某些特定类型的员工。如果经理以评估公平认真而出名，公司对于主观性的利用将更加有效，奖励制度会通过以上所述的方式而得到完善。因此，如果主管评判在该项工作中的地位很重要，那么经理要努力建立良好的管理声誉。同样，公司应当尽量把判断力强的经理放在那些公正性更重要的位置上。

此外，组织通常会颁布一些正式规定，从而使评估制度变得更加公正。例如，员工如果对评估结果有异议，通常都有要求进行二次评估的权力。在有些公司里，评估者的上司会对评估进行审查。这样监督的目的就是为了激励评估者公正地进行评估。在有些情况中，一个员工可能会有多个评估者，这样通常能够降低评估偏差的可能性，因为不同的经理可能有着不同的偏见。

当然，这些政策在实际操作中的实施决定了它们是否有效，或者是否只是装饰而已，因此企业文化在此也起重要作用。

主管的判断也可能会扭曲员工激励。员工会主动通过其他方式，但不是在工作中更加努力的方式去完善他们的评估结果。例如，他们可能会为了更高的工资、更多的资源等，去花费时间和资源试图说服他们的主管。他们可能会向上司谄媚、培养与上司相投的表面兴趣等。这些非生产努力的投入程度和此类活动对评估所做出的改变程度，会让组织承受**影响成本**。这些成本包括：弱化或扭曲的激励，不以能力胜任与否为依据的晋升。

偏见和拍马屁更为隐晦的成本是它们会扭曲决策。当经理的想法影响到员工的奖励时，这个员工很可能会扭曲他与经理的交流。因此，**信息质量**就会受到损害。从原则上讲，好的经理总想倾听下属的真话，并且总会试图去营造这样的企业文化氛围。例如，经理可能会建立鼓励员工自由发言的文化准则，甚至会奖励那些对经理的观点进行分析、批评和指正的员工。

尽管公司这样做可能会有所帮助，但是也不能完全解决问题。假设一个经理与下属意见相左，而经理和下属的想法只有一个是正确的。从统计学角度看，经理应该对这两种可能性都采取重视态度。但是，员工意识到，他的异议即便是正确的，还是有可能被视为错误。因此，员工就有了沿着经理的想法进行汇报的动机。这就产生了**唯命是从效应**。这体现了恰当的分析与合理的决策步骤的重要性和复杂性。我们需要在设计分析决策的步骤时考虑到企业文化和对分析者和决策者的显性激励（尽量将其联合起来协同设计）。

□ 评估的不同角色

正如本章引言提到的，员工绩效取决于个人能力、累积的人力资本和付出的努力。因此，评估可以用来度量三者中的任意一个。实际上，我们很难分别处理这三方面因素的影响。假设一个员工的工作表现很出色。这是单纯因为他具有此类工作的天分吗？是因为技巧和经验吗？是因为勤苦付出吗？公司绩效评估目的的不同，放在个人能力、人力资本和努力上的重心就会不同。

公司绩效评估的目的之一是决定雇用谁，或者是决定雇用哪个试用工。对于这样的决定，测量员工内在个人能力 A，而不是 H 或 e_i，是有道理的。如果员工还需要某些技能或努力，公司可以在分配给员工的工作岗位上对其进行培训和激励。同样，在晋升或更换工作任务时，测量员工的内在技能就显得更为重要。当然，累积的技能 H 也与这样的决策相关。

在选人的初期，公司评估更容易出现偏差。这是因为在最开始时，公司几乎没有应征者的信息，所以每次评估都会显得比之前信息量大。而随着公司员工信息的增加，新评估中的信息量就显得没有之前那么大了。[①] 然而与该道理相同的是，有些工作更加重视细微的能力差异，有些工作评估起来更加复杂和困难。在这些工作中，试用期评估应当持续更长时间。因此，公司对文秘类工作的试用期可能很短，但是对专业性强的工作的试用期实际上可能会很长。在提供专业服务的公司或大学中，员工第一次晋升或辞退可能是在工作若干年之后，而合伙人或者终身制的决定可能需要 6 年或 6 年以上。

评估的第二个目的是测量员工人力资本的增长水平。实际上，在就职初期，管理者会经常对下属进行大规模的培训。在这种情况下，他们可能会强调绩效评估中人力资本的变化（H 的增长率）的重要性。

评估的第三个目的是激励员工更加努力地工作。在这种情况下，评估者会尝试测量

---

① 数据显示，每次新的绩效评估后，公司会更新之前的数据。但是随着数据不断积累，公司会更加重视之前的绩效。

员工在工作中付出的不同类型的努力程度，而不是员工的才能有多少。

在有些情况下，评估的不同目的之间可能会存在冲突。例如，对当前绩效的反馈可能会让员工了解他们升职的长期前景，这实际上有可能打击他们的积极性（见第11章）。为了避免这种情况，许多公司试图把对当前绩效的评估与培训和职业发展分开，例如将两种类型的评估间隔6个月。然而，在实际操作中，公司很难把两者分开。

□ 评估的频率

评估的另外一个目的是通过测量员工对公司的价值，决定公司愿意向员工支付报酬的数量。例如，这有助于公司判定工资是否跟外部报价相符。假设一个员工对一个公司的价值是1 000美元每周，但是员工每周却只有800美元工资。他对于另一家公司的价值是900美元每周，而这家公司给他的报价是875美元。如果当前的公司给他900美元工资，则这家公司和这个员工获得的收益都比员工辞职的结果好。这里普遍的规则是：如果员工的生产率在当前的公司是最高的，那么这家公司就应该支付足够的工资鼓励员工留下来。

哪类员工在当前任职公司的生产率更可能超越他们在其他地方的价值呢？是那些具备更多公司专用性人力资本的员工。由于这个原因，当员工具备更多的公司专用性人力资本时，评估就不太容易能够获得层次分明的信息。这表明，当公司专用性人力资本更加重要时，公司应该减少使用高成本评估的频率。

评估频率还应该随着员工在公司和现在所处岗位的经历的增加而降低。有两个原因、第一个原因是出于甄选效果的考虑。员工在公司工作（同样地，在具体岗位上）时间越长，员工和公司都会就员工是否与工作匹配了解得越清楚。因此，评估就越不可能导致工作岗位的变动。第二个原因是，员工在公司和现在的岗位上的任职时间越长，评估反馈和培训就显得越不重要。

▌ 本章回顾

绩效评估或许是一个良好激励计划中最难完成的部分。量化绩效评估，例如会计数字，是评估的重要组成部分。同样重要的部分还有主观评估。

出于激励目的的考虑，一种理想的绩效评估可以准确捕捉员工行为对公司价值所有层面的影响。这些通常被称为可控制因素和不可控因素的概念很少被仔细界定。我们有一个缜密思考这些术语的方法，如果员工可以对那些影响公司价值的事件施加影响，至少我们可以说这是部分可控因素。因此，即便是纯粹的偶然因素，我们也可以说它在一定程度上是可控的。大多数的事件都是部分可控和部分不可控并存的。

可控与不可控的区别是我们在选择绩效标准时首先应该考虑的因素，因为测量风险的可控和不可控在很大程度上会影响激励计划的效果。如果风险不可控，测量可能会对雇员造成风险。这样激励就会降低，公司需要支付风险溢价，或是选择更为狭义的绩效标准或采取主观评估。相比之下，如果风险大部分可控，公司应当采取反向措施：公司应当把权力分配给员工，提供更强激励，使员工充分利用特定具体知识，从而提高公司价值。后面这种情况的一个很好的例子是把市场机制引入公司内部，完善组织设计。

量化绩效评估总会面临一个基本的权衡问题，这就是测量标准的**范围**大与小的问题。范围广、容量大的绩效评估可以容纳更多的可控和不可控因素，范围小、较为集中的绩效评估就更容易出现相反的特征。广义的标准扭曲激励程度小，因为它忽略的情况少。然而，这也意味着广义标准风险更大，因为它们的度量误差更大。因为员工都是倾向风险规避的，所以风险对于激励计划而言成本很高。

因为广义的标准——例如股票价格——存在风险性，大多数公司在实际中使用的标准更为狭义。公司选择绩效标准时需要在风险和误差间仔细权衡。实际上，这也表明任何标准都会通过某种方式扭曲激励。因此，我们管理激励系统时需要重点关注扭曲（以及测量中的操控）问题，可以利用额外激励或是自由裁量权来减少此类问题。

绩效标准和主观绩效评估应该尽可能地与员工岗位设置接近。这使得测量可以更全面地抓住工作中最重要的可控维度，减少扭曲问题。我们可以视主观评估为一种定义员工工作和责任的方式。

主观绩效评估是绩效评估的另外一种方式。经理需要具备判断力，如果经理不认真对待或动力不足，就会产生很多问题。例如，自由裁量权更容易让人厚此薄彼，把偏见带入评估中。自由裁量权还要求经理在表现好的员工和表现不好的员工间做出艰难选择，给出建设性意见，甚至还要面临下属的抱怨和游说。然而，如果公司能够有效实施主观评估，主观评估在实践中则是提高激励系统各部分功能的有效手段。

思考题

1. 在宏观经济学中，有一个关于过度使用规则和自由裁量权的争论。其中争论的问题有：货币政策应该由中央银行行长［例如美国联邦储蓄系统（Federal Reserve）主席］自由决定，还是应该由相对固定且不易改变的规则来决定。你能否利用本章讲过的概念，为这两种论点提供论据？你能否想到同样存在类似僵局的其他领域？

2. 律师事务所大多数的诉讼工作由律师单独完成，他们也会因为自己完成的工作而出名。而涉及公司法的事务通常需要一组各具特长的律师完成，最后出名的是律师事务所。你认为律师事务所中同时存在诉讼律师和公司法律师会产生怎样的冲突？你的分析是否会涉及绩效评估质量和组织结构之间的关系？

3. 大多数的商业专家都会提倡诸如**目标管理**。在目标管理系统中，主管可以协调出一整套员工相互认同的年终目标。在年终时，公司以员工完成目标的情况作为奖励基础。你认为与下属协商目标的成本和收益是什么？

4. 其他一些公司还在使用 360 度评估。在这种制度中，公司向主管的下属、同事和客户就主管的绩效寻求反馈意见。你认为这种制度有什么好处？有什么缺点？制定什么其他政策可以让你认为的问题减少发生？公司完成这种评估需要什么样的企业文化？

5. 从你自身的工作经历为下面的概念提供事例。

- 可控风险和不可控风险

- 扭曲激励
- 狭义和广义的绩效标准
- 绩效标准的操控

6. 你认为有什么方法可以提高主观绩效评估的效果？什么样的操作会损害主观评估效果？

参考文献

Gibbs, Michael (1995). "Incentive Compensation in a Corporate Hierarchy." *Journal of Accounting & Economics/Journal of Labor Economics* joint issue, 19 (2-3): 247-277.

Jensen, Michael & William Meckling (1998). "Divisional Performance Measurement." In *Foundations of Organizational Strategy*, Michael Jensen, ed. Boston: Harvard University Press.

延伸阅读

Baker, George (2002). "Distortion and Risk in Optimal Incentive Contracts." *Journal of Human Resources* 37 (4): 696-727.

Courty, Pascal & Gerald Marschke (2008). "A General Test for Distortions in Performance Measures." *Review of Economics and Statistics* 90 (3).

Gibbs, Michael, Kenneth Merchant, Wim Van der Stede, & Mark Vargus (2004). "Determinants and Effects of Subjectivity in Incentives." *The Accounting Review* 79 (2): 409-436.

Gibbs, Michael, Kenneth Merchant, Wim Van der Stede, & Mark Vargus (2008). "Performance Measure Properties and Incentive Plan Design." Working paper: University of Chicago Graduate School of Business.

Lazear, Edward (1990). "The Timing of Raises and Other Payments." *Carnegie-Rochester Conference Series on Public Policy* 33: 13-48.

Milgrom, Paul (1988). "Employment Contracts, Influence Activities, and Efficient Organizational Design." *Journal of Political Economy* 96: 42-60.

Murphy, Kevin J. (1993). "Performance Measurement and Appraisal: Motivating Managers to Identify and Reward Performance." In *Performance Measurement*, *Evaluation*, *and Incentives*, William Bruns, ed. Boston: Harvard Business School Press.

Murphy, Kevin J. & Paul Oyer (2005). "Discretion in Executive Incentive Contracts." Working paper, University of Southern California Marshall School of Business.

Prendergast, Canice (1993). "A Theory of 'Yes Men'." *American Economic Re-

view 83: 757-770.

　　Prendergast, Canice (2002). "The Tenuous Tradeoff Between Risk and Incentives." *Journal of Political Economy* 110: 1071-1102.

　　Prendergast, Canice & Robert Topel (1996). "Favoritism in Organizations." *Journal of Political Economy* 104: 958-978.

第10章

绩效奖励

无功不受禄。

——中国谚语

本章引言

既然我们讨论过了绩效评估的问题，不妨沿着这个思路考虑下一个问题：公司应当如何利用考核激励员工？

在考虑这个问题之前，我们不妨回想一下，之前我们提到支付绩效薪酬可以帮助组织达到许多人力资源的目标，而不仅仅是提高员工的工作动力。这个理念非常重要，值得我们在转向工作积极性问题之前做出阐释。因此，我们暂时设想员工**不存在**积极性问题。这种情况下仍然采用绩效薪酬是否有益处呢？

事实上，我们已经在第2章分析人员分类时遇到过这个问题。我们提出，通过某种**基于绩效的**试用期工资或是延期支付的工资形式，公司更有可能招聘到那些最有能力的员工。这个更为一般化的观点也很容易得到解释。假设公司通过某种抽象的方式，但不一定是延期支付或是试用期工资的方式，把绩效作为支付工资的依据，公司仍然可以提升其招聘效果和对员工技能的投入。

假设潜在员工之间的能力 A 或是人力资本 H 存在差距，绩效（绩效标准 PM）是它们两者的函数，$PM = PM(A, H)$。如果工资 Pay 是绩效的函数，那么它也是员工能力和人力资本的函数。能力越强或是技术水平越高的人挣的钱越多，而能力弱的人则挣得少：

$$\frac{\Delta Pay}{\Delta A}=\frac{\Delta Pay}{\Delta PM}\cdot\frac{\Delta PM}{\Delta A}>0; \qquad \frac{\Delta Pay}{\Delta H}=\frac{\Delta Pay}{\Delta PM}\cdot\frac{\Delta PM}{\Delta H}>0$$

显而易见的是，公司中在某些岗位上认为自己效率最高的员工更愿意申请或是留在那个工作岗位上。我们在第 2 章讨论的试用期的例子是这个抽象观点的特例。同样，我们很容易看出员工为提高技能而投入的积极性也很高，因为一旦他们的绩效与工资更加紧密地挂钩，他们从技能中得到的回报会更大。

萨菲利特玻璃公司的计件工资和人员分类

萨菲利特玻璃公司（Safelite Glass Corporation）是世界上最大的汽车玻璃（挡风玻璃）安装公司。1994 年，公司首席执行官加仑·斯达格林（Garen Staglin）和总裁约翰·巴洛（John Barlow）决定改革汽车玻璃安装工的薪酬方案。在改革之前，安装工工资以小时费率来计算。他们把小时费率改为计件费率——安装工每安装一个挡风玻璃，就挣得一定数额的工资。改革之后，每个安装工的平均安装量增长了 36％。这个增长量中有多少是因为安装工的努力程度提高产生的呢？增长是否与更好的人员分类有关系？

这两个作用效果可以通过相对直接的方式估量出来。我们可以这样估算努力的作用：找一个安装工人，计算出他在工资制度改革后的产量增长率。这个激励作用估计有 20％。

剩余 16％的增长生产率是人员分类造成的。萨菲利特玻璃公司有留住高质量员工的实力，并且还能招聘到另外一些高质量的员工，因为这些员工的工资更高（即便是付出同样的努力）。实际上，公司里生产率最高的员工的人员流动率会下降，而生产率最低的员工流动率会上升。

资料来源：Lazear (2000).

我们无论如何强调激励的重要性都不为过。现代市场经济能够如此有效运行，正是因为它通常可以向公司所有者提供良好的激励手段，使他们有效利用自己的资产，运营公司并不断创新。激励手段是高效经济和高效组织的核心。

当然，把工资与绩效挂钩的最重要原因是为了使员工更加努力工作，使工作更好地与公司利益一致。这正是我们所强调的重点所在。我们在第三部分导论中提到我们所关注的是员工评估如何随着努力而变化，工资如何随着评估而变化。公司应该如何根据绩效评估来发放工资？为了分析这个问题，我们首先考虑一种常见的绩效薪酬构成形式：员工的底薪为 a，外加奖金。奖金是由绩效评估结果乘以佣金比率 b 测算出的。因此，工资 $Pay=a+b\cdot PM$。

我们来考虑图 10-1。图中有两种薪酬方案，佣金比率都为 b，但是底薪 a 不一样。哪种方案的激励作用更强？可能第一眼看上去不是很明显——大致上看，即便其中一个底薪更高一些，两种方案也应当提供了相似的激励效果和绩效。为了看得更清楚，我们不妨换种方式思考这个问题。如果员工工作付出的努力更多，绩效测量的结果更高（比方说，为萨菲利特玻璃公司多安装一个挡风玻璃），那么公司对员工的奖励是什么？两种制度其实是一样的：员工每额外安装一个单位，就会获得 b 美元的额外奖金。换句话说，最关键的问题在于**薪酬是如何随绩效变化的**，而不在于薪酬的总体水平。

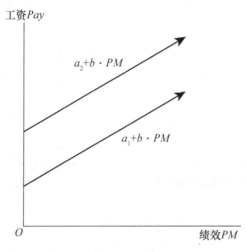

图 10-1　激励强度与整体薪酬水平

这个观点是经过论证的。员工努力的边际负效用会随着财富的增加而增加（收入效应）。如果真是这样，图 10-1 中第二个方案中更高奖金的实用价值则更低，这个方案提供的激励也就更少。然而，这个差距对激励制度的设计几乎不产生实际影响。原因是，当我们对比同一名员工的两种潜在激励计划时，两者底薪的差距并不大；特别是与工资—绩效关系的斜率所产生的激励作用相比，底薪差距所产生的收入效应不会对激励产生太多影响。

整体薪酬水平可能会对员工积极性产生影响。如果员工绩效太低，他可能会被解雇。底薪越高，员工就越想去避免被解雇的结果。因为这个原因，公司提高底薪可能会增加员工积极性，但是这仅限于公司威胁终止劳动合同这种极端的情况。在大多数情况中，提高底薪的激励效果很弱。

为了能够正确地认识激励措施，我们要重点关注 $\Delta Pay/\Delta PM$，或者说是**工资**斜率或"倾斜度"而不是薪酬水平。在这个例子中，斜率是 b 而不是 a。工资水平很大程度上由劳动力市场竞争（这决定着员工技能的价格）与公司愿意雇用的员工技术水平的函数表示。工资-绩效关系曲线的斜率通常被称为**激励强度**。我们的下一个问题是：是什么决定了这一强度？

如果你正在设计一个薪酬计划，通常需要采取三个步骤。首先，我们考虑绩效评估问题（第 9 章）。我们可以采用什么样的绩效标准？它们有何特点（风险、扭曲等）？我们是否应该利用主观考核？如果是，我们如何利用？我们一旦把评估问题想清楚，就可以考虑如何把奖励与考核联系起来（本章）。我们只有分析完激励问题后才可以考虑薪酬水平。事实上，人们期待的整体薪酬水平很大程度上是基于劳动力市场根据员工技能和工作特点做出的估价。

如何确定激励的强度？

□ 直观判断

尽管绩效取决于多种类型的努力，我们现在暂时考虑一种最简单的情况：员工只为工作提供一种努力：e。这个例子中的激励制度很明了：公司为激励员工付出额外努力，直到负担的成本太大使公司无法承受为止。

假设有一个电脑销售人员。即使在没有任何销量之前，公司也必须承担100万美元的建设（修理）成本。除此之外，公司每多生产一台电脑，成本为9 000美元。这是边际成本。假设公司每台电脑的售价为10 000美元，销售每台电脑的边际利润为1 000美元。在销售人员卖出一台电脑的佣金不超过1 000美元的情况下，公司每多售出一台电脑，就会获得增量利润。

除了生产的边际成本外，公司还必须支付员工工资。假设员工奖金是通过销售人员给公司带来收益的百分比测算出的。公司把收益作为销售人员的绩效标准比较合乎逻辑，因为他们几乎不能对成本产生影响，但是在很大程度上可以控制收益：公司收益通常与公司分配给销售人员的工作很契合。公司可以选择支付（或不支付）员工底薪。如果公司向员工支付底薪，就会有额外固定成本。因为公司收益必须扣除成本才能获得利润，我们不妨假设公司只在销售量达到一定数量时才会支付佣金，比如每周销售10台电脑以上。

我们在这部分的介绍中提过，每售出一台电脑，公司就要承担一次额外成本。为了增加销售量，员工不得不增加努力，这就产生了一定的负效用。因为有负效用，员工会要求薪酬，我们称之为 $C(e)$。我们暂时假设绩效测量没有误差，因此员工无须承担风险的代价。

假设表10-1第二列指销售员的努力负效用 $C(e)$（所有数字以每周销售量为单位）。换句话说，员工售出第一台电脑，要求公司支付20美元薪酬。在销售一台之后，员工至少需要额外60美元（80美元减去20美元）薪酬才愿意努力销售第二台。同样，如果已经出售了22台电脑（这样员工工作已经很努力了），员工就会要求公司额外支付900美元，这样他们才能付出额外的努力增加1单位销售量。基于这些数据，你认为最优销售量是多少？请读者在往下看之前试着回答一下这个问题。

最优销售量为25台。销售量达到这个值（包括25台）之前，每多生产1台产品的额外收益超过公司的单位生产成本与员工边际努力负效用之和，这时公司才能获取利润（并以某个比例分配给公司和员工）。但是从销售第25台提高到第26台的额外成本超过边际成本外加努力负效用。更加简单的解释是，边际努力负效用接近（并低于）1 000美元时的销售额为25台。

表 10 - 1   销售人员努力负效用

不同销售量级别所要求的不同薪酬		
计算机销售数量（台）	总的努力负效用（美元）	边际努力负效用（美元）
1	20	20
2	80	60
3	180	100
4	320	140
5	500	180
…	…	…
10	2 000	380
…	…	…
15	4 500	580
…	…	…
20	8 000	780
…	…	…
23	10 580	900
24	11 520	940
25	12 500	980
26	13 520	1 020
27	14 580	1 060

那么，什么才是最优化的**佣金**？首先，我们假设销售人员的佣金率为8%，或者说是800美元每台。每月销售20台电脑是这位销售人员愿意付出的最大努力，超过这个数目他就不愿再付出努力了。这样一来，因为销售量太低，公司就丧失了获取更多利润的机会。如果公司把佣金稍微提高一点儿，销售人员就愿意更努力地工作（他的额外努力也会受到补偿），公司的利润也会增加。事实上，公司应该把佣金提高到10%，或者说是1 000美元每台，因为销售量一直到25台都会有净利润。

公司所支付的佣金**不能**超过10%。如果那样，虽然销售量会增加，但是额外收益不能抵消额外边际成本与公司支付给员工边际努力负效用的补偿之和。因此，最优化的佣金率应该恰好等于额外产出的价值。这是一条普遍规则：它促使员工去平衡边际收益与边际成本（来自生产和努力负效用）。换句话说，最优佣金率（我们以下称为激励强度）的设定是为了让员工在总的（包括付出的努力在内的）边际成本与边际收益之间画上等号：

$$最优佣金率＝b^*＝收益－边际成本＝下一销售量的边际利润$$

如果把收益作为绩效衡量标准，最优佣金率是10%，这就等于是把每一个销售量的边际利润（10 000－9 000＝1 000美元）作为绩效标准，佣金率为100%。换句话说，我们的最优佣金把销售电脑的所有增量利润都给了员工。事实上，它把绩效度量重新调到了利润单元中。因此，我们的最优方案是（Q 表示销售量）：

$$工资＝a＋b \cdot 收益＝a＋Q \cdot （每卖出一单位产品所获得的利润）$$
$$＝a＋员工销售所得利润$$

在这个工资方案下，公司利润是多少？利润是：

$$公司利润＝员工销售所得利润－工资＝－a$$

这里的奖金制度把员工努力创造的所有增量利润都作为奖励返还给了员工，而它还要付给员工底薪。在这个计划中，唯一能让公司获得利润的方法是支付员工**负底薪**。我们的经济学理论先到此为止！

□ 出售工作

经济学理论比表面看上去更加有用和实际。上面的例子说明，要给员工最完美的激励，公司必须向员工出售工作。事实上，许多现实中的招聘安排跟这个例子很相似。我们来看下面的例子。

出租车司机。在许多城市中，出租车司机从出租车公司那里租车（或者是租赁运营执照）。开出租车所获收益的很大部分（有时是全部）归司机。通常，他们也要支付100％的增量成本（汽油）。实际上，他们是从拥有资产（出租车或者运营执照）的公司那里"购买"或是"租"到了这份工作。这种制度给予了司机良好的激励，从而使资产在租借的过程中实现价值最大化。

券商。在股票、债券、期权或者期货交易中，那些负责交易的人必须拥有一个席位。获得这些席位通常要花几十万美元。购买席位使所有者获得了工作和交易权，同时也激励他们去有效利用这一位置。

饭店里的服务员。在某些文化中，顾客支付的小费会作为服务员工资的重要组成部分。由于顾客基于服务质量支付小费，因此小费是绩效薪酬的一种形式。在美国，通常服务员的工资要低于法定最低小时工资（饭店是法定最低工资限制范围中的例外），因此，他们的工资低于其他工作——这相当于服务员"购买"工作机会的成本。他们这样做是因为他们期望能够通过努力工作挣得小费而获取足够的收入。[①]

调整饭店服务员的工资

贝高福（The Berghoff），是芝加哥一家很有名的饭店（现在停业了），它对服务员的工资制度进行了调整。饭店会向员工"征收"其出售给顾客的食品和饮料的部分费用，并把获得的收益（销售额和小费）给服务员（我们可以推测出，饭店已经预留了一部分利润给自己）。饭店这么做的原因是什么？

一种解释是，让员工负担一部分成本可以减少员工欺骗饭店的诱因（例如，酒吧侍者有时会给他们最喜欢的顾客额外的酒而不收取费用，希望以此来挣得更多小费）。另

---

① 如果饭店的回头客多，这种小费制度就会运转良好。但是，如果顾客不打算再来这里用餐，他们可能就会在离开时不给小费，且不用担心之后承担后果。小费制度需要文化规范来激发顾客践行激励制度的积极性——实际上这是社会层次中隐含契约的一种形式。这也有助于说明为什么在不同文化中，支付小费的行为有所不同。

外一种解释是，把利润作为绩效衡量标准比把收益作为绩效衡量标准对激励造成的扭曲要小：服务员努力出售利润率高的商品（比如葡萄酒）的积极性会更强。

销售外包。一些公司通过自己的员工销售产品，另外一些则把销售外包。例如，在保险行业，两种做法都很普遍。如果一个公司把销售外包，其实它是在销售"工作"。承包人购买了产品，之后通过再次出售产品获取大部分（通常是 100%）的利润。

实际上，公司可以在任何时候利用承包商完成其部分业务，在某种意义上它就是在出售"工作"。外包最主要的好处之一是公司可以实施更强的激励措施，这也让我们了解了有关外包在什么情况下最有效率的基本原理：某种业务与公司的其他工作任务（相应的对于这种任务的绩效评估也会尽可能地完善）越是分离，它就越可能成为外包的对象。公司通常不会把那些与组织中其他工作高度关联的工作外包。当然，外包也会有其他成本，包括签订与承包商的合同和监督合同履行的成本。公司可以与员工建立长期隐性的关系（正如本书其他部分提到的），而与承包商就没那么容易了。

中层经理。以上这些例子中涉及的都是相对容易度量的单个员工的绩效。事实上，"出售工作"的想法在任何工作中都适用，即便可能偏弱。假设一个 MBA 学生即将毕业，她有两个工作可选。第一个工作提供标准工资和少量的年终奖。第二个工作内容相同，底薪却低很多。但是，如果绩效高，她就能获得更多的年终奖。如果这个学生选择了第二个工作，那么在一定程度上，她就是购买了这份工作，因为她要去承担较前一份工作底薪低而产生的机会成本。然而，她买到的是在丰厚的奖金制度下，努力工作获得更多奖励的机会。还要注意的是，她的能力越强，她就越会去接受绩效工资更高的第二份工作。

总的来说，其他条件相同的情况下，绩效工资高的工作一般底薪比较低。然而，激励强度大的工作往往支付的总工资更高。有三个原因。你能想想是什么吗？

第一个原因是员工努力工作的积极性更强，付出更多努力会通过奖励制度获得补偿。第二个原因是激励强度大的工作会吸引更好的员工，公司必须支付更高的工资给这些员工，因为他们的市场价值更高。第三个原因是强度更大的激励隐含的报酬风险也更大，因此公司需要支付员工更多的风险溢价。我们接下来将考虑这个问题。

我们讨论这个问题是为了阐明一个绩效薪酬的观点，这个观点很简单也很重要。如果激励制度能够"出售工作"给员工，他们就有了完善的激励措施，他们的利益与公司利益完全吻合。这样一来，员工自己实际上就变成了一个企业主。这会激励员工争取实现额外努力的边际成本与边际收益的平衡。这也是为什么企业家精神对一种充满活力的经济很重要：企业家有强烈的动机去鼓励有才能的员工获取职位，努力工作，最大程度地发挥他们的创造力。

而且，这也说明了为什么许多组织会呈现出一定程度的官僚化和低效率。与理论上的理想状态相比，许多工作的激励都是不完善的。中层经理的激励可能弱，而大公司 CEO 的激励可能比那些公司所有者的激励更弱。但我们并不能说这样的激励不是最优化的。激励制度总是要折中的，而它带来的激励和效率也不可能是完美无缺的。

□ 不完善的评估与最优化的激励

□ 测量误差

正如前一章讨论的，没有误差的绩效测量实际是不存在的。如果公司把工资与绩效测量挂钩，员工就会因为一些不可控的因素受到奖励和惩罚：工资是会变化的。这个风险对工资和最优化激励有什么影响？

员工都倾向于规避风险。因此，变动的工资会对他们构成一定的心理成本。我们在本部分导论中提到，一个用模型表示的简单方法是：我们假设员工的薪酬风险的负效用为 $\frac{1}{2} \cdot R \cdot \sigma_{Pay}^2$。$R$ 是风险规避参数，表示员工愿意规避风险的程度。风险规避意愿低的员工 R 值低，反之亦然。因此，员工所承担的总成本是 $C(e) + \frac{1}{2} \cdot R \cdot \sigma_{Pay}^2$。

例如，我们假设某个员工对公司价值的实际贡献是 Q，但是绩效测量不能准确反映 Q，其测量误差为 ε：$PM = Q + \varepsilon$。ε 是一个随机变量，其标准差是 σ_ε。因此我们得出：

$$Pay = a + b \cdot PM = a + b \cdot Q + b \cdot \varepsilon$$

标准统计告诉我们 $\sigma_{Pay} = b \cdot \sigma_\varepsilon$，因此员工负担的成本为：

$$C(e) + \frac{1}{2} \cdot R \cdot b^2 \cdot \sigma_\varepsilon^2$$

因此，为了使员工更加努力工作，公司现在不仅需要补偿员工的额外努力，还要去补偿员工的额外风险——公司需要向员工支付**风险溢酬**。毫无疑问的是，绩效测量越不准确（σ_ε 值越大），公司就要支付越多的风险溢酬。这也是公司在监督、评估绩效以及滤除考核中不确定性因素的过程中承担大量成本的原因。这些成本（至少是一部分的成本）会因薪酬成本的减少而抵消，因为它们提高了绩效评估的准确性（它们还会因绩效评估中扭曲的减少而抵消）。

等式另一个有趣特征在第二部分，风险溢酬会随着 b 增长。激励强度越大，员工的激励计划风险就越大（其他条件不变）。从直观上看，这很有道理。支付绩效薪酬的强度越大，意味着测量误差的影响就越大：工作中的好运气得到更多奖励，差运气受到更多惩罚。

我们必须考虑一个折中方案。强激励计划能够鼓励员工付出更多努力，但是会因为更高的风险溢酬而增加公司总体的薪酬成本。正因为如此，最优激励计划比我们理想的激励强度要低。尽管公司可能会把某部分工作出售给员工，但通常激励制度不会把 100％的员工利润贡献作为奖励，因为这样做风险太大。**绩效评估的准确性越低，最优激励就越弱**。

实际上，这只是一般经济生活的一个例子：保险越大，激励越弱，反之亦然。这个问题在很多情况下都会出现，例如在健康保险的条款中。

□ 扭曲和多任务激励

绩效评估的第二个问题是扭曲激励几乎总会发生。绩效评估对员工贡献扭曲程度越高，我们就要越少地把激励重心放在这个标准上。我们可以用一句熟语来总结其中的危险性："一分价钱一分货"。某项绩效标准可能重视某些任务而忽视另外一些任务，如果我们把很强的激励重心放在这个标准上，员工就有可能太过于关注那些能够对绩效评估产生影响的任务而忽视另外一些任务。

为了能更规范地分析这个绩效扭曲的问题，不妨假设某种工作需要两种努力——e_1和e_2，员工的努力负效用为$C(e_1+e_2)$。对于销售人员而言，第一种任务是售出电脑（以数量计算），第二种任务是为客户提供某些安装服务。假设员工努力$Q=q_1 \cdot e_1+q_2 \cdot e_2$。正如我们看到的，激励制度在遇到复杂工作时也会变得更复杂。

在这个例子中，我们如何才能测量绩效，并把它与薪酬挂钩？在许多工作中，公司设定测量标准来衡量员工工作的某个维度。在销售人员的例子中，公司很容易测量收益。然而，无形的客户服务很难量化。尽管如此，公司还是有些办法测量服务，例如通过调查客户满意度获得的数据。这表明公司可能会使用以下三种绩效标准来衡量销售人员的绩效。

$$PM_1=q_1 \cdot e_1+\varepsilon_1$$
$$PM_2=q_2 \cdot e_2+\varepsilon_2$$
$$PM_3=\alpha \cdot PM_1+\beta \cdot PM_2$$

第一种绩效标准用来测量员工对公司收益的贡献（精确度可能很高，因此σ_1^2较低）。第二种绩效标准用来测量员工所提供的客服活动对公司的价值（可能准确度要低很多，特别是因为无形产品难量化）。第三种标准把前两者结合。在这个例子中，我们设计的第三种标准是前两者的加权平均数。这就相当是以PM_1和PM_2为基础提供两种奖金，每种奖金的佣金率不同。

如果公司只基于PM_1提供奖金，销售人员就没有提供服务的积极性。这将是很严重的扭曲形式。公司很可能短期销售额大增，但是不满意的客户会很多，回头客很少。我们对这个问题的反应自然是依照PM_2提供第二种奖金。这里的目的是在不同的任务之间提供一种平衡的激励措施。

不幸的是，这样做还不能有效地解决问题。因为σ_1^2相对较低，根据我们之前的论证，应该把PM_1的佣金率设得相对高一点。而因为σ_2^2相对较高，同理，PM_2的佣金率应该相对低一些。因此，我们的激励措施还是存在不平衡的问题。

应对这种情况的一个办法是把任务分成不同的工作。公司可以把绩效容易测量的任务归入一种工作，并对这种工作采取严格的绩效薪酬，然后将绩效难以衡量的任务归入另一种工作，并对其采取相对较弱的激励措施。公司会把更多资源（与人力）投入那些激励措施较弱的任务中去，使工作的不同维度间的整体产出达到平衡。参照我们的例子看，许多公司也会把售后服务和产品支持同销售分开，利用不同的方法去激励和监督每种工作（事实也是如此）。

然而，公司改变工作去适应绩效测量的做法有些本末倒置，调整绩效评估和激励措施以适应工作似乎才是更加合理的。公司应该怎么做？

一个潜在可行方案是想办法把不同标准结合起来，就像PM_3一样。如果公司可以测量两个单独的标准，并且把两个指标结合起来，这样得出的（更宽松）标准可能对激励措施的扭曲会少一些。在我们举的例子中，如果$\alpha=\beta$，那么PM_3就不会扭曲对员工付出两种努力的激励。（通过划分α，佣金率就能被重新划定，实现员工整体奖励与其贡献相等。可能出于风险规避考虑，公司会降低佣金率。)

当然，我们在实际情况中不太容易对各种绩效标准进行合理加权。公司应该赋予客户满意度多少权重，是否能用数字来代表某些定性的东西？随着时间的推移，公司可能会对绩效不同维度的相对价值进行更为合理的预测。或者，公司可以采用不同权重进行试验，在实践中获得一种合理的平衡。

商界总是充满了活力和变化，激励措施中不同工作维度的相对权重也会经常变化。如果是这样，这种选择数字权重 α 和 β 的公式化方法可能不太管用。在这些情况下，最好的方法是利用判断——主观考核——去实现多种任务间激励措施的平衡。实际上，工作越是复杂，采取主观考核的可能性就越大，奖励与绩效的联系也越随意，程式化越弱。

□ 小结：如何确定激励强度？

我们现在来总结一下哪些因素会影响最优激励强度（显性的和隐性的），以及它们如何产生影响。如果我们的员工不规避风险或者我们的绩效评估非常准确，我们就可以设定佣金率，用它乘以绩效，那么员工获得的奖励就与他们对公司价值的增量贡献相接近。而在实际操作中，员工都是风险规避者，绩效测量也做不到精确无误，因此实际的激励要弱一些。我们需要考虑的因素有：

员工努力的价值。员工额外努力越能给公司带来利润，公司越要加强激励。例如，在表 10-1 中，如果利润率百分比是增加的，那么公司就应该提高佣金率百分比。正是由于这个简单但是又很重要的原因，多数激励总是在等级体系的高层次中较强、低层次中较弱。

人员分类的重要性。激励也会引发良性的自我选择。在进行人员分类时，公司越是重视能力或者积累的技能，越要加强以绩效为依据支付工资的趋势。因此，激励对新入职员工或者技能要求高的岗位显得更为重要。

测量误差。绩效测量越是精确，应该赋予其中的激励就越强。

风险规避。员工风险规避的倾向越弱，激励强度就要越强。在为需要强激励的岗位进行招聘时，公司应当把应聘者的风险规避倾向作为考虑因素之一。

信任和主观性。当主观性应用于激励制度时（用于绩效考核，或者用于确定奖励的权重，或者两者都有），就会在测量误差和风险规避方面出现问题——员工就面临被考核者偏袒和歧视的风险。因此，员工对考核者越是信任，考核者的判断越准确，评估过程越有效，考核者自由裁定的激励就越强。

扭曲和多重任务激励。绩效测量越是扭曲，员工就越需要额外的激励措施来作为增强奖励的制度。这表明我们可能需要使用多个激励措施，或者使用更为宽松、更为主观和隐性的方法来对员工进行激励。

潜在的操控。员工操控绩效测量的可能性越小，激励强度就越大。

支付绩效工资：常见案例

到目前为止，我们集中讨论了最简单的案例，这些案例都是关于线性的绩效薪酬制度。在这种情况下,激励强度的问题都可以归结到图 10-1 中斜线的斜率上。在接下来的部分,我们将简单讨论另外几种常见的工资—绩效关系,从而拓展几种关于实际情况的思考。

□ 奖励还是处罚?

图 10-2 显示了两种工资—绩效制度。左边是**奖励**制度,与之前图 10-1 的描述相似,不同的一点是,图 10-2 中员工在低产阶段只获得底薪,只有当他们的绩效突破了门槛 T 之后,才能获得奖金。右边是**处罚**制度,员工在高产出层次上获得底薪,但是如果绩效低于 T,公司就要减少底薪。

左边的制度非常常见。公司为什么要增设一个门槛?原因之一是与风险规避有关。公司为员工提供一定的**保障**,在一定限度的低绩效上支付底薪,以防工作中发生不测。绩效低或许与员工工作不努力有关系,但是也可能是因为员工运气很差。具有风险规避倾向的员工十分关注的一个问题就是如何避免最糟糕的结果。因此,这种有保障的工资制度可以有效降低员工的风险规避倾向。

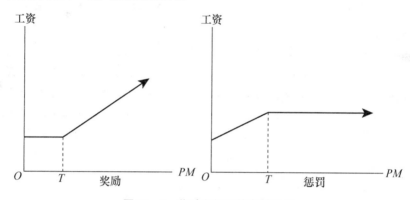

图 10-2 奖励和惩罚的激励计划

这种制度有两个好处。第一,公司可以在 T 的右边增加激励强度。如果 T 值不是很高,这就意味着员工会受到很强的激励。第二,员工会更愿意冒风险,因为他们由于犯错或是冒险尝试不成功而遭受惩罚的可能性会降低。这在那些需要冒一定风险的工作中很有用,可能会激励创新。尤其当报酬以员工股权的形式发放时,这一点很重要。我们将在第 12 章中看到与图 10-2 中奖励制度很相似的员工股权结算制度。

实际中的处罚制度不常见。我们什么时候会用到它?在处罚制度中,低绩效情况下斜率为正,但是高绩效情况下则为零。一旦超过了门槛 T,员工基本上不受到任何激励。在某些工作中,当绩效超过了一定限度后,员工绩效的增加对公司几乎毫无价值,处罚制度在这类工作中会起作用。

现实生活中的一个案例是关于本书作者指导的一个 MBA 学生的。他负责管理亚洲某个小国的电力系统。这个电力公司的供电时间(电力供应时间的百分比)为99.96%,这是一个近乎完美的数据。假设绩效评估指标 PM 为供电时间的百分比。尽管他们可以把电厂的供电时间率提高到 99.96% 以上,但是这样做的成本极高,因为绩效已经接近完美了。如果是这样,再提高绩效可能就没有利润了——绩效测量与公司实际利润或价值并不是完全一致的。那么，公司可能就需要在此之前设定一种处罚制度，这可以激励经理避免绩效的下滑，但不会激励他们提高绩效。

因此，奖励制度在具有上升潜能（高水平绩效可以转化成公司价值）的工作中起作用。如果没有什么其他负面影响，图10-2中能够提供保障的奖励制度就很有道理。企业主是个很好的例子，职工优先股权在这种情况下也很有用。处罚制度在具有下降潜能——员工绩效能够损害公司价值——并且几乎不具有上升潜能的工作中很有用。我们有时称之为守卫工作，安保人员就是个很好的例子。

构建框架

某些心理学家认为，正强化比负强化更能激励人。在我们所讨论的情况中，这或许说明奖励比处罚更有效，因为如果绩效增加，工人的工资就会增加。

然而，我们进一步思考一下，其实区别并不是很明显。图10-2右边的处罚制度在形状上与简单的奖金制度相似，都存在一个上限（后面将会讨论）。只要绩效在 T 以下，它也会产生正强化。实际上，我们很容易把它想成一种存在上限的奖励制度，而不是一种处罚制度。

鉴于这种说法有一定道理，可能我们避免使用诸如"处罚"或"惩罚"的字眼会好一些。然而，这些标签确实也起作用。把左边图像称为奖励，右边的称为惩罚，此时公司是在向员工传达公司预期的绩效水平和工作本质。左边的制度适用于公司期望绩效处在 T 的右侧水平之时。这也向员工发出了一个信号：公司希望员工努力增加产出，或者是更加敢于尝试风险。相反，右边的制度在公司期望绩效处在 T 的左侧水平时适用。它表明避免产量下降，维持一定的工作量很重要。

关于奖励和处罚的一个很重要的问题就是如何设定 T 值。任一制度中的斜率都会因为某些因素而发生变化。我们设想一种奖励制度，斜率在 T 的左侧为零，右侧为正。如果 T 值太高，那么即便员工很走运（测量误差大且为正），绩效评估结果超过 T 的可能性也会很小。假如果真如此，$\Delta PM/\Delta e$ 将趋于零，员工极少或完全不受到激励。同样，在处罚制度中，如果 T 值太低，员工也极少或完全不受到激励。

在实际操作中，公司一开始实施激励制度时，通常很难设定适当水平的门槛。而且，环境也会发生变化。例如，可能员工会在工作中学习，或者生产工艺得到改进。这都可能使达到某一特定绩效水平变得更容易（或者更困难），在这种情况下就应该改变 T 值。公司改变 T 值有很多原因，而最典型的情况就是随着技术和工艺的改进，提高 T 值。

然而，公司调整门槛高度，其后果其实是很微妙的。在图10-2的奖励制度中，如果 T 值提高但其他不变，员工获得奖金就会变得更加困难，针对任何绩效水平的奖金也会变少。员工不满意也很正常，他们可能感觉公司正在试图削减薪酬。

而且，有时经理设计薪酬制度后，发现员工的产量和所获薪酬都比预期的要多（可能是因为经理低估了激励措施所激发出的能量）。经理很自然的反应就是提高 T 值，降低佣金率（斜度），或者减少底薪。所有这些例子中都存在一个真正的风险，就是员工会感觉到公司违背了之前关于奖励制度的许诺。

这体现了激励制度中的一个普遍道理：简约是一个优点。尽可能地使用直截了当的线性制度往往是最有效的。门槛、激励强度的变化和一次性奖励也会产生许多问题。而且，复杂的薪酬制度也让员工更难理解他们如何才能获得奖励，这可能会减少对他们的激励，因为他们眼中的薪酬-绩效联系可能不那么密切。最后，信任也存在隐忧。在复杂的薪酬制度中，员工可能会担心管理层以某种方式利用他们，尽管他们并不确定这种事是如何发生的。

□ 棘轮效应

我们接着这个隐性的抽象问题说，假设激励制度出现了调整的必要，公司以提高绩效标准作为回应，把 T 值调高或是降低佣金率 b 来支付薪酬。员工会认为他实际上是由于绩效水平高而受到了惩罚。如果出现了这种状况，员工激励就会降低。因此，公司应当慎重对待激励制度的调整。只有在理由充分，并且与员工充分沟通后，公司才能调整激励制度。而且，在引进激励制度时，公司应当保留未来更新制度的权力。显而易见的是，公司和员工的信任程度越高，类似的棘轮问题就发生得越少。附录中有关于**棘轮效应**更为详细的讨论。

□ 一次性奖励、降职和升职

图 10-3 显示了所有绩效薪酬中最常见的情况。如果绩效处于门槛之上，奖励会存在一个不连续的突升。这或许是激励实践中最常见的形式，为什么？因为这种工资-绩效曲线的例子之一就是晋升。多数晋升都伴随着报酬的大幅提升或者其他工作福利。如果晋升以绩效为依据（大多晋升都是如此），那么它就是很重要的激励。实际上，这个例子非常重要，我们下一章会用很大篇幅讨论这个问题。同时，我们要注意员工被解雇或者是被降职的威胁是相似的（如果员工从中遭受损失）。

图 10-3 显示的工资-绩效关系的另外一个例子是一次性奖励。如果员工工作达到某目标，公司有时会一次性奖励员工固定数额的奖金。例如，汽车销售商可能会给达到销售额的员工或每月绩效最好的员工 1 000 美元的奖励。

图 10-3 中奖励结构的一个问题是它的激励很脆弱。这与图 10-2 中门槛过高的问题相似。如果员工绩效处于门槛以下，工资-绩效关系的斜率为零；如果绩效恰好处于门槛临界时，斜率为**无限大**；绩效处于门槛之上时，斜率又回到了零。如果员工绩效恰好接近门槛，这种制度会产生很强的激励。但是，如果绩效距离门槛太远或者处于门槛之上，员工可能就会懈怠。（作为例子，想想如果一支球队排名落后太多他们将怎么做——他们会懈怠从而落入第二级别的赛事中。）除非这正是我们想要的效果，否则公司还是采用更为平稳的工资-绩效关系比较合理。

当涉及门槛的激励系统发生剧烈变动，斜率或激励强度变化很大时，员工的行为可能会出问题。在图 10-3 中，要么全有要么全无的奖励性质不仅使员工在接近门槛时更加努力工作，还可能刺激员工在可能的情况下操控绩效测量。激励系统中经常存在操控绩效测量的问题，特别是在关系到重大利益的时候。薪酬计划斜率突然改变，那么很小的绩效变化可以导致奖励发生很大变化或者导致潜在的更多报酬。如果员工面临这种状况，操控问题就更令人担忧了。相反，平稳的工资-绩效关系往往能给予员工持续激励，让他们更加努力。

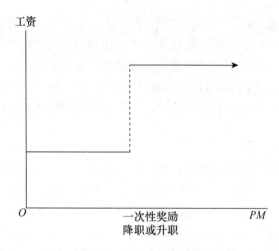

图 10 - 3　一次性奖励

因此，具有门槛和一次性奖励的激励计划更容易导致员工渎职。

有一种起作用的奖励制度的情况综合了我们关于奖励和处罚制度的讨论。有时候，公司把绩效水平限制在较窄的范围内很重要。如果绩效太低或者太高，公司价值可能会降低。在此举一个生产线工人的例子。工作速度太慢**或者**太快可能引发不协调问题。另一个是工厂经理的例子。公司会根据某个计划产量来选择生产工艺，从而降低成本。如果绩效与目标产量比较，相差太远或者超过太多，公司平均成本可能会急剧增长。最后一点，在需要协调和控制发挥重要作用时（比如说，公司会充分利用预算），如果员工绩效可以预测，这将是很理想的因素。在所有这些例子中，一种鼓励员工绩效接近公司目标水平的激励制度是有意义的。

主观绩效考核是另外一种一次性奖励可能发挥作用的情况。正如我们前面讨论的，由于很难证实主管在考核中努力追求准确，所以这类考核不容易得到下属的信任。此外，因为考核涉及工作的定性方面，所以这类考核也经常不准确。但是在有些情况中，即便员工绩效与标准的差距不太容易确定，主管也可以很准确地评估员工的绩效是否达到了某些标准。而且在此类情况中，员工很可能认同主管的判断。想一想，比如说教授参照案例讨论课的参与度给学生打分。量化学生在一定持续时间范围的贡献可能非常不准确，特别是对于大课而言。然而，让教授来判断学生是否在参与中做出"有诚意的努力"可能会很容易。当员工达到某些条件时，判定员工"达标"的主观绩效考核具有高度准确性且备受信任。

最后一种一次性奖励可能发挥作用的情况是绩效呈现两极化时：员工达到或者达不到某个具体目标。例如，某员工要在截止日期前向管理机构提交文件，如果完成这个任务，会得到奖金。另一个例子是，员工能不能招揽新的客户。如果他做到了，他就会得到一笔奖金。然而，这类情况其实比我们想象的要少。在截止日期前完工不太可能成为绩效的唯一相关维度，质量或许也很重要。招揽客户绝不仅仅是一种两极结果，因为有些客户身上的利润比其他客户要多。另外一种方法则是依据对新客户带来的利润率的持续测量结果来奖励员工。

□ 奖励上限

图 10-4 是我们考虑的最后一种制度，它属于奖励计划，但是有个**奖励上限**。上限是奖金或者是给予员工其他奖励的最大额度。某些奖金计划有上限，某些没有。公司为什么要设置上限？

经理有时设置上限是为了确保员工得不到"过多的"报酬。然而，我们要很慎重才能做这样的论断。第一，公司可以通过降低截距（在图 10-4 中将薪酬计划降低）来降低报酬，而不需要对工资水平设置上限。第二，如果员工挣钱很多，这一定是由于员工表现很好。如果绩效测量结果是对员工为公司价值做出贡献的合理估计，那么公司很可能也会从额外绩效中获利（正如我们前面提到过的，员工的最优佣金率通常低于他们 100% 的贡献率）。设置上限会降低激励（超过第二个门槛时），降低公司利润。实际上，有些时候经理出于某些错误的动机（包括不愿意使下属比自己工资高等）而设置上限。但这些动机与我们之前在附录中讨论过的棘轮效应很相似。

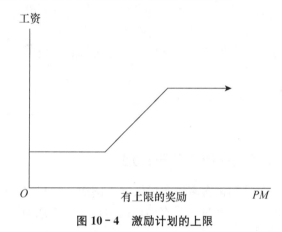

图 10-4　激励计划的上限

在有些情况中设置奖励上限是合理的。为什么？回想一下，奖金是根据绩效发放的，而绩效并不完全等价于员工对公司价值的实际贡献。高绩效是员工努力的结果，但也可能存在运气的成分，它还可能是操控或者扭曲员工激励的结果。有些工作中过好的绩效测量结果不太可能因为员工的努力和才能。在这类工作中，绩效测量结果越好，越有可能反映出运气或操控成分。如果真是这样，公司应该设置奖励上限来避免员工因为运气成分而受奖励，避免诱发员工操纵激励系统。

我们举一个迈克尔·米尔肯（Michael Milken）的例子，他是德崇证券位于比弗利山庄的"垃圾债券"部门的负责人。米尔肯的工资制度激励强度很大——工资-绩效关系的斜率很陡，而且还没有上限。某年他的绩效测量结果非常高，以至于他的年终奖超过了 5 亿美元。不幸的是，很快米尔肯便很难为德崇证券创造高质量的交易盈利。相反，他领导的部门利用了在许多人看来很不道德的交易和商业手段，他最终被定罪并在狱中服刑。德崇证券也破产倒闭。可以说，如果米尔肯的激励计划有个上限，这种事情或许就不会发生了（尽管很可能他的内在动机很强，以至于无论如何这种情况都会发生）。

然而，设置奖励上限也会带来问题。要了解这个问题，我们不妨想一想罗斯·佩罗（Ross Perot）的例子。在 1992 年竞选总统失败以前，佩罗是一位很成功的商人。他的第一份工作是为 IBM 销售大型主机。当时正值大型主机销售的初期，这是一份很好的工作。佩罗不仅仅运气好，还很有天赋，工作勤奋。实际上，他是 IBM 销售量最高的员工。某一年初，他在 1 月 19 日就完成了他的年度销售配额——1 月是 IBM 财年的第一个月。佩罗很快变得沮丧，他很急于更好地发挥他的才能。他为 IBM 设想出一个崭新的产品计划——销售计算机系统，包括所有必要的软件和安装程序，而不仅仅是销售单个零部件。IBM 考虑了他的提议，但是拒绝接受。[①] 于是，佩罗辞职并建立了电子数据系统公司（Electronic Data Systems，EDS），直接与 IBM 公司竞争。在这一过程中，他获得了数十亿美元的利润，而 IBM 却一分钱也没有拿到。

公司通过设置上限和利用普遍存在的棘轮效应来对高产者的奖励设限，佩罗的例子印证了这种尝试的危害。如果公司设置上限，它就可能失去它最好的员工。或许这也是德崇证券为什么会以那样一种方式支付米尔肯薪酬的原因。他们明白，在投资银行中，富有才能的银行家另起炉灶相对容易。因此，公司必须依据员工的市场价值支付相应的报酬。对于那些在高级技术岗位上最具价值的员工而言，这实际上就意味着公司必须把员工创造的大部分或是全部的剩余利润作为奖励——公司必须出售工作。由于这个基本原因，知识密集型行业（投行、法律、咨询和某些学术机构）中的大多数组织，都是通过合伙人制的方式组建，其中生产效率更高的一方获得的利润更多。

▌应　　用

□ 员工利润分享计划和员工持股计划

许多公司提供的薪酬计划包含多种支付依据，例如员工利润分享计划、收益分享计划或员工持股计划（ESOP）。经理总是有他们的道理——类似的计划能让员工拥有一定的"主人翁意识"，让他们感到"我们在公司中都有份"。这些计划有道理吗？从我们讨论过的理论角度看，他们不太能说得通。现在我们来考虑这些计划的反对论点，然后再考虑它们可能——有时候——有一定道理的原因。

我们会利用本章和最后一章中的原则来分析激励系统。我们首先提出两个问题：绩效评估的本质是什么？考核如何与绩效联系起来？

□ 绩效评估

对于这类计划的绩效评估是很宽泛的。在工厂或其他组织范围内实行员工利润分享计划时，我们以组织的利润或收益为测量标准。在公司范围内实行员工利润分享计划时，我们以公司利润为测量标准。在实行员工持股计划时，我们以股票为测量标准。

激励警报应该已经在你耳边常鸣。对于普通员工而言，这些并不是合适的绩效度量标准。尽管员工可以帮助公司提升价值，但是除非员工是公司里的关键人物，否则这些度量标准并不能反映出员工的作用。对于大多数员工而言，这些测量标准实际上都是不可控的。因此，它们不可能提供**任何**激励。实际上，多数研究认为类似的计划对生产

---

① 佩罗称，IBM "把这个想法转达给了高层，但他们最终拒绝了我的建议"（2005，p. 72）。当然，正如我们在第 6 章中提到的，IBM 本来就是等级分明的保守组织，拒绝佩罗的建议并不足为奇。

效率或利润没有明显影响。

□ 工资-绩效关系

这类薪酬计划的另外一个问题是，即便是绩效度量很好，它所提供的激励强度也很小，原因是其中存在搭便车效应。回想一下你参与过的团队项目，可能某位组员不太愿意完成他所负责的那部分工作。然而，如果团队中所有人得到的评分都一样，那么这个组员也会得到同样的奖励，他就免费搭了便车。问题在于，即便不是一点儿变化都没有，奖励随着员工努力的变化而发生的变化也很小。

每个人获得相同奖励的情况实际上在团队奖励制度中在所难免。原因在于，如果团队中有 N 个人，每个人获得的奖励为 $1/N$。当然，$1/N$ 是一个夸张的说法，这几乎就接近零。[①] 举一个德国巨头公司西门子（Siemens）的利润分享的极端例子，该公司大约有 400 000 员工（2007 年数据）。在这个例子中，利润的佣金率为：$b = \dfrac{1}{400\,000} = 0.000\,002\,5$。

这种激励强度太微小了！尽管这是个极端案例，但是它印证了搭便车问题，并且说明了单纯在激励基础上论证薪酬计划的合理性是多么困难。

□ 对于以上论点的反驳

那么，为什么许多公司还要利用这类薪酬计划呢？一种解释是，它们对理论产生了误解，而且很大程度上是可能的。但是，仍有一些观点反驳上述论断。

首先，可以想象的是，同侪压力会减少一些搭便车效应。如果所有人得到的奖励相同，那么所有人都会主动向彼此施压，让对方更加努力工作。鉴于这种可能存在的情况，我们可以把受到激励的团队的最优规模扩大一些。而且这样一来，生产率可能会因为其他原因而提高。在那些工作相互依赖度高、公司充分利用团队的情况中，以团队为基础的激励将更有道理，而那些重视合作的文化规则可能还会因此加强。实际上，在少量发现了员工持股计划或是员工利润分享计划具有积极效应的研究中，这些积极效应更多的是在那些利用团队生产的公司中发挥作用。

然而，任何从事过团队活动的人（或者吃饭时让大家分摊账单的人）都知道搭便车的情况无处不在。因此，大多数情况下，我们不太可能依靠同侪压力来避免搭便车效应。

有人还会给出另一种解释：工资更多的是一种可变成本而非固定成本；工资随着绩效增加而增加，随着绩效下降而下降。这会降低公司的财务风险，从而使资本成本降低。然而，这种解释是说不通的：它可能会降低资本成本，但是这样做也会进一步提高员工的工资成本。原因是，员工规避风险的倾向通常高于投资者，员工会要求比持股人更高的风险溢价，唯有如此，他们才肯承担报酬中存在的风险。我们会在思考员工股票期权问题时，更加详细地讨论这个问题。

还有一种涉及公共关系问题的解释。公司考虑把大量股票和期权给予高层经理人。如果公司绩效好时，给予他们慷慨的奖励是非常有道理的。但是，公司在向高管们支付大量报酬时，也经常承受一些来自股东、工会、媒体或者其他组织的压力。如果公司也

---

① 社会心理学家通常所说的最优团队规模最多为 6 个人。这其中很可能的一个重要原因是团队太大，可能很容易就会遇到搭便车效应。

同样给予低级别员工股票或利润分成，这些批评的声音可能就不会那么尖锐了。因此，这类薪酬计划可能会产生不理想的激励，但是会维持很好的公共关系。（低级别员工的工资风险增加，正是以此为代价。）

关于股权持有计划的最后一个解释是，管理层采取这种计划是为了把它作为增加公司股票需求的手段，希望能够以此来抬高股价。例如，有些公司把大量用于员工退休金的资金投入本公司的股票上。然而，这种做法远远背离了员工的利益，他们的退休金资金越来越单一：资金大多投入单个公司中，并且与员工的人力资本高度相关。

□ 组织形式与合同

正如本书大多数原则所述，对这种模式中的激励的直观认识实际上不仅仅对招聘，而且对公司的各个方面都有影响。我们在此就如何应用这些原则举几个简单例子。

□ 特许经营权

特许经营是一种非同寻常的组织形式，它结合了激励原则与决策以及对特定知识的利用。特许经营人介于真正所有权和典型的雇用关系之间，是外包和内部生产的中间环节。

很显然，特许经营权是种非常宽泛的绩效度量，它差不多就是纯粹的所有权。特许经营人需要预先支付费用，获得经营特许店的权利。作为交换，特许经营人可以经营门店业务（会有一些条款限制）。由于特许经营人可以依据市场现价出售特许经营权，所以绩效测量与独立商店的所有者很接近。这就意味着绩效度量中几乎不存在关于无形产品、投资和长期决策的扭曲。

然而，特许经营权与纯粹的所有权略有差别。特许经营权的授权方会保留一些决策权。例如，通常特许经营权特别指定产品线。它可能会要求使用指定的供货商（例如，麦当劳会指定汉堡牛肉供应源）。它还会指定员工穿着统一制服，也会控制店里的装潢设计。

这样一来，这种组织形式可以有效地利用集权和分权。特许经营授权方保留那些能对整体品牌产生影响的权利：产品、质量控制、顾客体验、市场营销等。授权方倾向保持产品的连贯性，这意味着影响产品连贯性的集中决策能够给公司带来很多好处。

公司把其他决策权下放给特许经营权的被授权方，可以让被授权方充分利用当地具体的信息。例如，大多数人事问题由被授权方负责处理——从招聘、培训到薪酬激励。由于被授权方拥有许多重要的实施决策权，宽泛的绩效标准适合这种宽泛的岗位设计。

□ 成本加成与固定费用

假设你的公司需要建造一个大楼，聘用一个建筑师。你应该拟定一个什么样的合同？建筑合同分为两种：成本加成合同和固定费用合同。成本加成合同支付所有建造大楼的材料成本和人力成本，外加支付给建筑师的额外费用或一定百分比的利润率。固定费用合同则是公司指定建筑的类型和材料，或者还会决定项目的其他方面，完工后向建筑师支付固定费用。固定费用的合同可能要更加详细，具体确定了项目不同阶段所支付的不同费用。

由于成本加成合同报销所有投入，因此建筑师不会有降低建筑质量的动机。实际上，因为利润率通常是以成本某个百分比划定的，建筑师可能受到过高的激励去追求质量。许多政府签订的合同都是成本加成合同，因此过度建设在这些情况中很常见。在成本加成的项目中，我们可以预期的是：利润率越高，质量就越好（工期也就越长）。

相比之下，固定费用合同的一个隐忧是它可能会使关于质量的激励变得很弱。建筑师倾向于在履行合同条款的同时，以可以应付来的最低质量标准去完成工作（这种倾向会因为建筑师对自己的名誉和获得未来其他项目合同的关注程度降低而减轻）。固定费用合同还能激励建筑师尽快完成项目（相比之下，成本加成合同会激励建筑师尽可能地按小时多收取费用）。

然而，有些固定费用合同会依据客户工作进程来支付费用。因此，有些情况下，我们可能很难通过固定费用合同让承包商完成工作，因为如果多次支付费用，可能公司完成整个项目的报酬预算就不够了。解决这个问题的办法之一是在两种合同中，我们都要制定关于达到特定时间目标的具体奖励和惩罚措施。

哪一种更好呢？如果施工质量容易被监测和验收，那么以项目为基础的薪酬支付可能更好一些，因为在这种方案下建筑方会因为与合同规定的质量不符而受到处罚。虽然质量不容易被监测，但是完成工作所需的合理时间是可以预知的，利用成本加成合同可能更好一些。在这种方案下，如果建筑方超过合同规定的时间，就会受到处罚。

然而，我们普遍接受的观点是，你越能复杂微妙地考虑激励措施，就越能深入理解在多重背景下的经济行为，而且也能越好地应用这些原则。

□ 激励创新

一种常见的对绩效薪酬的批评（特别来自社会心理学家）是它可能会摧毁员工的内在驱动力，而很少有人阐释这种情况发生的确切机制。一种解释是，如果按照绩效支付工资，员工会感到"被控制了"，因此他们会不那么努力，而由于员工具有内在驱动力，这些力量原本是可以被释放出来的。

关于这个问题还有一个更为直接的解释，这其中还有几个常见的例子。内在驱动力通常对那些复杂的、需要员工克服智力上的挑战的工作最为重要。它对那些需要大量创造力和不断学习的工作而言很重要。由于这些工作的特点，开发关于此类工作的绩效标准通常很困难。原因之一是我们很难量化这些智力性工作。另一个原因是在创造性的工作中，我们很难提前制定特定的产品特征，目前适用的标准未来可能会剧烈地扭曲激励。而且，那些可以被量化的任务**很可能**包含的创造性也会很低。（例如，不妨设想在研究型大学里发生的情况，假如教授得知如果他们发表一定数量的文章就能获得终身教职的话——如果绩效度量单纯只是数量。）

在这些标准上加强激励，必然会让员工更多集中于能够被测量和奖励的部分，而减少对工作创造力的重视。但是，这并不是因为心理因素，只不过是由于绩效评估不完善。

在有些情况中，公司也有可能利用绩效薪酬激励创新，因为合理的（即便是不完美的）绩效标准是存在的。例如，有些公司以新开发产品在近两年销售中所占比例为依据，对部门经理进行奖励。这可能会很好地激励创新，因为产品不仅仅要创新，还要得到顾客的认可。尽管如此，在许多情况中，最好的选择是采用主观考核。研究型大学就是这么做的：教授每隔几年接受一次考核，但是考核是高度主观的。其目的就是对教授的创造性贡献进行评估。

本章回顾

激励不仅仅是经济学的核心，也是组织设计的关键部分。我们要更好地理解组织设计和员工行为，全面理解激励就非常重要。

我们通过考虑销售人员奖金计划的例子分析了激励。但是，由此得出的直观认识具有更大的普遍性。它适用于所有类型的激励，无论是正式的和非正式的、有意设计的或是偶然为之的。实践中的激励非常微妙，你要有训练有素的慧眼去发现这些微妙的地方，发现它们是如何影响活动和组织绩效的。

从抽象意义上讲，按照绩效支付薪酬的目标是在员工身上复制公司股东和企业家的精神。一个完美的激励计划实际上就是把工作出售给了员工，使他们成为微型企业家。这与本书在考虑组织设计时用到的市场经济比喻是一致的。

然而，实践中的激励通常与这种理想化的状态不一样。最重要的原因是绩效评估的问题，这也是为什么我们要用整个一章来讨论。考核中任何的瑕疵都可能会在员工激励和股东—企业家激励之间插入一个不和谐的楔子，离间他们之间的关系。鉴于绩效评估误差的存在，公司会投入更多资源用来监测和考核。这导致的一个很遗憾的事实是：最优激励计划会变弱，员工也不会贡献他们原本可以贡献的努力。

这种逻辑关系显示出，似乎组织总是相对无效率的。如果能够复制市场（即用某个价格体系作为良好的绩效度量），那么公司一定会选择外包。那些要求公司和员工具有长期的**雇用**关系的情况中也会存在不完善的绩效评估。例如，员工可能会参与到一些复杂的、多任务的、有些无形效果或短期内看不出来效果的工作中。或者，同事需要相互依靠来完成工作，因此我们很难把一个员工的工作效果从团队中分离出来。

绩效评估导致的其他问题，例如，扭曲或是操控的潜在因素都会导致激励变弱。这就要求我们设计出比例子中销售人员的激励制度更加复杂的激励系统。例如，多任务工作经常会扭曲绩效标准（这也有可能是因为员工倾向于降低考核中的风险）。因此，关于此类工作，我们有一个很重要的直观认识，即激励系统必须在工作的不同方面之间提供**平衡的激励措施**。这可能就要求我们根据不同的因素进行多种奖励，采用不同的（更加宽泛的）绩效测量方法，或是采用严格的主观考核和一些隐性奖励。

潜在的绩效标准操控也需要主管去花费额外时间对员工进行监管，努力发掘操控的行为。主管可能也需要对员工进行主观考核和隐性奖励。

我们要把这些理念结合起来，激励系统最后就成了一个复杂的、各部分相关联的**系统**：监测、不同的绩效标准、主观考核、显性和隐性奖励等。设计和管理这一系统是一门艺术，是经理人工作的重要部分。

思考题

1. 假设你花光所有积蓄购买了一家经营困难的公司，现在你必须扭转局面，你会把改变员工激励作为你改变局面的第一个工具吗？如果是，为什么？如果你确实要利用激励来驱动组织变革，对你而言，其他哪些方面还有可能对改变局面产生重要作用？

2. 如果某些员工在激励系统中作梗，你打算如何检测？试着想想具体的例子。

3. 考虑一下重要的医疗保险决策。此类决策应该由医生还是病人来做出？哪些是重要因素？沿着你的答案，你将如何建立激励体系来实现医保的质量和成本的平衡？

4. 第9章和第10章中提到的激励原则适用于非营利组织吗？适用于政客吗？为什么？

5. 你能想到现实生活中哪些"出售工作"的例子？

6. 你会采用怎样的绩效测量方法对那些从事研发活动的员工进行考核？我们在本章中讨论的哪些政策能够帮助你加强这些激励？

■ 参考文献

Gibbons, Robert (1987). "Piece-Rate Incentive Schemes." *Journal of Labor Economics* 4: 413−429.

Lazear, Edward (1986). "Salaries & Piece Rates." *Journal of Business* 59: 405−431.

Lazear, Edward (2000). "Performance Pay and Productivity." *American Economic Review* 90 (5): 1346−1361.

Perot, Ross (1996). *My Life & the Principles for Success*. Arlington, TX: The Summit Publishing Group.

■ 延伸阅读

Gaynor, Martin, James Rebitzer, & Lowell Taylor (2004). "Physician Incentives in HMOS." *Journal of Political Economy* 112: 915−931.

Holmstrom, Bengt & Paul Milgrom (1991). "Multitask Principal-Agent Analyses: Incentive Contracts, Asset Ownership, and Job Design." *Journal of Law, Economics, and Organization* 7: 24−52.

Lazear, Edward (2005). Speeding, Tax Fraud, and Teaching to the Test. Working paper, National Bureau of Economic Research.

Roy, Donald (1957). "Quota Restriction and Goldbricking in a Machine Shop." *American Journal of Sociology* 67 (2): 427−442.

■ 附　　录

□ 最优激励的形式分析

□ I. 最优佣金率
如果员工没有规避风险的倾向，我们对公司通过支付100%净利润的佣金率来获得最大利润的情况进行形式分析。这样，我们可以把出售工作给员工的直观认识通过更加严格的方式呈现出来。

我们把这个问题分为两部分。第一，我们分析员工的最优化行为。只有把员工的行为考虑进去，我们才能测算出公司的最优佣金率。简单设想一下，员工每付出 1 个单位的 e，公司就有 1 美元的增量利润，因此 $Q=e$。公司的绩效测量结果是对此类努力的估值加测量误差 ε，理想情况下误差为零，标准差是 σ_ε。因此，由于 $Pay=a+b \cdot PM=a+b(e+\varepsilon)$，$Pay$ 的方差 σ_{Pay}^2 等于 $b^2 \cdot \sigma_\varepsilon^2$。员工为了最大化效用而选择付出的努力为：

$$\max_e a+b \cdot e-C(e)-\frac{1}{2} \cdot R \cdot \sigma_{Pay}^2$$

如果员工没有风险规避倾向，$R=0$。因此，当 $C'(e)=b$ 时，我们获得最优值。这就是员工所提供的努力，表明员工努力对计件工资率变化的敏感程度。这就是说，员工将自己的努力水平确定在努力的边际成本等于 b 的那一点上，b 则为努力的边际收益。

现在公司来决定 a 和 b，不过这里有两个约束条件。首先，公司对 b 的选择会影响员工对 e 的选择。其次，员工最终选择一个 e，定义为 e^*。无论如何，公司都必须保证支付给员工的总报酬超过 $C(e^*)$，否则员工根本不会接受这一工作。这就意味着：

$$Pay=a+b \cdot e^*=C(e^*)$$

公司希望实现净收益减去支付员工工资后的利润最大化。净收益等于 e，所以公司的目标是把 $e^*-a-b \cdot e^*$ 最大化。我们把上一个关于 a 的等式带入这个等式中，得出简化后的公司最大值：

$$\max_b e^*-C(e^*)$$

其约束条件为 $C'(e^*)=b$。我们在此注意两点。第一，底薪 a 不会影响员工 e^* 的选择，所以 e^* 的选择不在这个等式中。第二，这个等式表示的是公司和员工的净盈余：它是净利润减去员工的额外成本。实际上，公司最好的政策是把经济总价值最大化。这是我们本章的主题之一（见本章回顾），我们用等式表示出来。底薪 a 的作用是在公司和员工间分配这一价值。公司的一阶条件为：

$$[1-C'(e)] \cdot \frac{de}{db}=0$$

所以公司必须把 b 选择在 $C'(e^*)=1$ 的那一点上。从上面我们得出了 $C'(e^*)=b$，这就表明最优 $b^*=1$，也就是说公司把净收益的 100% 都给了员工。最后，一旦我们确定了 $b^*=1$，e^* 就可以被确定了。在一定的情况下，公司需要通过选择 a^* 来满足下列等式，使得员工在选择这份工作与另外一份工作之间没有差异：

$$a^*+e^*=C(e^*)$$

你应该可以很容易地看到，员工选择付出的努力程度就跟他或她拥有这个公司时一样。当没有风险规避时，这个模型中也就没有利益冲突。

在图 10-1 电脑销售人员的例子中，$C(e)=2 \cdot e^2$。作为检验，自己不妨试着努力证明在这个例子中 $b^*=1$，$e^*=\frac{1}{4}$，且 $a^*=-\frac{1}{8}$。（注意：我们在此会用到代数知识。表 10-1 的第三栏是 ΔC 的**近似值**，而不是下面用到的导数。）

□ Ⅱ. 风险规避

我们现在假设 $R>0$，因此员工是规避风险的。那么，员工从工作中取得的价值为 $a+b \cdot e-C(e)-\frac{1}{2} \cdot R \cdot b^2 \cdot \sigma_\varepsilon^2$。这**不会**改变员工的最优努力水平 e^*，因为风险溢价不会随着 e 的改变而改变。

公司的最优状况将会改变。公司现在必须对员工的努力和所承受的风险做出补偿，风险取决于 b 的水平。公司至少必须把 Pay 定在如下水平：

$$Pay=a+b \cdot e^*=C(e^*)+\frac{1}{2} \cdot R \cdot b^2 \cdot \sigma_\varepsilon^2$$

这样一来，公司最优化的问题就是：

$$\max_b e^* -C(e^*)-\frac{1}{2} \cdot R \cdot b^2 \cdot \sigma_\varepsilon^2$$

现在公司的一阶条件是：

$$[1-C'(e^*)] \cdot \frac{de^*}{db}-R \cdot b \cdot \sigma_\varepsilon^2=0$$

在员工的一阶条件中，$C'=b$，$\frac{de^*}{db}=1/C''$，因此我们导出：

$$b^*=1/(1+R \cdot \sigma_\varepsilon^2 \cdot C'')$$

我们得到以下几个启示。第一，佣金率越低，员工风险规避倾向越强。原因是激励越强（b 越大）意味着风险越大，公司必须在激励的额外成本和收益间取得平衡。第二，绩效测量越是不准确，佣金率就越低。第三，额外努力变困难的速率越快（C'' 越大），佣金率越小，因为激励额外努力的成本越高。第四，也是比较重要的，即激励强度越低，员工提供的 e^* 也越低。

□ Ⅲ. 棘轮效应

我们现在来论证棘轮效应。当公司把下一年的目标产量确定为上一年绩效的一个函数时，就会出现棘轮效应，这种效应可以通过相近的多周期激励方案来减弱。[①] 为了简单起见，我们再回到员工没有风险规避的例子中，此时 $R=0$。在规避风险的情况下，同样的结论也适用。

对于这个问题，我们把它放在一个双阶段情况下考虑。公司可以向一位员工承诺在阶段 1 中按照特定的佣金率来支付工资。但是，员工知道，尽管公司这样承诺，但是在下一阶段公司还是会尽可能地从他身上捞取好处。（换句话说，我们假设这个例子中没

---

① 参见 Lazear（1986）和 Gibbons（1987）。

有有效的隐含合同。)

只有当员工在此公司中的收入比在其他公司中的收入要高时,公司才可能从其身上获得好处。

在早期阶段,让我们将产出设定为 $Q_t = e_t$,两个阶段分别表示为 $t = 1$,2。员工每一阶段的努力负效用为 $C(e_t)$。公司事先不知道员工所付出努力的成本,但是员工在阶段 1 中的努力水平会向公司提供一定的信息,公司可以以此来进行阶段 2 的报酬决策。

因为阶段 2 是最后一个阶段,公司选择的激励计划与只有一个阶段时所要解决的这一问题相同。即它会设 $b_2 = 1$,a_2 为:

$$a_2 + e_2 - \tilde{C}(e_2) = 0$$

写成 $\tilde{C}$ 是因为公司把 C 作为任意值,在阶段 1 员工努力的基础上形成了 C 的估值 $\hat{C}$。正是这种因素诱使员工在阶段 1 中偷懒。在阶段 1 中努力工作会导致在这一阶段获得较高工资,却会降低员工在阶段 2 中的 a_2。

那么员工在阶段 1 中将会如何采取行动?员工们知道,公司会根据他们在阶段 1 的产量 C 来评估他们在阶段 2 中的努力,而阶段 1 中较高的产量会让公司认为工作相对容易(成本低):

$$\frac{\partial \hat{C}(e_2)}{\partial e_1} < 0$$

在阶段 2 中,公司会选择 a_2,使得 $a_2 = \hat{C}(e_2) - e_2$。因此,

$$\frac{\partial a_2}{\partial e_1} < 0$$

因为 $\hat{C}$ 在 e_1 中下降。阶段 2 中,员工最大化问题为:

$$\max_{e_2} a_2 + e_2 - \tilde{C}(e_2)$$

因此,员工将自己的努力水平确定为 $\tilde{C}'(e_2) = 1$。这也正是公司所希望的,因为公司恰好在这种情况下实现阶段 2 利润的最大化。问题出在阶段 1 上,由于员工知道自己在阶段 1 努力工作会导致阶段 2 的工资下降,所以他们会降低自己在阶段 1 的努力水平。在 $\tilde{C}'(e_2) = 1$ 的约束下,员工在阶段 1 利润最大化的问题表示为:

$$\max_{e_1} a_1 + b_1 e_1 - \tilde{C}(e_1) + a_2(e_1) + b_2 e_2 - \tilde{C}(e_2)$$

一阶条件为:

$$\tilde{C}'(e_1) = b_1 + \frac{\partial a_2}{\partial e_1} < b_1$$

等号右边的第二项就是棘轮效应。阶段 1 的努力低,是因为它隐含了惩罚,即阶段 2 的工资会降低。

为了使利润最大化,公司必须诱使员工在阶段 1 中也有效地工作(这在阶段 2 中已

经发生）；也就是诱使员工满足 $\tilde{C}'(e_1) = 1$，$\tilde{C}'(e_2) = 1$。为了让员工 $\tilde{C}'(e_1) = 1$，我们需要：

$$b_1 + \frac{\partial a_2}{\partial e_1} = 1$$

所以，

$$b_1 = 1 - \frac{\partial a_2}{\partial e_1} > 1$$

因此，公司必须在阶段 1 为员工的努力提供较高的报酬，从而诱使员工努力工作。这样就抵消了员工由于阶段 1 的高绩效导致的阶段 2 底薪下降所产生的激励损失。这样，佣金率随着时间延长而下降。

最后，公司必须把 a_1 确定得足够高，以吸引员工。员工被公司吸引需满足的条件：

$$a_1 + b_1 e_1 - \tilde{C}(e_1) + a_2 + b_2 e_2 - \tilde{C}'(e_2) \geqslant 0$$

假定 $a_2 = \hat{C}(e_2) - e_2$。在这个模型中，员工努力成本不同。a_1 越高，公司就会吸引越多的员工（他们的努力成本更低，我们也可以认为他们能力更强）。

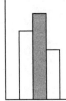

第 11 章

基于职业生涯的激励措施

职位阶层中的所有员工都倾向于去超越自己的能力水平。
　　　　——劳伦斯·彼德（Laurence Peter）和雷蒙德·赫尔（Raymond Hull），1969

■ 本章引言

　　到目前为止，我们主要将绩效薪酬视为某个特定职位已设定好的薪酬。现在我们考虑另一重要的外在激励来源：以长期激励措施推进员工的职业生涯发展。大部分员工有通过加薪和升职来增加自身收入的经历。就基于绩效的加薪和升职而言，它们是一种激励手段。

　　图 11-1 呈现了阿珂姆公司不同阶层员工的薪酬数据，这些数据是在一个时间点计算出来的。在该公司，从初级管理人员到首席执行官共有八个等级。每一等级里职位类别不止一种，但同一等级里不同的职位所对应的薪酬非常接近，对应的职责和技能水平也大概接近。该图显示了员工薪酬的平均水平。在图 11-1 中，同一职位等级对应的薪酬按百等分分布，第 5％ 和第 95％ 的数值也在图中标注出。

　　据此，可以得出几项观察结果。第一，较低的各职位等级所对应的薪酬范围较小，而较高职位等级所对应的薪酬范围较大。第二，不同职位等级所对应的平均薪酬可能存在很大差距；尤其在一些较低职位等级上，这种差距似乎比薪酬等级的宽度更为显著。这表明对升职的期望能够成为激励这些管理者的重要来源。第三，各职位阶层所对应的平均薪酬随着等级升高有显著提高，这种倾向在高层尤为显著。如果我们把奖金、股票

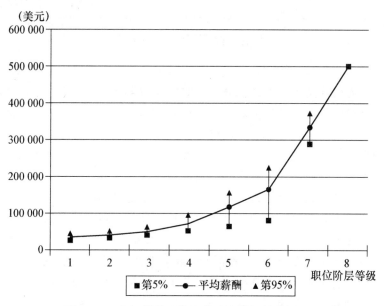

图 11-1 阿珂姆公司按职位阶层等级付酬状况图

以及对高级管理人员来说更为重要的其他形式的激励措施计算在内,提高幅度将更大。

表 11-1 表明了当公司员工的职位发生变动时,其薪酬是如何变化的。对每一职位阶层的员工来说,中间各栏分别显示未变动职位等级的员工(职位不变者)、降职至该等级的员工和升职至该等级的员工的薪酬增长百分比(排除通货膨胀因素后的调整值)。最后一栏则显示该等级与下一等级的平均薪酬百分比的差值:比如,首席执行官(第 8 级员工)的薪酬(忽略首席执行官可能赚取的其他多种形式的报酬)与第 7 级员工的薪酬之间的百分比差值为 48%。

表 11-1　　　　　阿珂姆公司按职位变化情况给员工的加薪状况表

等级	实际薪酬增长的情况(%)			相邻等级之间的平均薪酬差值(%)
	职位不变	降职	升职	
1	−0.5	−0.7	—	
2	−0.4	−0.2	5.1	18
3	0.1	−3.2	5.6	23
4	0.8	0.4	7.4	47
5	−0.1	0.5	8.7	64
6	0.1	—	4.5	40
7	−0.9	—	22.3	107
8	0	—	14.8	48
1~8 平均	0	−0.9	5.8	

毫不奇怪的是,该表显示出降职通常与员工的实际薪酬减少相关,但有时被降职者的薪酬实际上却增加了。尽管如此,我们也不应把太多权重放在降职数据上,因为降职情况在该公司(以及大部分公司)非常罕见,是极不寻常的事件:在历时 20 年的约 53 000 项观察结果中只出现过 157 起降职事件。

升职、降职和平级调任

降职的情况极少，而平级调任的情况（在同一职位阶层等级上进行职位调动）也比升职的情况少。为何在员工的职业生涯中，职位调动呈上升趋势呢？有几个原因。

首先考虑降职的情况。降职涉及处罚，除非员工的价值降低的可能性大于增加的可能性，否则该员工是不会被降职的。降职（和解雇）也可以成为看起来常见、操作起来不过于明显的做法，公司只需采用委婉的方式：可以让绩效不好的员工主动离职，鼓励他们去寻找新工作。这种安排是双赢的。公司可以避免因解雇员工而支付额外费用，也可以避免卷入可能的诉讼，员工则可以避免因降职而遭遇耻辱。

降职的情况可能是少见的，因为每当要安排某位员工到重要职位上工作时，公司表现出来的态度都是保守的，只有当员工证明了自己有相应的技能时，员工才可能被任用。我们可以将晋升阶梯视为项目评估（见第 7 章）：那些"被认可的"员工被升职，那些"被否定的"员工则未被升职。细化的员工聘任提拔办法使公司更有可能只将有才能的管理者提拔到高层职位上。

降职的情况之所以少见，也可能是因为公司要积累人力资本的缘故。如果员工随着时间推移提高了技能，其绩效就会提高。如果将具备较多技能的员工安排到较高职位上的做法是恰当的，那么在职业生涯中员工的职位变动将呈现上升趋势，进而出现升职的情况多、降职的情况少的态势。

平级调任一般涉及把员工安排到对新技能有要求的职位上，这种做法违背了专业化原则。然而，当员工一开始被安排到与其才能不符的工作岗位时，平级调任的做法是有意义的。当员工被安排到与其能力不符的职位上时，我们希望看到公司较快"明确人员安排错误"。

平级调任的做法也适用于在工作阶梯上没有升职前景却具备才能的员工，公司为的是避免该员工流失。

平级调任的最后一种适用情况是，当总经理这一职位涉及协调不同商业领域的工作时，平级调任的做法可以让总经理积累丰富的工作经验。

更有趣的是，如果一名员工没有被升职，则该员工的平均薪酬增长值为**零**（见表 11-1 最后一行）。至少在这家公司，除去通货膨胀，一名员工要获得薪酬的实际增长，唯一的出路就是获得升职。升职可以使员工平均获得约 5.8% 的实际薪酬增长。而且，正如表 11-1 最后一列所示，员工通过升职所获得的长期薪酬增长率远高于 5.8%。不同职位等级员工所得薪酬之间的平均差值远大于员工升职时所得薪酬的增加值。

原因有二。第一，那些被升职的员工倾向于在新职位上获得进一步的薪酬增长，而那些未被升职的员工往往只得到缓慢的（甚至负方向的）实际薪酬增长。第二，那些被升职的员工有资格在职位阶层中获取下一阶段的升迁，正如图 11-1 和表 11-1 所示，当一名员工的职位在职位阶层中呈上升态势时，每一次升职都让该员工获得更多的收益。

这一证据清晰地表明，一名员工的长期职业生涯愿景，尤其是晋升这种形式，往往是激励措施的一大重要来源。升职可以给员工带来很大的回报，而公司更可能把升职机会提供给绩效排名最高的员工。事实上，对大部分公司的中层管理者来说，如果他们所在的公司使用主观绩效评估，升职就很可能成为最重要的外在激励来源。

在本章中，我们分析基于职业生涯的激励措施。我们首先考虑升职的情况。已经表明的情况是，当升职成为主要激励因素时，阶层等级结构和组织结构图中各员工的薪酬结构对我们理解激励措施至关重要。接着，我们简要讨论更普遍的基于职业生涯的激励措施。最后，我们考虑在该公司内使用其他的长期激励措施，如基于资历的薪酬。

升职和激励措施

□ 升职是否应作为一项激励制度使用?

□ 有时相互冲突的双重激励作用

假设你的管理层里有一个职位空缺，你想提拔比管理层低一级的员工来填补该职位的空缺。你应该把这个职位给谁? 公司通常提拔低一级职位等级中表现最好的员工。当它们这么做的时候，它们是把升职当作激励措施的一种形式进行使用。而一种不同的观点则认为，升职机会应该给最具潜质能在较高等级的职位上表现出色的员工。换句话说，升职有两大重要作用: 一是根据员工的个人才能将其归入合适职位的作用，二是激励员工的作用。

如果在某一职位等级上表现最好的员工不能成为在高一级职位等级上的最优选择，那么分类作用与激励作用就会发生冲突。比如，在研发机构，你会发现一个很常见的现象，即最好的研究员不是最好的管理者。提拔最好的研究员去管理团队不仅可能造成管理不善，还可能使研究效果减弱。

在分类作用和激励作用发生特别严重冲突的情况下，避免使用升职作为激励措施可能是一个不错的主意。比如，作为奖励，一个研究团队可以让最出色的研究员获得更高的薪酬，在选择研究项目方面拥有更高的灵活度或得到更大的研究预算金额，但让该研究员仍在原有的职位上工作。这样做能够确认哪位研究员看上去更适合成为团队管理者这一职位的候选人，然后提拔该研究员。

幸运的是，在多数情况下这一冲突并不太严重。因为管理者通常需要很了解如何操作下属所做的工作，而这种了解能提高管理者指挥、监督和评估员工的能力。但是，当出现冲突时，有一点往往不易被察觉，即公司是否明确地试图用晋升阶梯去驱动激励措施。同时，存在另外一个棘手的问题: 公司可能无法自主选择如何利用晋升阶梯驱动激励措施，因为晋升体系常会自发产生激励效果。

□ 有意的或偶然的激励制度?

用于规范公司单纯按激励效果来设置涵盖各职位等级的晋升制度和薪酬结构的条款非常严格。至少在某种程度上，不同职位对应的薪酬状况受到外部劳动力市场的限制。如果公司专用性人力资本对员工来说并不很重要，那么员工可以轻易地从其他雇主那里获得类似的工作职位，从而限制公司给那些为升职而竞争的员工提供低薪。

此外，公司改变其职位阶层结构的能力和接受其所提拔员工自身能力差异的能力（正如我们将在后文中看到的那样），很可能也受到限制。因为有这方面的考虑，所以在多数情况下，将公司的职位阶层和薪酬结构看作为了优化激励措施而**设定**的是不恰当的。相反，升职往往可能是一项自发出现的"意外的激励制度"，即使公司并不希望把升职当作激励措施加以使用，它的出现也是无法避免的。

这里的逻辑很简单。假设各公司给绩效最好的员工升职，并且公司比劳动力市场更了解员工的能力状况。如果你被升职了，劳动力市场应当很快会推断出你的能力很可能已经高于先前被认定的水平——毕竟，你的雇主刚刚进行了这种信息传递。因此，你的价值在你被升职的当天就应当上升。为了留住你，你的雇主将被迫在给你升职的同时为你加薪。[①]

这意味着员工获得升职的期望对其产生了激励措施。由于绩效不仅受到能力的影响，还受到努力程度的影响，所以员工将尽力更好地工作，以获得升职。实际上，员工做出努力是在通过获取升职向外部劳动力市场传递与其劳动力价值有关的信息。

这种观点认为，公司并不明确地设置职位阶层和设定薪酬等级来优化激励措施。更确切地说，来自升职的激励效果是潜在的员工分类、劳动力市场对薪酬的压力及员工传递与其劳动力价值有关的信息所产生的副作用。该观点可能对许多公司很适用。

有证据证明这种观点的合理性。许多大型日本公司在第二次世界大战后针对它们的核心员工采用终身雇用制（尽管这种做法现在看上去已经逐渐消失）。这意味着这些员工中即便有人在职业生涯中期更换雇主，其数量也很少。这些公司应该很少会受到外部劳动力市场的作用力限制。事实上，日本的公司不太可能把薪酬直接与职位阶层等级联系起来，也不太可能为获得升职的核心员工大量加薪。但是，许多此类公司给员工提供两类不同的等级：一类是阶层职位等级，另一类是报酬等级。这两者之间不存在必然的联系，从而使薪酬不直接与职位相关联。此种做法在员工频繁更换就职公司的经济体里可能是无法实现的。

但是，即使这种观点是正确的，也并不意味着接下来要展开论述的基于升职的激励措施理论不重要。相反，如果升职的做法有激励效果，那么理解如何运作升职措施和升职措施给我们带来什么启示就很重要。这就使问题转向另一方面：如果升职的做法是意外的激励措施，那么公司应该使用基于升职的激励措施理论去鉴别激励制度在什么情况下产生较强和较弱的激励作用。实际上，这些信息是有用的，因为它告诉公司在解决员工激励问题时需要将努力的重点放在哪里。

在本节的剩余部分，我们在假设公司未被升职机制限制的情况下，模拟基于升职的激励措施。但是，请记住，大部分公司受到了升职机制的限制，这导致来自升职的激励措施可能无法产生达到理想状态的效果。如果出现这种情况，公司可以使用其他形式的激励措施，如奖金，以恰当地调整激励措施。或者，公司可以考虑改变职位阶层结构以改变升职比例或其他参数。

---

① 由于你在被升职前更廉价，所以公司也将有某种激励措施来推迟给你升职。某段时间内公司不将你安排到与你的技能最相符的职位上所带来的损失，将抵消公司为你升职所提供的加薪损失。

□ 升职规则：淘汰制还是标准制？

如果你的公司在如何给职位阶层中不同等级的员工提供薪酬这个问题上有充分的灵活性，你该采取什么措施来优化激励？（大部分公司不会有这么充分的灵活性，但我们优先考虑这种有用的案例，因为这种案例可以帮助我们理解基于升职的激励措施如何发挥作用。我们在本节的末尾会回到这个问题上来。）

第一个问题是关于决定给谁升职的规则。有两项极端的规则。第一，公司给固定数量的绩效最好的员工升职（通常只有一个）。这是一种竞争或者一场**淘汰赛**。第二，公司给达到某种固定门槛要求的任何员工升职（数量可以介于零和全体员工数之间）。这是一种绝对**标准**。因此，升职规则是一个关于如何评估绩效的问题。每一种评估方法的内容是什么？

□ 控制职位结构还是控制员工素质？

假设公司有严格的职位阶层等级，在阶层等级中空缺的职位数量是固定的。比如，公司可能决定将谁升职为区域经理，区域数量是固定的。同样，一般来说，公司只能有一个首席执行官。在此类情况下，员工们会为了升职自发地相互竞争。如果该职位由公司内部候选人担任，则公司必须实行淘汰制。更普遍的情况是，公司用于改变职位阶层等级结构的费用越高昂，淘汰制被公司青睐的可能性就越大。

尽管如此，伴随淘汰制的一个潜在问题是员工的整体素质可能会更不稳定。如果公司着力给绩效最好的员工升职，那么在效益不好的年份，公司可能给技能不足以胜任更高等级职位的员工升职，而让绩效不佳的管理者被追究责任；在效益好的年份，公司可能无法给一些高素质的（但并非素质最佳的）员工升职，从而导致技能娴熟的员工流失或未得到充分使用。当公司重视员工分类的这种考虑时，公司反而可能选择使用一个标准来决定给谁升职，因为标准往往可以更好地控制被升职者和未被升职者的素质。因此，在看重员工素质的公司（比如一流的法律公司或大学），升职更可能依据一个标准进行。

当然，大部分公司很可能综合使用这些方法，因为过多地改变职位等级结构或对员工进行无效分类都会在很大程度上使公司面临费用支出。因此，各公司可能让员工为升职而彼此竞争，但是当人才库出现人员不足或人员饱和的情况时，各公司可能会放松要求，使获得升职的员工在数量上少于或多于一般年份，或者通过从外部劳动力市场引进人才来填补职位空缺。

□ 相对评估与绝对评估

淘汰制和标准制之间的另一重要差别体现在**绩效评估**上。当公司使用一套标准时，每个员工的绩效就依据该标准进行评估。当员工们竞争时，公司则参照参与竞争的员工的表现对员工的绩效进行评估。这种做法是一般方法用于绩效评估的特殊例子，即**相对绩效评估**（relative performance evaluation，RPE）。由于淘汰制是相对绩效评估的典型例子，故对它的讨论从第 9 章延至本章。然而，请注意，相对绩效评估的技巧可被用于多种激励方案。

评估的简易性与客观性。有一种意见认为，在淘汰制中进行评估比在标准制中进行评估更为容易。由于固定的奖励是给小部分参与竞争的员工，唯一需要了解的信息是哪些员工的绩效排名靠前。公司无须确定员工的绩效要好到什么程度。这是按照**序数**排列而非按照**基数**排列的例子，这里的关键是顺序，而非参与竞争的员工之间的差距。在多数情况下，公司很容易就能确定绩效最好的员工是谁，这点甚至对工作内容复杂、很多方面难以衡量的职位也适用。而通常情况下，公司要确定每一名员工的绩效是比较困难的（不妨考虑确定哪一块煤比另一块大与确定每一块煤的重量之间的差别）。而且，因为大家很容易就可以确定绩效好的员工，员工们可能认为淘汰制的结果更为客观。这些是淘汰制的根本优势。

风险。在另外一些重要方面，淘汰制评估与标准制评估也存在差别。风险就是一个例子（在本节中我们只提及不可控风险）。假设你的公司有两名销售员，一名在丹麦，另一名在新加坡。员工绩效受到努力度的影响（用 e 表示），也受到机遇好坏的影响（测量误差）。再进一步假设机遇受两个不同因素影响。第一个因素是当地事件，如丹麦或新加坡的经济状况和当地市场中竞争者的行为（用 ε 表示）。第二个因素是全球事件，如全世界宏观经济状况或石油价格（用 η 表示）。用下标 S 和 D 来分别指代两名员工，我们得出：

$$PM_D = e_D + \varepsilon_D + \eta$$
$$PM_S = e_S + \varepsilon_S + \eta$$

参数 η 没有下标，因为我们假定全球经济状况会对两名销售员产生同样的影响。

如果我们采用标准制来决定升职事宜，则在丹麦工作的员工的绩效指标为 PM_D。如果我们采用淘汰制，则决定给谁升职是以谁有更好的总绩效为依据。按照淘汰制，在丹麦工作的员工的相对绩效指标为：

$$RPE_D = PM_D - PM_S = e_D + \varepsilon_D + \eta - e_S - \varepsilon_S - \eta = e_D - e_S + \varepsilon_D - \varepsilon_S$$

在这个例子中，$RPE_S = -RPE_D$。这一绩效指标公式与第一个绩效指标公式在几个方面存在差别。第一，两名员工共有的参数 η，没有出现在这一绩效指标公式中，这为在丹麦工作的员工减少了测量误差。然而，出现了另一个误差项，即 $-\varepsilon_S$。最终，在新加坡工作的员工的努力指数 e_S 这时发挥了作用。你觉得哪一个绩效指标更好？

首先，请考虑风险问题。两个绩效指标的差异为（假设 μ 和 η 的相关度为0）：

$$\sigma_D^2 = \sigma_\varepsilon^2 + \sigma_\eta^2$$
$$\sigma_{RPE}^2 = 2 \cdot \sigma_\varepsilon^2$$

一方面，如果两名员工都存在测量误差，即 η，在决定员工绩效方面（较不稳定的绩效）比个性化风险 ε 更重要时，相对绩效评估能够减少风险。在我们的例子中，如果在决定丹麦和新加坡的两个销售员的销售状况方面，全球化因素比本地化因素发挥的作用更大，则相对绩效评估能够减少风险，从而改善激励方案。另一方面，如果个性化或本地化风险 η 更重要，则相对绩效评估会加重绩效指标的风险。

扭曲。相对绩效评估的最终效果是它可能对激励员工合作的措施造成扭曲。要了解这点，让我们考虑一个多任务模型的情况，在该模型中每一名员工能够提供两种努力。第一种是 e^p，是努力提高员工自身的绩效；而第二种是 e^s，是努力降低同事的绩效。这是模拟蓄意破坏行为的简单方法。按照这种方法，员工 A 和员工 B 的绝对绩效指标为：

$$PM_A = e_A^P - e_B^S + \varepsilon_A + \eta$$
$$PM_B = e_B^P - e_A^S + \varepsilon_B + \eta$$

（员工 A 的）相对绩效评估值为：

$$RPE_A = PM_A - PM_B$$
$$= (e_A^P - e_B^S + \varepsilon_A + \eta) - (e_B^P - e_A^S + \varepsilon_B + \eta)$$
$$= (e_A^P - e_B^P) + (e_A^S - e_B^S) + (\varepsilon_A - \varepsilon_B)$$

就相对绩效评估而言，员工能够通过两种方式提高评估值。一个是在标准化的意义上更加努力工作：增加 e^P。另一个是**破坏**同事的绩效，即 e^S。相比之下，当评估以个体绩效为依据时，则不会激励员工去破坏其他员工的绩效。

当员工能参与有影响力的活动时，如游说管理者给予自己更好的评估结果或奖励，或做出一些取悦管理者却不能提升公司价值的举动，类似的被扭曲的激励措施就会产生。如果这些举动能提高员工在管理者心中的**相对**地位，相对评估将激励员工参与此类活动。

相对绩效评估也会削弱对员工在职位上**合作**行为的激励。这是相对绩效评估的一个严重的不利方面，因为在某种程度上公司的大部分职位决定了员工需要和其他同事相互依存。

原则上，通过在绩效评估内加入鼓励合作和防止破坏行为的措施，公司可以使用相对绩效评估方案（如淘汰式升职）并解决这些问题。比如，主观评估可用来鼓励合作并引导减少同事损害行为。这样就使团队里那些能力不足的成员不会被升职。很明显，在这些情况下，各公司确实能将这些问题纳入考虑之中。然而，由于合作行为和破坏行为常常很难被察觉和量化，这些权宜之计都显得不够完备。因此，相对评估的一个缺陷是，当员工要完成的工作任务多数需要借助同事的力量时，它可能就不会那么有效。对于职位相对独立的员工来说，比如在不同地理区域工作的销售人员，或在流水线上工作的员工，相对评估可能会是有效的。相比之下，这些办法对同一个工作组的成员来说也几乎一定不是好主意。

另一种方法可能要求采用更宽泛的绩效指标，如 $PM_A + PM_B$。在这种情况下，公司有措施激励员工合作而不采取破坏行为，因为能否获得奖励也取决于同事的绩效。确实，很多公司之所以使用某种形式的团队（或业务组，或部门）奖励，在一定程度上是出于这个原因。当然，这种措施**并不像**相对绩效评估那样过滤掉一般的测量误差，相反它一般会增加测量误差。更具体地说，当公司以团队的工作情况为依据确定是否对你进行奖励时，你将遭遇风险，因为你无法控制你的同事的工作表现和他们的机遇。这就是我们之前在第 9 章中提到的：较宽泛的绩效指标能减少对激励措施的扭曲，但倾向于增加评估风险。

当公司无法将激励措施的此类扭曲从评估中移除，而由于各职位间的相互依存又需要重视员工合作时，公司的恰当反应是改变激励结构。如果升职仍然被公司用来驱动激励措施，那么公司应该减少奖励。尽管公司这样做将会减弱总体的激励措施，但可以减少员工的破坏行为和增加员工之间的合作。这是当评估能扭曲多任务激励措施时，公司应减弱激励措施这一理念的简单应用。

一个解决办法是公司以团队奖励为方向设定制度。公司可以规定绩效指标与奖励都以团队工作效果为依据；另一个解决办法是公司可以规定升职以绝对绩效为依据，而不以相对绩效为依据；尽管以绝对绩效为升职依据时，公司在开展评估工作的过程中可能会遭遇更多困难，公司就必须解决本书第9章中提出的那些问题。

另外，注重合作的公司不应让员工为了奖励而竞争。这样做是为了表明公司重视形成具有竞争力的团队。我们在后文中还会就此进行更多说明。

最后，公司在招聘员工的时候应考虑员工合作的重要性与员工破坏合作的可能性。人们在工作职位上与同事进行合作的程度不一样，对破坏合作感到羞愧的程度也不同。对于一些相互依存程度较高的工作职位，努力招募具有较强合作精神特质的个体就显得很重要，因为这些个体乐于在团队中工作。

绩效评估强制分布曲线

请记住，员工经常针对一点抱怨绩效评估，即管理者们倾向于在进行绩效评估时将许多员工定为相同的等级。另外一件令员工担忧的事情是一些管理者可能态度宽容，而另一些管理者则可能态度严厉。这是一种随机事件，它增强了薪酬体系的风险性。

为了解决员工的这些忧虑，一些公司在等级分布上施加了多种**强制分布曲线**。（有些大学采用类似的评级制度。）一些公司则对每一等级的百分比有明确要求。还有一些公司则要求评估结果应符合固定的百分比平均数，尽管等级分布会围绕百分比平均数波动。这些方法通常涉及某种相对绩效评估元素，因为管理者将一名员工的绩效定为较高等级就会迫使他将另一名员工的绩效定为较低等级。

此类方法显然能引起员工绩效等级分布的离散度变高，管理者更频繁地使用低档给员工定级，等等。这些方法也能减少由于评估者过于宽容或随和而给员工带来的风险。要了解这点，需要考虑评估者的严厉态度或宽容态度产生的效果是降低还是提高其**所有**下属员工的等级。在我们对相对绩效评估的讨论中，这是一种常见的测量误差形式（η）。而相对绩效评估则过滤掉了这种效果。

虽然因为这些优势，强制分布曲线可能对我们具有吸引力，但这些曲线本身也存在问题。正如任何一种相对绩效评估一样，强制分布曲线不鼓励员工合作，而可能鼓励员工破坏同事的绩效。强制分布曲线能够带来自有的风险形式，因为员工们可能被公司拿来与一个非常优秀的团队里的员工进行对比评估，从而使这些员工的绩效等级降低。（如果等级不是在团队规模过小的情况下进行评定的，那么这种绩效等级下降的情况不太可能出现。）而且，公司向员工们提供关于绩效的明确反馈可能并非总是最好的做法。因此，许多公司不使用强制分布曲线，有的公司似乎在使用强制分布曲线与不使用强制分布曲线这两种方法之间来回切换，因为两者都不完备。

通用电气公司（GE）是在成功使用强制分布曲线方面最有名的范例，该公司称此方法为顶级评级法。然而，为了使评估项目发挥效力，通用电气公司做出了很大的努力，同时使用了其他的一些方法。比如，通用电气公司就如何开展细致的评估、如何细致地监控评估过程及如何记录评估结果对管理者进行培训。这样做减少了公司为心怀不满的员工承担法律责任的潜在可能性。同样重要的是，通用电气公司有着很激进的企业文化（见后文中我们对"鹰派"和"鸽派"的讨论）。所有员工非常明白，如果连续两年受到绩效差评，就会面临被解雇的高风险。最后，通用电气公司具备很大、很复杂的组织结构，因而他们常常能够将绩效不好的员工再次安排到其他更适合该员工的职位上，以减少解雇员工给公司所带来的支出（包括诉讼）。

□ 升职如何产生激励作用?

□ 奖励结构和激励措施

正如前面两章所描述的，激励措施依靠两样东西：个人努力程度 e（提高生产率的那种努力，而非破坏行为）影响评估的方式，以及评估与奖励的关联方式：

$$\frac{\Delta Pay}{\Delta e} = \frac{\Delta Pay}{\Delta PM} \cdot \frac{\Delta PM}{\Delta e}$$

就升职而言，上式右方的第一项是一个常数（一次性奖励，升职后加薪，等等），因为一名员工要么得到不连续奖励，要么得不到。这看上去和上一章的图 10-3 相似。

第二项要复杂一些。在采用绝对标准制的情况下，奖励的门槛要求是固定的。在采用淘汰制的情况下，竞争者必须击败一定数量的对手。由于各竞争者的绩效在事前是未知的，因而奖励的门槛要求也是不确定的——这是一个处于变动中的目标。否则，我们就能以同样的方式分析淘汰制和标准制了。

要了解这些想法如何应用在升职上，让我们写下员工获得奖励的条件。假设一名员工的底薪是 W_1，如果该员工获得升职，其工资增加至 W_2；将升职所加工资额，即奖励额定义为 $\Delta W = W_2 - W_1$；将可能性记作 $pr(\cdot)$，则

$$Pay = pr(未升职) \cdot W_1 + pr(升职) \cdot W_2$$
$$= W_1 + pr(升职)\Delta W$$

因为 $pr(未升职) = 1 - pr(升职)$。所以，

$$\frac{\Delta Pay}{\Delta e} = \Delta W \cdot \frac{\Delta pr(升职)}{\Delta e}$$

将绩效指标看作具有双重作用的参数（绩效足以赢得升职，或不足以赢得升职），那么绩效指标可分解为两项，第一项为 $\Delta Pay/\Delta PM$，第二项为 $\Delta PM/\Delta e$。这两项都对激励有影响。

薪酬水平。我们很快就可以得出一个重要结论：对升职影响最大的主要是薪酬增加额 ΔW 的变化。这是对第 10 章中观点的应用，即薪酬-绩效关系的状况比薪酬水平更能够驱动激励措施。正如第 10 章中图 10-1 生动呈现得那样，薪酬水平使工资-绩效关系出现波动，提高或降低预期薪酬的整体水平。比如，公司可以通过改变 W_1 对上方方程式中的预期薪酬加以调整，而不用改变 ΔW（因此使得 W_2 与 W_1 同方向改变了相同的量）。

一般的观点认为：公司在设计薪酬方案时有针对两种不同目的的两套不同方法。底薪一般用于确保公司能够招募和留下符合素质要求的员工。公司会根据劳动力市场在技能方面的供需状况做出反应。公司会根据员工总体努力度和激励制度所体现的总体风险

水平对激励措施做出相应调整。

在很多情况下，公司按绩效定薪酬的方式较少受到限制，甚至在加班薪酬方面也如此（在讨论基于资历的薪酬时我们会了解这点）。公司可以利用薪酬设定方面的灵活性设计恰当的激励措施，使激励措施与招聘人才及保留劳动力这一问题相分离。

升职的奖励。最后一个方程式体现的最重要一点是升职激励措施的力度越大，升职后加薪额度（还有其他的奖励）越大。在任何竞赛中，奖金额度越大，竞赛者投入的努力就越大。关于这一点，在体育运动中有许多例子。各球队倾向于在最重要的比赛中投入更多努力，而在这些比赛中存在的风险也更大。在不那么重要的比赛中，各球队则有所松懈。同样，员工在晋升阶梯上的努力度也存在这种情况。

我们可以把这一观点应用到表 11-1（或图 11-1）中的数据分析上。处于职位阶层较高等级的员工，在获得升职后往往能得到更大的加薪额度和长期回报。这表明激励措施倾向于在高层强化（不过，情况并非必然如此，因为我们还没有分析最后一个方程式中的第二项）。

就第一个近似值而言，员工在升职后得到的加薪额度可以作为依据，供我们很好地估计员工通过升职获得的回报。这是员工在升职后获得的直接收益，一旦获得升职，这一直接收益就有保障。因此，员工升职后获得的加薪额度可以作为最佳出发点来分析公司职位阶层的激励结构。

如果我们对员工通过升职所得奖励进行较复杂的估计，则可以认为升职的另一好处是它能使员工有资格得到一些额外的奖励。这些额外的奖励包括在新职位上得到更高的加薪额度（正如表 11-1 的最后一列所示）和有能力竞争下一次升职。这些额外的奖励对员工来说也具有某种价值，尽管它们与升职后立即加薪相比多少打了些折扣，因为员工需要进一步努力才能获得这些额外奖励，而且不能确保员工一定能够得到这些奖励。

这暗示了处于工作阶梯较高等级的员工所对应的薪酬——或员工在连续的升职竞争过程的后期所对应的薪酬——影响**所有较低等级**的员工激励措施。5 级和 6 级之间的薪酬差别越大，1 级至 5 级的**所有员工**受到的激励越大（当然，激励作用对于与 6 级相差较远的职位等级上的员工来说可能不明显，因为公司把员工从较低等级直接提拔到 6 级的可能性很小）。换句话说，组织框架中各职位等级的薪酬结构对较低等级的员工有重要的激励作用。

这个观点给我们的一个启示是给予高层员工较大奖励更为重要。原因在于，这些奖励能成为激励更多员工的措施，因为较高职位等级之下的职位等级很多。这就解释了为什么随着职位阶层等级的上升薪酬额迅速上涨（如图 11-1 所示）和为什么高管的薪酬水平通常特别高。高管的薪酬水平这么高可能不仅仅是为了给高管支付相应的薪酬：这么高的薪酬水平也许可以激励职位低于高管的员工也努力成为高管。

□ **升职可能性和激励措施**

上面最后一个方程式中的第一项是努力度对员工赢得升职的可能性所产生的影响。从抽象意义上来说，当奖励为一次性时，绩效指标具有两面性：员工的绩效要么足够高，高到可以获取奖励；要么不够高，无法获取奖励。因此，这一项与 $\Delta PM / \Delta e$ 是一样的。

对升职可能性的形式分析带有技术性。然而，由形式分析所产生的直观认识具有直

人事经济学实务（第二版）

接性，适用于淘汰制和标准制。请考虑两种极端情况。在一种情况下，升职是有保障的，可能性为一。在另一种情况下，升职是不可能的，可能性为零。在这两种极端情况下，做出努力都是没有意义的——因为努力的多少不会使结果产生任何差别。这时，激励作用为零。显然，要产生激励作用，唯一的方法就是采用折中的办法，即公司使员工可能获得升职，但升职既不会太难实现，也不会太容易实现。[①]

很直观的一种认识是，如果机遇也对升职起作用，那么提升努力度对员工赢得升职概率所起的作用将影响激励措施。极好的机遇和极坏的机遇都相对不太可能出现。如果员工赢得升职的概率很低，那么靠增加努力度而使升职结果产生差别的可能性将会很小，因为要赢得升职需要很好的机遇。

有一点认识也许不那么直观，即员工获得升职的可能性很大的时候，同样的结论也适用。在这种情况下，激励措施会使员工懈怠，因为努力度下降幅度增大也不可能使员工失去升职的机会，除非员工遇到极坏的机遇。因此，我们可以在这里举一个例子：当球队在比赛中遥遥领先时，通常会让替补队员上场。

在实际的组织中，升迁到高一级阶层的可能性往往远不及 50%，尤其对处在较高等级的员工来说更是如此。因此，在实践中我们得出一个结论，即就确定的奖励而言，如果升职激励措施力度较弱，那么升职率也较低。

□ 机遇

在所有的激励制度中，机遇对升职激励措施有一定作用。在第 10 章我们考虑过的较简易的激励制度中，机遇的作用是增加必要的风险溢酬，最终减小最优的激励强度。正如机遇在任何激励制度里所发挥的作用那样，机遇在这里也发挥了相同的作用。尽管如此，机遇在这里还起了一种不同的作用——它也减少了激励。

假设你正在进行网球比赛。有几日风力很小，但另外几日风力很大。当风力小时，你能更好地控制击球方式。当风力很大时，你控制击球方式的能力就减弱。这意味着，在起大风的日子里，比赛结果不太可能由选手的球技决定，而更可能由机遇的好坏决定。这同样适用于升职制度的设置：无论是淘汰制，还是标准制。

由于这种不确定性效应，风险削弱了员工努力度对升职结果所产生的作用，它减小了 Δpr（升职）$/\Delta e$。[②] 附录明确显示了这点。当然，在效果上这意味着测量误差较高时 $\Delta PM/\Delta e$ 较小。到现在，你知道了那意味着什么——激励会变弱。

机遇对我们设定最佳激励措施有哪些启示呢？如果测量误差较大，激励将较弱，除非公司增加奖励的幅度。公司可能做出的一种反应是投入更多的成本来更细致地考核员工绩效。另一种可能的反应是改变奖励结构。当机遇对激励起更大作用时，最佳奖励结构将更加倾斜（更多奖励会提供给绩效好的员工）。

有一种观点认为机遇对最佳薪酬结构起作用并产生影响，这种观点对我们理解薪酬如何因产业和国家而发生变化有启示作用。例如，请考虑一下美国和日本在这方面的差

---

① 会计学和心理学的一些研究得出结论：当员工有 50% 的概率达到获得奖励的目标时，激励措施的力度最强。经济模型帮助解释为什么情况可能如此。

② 只有升职率不过于接近 0 或 1，这一点才是真实的。无论升职率更接近哪个极端，相反情况变为真实的可能性都更大。这是因为努力度的增加只在一些情况下使升职结果出现差别，即努力度与极好的机遇或极坏的机遇结合在一起时的情况。

别。与美国的薪酬结构相比，日本的薪酬结构更加扁平化。在日本，高管和生产工人之间的薪酬差距要比在美国小。有人将这种现象解释为美国公司及其高级管理层作风奢侈。

另一种可能的解释认为，美国的经济环境比日本的经济环境面临更大的风险。在美国，员工的升职可能更多依靠随机因素。比如，在职业生涯中，日本员工获得升职的机会比美国员工获得升职的机会要晚。日本的管理者成为首席执行官的时候，公司对该管理者的工作能力有着清楚的认识，测量误差不太可能对确定升职产生作用。如果美国员工的升职更大程度上受机遇的影响，那么美国的公司可能通过选择更大范围的薪酬等级来抵消机遇对努力度的削弱作用。

关于新旧产业之间的比较，我们可以得出类似的观点。如果机遇在较新的产业中对个体绩效的影响更重要，那么与较旧的产业和较为传统的产业相比，较新产业中的公司可能倾向于在他们的薪酬结构中设置较大幅度的差别。

□ 总结

我们看到淘汰制和标准制在很多方面对我们设计激励方案有相同的启示。启示中最重要的问题是为升职的员工所设奖励的幅度。对于这个问题，我们做的一个很好的初始估计是员工升职后获得的加薪额度。如果我们要做更好的估计，就需要将升职后拥有更好职业前景的员工的劳动力价值得到增加这一因素考虑进来。

下一个重要的因素是升职率。较高的升职率（只要不是太高，而在公司内升职率一般不会太高）通常意味着在奖励幅度不变的情况下激励的力度变得更强。

将这两种观点结合起来，如果公司在跨等级薪酬的设定方面有足够的灵活性，可以去设定只产生最佳激励措施的薪酬等级，那么在升职率较低的情况下公司应该提高升职后员工所得的加薪额度，反之亦然。处于职位阶层较高等级的员工获得的加薪额度通常还应更大。

最后，较好的机遇或较大的绩效测量误差不但意味着公司要给员工更高的风险溢酬，而且减少了晋升制度的激励效果。

淘汰制和标准制在一些重要的方面存在差别。首先，当职位空缺固定时，淘汰制是必要的，因为淘汰制能够更好地控制被提拔员工的数量。当公司比较看重被提拔员工的素质时，标准制更有用。其次，淘汰制是一种相对绩效评估形式，因而通常会扭曲激励措施，不能激励一起工作的员工合作，而激励他们破坏同事的绩效。而标准制不会产生这些消极作用。

□ 高级问题

□ 员工的异质性

上面谈到的理论假定所有希望获得升职的员工具有同质性。如果他们在能力上或其他重要的方面发生变化，会出现什么情况？结果是，公司将不同类型的员工混合安排在一起会给基于升职的激励措施造成一些问题。

能力差异。如果员工在能力上有差异，那么他们赢得升职的可能性也会不同。那些具备最高能力水平的员工在赢得升职方面可能有很大胜算。正如我们从上文中看到的，此时激励措施对他们产生的激励作用较弱。同样，由于那些绩效不好的员工可能没有被升职的可能性，因而他们也可能懈怠。激励措施对那些认为自己的绩效介于赢得升职机会和失去升职机会之间的员工具有最大激励作用。

比如，请考虑第10章的图10-3中的薪酬结构。公司将员工赢得升职的门槛要求设定为 T（如在标准制中 T 为常量，在淘汰制中 T 为变量）。如果员工认为自己的绩效值接近 T，激励措施的效力就很高，因为员工为了预期的奖励所做的努力有很强的递增效应。如果员工认为自己的绩效值远高于或远低于 T，激励措施的效力可能会很弱。换句话说，劳动力出现异质性时，基于升职的激励措施往往会无法很好地发挥其作用。

公司能对此做些什么呢？如果公司采用标准制来决定员工的升职，那么它可以针对不同的员工简单地改变标准值 T，对绩效较好的员工设定较高的升职标准，反之亦然。很遗憾，这将对员工分类产生消极作用——这种做法使能力低的员工较易获得升职，而能力高的员工则较难获得升职。

在这些情况下，公司必须花费资源对员工进行预分类，以缩小员工能力的差异。在体育竞赛中，运动员被分进不同的组别，以便能力接近的运动员彼此竞技。在公司内部，公司给越多的员工升职，团队中剩下的符合升职要求的员工就越具有同质性。所以，相对于较高职位等级来说，能力差异的问题在较低职位等级更值得关注。

员工们会如第2章中提到的那样恰当地做出自我选择吗？很遗憾，答案通常是否定的。能力低的员工倾向于努力接近为能力高的员工设定的晋升制度（或体育分组），因为较高层次的员工能力体系对应的底薪较高。

绩效的同质性和基于升职的激励措施之间所产生的有趣启示与主观绩效评估有关。当然，升职常常建立在管理者对员工绩效进行主观性评估的基础之上。设想你是上级领导，正努力决定给你的下属员工什么样的绩效反馈。下属员工希望赢得升职，但升职的决定将来才会做出。你会告知他们什么信息？

如果员工正好处在升职的边缘，公司将相应的绩效信息反馈给他们只会强化针对他们的激励措施。有趣的问题是，你会告知那些绩效高出升职门槛要求的下属员工什么信息？如果目标是让激励作用最大化，那么向那些在升职方面有领先优势的员工或处于劣势的员工提供精确明晰的绩效反馈信息可能会大大减弱针对他们的激励措施的效果。

相反，向绩效好的员工反馈某种程度上负面的（或比该员工实际绩效略差的）绩效信息可能改变他们对自己工作表现的看法，推动他们去更努力接近升职门槛要求，增强针对他们的激励。同样，向绩效不好的员工反馈高于该员工实际绩效的正面信息可能增强他们的积极性，因为他们将不太可能放弃对升职的期望。

这暗示着，当升职激励措施的力度大而绩效评估带有主观性时，管理者们会受到激励，去扭曲反馈给员工的绩效信息。出于对负面反馈信息可能使员工失去动力的担忧，管理者可能尤其不愿向绩效不好的员工反馈负面信息。即使他们未对反馈信息加以扭曲，他们也可能在向员工反馈信息时含糊其词，不给出实质性的信息，为的是至少让绩效领先的员工和绩效落后的员工较难弄清楚自己的绩效名次。这些观点也许有助于解释关于主观绩效评估的几个事实：绩效分布倾向于集中和偏向上升的状态；管理者倾向于不愿给下属员工明确的绩效反馈信息；下属员工往往不相信自己的绩效等级是公正评定的。

性格差异。我们已经讨论了淘汰制可能引发一个问题，即破坏其他员工的绩效和造成员工间缺乏合作。现在假设员工的性格出现差异：一些员工竞争心较强，或不太可能与其他员工合作；而另一些员工出于个人喜好，倾向于在工作场所更多地与其他员工进行合作和投入团队协作。如果把这两种类型的员工混合安排在需要通过竞争获取奖励的工作场所，就会出现问题。

下面的例子阐释了这种观点。请考虑四名员工：两名**鹰派**员工 H_1 和 H_2，两名**鸽派**员工 D_1 和 D_2。鹰派员工竞争心强，而鸽派员工合作精神强。把他们同时安排到生产队的方法很多，表 11-2 列出了一些可能的方法。

两种极端情况是 A 和 E。在结构 A 中，所有员工一起工作。在结构 E 中，所有员工独立工作。结构 E 失去了员工互动的全部优势。如果对不同员工类型进行组合产生的潜在协同效益很大，那么公司将愿意考虑采用类似结构 A 的结构。如果情况是这样，那么正如我们将看到的，在这里选择淘汰制类型的奖励制度将是一个错误。

表 11-2　　　　　　　　　　　　　　按员工性格类型分配团队

人员结构	团队类型			
	1	2	3	4
A	H_1，H_2，D_1，D_2			
B	H_1，D_1，D_2	H_2		
C	H_1，H_2	D_1，D_2		
D	H_1，D_1	H_2，D_2		
E	H_1	H_2	D_1	D_2

混合安排不同类型的员工会带来一个激励方面的问题，即当把鹰派员工和鸽派员工组合在一起时，竞争心强的鹰派员工将倾向于更少地与其他员工合作，更多地破坏其他员工的绩效。我们的直观认识是，建立在相对绩效上的奖励会激励这两类员工避免合作。但鹰派员工知道，和自己比起来，鸽派员工很可能较多地与其他员工合作而较少破坏其他员工的绩效。这意味着鹰派员工往往会在较大程度上破坏鸽派员工的绩效，并在赢得升职方面处于优势地位。

这也意味着这时他们的相对绩效将出现差别。正如上文所描述的，当员工的相对绩效出现变化时，淘汰制激励措施往往力度较弱。因此，当奖励是通过竞争获得时，员工的性格差别可能加重激励措施的差别。

如果鹰派员工和鹰派员工组合，鸽派员工和鸽派员工组合，就不会出现这种效果，因为这时他们是在激励措施相同的条件下和性格与自己相同的员工进行竞争。遗憾的是，激励使鹰派员工和鸽派员工竞争，这使得员工进行自我选择的现象一般不会出现。尤其是当公司采用淘汰制时，我们再次看到对员工进行分类的好处，因为这种分类可以让性格相似的员工彼此竞争。

此种效果表明了各公司在企业文化上出现差异的一个原因。奖励结构中竞争性更强的公司应对竞争心较强（而希望进行较少合作）的员工进行优化分类，反之亦然。我们看到本书中讨论的一些问题之间的联系：职位间的依赖程度对公司决定是否让员工为奖励而竞争很重要。反过来，这点影响公司应该招聘的员工类型，并最终影响企业文化的形成。

□ 针对未能升职者的激励措施

任何基于升职的激励制度存在的一个问题是它仅仅在于通过让员工觉得有足够的概

率获得升职来产生激励。那些升职无望的员工，如在以前的竞争回合中被淘汰的那些员工，将不会受到激励。对那些很长时间在一个职位上工作的员工和那些没有进一步升职前景的员工来说，这种外在激励作用减少。这就导致一种常见的抱怨：这些员工是"枯木"，相对而言没有生产率。[①]

对这些员工，公司可以做几件事情。一是鼓励他们离开公司或在公司里寻找一个更合适的职位（比如，参见先前关于通用电气公司的表格）。二是提供其他形式的激励。比如，缺乏获取升职前景竞争力的员工可以获得以年度奖金形式发放的较有竞争力的绩效薪酬。三是，管理者也许可以向员工提供机会，让他们完成新任务和学习新技能，以此来增加外在激励作用。

□ 外聘

当然，公司经常外聘员工，而且不只是在初级职位上。外聘员工对基于升职的激励措施会产生什么效果？

第一个效果是外聘倾向于减弱针对公司内部候选员工的激励强度：它降低了在职员工获得升职的可能性。另外，请记住：公司希望将最佳候选员工升职到较高等级职位与希望给绩效最好的员工升职之间存在冲突。即使公司以前宣布会将升职机会提供给绩效最好的员工（这是升职延误问题的另外一个例子），一旦员工们投入了努力，公司也可能试图按照将来的绩效而非以往的绩效给员工升职。当然，如果员工预见到了这个问题，公司的这种做法一开始就会削弱针对他们的激励作用。外聘只会加重这种顾虑。

所以，公司应当考虑外聘使公司付出的一个重要代价，即外聘的做法可能降低对现有员工的激励作用。大部分公司往往偏向于以公司内部的员工作为空缺职位的候选人，外聘员工使公司付出的重要代价就对此做出了一个解释（另外一个解释认为公司专用性人力资本因素在起作用）。

外聘确实有一些优势。请记住，使用绝对标准决定升职问题的好处在于，公司能更好地控制较高等级职位上员工的素质。而淘汰制的好处在于，公司可以比较容易对员工进行绩效评估，因为淘汰制属于相对绩效评估，而且在淘汰制中只有绩效排名顺序起作用。通过采用与淘汰制相结合的外聘措施，公司能够同时获得这两项优势。通过使用淘汰制，员工升职可以以他们的相对绩效排名为依据。尽管如此，在一些年份，当公司的内部人力资源库出现素质过低的情况时，公司可以转而决定从公司外部招聘员工。选择外聘将在某种程度上降低对在职员工的激励作用，但由于公司只是偶尔采用这种做法，这种影响应该较小。还有，这样公司就能够避免将素质不高的员工升迁到较高等级的职位上。而且，员工和潜在的公司外部候选者竞争，可以减少对损害公司内部候选员工绩效的行为的激励。

□ 员工流动率

员工流动率对建立在升职基础上的有效激励制度很重要。员工流动率越高，开放

[①] 这种现象的另外一个原因，有时候被称为彼得原理（即员工趋向于被提拔到他们能力所不及的职位等级），即如果员工在同一个职位上待的时间较长，则他们的平均能力会下降。这是公司总是使具备高能力的员工获得升职所产生的结果。

的职位空缺就越多。这样能增强针对员工的升职激励作用。因此，如果一家公司注重使用升职作为激励措施，合理的员工流动率是有益的。相反，如果公司的员工流动率过低，建立在升职基础上的激励措施就可能不能发挥良好的功能。请考虑组织结构图中职位阶层等级快速变窄的那一点：较高等级上的职位远少于较低等级上的职位。在这种情况下，升职率会很低，而低升职率所产生的激励的效力很弱，除非员工能够通过升职获得很大的奖励。公司可以做出选择。从长远来看，公司可以设法重组职位阶层以提高升职率。从短期来看，公司可以给一些职位等级较高的员工升职或将其辞退。

□ 证据

我们要对公司内部建立在升职基础之上的激励措施所产生的效果进行观察是困难的，因为在此类情况下我们无法获取员工个体的产量指标。关于淘汰制和标准制的理论的大部分实证证据来自其他渠道。比如，一些研究已经检验了较丰厚的奖励是否会激励运动员在例如高尔夫体育比赛中有更出色的发挥。检验结果倾向于强有力地佐证我们对丰厚奖励所产生激励作用的预测，这表明职业运动员会对这些激励措施做出反应。事实上，许多职业球队都有针对球员的周密激励方案，这表明职业球队认为可以通过这种方式激励自己的球员。

在另一系列的测试中，我们开展了实验室试验，以确定试验参与者（通常是大学生）是否按理论预测的方式行事。这些研究往往发现较丰厚的奖励会激励试验对象提高努力度，较大的风险会导致试验对象降低努力度，而较低的升职可能性也会导致试验对象降低努力度。所有这些都和预测的一致。另外，学生付出努力度的情况通常可以立刻体现出试验结果与该理论所预测的情况相吻合。尽管如此，有一个试验结果令人不解，即在淘汰制下而非标准制下，员工产量的变化幅度大于该理论的预测值。累积的证据似乎表明不同员工会对竞争做出不同的反应，这也许能解释该试验结果。例如，当我们让员工在淘汰制和标准制之间做出选择时，与女性员工相比，更多男性员工会选择淘汰制。

一些研究已经分析了公司评估实践和薪酬结构是否按该理论所描述的方式发生变化。关于公司是否更可能采用相对绩效评估或绝对标准来决定给谁升职的证据是含混的。可能保守一些的说法是，公司会在实践中采取不同的做法（甚至在强调程度上对公司内的个别职位的重要性也会出现变化），具体做法取决于公司是更注重确定职位阶层结构还是更注重控制被升职的员工的素质。

其他的研究已经检验了薪酬结构理论给我们的一些启示。（比如，如果员工获得升职的可能性较小，员工在升职后得到的加薪额度是否较大?）此类研究大体上契合公司按照该理论设置其薪酬结构的观点。不过，对大部分此类研究中的研究结果还存在其他合理解释。例如，如果升职率很低，那么获得升职的员工与未获得升职的员工之间的能力差异应该较大。这意味着员工在升职后获得的加薪额度应该较大。这一解释仅仅建立在员工分类之上，与激励无关。因此，我们很难肯定地说公司是否应跨阶层明确设置其薪酬结构以优化激励措施。

一项研究分析了淘汰制或标准制哪个能更好地描述大学里经济学系教师的报酬政策。这一设置能很好地为测试该理论服务,因为大学的部门是分阶层的,实行不升则走的晋升制度,而且我们可以公开获取与员工工作效率有关的一些数据(发表的研究成果的数量和质量)。

一项研究发现,在助理教授所在的部门里,如果助理教授获得的薪酬和副教授获得的薪酬之间存在较大差距,那么助理教授倾向于更有工作效率。这符合薪酬差距产生激励作用的观点。

另一项有趣的研究发现,排名最高的经济学系好像并未明确采用淘汰制或标准制。相反,在内部候选员工素质太低时他们似乎采取外聘的方式。因为教授不具有公司专用性人力资本,所以他们不仅仅在内部竞争,而且在较大的学术劳动力市场里彼此竞争,并且频繁地在各大学间流动。

资料来源:Coupé,Smeets,& Warzynski(2006).

基于职业生涯的考虑

在有效率的劳动力市场里,员工可能会在一定程度上受到激励,因为良好的绩效能够在公司外部给自己带来更好的就业机会。这种激励常被称为**出于职业生涯的考虑**。[①]在人力资本更具通用性、其他潜在雇主能够评估员工绩效的行业里,这点极为重要。典型例子包括科学家(他们的科研成果被发表)、职业运动员和上市公司的高管。在某种程度上,员工出于对职业生涯考虑的情况很可能在所有的行业里起作用。

员工出于对职业生涯的考虑给我们提供了一些有趣的启示。一个启示是,员工应当会倾向于在其职业生涯的早期受到更多激励。这是因为他们要努力建立自己在劳动力市场的声誉。随着职业生涯向前推进,员工的能力广为人知,影响其市场价值的可能因素减少。

另一启示是,比较年轻的员工应当会更倾向于冒险,例如尝试前景不明朗而又与众不同的工作;如果冒险没有获得成效,他们能有较多时间从不好的处境中恢复过来。因此,存在一种很自然的倾向,即:随着职业生涯的推进,员工对待职业的态度变得越来越保守。

资历薪酬和激励措施

图 11-1 和表 11-1 中的数据表明员工收入的增加并非单纯来自升职,也来自长期

[①] 出于职业生涯的考虑,应激励公司对人力资本和员工更大努力度两方面的投资。我们把重点放在后者上,但在阅读完第 3 章后,你应该会清楚地了解后者与人力资本之间的联系。

的加薪。当然，如果与绩效评估联系在一起，加薪可以是激励的一种形式。在很多公司，资历在薪酬增加方面起着关键作用。第一眼看上去，似乎将薪酬增加与资历联结在一起不会产生激励作用，因为资历增加而导致的加薪并没有直接与绩效联结在一起。在本节中，我们提供简短论证，证明建立在资历基础上的薪酬也能被当作长期激励措施这一观点。

为了让论证简单，我们假设公司里的员工能够选择以高水平的努力度或低水平的努力度进行工作。一名以较高努力度进行工作的员工将在其职业生涯中按图 11-2 中的曲线 V 生产产量。随着该员工的经验增加，产量上升到一定点之后就会下降。或者，该员工能够选择低水平的努力度，生产产量为比 V 低的 V'。我们假设员工以高水平努力度进行工作是有效率的选择。换句话说，V 和 V' 之间的生产率差别将超过高水平努力度的边际负效用，而非低水平努力度的边际负效用。所以，公司和员工希望构建一个契约，在契约中约定员工以高水平的努力度进行工作。

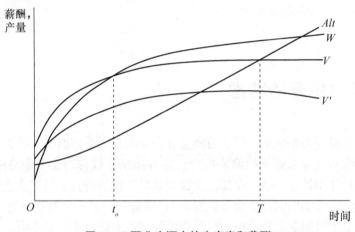

图 11-2 职业生涯中的生产率和薪酬

另外，为了便于阐述这一点，请考虑一个非常简单的绩效评估体系。如果员工在任何一段时间开小差（生产出的产量偏低），公司都有可能察觉该员工开小差的行为，在这种情况下该员工将受到公司处罚（比如被解雇）。

Alt 曲线代表员工闲暇时间的价值。当员工临近退休时，最佳的选择很可能是清闲地工作。因此，T 是员工应该退休的日期。如果用其他的术语来说，即生产率为 V 的个体劳动者将会自愿在日期为 T 时退休。

W 曲线是随着时间推移，公司可能提供给员工的薪酬的曲线。将曲线绘制成这样，就使从零到 T 的贴现值 W 正好与同期的贴现值 V 相等。每一阶段薪酬为 V 的员工将获得精确的产量价值。薪酬为 W 的员工直到时间点 t_0 才获得与自身生产率相符的价值，在该时间点后获得高出其生产率的价值。在整个职业生涯中，薪酬会加到其产量的价值中，成为现有价值的组成部分。

为什么要如此麻烦地以这种方式扭曲薪酬曲线呢？因为沿着每一条曲线都有不同的激励措施。沿着曲线 W 的激励措施要优于沿着曲线 V 的激励措施。事实上，薪酬曲线正好为 V 的员工最终生产出来的价值要少于 V。推理起来很简单。

假设公司在员工职业生涯的每一阶段都向员工支付与 V 相等的薪酬。请考虑在员工退休日期 T 的前一天公司针对员工的激励措施。如果员工开小差，他也不会有损失，因为不管怎样员工的雇用期第二天就满了。同样，在临近员工退休日期 T 的任一时间点上，公司几乎没有针对员工的激励措施，因为被解雇给员工带来的损失，即曲线 V 和 Alt 之间的差值，在这类时间点上是很低的。

更普遍的是，只要可供员工选择的外部职位与其目前所在公司的职位差别不大，同样的逻辑在所有的时间点上也适用。因此，如果人力资本在很大程度上是通用性的，员工寻找新工作所需的成本就小，他们就会受到极大的诱惑，出现开小差的行为，因为这样做几乎不会给他们造成损失。

解决这个问题的一个办法是加重对员工开小差行为的处罚，公司也许可以让员工预先支付一笔保证金，如果员工没有开小差的行为，那么在员工的职业生涯结束时公司将这笔保证金返还给该员工。当然，图 11-2 中的 W 方案只不过是更为详细的版本，在这个版本中公司同意将加薪与资历联结起来。在时间点 t_0 之后的所有时间点上，W 的贴现值比 V 的贴现值要大。事实上，在所有时间点上同样的情况也存在，因为 W 是从 V 以下开始的，在整个阶段中贴现值的总量是相等的。因此，公司使员工付出高水平努力度的激励措施越强，公司就越可以延后发放员工薪酬。

请注意，与方案 V 相比，延期薪酬方案 W 应当更为员工青睐（在不出现下文所述的情况下）。由于方案 V 会产生某种开小差的行为，公司将不得不减少薪酬的当前值。如果薪酬方案能够激励员工不开小差，员工（和公司）会得到更多收益。

□ 实际考虑

□ 作为隐性契约的基于资历的薪酬

为了使激励起作用，公司不必以明文的方式将薪酬与资历联结起来，公司只需延期发放员工薪酬。然而，将薪酬与资历正式联结起来的一个优势在于，它迫使公司预先提交延期薪酬激励方案。延期薪酬（包括我们在第 2 章和第 3 章中讨论的例子）涉及公司对员工的承诺。在图 11-2 中，如果薪酬方案为 W，公司可能会受到利诱，违背承诺，降低资深员工偏高的薪酬或辞退这些员工。

因为这种做法涉及隐性契约，所以基于资历的方案更可能对建立了良好雇主声誉的公司起作用（比如，比创业公司成立时间更长的稳定公司）。这些公司也很可能执行一些政策，这些政策向员工传递信息（表示公司始终对员工的成功职业生涯感兴趣），而且打算给他们公正的待遇。参见第 15 章对这些问题的一些讨论。

延期薪酬的方案也将风险转移到员工身上，因为如果财务状况不好，公司将有可能不能履行对员工的义务。所以，我们更可能在一些处于风险较小的商业环境中的公司见到基于资历的薪酬方案，比如那些处于发展中的稳定行业。

□ 员工作为贷方

在所有延期薪酬的方案中，员工实际上把钱贷给了雇主。如果延期的奖励是能够提前确定的，员工的这种做法就表明其身份与公司的债券持有者类似。如果延期的奖励是可变的，如股票或利润分红，那么员工的这种做法就表明其身份与公司的股东类似。

因为员工倾向于规避风险，所以公司给员工隐性的股权似乎是讲不通的。然而，存在一种附加的激励效果，这种激励效果可能证明与公司的未来价值相关联的延期薪酬具有合理性。在一些情况下，员工现在能够采取的行动可以增加公司未来的价值。请考虑一家律师事务所。律师今天开展业务的方式可能对公司今后的声誉有重要影响。而且，律师也许今天能够招揽到新客户，而这些客户今后才会为公司带来业务。通过将延期的奖励与公司的未来利润联结在一起，律师事务所能够激励律师们把自己的工作行为对公司价值的长期影响纳入考虑之中。

这只是面对多任务型激励措施时公司对价值进行扭曲的一个例子。员工对公司价值产生的长期影响常常在当时很难得到衡量。由于这个原因，典型的激励方案要求公司按照短期效应扭曲针对员工的激励措施。有一点看起来不那么明显，即延期的股权能够缓解这个问题。事实上，在一些公司，如专业合伙人，员工确实对公司的未来价值产生较大的影响，在这类公司里股权型的薪酬方案就很常见。

□ 强制性退休

公司支付与 W 等值的薪酬给员工的做法存在一个问题，即它会激励员工在退休后仍然留在公司，因为在日期 T 上，$W>V$。这种做法是没有效率的，因为员工闲暇时间的价值（Alt）超过了公司员工的生产率的价值。公司能通过向员工支付一定的报酬让其辞职而获得更多利润！当然，那将破坏薪酬计划 W。

我们可以这样看待这个问题，即假定员工能承诺在日期 T 退休。尽管如此，公司存在使该员工违背这一承诺的激励措施。理论上，公司可以尝试在日期 T 当天解雇该员工，但大部分经济体对公司解雇临近退休的员工的行为进行了严格的规定（很可能是作为一种方式来鼓励公司不违背其对员工所做的退休金承诺）。

公司可以通过向员工附加在日期 T 当天强制性退休的要求来简单地解决这个问题。事实上，许多公司过去都有强制性退休的政策。然而，在美国和其他一些国家，强制性退休是非法的。相反，公司必须诉诸其他激励措施，通过建立退休金制度等方法鼓励员工更有效率地退休。

本章回顾

出于职业生涯的考虑对很多（或许是大部分）员工来说是外在激励的主要来源。在职业生涯中，员工的大部分收入增长来自新职位、升职及薪酬的长期渐进式增加。尤其对白领员工来说，升职通常是绩效薪酬最重要的形式。对所有员工来说，有一种动机可能成为很大的激励因素，即增加自身在雇主之外的外部劳动力市场的知名度和价值，尤其在员工职业生涯的早期更是如此。

为什么升职在激励措施中起着如此关键的作用？答案之一是公司很难对在白领职位上的员工进行绩效评估，评估不可避免地带有主观性。由于这个原因，短期激励方案可能远不完备，而公司可能因此而搁置评估工作，一直搁置到必须做出职位安排决定的时候。答案之二是升职会自动产生激励作用，因为员工获得升职即向劳动力市场传递信息，这会增加被升职员工的市场价值。因此，即使公司更愿意将职位分配与激励措施分离开来，升职的激励作用也可能被强加于公司。

更普遍的是，这暗示了薪酬绩效方案的一种直观的阶层结构。在分析针对特定员工的激励措施时，公司应首先搞清建立在升职基础上的激励措施的力度是大还是小。为了做到这点，公司可以使用本章描述的淘汰制和标准制的模型。如果员工存在进一步在职位阶梯上升的情况，也请记住进一步升职的价值。

升职激励措施力度微弱的时候，公司应考虑薪酬绩效的替代形式。一种可能的形式是给员工降职或是解职的威胁。尽管如此，降职通常是少见的，正如前文所述，由于几个原因，在职业生涯中大部分员工倾向于在职位阶层中上升是一个很自然的现象。被解雇的威胁能成为对员工进行激励的一项重要的措施，但和其他形式的激励措施相比，公司使用它时要付出代价：向员工施加解雇的威胁会造成公司需要花费成本去寻找和招聘新员工，而员工需要花费成本寻找新工作。因此，当存在其他形式的激励措施时，并且员工流动率偏高使公司付出的成本偏高时（正如在欧洲大部分地方，情况往往是这样的），公司可能不采用频繁解雇员工作为激励的一种形式。事实上，大部分公司似乎仅仅在极端情况下才采用解雇员工这一形式，所以这种形式往往并不会成为激励的主要来源。

上述内容表明，当建立在升职基础上的激励措施的力度微弱时，公司为了提供进一步的激励，将转而考虑采用奖金激励方案和加薪激励方案。例如，当职位阶层变窄而使升职率过低时，我们会希望看到公司较大力度地使用奖金激励方案。同样，在职位阶层的高端（首席执行官和高管），公司更大力度地使用股票、期权、奖金等激励方案。当需要使用这些方案时，第9章至第10章的原则是适用的。

当然，在有些情况下，公司可能选择利用晋升阶梯作为显性激励措施。如果相对绩效评估带来的好处很大，或公司的职位阶层结构相对固定，从而使升职竞争出现合理性，那么公司极可能利用晋升阶梯作为显性激励措施。

不考虑建立在升职基础上的激励措施是由公司明确设定还是由公司偶然设定时，我们对淘汰制和标准制的讨论就具有适用性。淘汰制和标准制对激励措施和最佳奖励方案如何随升职率和评估的风险性的变化而变化做出了几乎相同的预测。

淘汰制和标准制在两个重要的方面有差别。第一，当公司希望填补职位空缺时，应采用淘汰制，**除非外聘员工具有可行性**（比如，公司专用性人力资本并不很重要，雇用成本并不过高）。相比之下，标准制则暗示被升职的员工数量会变化。但是，与采用标准制相比，采用淘汰制所招聘的员工在素质上变幅更大。在效益不好的年份，公司也许会为素质较低的员工升职，仅仅因为该员工绩效相对最好；在效益好的年份，公司也许不会为素质高的员工升职，因为人才库状况良好。标准制能让公司更好地控制被升职员工的素质。

一个折中的办法，即外聘，可以用于平衡公司对稳定的职位阶层结构的期望和对控制被升职（或被招聘）进入较高职位等级的员工素质的期望。在实践中，许多公司因为相对绩效评估所带来的好处而采用显性淘汰制；而在一些年份，如果竞聘者的素质过低，这些公司可能采用外聘的形式。

淘汰制与标准制存在的第二个重要差别在于绩效评估。淘汰制是相对绩效评估的重要例子，而标准制采用个体绩效评估。如果不同员工对应的测量误差包含很重要的相同成分，那么相对绩效评估可以减小风险。然而，如果情况不是那样，相对绩效评估会加重风险，因为它使员工受到竞争者的机遇影响。

当奖励不连续时，相对绩效评估的一大重要好处——正如与淘汰制结合在一起一样——是评估变成了顺序型。换句话说，公司只需决定谁的绩效更好，而不是好多少。这大大简化了绩效评估，并使它的可信度大大增加，尤其是当工作内容无明确形式时。当然，这适用于许多白领职位。这种考虑支持公司采用淘汰制而非标准制。

最后，与标准制相比，淘汰制可能有扭曲激励措施的效果。淘汰制将激励员工少合作、多破坏。如果工作性质决定员工之间存在高度的相互依赖性，使员工是否互相合作成为重要问题，那么公司应考虑使用绝对标准制而非淘汰制来决定升职问题。更普遍的情况是，当公司对团队协作方面的考虑变得重要时，利用相对绩效评估设计激励方案往往是不正确的。如果使用相对绩效评估，公司应使薪酬结构扁平化，这样可以平衡公司的两种诉求——公司期待富有成效的激励措施，也避免激励措施使员工怠工或不与同事进行合作。而且，公司应按照性格类型分离员工，避免将竞争心较强且有个人主义倾向的员工和富有合作精神的员工安排在一起竞争。最后，如果公司能招聘到具有较强合作精神品质的员工（这是一种内在的动机），那么公司能减少这些问题。

■ 思考题

1. 如果在淘汰制中员工为了升职而竞争，他们是否可能在工作中或多或少采取冒险的行动？该问题的答案是否取决于他们赢得升职的可能性？

2. 员工在同一个职位上工作的时间越长，其平均绩效就越低。根据人力资本理论，这种现象似乎令人迷惑。请对这一现象提供至少两种解释。

3. 建立在淘汰制激励制度之上的激励措施与第 6 章中描述的哪种类型的组织结构更有兼容性？为什么？

4. 如果升职在你的公司是偶然性激励制度，可以采取什么行动来避免这种效应？

5. 管理者们在年初为员工设定工作目标时，他们经常"协商"该目标。在协商过程中，你如何说服他们考虑应完成目标的难度？

6. 假设升职对职位等级为八级的公司管理者来说是重要的激励来源。由于公司重组，公司削减了若干管理层。公司应如何考虑改变不同等级管理者所对应的薪酬制度？

■ 参考文献

Coupé Thomas, Valérie Smeets, & Frédèric Warzynski (2006). "Incentives, Sorting and Productivity Along the Career: Evidence from a Sample of Top Economists." *Journal of Law, Economics and Organization* 22 (1): 137-167.

Peter, Laurence & Raymond Hull (1969). *The Peter Principle: Why Things Always Go Wrong*. New York: William Morrow & Co.

延伸阅读

Bayo-Moriones, Alberto, Jose Galdon-Sanchez, & Maria Guell (2005). "Is Seniority-Based Pay Used as a Motivation Device? Evidence from Plant Level Data." Working paper, Universitat Pompeu Fabra.

Bull, Clive, Andrew Schotter, & Keith Weigelt (1987). "Tournaments and Piece Rates: An Experimental Study." *Journal of Political Economy* 95: 1-33.

Chan, William (1996). "External Recruitment versus Internal Promotion." *Journal of Labor Economics* 14 (4): 555-570.

DeVaro, Jed (2006). "Internal Promotion Contests in Firms." *RAND Journal of Economics* 60 (3): 311-339.

DeVaro, Jed & Michael Waldman (2006). "The Signaling Role of Promotions: Further Theory and Empirical Evidence." Working paper, Cornell University.

Drago, Robert & Gerald Garvey (1997). "Incentives for Helping on the Job: Theory and Evidence." *Journal of Labor Economics*.

Ehrenberg, Ronald and Michael Bognanno (1990). "Do Tournaments Have Incentive Effects?" *Journal of Political Economy* 98 (6): 1307-1324.

Eriksson, Tor (1999). "Executive Compensation and Tournament Theory: Empirical Tests on Danish Data." *Journal of Labor Economics* 17 (2): 262-280.

Frederiksen, Anders and Elod Takats (2005). "Optimal Incentive Mix: The Dual Role of Promotions and Layoffs in Firms." Working paper, Center for Corporate Performance, Aarhus School of Business.

Gibbs, Michael (1994). "Testing Tournaments? An Appraisal of the Theory and Evidence." *Labor Law Journal* 45 (8): 493-500.

Kandel, Eugene & Edward Lazear (1992). "Peer Pressure and Partnerships." *Journal of Political Economy* 100 (4): 801-817.

Knoeber, Charles (1989). "A Real Game of Chicken: Contracts, Tournaments, and the Production of Broilers." *Journal of Law, Economics* and *Organization* 5 (2): 271-292.

Lazear, Edward (1979). "Why is There Mandatory Retirement?" *Journal of Political Economy* 87: 1261-1284.

Lazear, Edward (1989). "Pay Equality and Industrial Politics." *Journal of Political Economy* 97: 561-580.

Lazear, Edward (2004). "The Peter Principle: A Theory of Decline." *Journal of Political Economy* 112: S141-S163.

Lazear, Edward & Sherwin Rosen (1981). "Rank-Order Tournaments as Optimum Labor Contracts." *Journal of Political Economy* 89: 841-864.

Rosen, Sherwin (1986). "Prizes and Incentives in Elimination Tournaments."

American Economic Review 76：701－715.

Waldman，Michael（1984）．"Job Assignments，Signaling，and Efficiency." *RAND Journal of Economics* 15：255－267.

Waldman，Michael（2003）． "Ex Ante versus Ex Post Optimal Promotion Rules：The Case of Internal Promotion." *Economic Inquiry* 41（1）：27－41.

Zabojnik，Jan & Dan Bernhardt（2001）． "Corporate Tournaments，Human Capital Acquisition，and the Firm Size-Wage Relation." *Review of Economic Studies* 68（3）：693－716.

附　录

在这里我们对包含两名竞争者的淘汰制模型作简要说明，并将其与**标准制**进行比较。我们对该模型的大部分直观认识也适用于包含多名竞争者的淘汰制，尽管对包含多名竞争者的淘汰制进行分析时复杂度要高很多。本附录忽略员工合作或怠工的可能性。

□ 员工的优化公式

员工的优化公式为：

$$\max_{e} W_1 + pr(升职) \cdot \Delta W - C(e)$$

该公式可推出：

$$\frac{\partial pr(升职)}{\partial e} \cdot \Delta W = C'$$

我们对一阶条件做出明确的解释。左边为奖励乘以员工每付出 1 单位努力获得升职的可能性增量。右边是员工投入努力的边际成本。该公式适用于任何标准制或淘汰制。

该公式有一个直接推论：通过升职获得的奖励 ΔW 越大，激励措施的效力越大。另一个推论是：绩效评估的风险越大，激励措施效力越弱。为了证明这一点，我们需要进一步分析。

到目前为止，我们所做的分析还未对淘汰制和标准制加以区分。然而，员工赢得升职的可能性确实取决于升职规则。请首先考虑标准制。如果员工的绩效高于某种门槛要求，即 z，则该员工就被升职。假设 ε 的累积密度和边际密度分别为 $F(\cdot)$ 和 $f(\cdot)$。我们将认为 $f(\cdot)$ 围绕 0 单峰对称（比如服从正态分布），从而得出：

$$pr(升职|标准制) = pr(e+\varepsilon>z) = 1-F(z-e) = F(e-z)$$

第一个等号后面跟着不等式，因为 ε 围绕 0 对称分布。请注意，当升职规则为标准制时，员工获得升职的可能性为标准的难度与员工回应标准时所表现出来的努力度的平均值。要将升职率设定为想要的值，则公司必须估计给定标准所能激励的员工努力度。

现在请考虑淘汰制。如果 ε 的分布是围绕 0 单峰对称的，那么 $\varepsilon_S-\varepsilon_D$ 的分布也会出现同样的情况，以 $g(\cdot)$ 标记它，以 $G(\cdot)$ 标记累积密度分布。如果在丹麦的员工的绩效值比在新加坡的员工的绩效值大，那么在丹麦的员工获得升职的可能性为：

$$pr(升职|淘汰制) = pr(e_D + \varepsilon_D > e_S + \varepsilon_S) = G(e_S - e_D)$$

由于竞赛呈现对称性，我们将假设一个对称的纳什均衡值，该值意味着两人付出了同等的努力。这时，我们能将最后一个表达式改写为：

$$pr(升职|淘汰制) = G(0)$$

当然，由于 $g(\cdot)$ 呈对称性，所以 $G(0) = 1/2$。这是讲得通的。由于我们采用具有对称性的淘汰制，最终结果就像扔硬币。为了比较淘汰制和标准制，假设现在公司设定 z 值，使等式 $F(z-e) = \dfrac{1}{2}$，$e = z$。

激励措施取决于员工额外的努力给自身升职可能性带来的变化。公式为：

$$\frac{\partial pr(升职|标准制)}{\partial e} = f(0), \qquad \frac{\partial pr(升职|淘汰制)}{\partial e} = g(0)$$

两个值中的任意一个都可重新插入上面提到的方程式中：

$$\frac{\partial pr(升职)}{\partial e} \cdot \Delta W = C'$$

$f(0)$ 和 $g(0)$ 代表测量误差分布高度的平均值和众数 0。高度越低，分布的变动就越大，因为它们是呈单峰对称分布的。因此，评估的风险越大，激励措施的效力就越弱。

□ 公司的优化公式

假如员工付出的努力具备上述特征，公司将设定奖励 ΔW 以使利润最大化（员工努力度减去平均薪酬）：

$$\max_{W_1, W_2} e - \frac{1}{2}(W_1 + W_2)$$

公司设定该奖励时受到员工所付出努力的影响，也受到足以激励员工投入努力度的总体薪酬的约束：

$$\frac{1}{2}(W_1 + W_2) = C$$

（淘汰制模型常常忽略风险规避，因为公司很难甚至不可能获得封闭式的方案。我们在这里也忽略风险规避。）公司的一阶条件为：

$$(1 - C')\frac{\partial e}{\partial W_1} = 0$$

$$(1 - C')\frac{\partial e}{\partial W_2} = 0$$

通过这两个公式可以推出：在风险达到最高值时，$C'(e) = 1$。换句话说，公司应设定相应的薪酬，使员工能付出额外的努力以达到努力的边际成本与边际收益（额外产量）相等的最高点。因此（忽略风险规避），淘汰制和标准制能产生有效率的努力水平，这就如同标准化激励方案一样。

最佳薪酬幅度可通过将 $C' = 1$ 代入员工努力度公式后解得：

$$\Delta W = \frac{1}{f(0)}, \text{ 或者 } \Delta W = \frac{1}{g(0)}$$

我们再次看到对淘汰制和标准制进行分析的相似之处。上述结果表明，如果绩效评估的风险较大，那么最佳奖励幅度应较大。请注意，这一结论适用于最佳奖励，不适用于薪酬水平，最佳奖励和薪酬水平分别通过 W_1 和 W_2 得以体现。这是第 10 章中薪酬水平对激励措施影响较小这一原则的实例——重要的是薪酬随绩效而变化的方式。

第 12 章

期权与高管薪酬

你如何做到向员工支付这么高的薪酬？

——银行家对安德鲁·卡内基（Andrew Carnegie）的提问

我不能以其他方式给他们支付薪酬。

——卡内基（Carnegie）的回答，被亨德里克（Hendrick）加以引用，1932

本章引言

本章我们通过考虑与高管薪酬相关联的两个特别话题，完成对绩效薪酬这部分的讨论。在实践中，这两个话题很重要，因为它们提供了一些关于前面三章所讨论内容的有趣的应用案例。

第一个话题是员工股票期权。对上市公司里的大部分高管来说，期权是激励性薪酬方案的一个重要部分。在许多小型新兴公司里，期权也是很重要的激励措施。而且，在20世纪90年代技术部门兴盛起来时，公司使用员工股票期权的做法激增。许多高科技公司开始自上而下向各职位阶层等级的员工派发期权，而媒体也开始刊登关于各公司秘书通过期权致富、开着法拉利去上班的故事。最后，使用员工股票期权的做法似乎在欧洲扩展开来，在亚洲的一些地区更是如此。我们讨论股票期权的激励属性及股票期权是否能成为良好的实用薪酬工具，如果能，其适用对象是哪些员工。

第二个话题是高管的薪酬和公司总体的激励措施，我们重点讨论首席执行官。激励性问题对公司的骨干员工来说是非常重要的，因而公司设计良好的薪酬方案对高层管理人员来说是至关重要的。前面章节中我们讨论的概念与首席执行官及高层管理者有关，与其他员工也有关，而且这种相关度是同等的。

员工股票期权

□ 股票期权——简要概述

既然并非所有读者都熟悉股票期权，那么我们首先简单描述一下股票期权。如果你了解股票期权，你可以跳过本节及本章的附录。

看涨期权是一种金融证券，它给予期权持有者按固定的**执行价格**或**履约价格**购买一部分公司股票的权利。因此，股票实际上是看涨期权的特殊类别，其执行价格为零。当然，如果股票价格低于执行价格，持有者就没有理由执行该期权。如果股票价格高于执行价格，期权持有者能执行该期权、出售股票进而赚取两种价格的差额利润（要扣除交易成本）。因此，持有看涨期权的人能够从股票价格上涨中获益，但期权持有者的利益在某种程度上不受股票价格下跌的影响（下文将展开讨论）。

看跌期权给予期权持有者按固定的执行价格出售一部分公司股票的权利。如果股票价格下跌，持有者就有理由执行看跌期权（行权），这正好与看涨期权的情况相反。因此，看跌期权的所有者希望股票价值下跌。所以，员工股票期权都是看涨期权。在本章中，我们将只考虑看涨期权。[①]

图12-1给出了假定的执行价格为 K、股票价格为 S 的看涨期权的盈利状况。如果 $S<K$，期权就为**价外期权**，不应予以执行，这种情况下持有者的盈利额为零。如果 $S>K$，期权就为**价内期权**。如果持有者执行价内期权，立即出售股票，所得利润就等于 $S-K$。[②] 这一盈利通常被称为期权的**内在价值**。当公司把期权配发给员工时，公司必须决定设置什么样的执行价格。几乎所有员工的期权都按平价期权发行（设定 K 为与授予日的股票价格相等）。最后，期权具有到期日——可行使期权的最后日期。在该日期之后，期权失效。

人们常使用著名的**布莱克-斯科尔斯公式**的变体来对期权进行估价，本章的附录会对这点加以描述。尽管如此，如下文所讨论的，与把该公式应用到那些在交易所交易的期权上不同，人们在将该公式应用到员工期权上时必须非常小心。

员工股票期权与那些在交易所（比如芝加哥期权交易所，简称 CBOE）交易的股票期权在几个方面存在差别。第一，当期权被授予员工时，员工通常不能立即行使期权。通常员工期权行权期为3～5年。行权期之前，员工不能行使期权。第二，即使在行权期，员工也不能将期权交易给其他投资者。员工可以持有该期权或执行该期权。这种规定会对员工产生影响，因为现代期权理论告诉我们：如果你有权把期权出售给其他人，那么在期权到期日之前执行该期权通常不是最佳做法。我们可以得出简单的直观认识：看涨期权有价值，因为它赌的是股票价格可能上升至高于其当前价值。因此，用于交易

---

① 实际上，美国公司的高管持有自己的公司的看跌期权是非法的。

② 忽略税金。税金问题对员工股票期权来说是复杂的，超出了本书的讨论范围。

的期权的市场价值总是**高于**其内在价值。第三，如果员工离开该公司，该员工通常会失去所有未执行的期权。

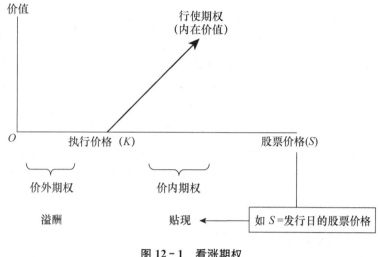

图 12－1　看涨期权

□ 公司应该授予员工期权吗?

如前文所述，20 世纪 90 年代出现技术泡沫时，公司使用员工股票期权的做法激增（在美国），尤其是在"新经济体"公司里。在此之前，股票期权并不是员工报酬的重要组成部分，除了在某些情况下公司将它授予高管。常有人提出支持公司将期权授予员工的论点，但这些论点除了适用于公司的骨干员工外，总体上讲不通。

□ 公司融资来源

期权有时会被认为是一种为公司融资的廉价方式。这种观点认为，公司通过向员工提供期权，而不提供薪酬或其他形式的酬金，可以使公司的实际现金支付额为零。而且，到目前为止，如果按照会计规则，直到期权被执行前，公司的会计报表上不会出现任何费用（和现金薪酬不同）。从财会的角度来说，期权的短期冲击力为零。然而，以经济学的观点来看，我们很快就会发现这种观点是错误的——期权可能是最昂贵的薪酬形式，因为它导致公司将承担机会成本。这源于员工不会像期权交易商那样对期权进行细致估价。

我们将在后面详细论述这一点，但我们现在可以先简单地对这一点进行说明。这一点解释了员工股票期权为什么会成为公司筹集资金的不良方式。如果公司能找到风险规避度相对较低的投资者，公司的资本投入（它必须向投资者提供预期的投资回报）将较小。这就是为什么大部分大公司**分离所有权与管理权**——公司由一个管理团队运营，但所有权归该团队之外的一群投资者——当然，这会导致我们稍后在本章要讨论的主要代理人问题。投资者通过持有多样化的有价证券组合而不是过多地投资到一个公司以减小自己所承担的风险。

现在请考虑公司将期权而非现金薪酬发给员工。对大部分员工来说，这将构成他们财富的很大部分。一些公司鼓励自己的员工持有公司的股票份额，或将员工的部分退休金投资到公司的股票里。此外，员工的一部分人力资本也投资给公司。由于所有这些原因，员工将处于与公司关系紧密的单一状态，因而比通常的投资者更注重规避风险。他们将要求得到一笔金额较大的风险溢酬（较大额度的预期总酬金），才愿意持有期权——这就使公司的融资运作成本比通过较传统的渠道（如发行股票或债券）获得资金所付出的成本要高。

只在一种情况下公司努力从员工那里筹集投资资金是有意义的。那就是：当公司无法通过其他更廉价的渠道获得资金，但有机会获取正的净现值时。此类情况很可能极少见，但有一种重要的例外情况：新合资公司。在此类情况下，由于存在严重的风险问题，如逆向选择和**道德风险**，公司可能很难实现外部融资，甚至从风险资本家那里也无法获得资金。公司内部的员工可能对新公司前景方面的信息有更好的了解，因此可能愿意对公司进行投资。这就是期权尤其容易成为新兴公司提供给员工的重要薪酬形式的一个原因。

□ 员工的自我选择效应

期权的另一个可能的作用是引起员工更好地进行自我选择，以改善公司聘用员工的状况。正如人们所认为的，力度较大的绩效薪酬容易提高员工进行自我选择的积极性，因而就期权产生的激励而言，该观点适用。对公司前景持绝对乐观态度的员工比较重视期权。如果此类员工的生产率较高（比如较为热情地为公司工作），那么采用期权是有价值的。然而，请注意，这种观点适用于任何形式的绩效薪酬，并非只针对期权。

期权可能引起另一种形式的自我选择，即员工对承担风险持保守态度或积极态度。期权也许是最具风险的薪酬形式。而且，如果股票的潜在价值较高，期权的价值往往也较高。① 因此，公司授予员工期权的做法倾向于鼓励员工在自己的职位上承担更多风险。要了解这一点，请考虑图 12-1。只有当绩效高时，期权才产生回报，绩效越高，回报越高。由于员工所承担的风险几乎不对期权收益产生负面影响，因此员工被激励采取行动从而产生极端结果——积极的结果和消极的结果——的可能性更大。公司是否希望这种情况出现取决于当时的形势，但在很多情况下这种效果是有好处的。这是因为员工普遍比多样化的股东更注重规避风险，从而使不考虑这种风险规避上的差异的激励方案扭曲成过分保守的决策。最后，请注意，这类自我选择只适用于骨干员工，他们的决定能实际上影响股票价格的风险性，而往往只有一些做重大战略决策的骨干员工才能做到这点。

□ 降低员工流动率

我们常听到一种支持公司授予员工期权的观点，该观点认为期权能降低员工流动率。原因之一在于，公司是分期把期权授予员工；原因之二在于，如果员工要离职，通常就必须放弃期权。但这种情况并非只在公司授予员工期权时才出现。任何类别的延期薪酬，如随着工龄增加而上涨的薪酬或分期发放的退休金，对员工流动率都产生**类似的**效果。所以，这无法成为支持公司将期权授予员工的有力原因。

---

① 对于在交易所交易的期权来说，这点总是成立。然而，由于风险规避的原因，这点对员工期权来说并不总是成立。

□ 期权作为激励性薪酬

支持公司将期权授予员工的最重要论点认为，这种做法将提供激励。为了评估这一论点，让我们使用上文阐述的概念来考虑员工股票期权的激励属性。

□ 绩效指标

期权与股票相似，因为两者都有相同的绩效指标：股票价格。这是很宽泛的指标，因而即便它会扭曲激励措施，这种扭曲也微乎其微。然而，它也是颇具风险的指标。因此，建立在股票价格之上的激励措施倾向于要求公司给员工支付相对较高的风险溢酬。

更大的问题是，除了公司的骨干员工能对股票价格产生影响，股票价格在很大程度上是一种不可控的绩效指标。实际上，较低等级的员工对股票价格几乎不产生影响，除非公司的员工很少。因此，从绩效指标的角度来看，期权对大部分员工产生的激励作用微乎其微，甚至为零。期权更像**公司赠予员工的彩票**。

□ 工资-绩效关系

如果期权没有成为重大价外期权，那么公司可以强化薪酬与期权的绩效指标（股票价值）之间的关联性，使这一关联性强于薪酬与股票的绩效指标之间的关联性。这是因为，期权是具有杠杆式作用的激励措施：它只在股票价格高于执行价格时产生回报。由于期权并不总是产生回报，所以一股期权的价值小于一股股票的价值。因此，为了平衡公司的支出，公司授予员工的期权可以在数量上多于股票。当股票价格上涨时，员工所持期权的价值增长速度会快于随所持股票的价值增长速度。这是支持将期权授予员工的最佳论点：对于一小部分骨干员工来说，股票价值是合理的绩效指标，关联性较强的薪酬——绩效关系可通过期权而非股票实现。尽管如此，这一逻辑只适用于公司的骨干员工。

遗憾的是，该论点有其不利的一面：期权产生的激励比股票产生的激励更脆弱。如果股票价格下跌使期权成为重大价外期权，那么工资-绩效关系的有效性将急剧下降。这是因为，如果目前的股票价格远低于执行价格，员工提升努力度也不可能使股票价格升高到足以盈利的状态。该论点正好与第 10 章的图 10-2 中公司设置过高的奖励方案的门槛要求相似。

相关的一个担忧是，如果公司让期权成为员工薪酬的一部分，那么员工的薪酬方案往往会变得脆弱。远低于盈利价格的期权几乎没有价值，潜在的股票却仍具有价值，除非 S 趋向于零。如果期权占据员工薪酬的很大一部分，那么员工总薪酬的预期价值将大幅下降。例如，2000 年 3 月，世界经济领域的技术行业经历了股票价格突然急剧下跌的情况（"昙花一现的网络公司"）。而许多技术公司广泛使用员工期权，它们的员工此时发现公司给自己制定的薪酬方案中的大部分内容变得没有价值，因为这样的薪酬方案使他们的薪酬经常远低于同类工作职位的市场价值。这些公司发现，它们必须给期权重新定价（见后文），并提供其他形式的额外补偿，否则会导致员工流动率过高。

注意上述讨论得出的推论是：员工股票期权确实对员工有不利的一面。这点经常被漏掉，因为当 $S>K$ 时期权是盈利的，而当 $K>S$ 时员工不必支付亏损的费用。尽管如此，期权有价值，因为它可能在行权期满之前成为价内期权。股票价格下降幅度越大，期权就越不可能成为价内期权，从而使期权的预期价值下降。当然，预期的期权收益下降幅度比股票价格自身的下降幅度要小，但员工确实承担期权薪酬带来的不利风险。

□ 分期授予期权

公司将期权授予员工的方式有几种。最直接的方式是即刻把薪酬方案中规定的所有期权都授予员工（比如在员工被雇用时）。这种方式能即刻产生最强的激励作用。然而，这种方式也是最脆弱的，因为如前文所述，如果股票价格下降太多，激励的力度和薪酬方案的价值都会急剧下降。

作为一种替代性办法，许多公司在一段时间里发行期权（比如，每年发行一些期权）。这里也有两种一般的方法。一种是公司每年授予员工固定价值的期权（比如，每年2 000美元的期权），另一种是公司每年授予员工固定数量的期权（比如，每年200股）。哪一种方法更好？

要回答这个问题，首先请记住：实际上，所有员工期权在授予时都是在执行价格 K 与股票价格 S 相等的情况下发行的（平价期权）。而且，这有助于我们了解一点，即由于员工期权属于平价期权，所以它的价值随着 S 上升而上升（见附录）。

我们首先来考虑公司每年授予员工固定价值的期权。如果当年股票价格上涨，授予员工的每一股期权到了第二年就升值，因此公司可以少发行一些期权给员工。同样，如果股票价格下降，新发行的平价期权将贬值，因而公司需要增加授予员工期权的数量。因此，在这种方法下，公司效益不好时，员工得到的期权数量多；公司效益好时，员工得到的期权数量少。与公司一次性授予员工所有期权相比，这样做弱化了激励措施。然而，这种方法可以更好地预测员工的总薪酬。

现在请考虑公司每年授予员工固定数量的期权。如果上一年度股票价格上涨了，公司本年度授予员工的期权将更有价值，反之亦然。这就增强了初始期权所产生的激励作用。尽管如此，这种方法同时使员工的总薪酬变化更大。

因此，公司需要对分期授予员工期权的两种方法加以权衡。公司授予员工固定价值的期权会使激励变弱，但可以减弱薪酬方案的价值波动。公司授予员工固定数量的期权不会使激励变弱，但会使薪酬方案的价值变化较大。

□ 期权的其他激励效果

正如我们已经注意到的，期权改变了承担或规避风险的动机，因为当出现对员工不利的情况时，期权为员工提供保险；而当出现有利情况时，期权为员工带来收益。如果员工不过于保守，期权的这种激励效果会给员工带来收益；如果员工已经过分热衷冒险，期权的这种激励效果就会给员工带来危险。这就是期权在新兴公司里被大量使用的一个原因。处于创业期时，公司没有理由持保守态度，因为它不会失去品牌或其他形式的声誉。相反，公司适度冒险取得良好结果并获得回报的可能性很大，因而从战略上公司希望自身更具革新精神，而少一些保守。在某些岗位中，良好的绩效很难有上升的价值，却会有一个下滑的趋势，故公司将期权赠予该岗位上的员工的做法是错误的。

期权的收益结构在期权正好处于价内那一点时曲线斜率将出现变化。因此，对接近价内的期权来说，其产生的激励作用可能发生急剧变化。正如前文所讨论的，这些情形更可能诱导员工去操纵激励制度。所以，公司广泛使用股票期权会使高管们更可能出现非法或不道德的行为，即试图使自己的期权进入产生积极回报的价格范围。如果高管只得到股票，就不会出现这种情况，因为工资-绩效关系更平稳（实际上是呈线性平衡的）。

应该为期权重新定价吗？

2000年3月股票价格崩盘后，许多技术公司的员工发现自己的期权远低于盈利价格，从而意味着自己持有的期权实际上毫无价值，根本不产生激励作用，甚至骨干员工也面临这种情况。于是，一些公司对员工的期权重新定价。通常的做法是，按照较低的执行价（与当时的股票价格相等）与员工交换少量已有期权。这种做法是有争议的，许多股东批评这种做法。支持和反对为期权重新定价的论据是什么？

反对为期权重新定价的观点认为，这种做法实际上是在奖励不良绩效（或至少减少了对不良绩效的惩罚），因为公司在股票价格大幅上涨时从未对期权重新定价，只在股票价格下跌时才给期权重新定价。我们经常听到一种批评，即员工同意了激励方案后就要去坚持执行这一激励方案，即使当他们对高额收益的期望未能实现时也要坚持执行。更严重的是，公司给期权重新定价会开启危险的先例：如果股票价格再次下跌，将来员工可能期望公司进一步给期权重新定价。

支持为期权重新定价的论点认可上面段落的观点，但引入了实际考虑。该论点认为，如果公司不对期权重新定价，或员工得不到某种其他方式的补偿，那么薪酬方案的价值就急剧下降，公司将因此面临失去员工的风险。当然，那些非常可能离开公司的员工往往是公司最好的员工，他们在公司外面找到了最佳的替换职位。同样重要的是，如果公司不对期权重新定价，则期权产生的激励作用微乎其微甚至为零。如果公司给期权重新定价能更好地激励员工，则股东能通过公司给期权重新定价获益。

解决这些争论的有用方法是应用我们提到的关于主观评估的一些原则。我们要弄清楚股票价格下跌是因为公司对员工的激励不够还是因为不可控因素。如果是前者，则公司给期权重新定价不太可能成为最佳对策，因为这种做法奖励了不努力工作的员工。如果是后者，则股票价格下跌很大程度上不是员工的过失。在这种情况下，公司给期权重新定价是主观绩效评估的特殊情况，目的在于减少风险和提高评估准确度。因此，公司给期权重新定价对于处理这类异常事件，如全行业股票价格崩盘，也许是有道理的。公司为职位等级较低的员工重新确定期权价格比为高管重新确定期权价格可能更有意义，因为职位等级较低的员工对股票价格的控制力微乎其微或者为零。然而，董事会必须谨慎，尽量不去开启这种先例，所以公司给期权重新定价应当是罕见事件，是经过董事会仔细交流论证后才会出现的。

□ 员工如何对期权进行估价？

通过上文讨论，我们注意到：在一些重要的方面，员工期权与在交易所买卖的期权存在差别。员工期权受到某种限制：员工期权通常不会被即刻授予员工，不能买卖（只能予以执行），而且一旦员工离开公司期权就失效。另外，在预防期权的风险上，员工们之间几乎没有什么差别。

由于这些原因，员工极力规避期权产生的风险。而那些在交易所交易期权的人相对

（或完全）处于风险中性状态。如果给员工提供具有风险的薪酬方案，公司必须为员工支付风险溢酬，当报酬以期权的形式体现时，则风险溢酬很可能达到最高。事实上，尽管公司有时候设法使用**布莱克-斯科尔斯公式**来对员工期权估价，但员工们一般要求获得高于布莱克-斯科尔斯值（简称 BS 值）30％或 30％以上的风险溢酬才愿意接受股票期权。换句话说，尽管 BS 值是公开交易型期权的市场价值的最佳近似值，但是在公司把同类期权授予员工时该公式高估了同类期权的价值。

一个重要的推论是，从公司的角度来看，授予员工股票期权是需要付出代价的。尽管公司把期权授予员工时公司的会计报表上可能不会立即出现费用名目，但公司授予员工期权的做法会造成实际的经济支出。我们可以以这种方式考虑这个问题——假设公司授予员工期权的同时减少员工的薪酬。通过这种做法，公司在某种程度上是要求员工"购买职位"，为了带有风险的（但渴望以绩效为依据的）报酬而放弃一定量的薪酬。员工将不愿意为了这些期权而支付与 BS 值相等的金额，而只愿意在风险溢酬中减去这部分金额。因此，公司通过不在开放市场出售等量的期权来承担风险溢酬的成本。由于员工股票期权的风险溢酬的数额往往过分庞大，使得期权可能成为绩效薪酬**最昂贵**的形式，而这并非不需要公司付出任何代价。这并不令人惊讶，因为期权是公司所使用的风险最大的绩效薪酬形式之一。

高管薪酬

在考虑公司的骨干员工时，我们把注意力更多地集中到本文所提到的所有问题上是有好处的——比如，那些价值增加幅度最大的员工具备最重要且稀缺的技能，通常公司里最重要的员工是首席执行官。本节我们考虑首席执行官和高管的绩效薪酬。考虑时，我们将注意力集中在上市公司上，从一般的假设入手，即在这类公司中高管的目标是使股东价值最大化。后一个假设是存在争议的。虽然如此，仔细考虑这些问题是一个好的开始。就其他目标也有其重要性而言，我们可以得出一些不同的结论（例如，关于裁员的可取性）。尽管如此，公司需要对高管的激励措施做重要权衡，由此会产生一些问题。我们所做的分析与公司对这两者的考虑有关。

□ 什么是最重要的问题？

高管薪酬激起了很大争论。大部分商业出版物出版了关于首席执行官薪酬的类似年度综述文章，这些综述文章受到了很大关注。由于各种原因，上市公司的高层管理者的薪酬状况常受到批评。许多评论家认为，各公司支付给高管的薪酬过多。另外一些评论家则认为，薪酬未体现绩效。还有一些评论家认为，首席执行官利用自己职位之便，用股东的资金为自己支付高额薪酬，从而导致上述两个问题出现。当然，如果一名首席执行官通过股票期权赚了 1 亿美元的酬劳，或是离职时得到一笔巨大的离职金，那么人们对首席执行官薪酬的这类担忧是可以理解的。

上面提到的这些问题中哪一个最重要？所有问题都对股东产生影响。然而，公众的批评似乎过度集中在高管的薪酬水平上。尽管高管薪酬方案看上去金额过大，甚至不符合乎道德标准，但如果公司想要实现的目标是增加股东的财富，那么高管薪酬的数额将是一个次要的问题。毕竟，甚至对许多高薪的首席执行官来说，他们的总薪酬只占公司总价值的一小部分。

比较重要的问题应该是工资–绩效关系的力度。回到第 10 章的图 10-1，我们可以看到，激励几乎不由总体薪酬水平决定，而是由激励强度决定，即工资–绩效关系的倾斜度（或者更一般地说是形状）。因此，我们将把注意力主要集中在激励问题上。

也就是说，肯定有证据表明高层管理者有时候能够使用自己的权力获取比其应得水平更高的薪酬。这种情况通过什么方式实现？首席执行官和高管的薪酬方案通常由董事会薪酬委员会聘请的报酬顾问公司进行设计。这些顾问可能与公司内部的人力资源部或其他部门的员工密切合作。首席执行官能经常对董事会成员和被任命到薪酬委员会的人员施加影响，而且首席执行官很可能有能力对这些员工和顾问施加影响。（如果首席执行官对顾问施加影响，请考虑针对这些顾问的激励措施——他们正在为重要的客户设计薪酬方案。）

一项研究发现，如果首席执行官在薪酬委员会主席被任命之前受到任命，那么在他由于其他因素（例如，公司规模、行业、首席执行官的经验）而对公司实现掌控后，其薪酬大约要比正常情况高出 11%。[1] 该研究还发现，在首席执行官由于其他因素而对公司实现掌控后，相互关联的董事会首席执行官（即 A 公司的首席执行官是 B 公司董事会的成员，而 B 公司的首席执行官是 A 公司的董事会成员）的薪酬大约要比正常情况高出 10%。诸如此类的研究有力地表明，如果排除上述这些方面的影响，首席执行官们在一些情况下可获得的薪酬要高于他们在劳动力市场上的实际价值。

□ 高管绩效薪酬

如果使用与我们用于分析员工股票期权相同的工具，我们很快就能分析首席执行官的薪酬。首先请考虑绩效评估。高管的首要绩效指标是股票价格，因为股票和期权是激励高管的首要工具。这是考虑首席执行官薪酬的合理绩效指标，因为首席执行官的行为能对公司整体价值产生强烈影响。然而，该指标也颇具风险性。所以，许多高管薪酬方案重点利用幅度较窄的绩效指标，尤其是会计利润（收益）。

高管薪酬的激励强度如何？我们对首席执行官薪酬的激励强度所做的一些估计显示激励强度很小。在大型公司里，如果作为所有者的企业家得到的佣金率为 1.0，那么首席执行官的佣金率大约为 0.004。[2] 即，股票价值每增加或降低 1 000 美元，首席执行官的薪酬（包括加薪、奖金、延期薪酬、股票、期权和被公司解雇的威胁）上涨或下跌的幅度不到 1 美元。当然，最优的激励强度不应基于公司的总价值，而应基于员工对公司价值做出的贡献。因此，这些估计都低估了有效的佣金率。然而，这些对激励强度的估计暗示了风险和其他因素在起重要作用。更为重要的是，它们暗示针对各首席执行官的激励措施弱于针对企业家的激励措施。相比之下，针对会计指标的高管激励方案的激励强度往往大很多——大约为两倍。这表明对风险的考虑很重要，因为与

---

① 参见 Hallock（1997）。

② 参见 Jensen & Murphy（1990）。

作为绩效指标的股票价格相比，会计指标可能会扭曲激励措施，但其风险比股票价格低很多。

要说出对高管进行激励的合理强度应为多少，即使可能，也是很困难的。其他的研究已经提出了一个相关的问题：激励的力度是否如同理论预测的那样，随着其他因素的出现而发生变化？总的来说，答案是：高管薪酬模式确实与该理论预测的情况一致，而这可靠地证明至少存在一种经济学逻辑适用于高管薪酬。

例如，一些研究已经发现，在股票价格风险较低时，公司对首席执行官进行激励的强度更大，反之亦然。同样，针对高管的激励措施随着行业特点不同而不同。在受监管的公用事业单位，高管们往往得到相对低很多的总体薪酬，受激励的强度也弱很多。这些都是有道理的，因为这种职位较多地受到来自监管者的限制——在受监管的行业里，高层管理者的自由裁量权较少。这意味着这类行业对管理者才能的重视程度不及更具活力和有风险的行业。这也意味着在公用事业单位激励问题不那么重要，因为分给首席执行官和管理人员的权力较少。

高管薪酬与公司规模有很强的关系。公司规模每上升10%（以销售量或股票价值来衡量），高管薪酬就倾向于上涨约1%。这与一个观点一致，即：较有才能的管理者往往会进入较大的组织，在这些组织中他们的才能受到重视，得以更好地发挥。

相比之下，在较大的公司里，对高管薪酬与公司绩效之间的平均关系进行的估计在强度上比在较小的公司里要**弱**。大部分关于激励高管的研究使用以下指标对激励强度进行估计：

$$\hat{b} = \frac{\Delta Pay}{\Delta Stock\ Value}$$

如前文所提到的，对大型公司来说，这项估计得出的激励强度值大约为0.004。激励强度的估计值随公司规模的减小而增加。如果该指标准确地代表了激励强度，那么较大的公司针对高管的激励措施就较弱。解释之一是，如果较大的公司给予高管同样的激励强度，则暗示高管承担的风险会极大增加，所以较大的公司会减弱对规避风险的高管的激励。

另一解释是，此类估计混合了前面两章中讨论的两种效果。请记住，针对管理者的激励措施取决于：

$$\frac{\Delta Pay}{\Delta e} = \frac{\Delta Pay}{\Delta Stock\ Value} \cdot \frac{\Delta Stock\ Value}{\Delta e}$$

因此，只有当我们假设上述公式中最后一项为常数时，实证数据才能很好地衡量激励措施因公司不同而发生变化的方式。但如果努力度对股票价值产生的影响随着公司规模不同而变化，会出现什么情况？如果事实确实如此，那么我们需要将该影响考虑进来。

考虑这个问题的一种方法是假设存在两种管理决策。[①] 第一种是战略决策。按**百分比**价值计算，努力做出正确的战略决策可以提高公司价值。这就是为什么战略决策被称

① Baker & Hall (2004).

为具有战略性，因为战略决策影响公司的整体运作。例子包括整体战略、产品选择、兼并和收购活动。

第二种管理决策是运作决策。按**绝对**价值计算，高管更加努力地做出经营决策可以更好地增加公司价值。即无论公司的规模是多大，能将公司价值提升 50 000 美元的决策都很好地增加了公司价值。改善一家工厂的运作流程就是一个例子。

现在让我们再次看公式中的最后一项。该指标指由管理者努力程度变化带来的股票价值的绝对变化。如果所有的管理决策都是运作方面的，该指标将为常数。如果所有的管理决策都是战略方面的，该指标将随公司规模的大小而有规则地变化。尤其是，管理者的努力度在较大的公司产生的效果将较大，反之亦然。

因此，就某些管理决策具有战略冲击力并且这种战略冲击力的大小由公司规模确定而言，在激励强度水平确定为 b 时，较大公司对高管的激励措施将具有更大的力度。按照这种观点，针对首席执行官的总体激励措施似乎只随公司规模不同而在力度上略有不同（可能反映对风险的考虑）。

□ 其他激励措施和调控手段

除了绩效薪酬，员工的积极性还受到诸多其他因素的驱动。通过诸如对员工的直接监督和限制决策等控制手段，公司也对员工行为进行引导。这些对高管的激励当然也有着重要意义。

影响高管行为的其他四个重要的外部因素有：（1）来自外部支持者和股东的压力；（2）产品市场的竞争；（3）公司控制权市场（恶意收购）；（4）董事会的监督。

外部施压者对公司的影响是否有益尚不清楚。如果公司由消息灵通的股东驱动，那么通过向管理者施压使其采取更好的政策，公司价值很有可能得以提升。然而，如果公司由心怀异志的施压者驱动，那么首席执行官的激励措施可能遭到破坏（比如，由于管理者对公司业绩的重要性而无法解雇他们，或者无法有效地将期权或利润分享的做法推进到较低的职位阶层）。有一个重要的可能，那就是：由于对高管的高薪存在非议，公司为高管设计有效的薪酬方案的能力受到舆论的限制。不过，这只是一种可能，这种影响是否显著还需要通过研究加以证实。

可以说，制约高管的最重要因素是产品的市场竞争力。市场竞争越激烈，公司才越有压力去降低成本、提高质量以及改革创新，以维持生存。因此，如果一个公司竞争力较弱，我们应该期待该公司加强管理和强化对激励问题的解决。这其中包括那些存在进入壁垒的公司，例如通过专利或监管保护创造垄断特权的公司。

对于管理者的第三个潜在的规则是公司控制权市场，它曾在过去发挥过重要作用。如果一家上市公司管理不善，那么原则上公司应对管理层进行更换。这可以通过股东代表大会，或者通过掌握公司控股权的投资群体来实现。大量的实证研究证明，恶意收购和相关的控制权争夺往往能提高公司价值。

在 20 世纪 80 年代的美国，为了瓦解低效率的企业、从管理手中榨取利润等，出现了相当数量的恶意收购和控制权变更等行为。细想起来，在当时出现这样一波交易并不奇怪。在此前一二十年前，商业世界就开始发生巨大的变化，包括国际贸易的增多、大规模的放松管制和信息技术革命。许多公司需要大规模重组。似乎许多管理团队不是不适合改变其机制或发现大规模重组难度太大，就是不愿意这么做。在这种情况下，如果公司外部的人员有能力收购公司并认定自己能把公司管理得更好，这对于管理层来说就是一个重要的推动力。

由于这样的竞争往往涉及公司机构的重大变化，包括大规模裁员和变卖部门，所以它们一直饱受争议。这些机制更难在欧洲（英国除外）使用，因为那里的法律约束更加严格。此外，就公司在避免重大机构变革的问题上所肩负社会责任的多少而言，人们在认识上还存在文化差异。因此，这种机制并没有起到如此关键的作用。恶意收购和其他控制权争夺现象在一些亚洲经济体中更加常见，不过并不是所有的亚洲经济体都有这种情况。即使在美国，恶意收购现在也非常少见。这是因为大多数州都颁布法律来约束这种交易的顺利进行。所以，现在这种惩戒机制的约束力已远不及以前。

针对高管的最后一种激励制度是董事会的监督。董事的主要作用有两个。一个是为首席执行官以及高管团队提供建议和支持。充当这个角色时，董事对公司的战略和策略进行讨论，提供建议，然后在适当的时候将决策权授予首席执行官。另一个是通过批准和监控管理层的决策、制定管理层激励制度来充当决策控制的最后一道防线。换句话来说，董事会的最重要职责之一是进行主观绩效评估，对高管进行奖励或惩罚。因此，董事一方面充当了首席执行官和管理者后盾的角色，另一方面又充当了股东代表这一角色。正如很难界定管理者对于员工来说是支持者还是监管者，我们也很难给董事的两个角色划清界限，有时这两个角色间还会发生冲突。

针对董事们的一项调查发现，只有约 35％的董事认为绩效评估是他们作为董事的主要职责之一。相反，董事们似乎更加重视他们作为高管支持者这一角色。为什么会这样呢？

原因之一是，首席执行官通常对董事的当选起很大的作用。董事会的许多成员，甚至可能是董事会的所有成员，都由首席执行官提议推选。很自然，首席执行官往往会倾向于选择与自己有私交的朋友或者赞同自己策略的人担任董事。另外，董事往往也担任其他公司的首席执行官，而且他们可能不愿意向管理层施压，以避免自己在担任首席执行官时遭遇同样的情况。

□ 针对高管的激励措施重要吗？

有一个例子与效果不佳的首席执行官的激励有关，例子的主人公是罗斯·约翰逊（Ross Johnson）——雷诺兹·纳贝斯克公司（RJR Nabisco）的首席执行官，就是使用公司的喷气式飞机将狗送往自己的度假屋的那个人。[①] 离现在更近的几起案子是众所周知的，这几起案子涉及首席执行官使用公司资金过奢侈生活 [比如，美国泰科公司（Tyco）]。这体现出董事会监督的缺失。然而，在很大的公司里，这类越轨的行为是小事，而且可能只被视为管理者薪酬补贴方案的一部分——甚至这可能并不被认为是低效率的。

更残酷的问题是：如果公司没有针对高层管理者的良好激励，可能会出现什么样的问题？当然，公司应该会出现绩效相对欠佳的状况。国有公司和那些因后来私有化而面

---

① 参见 Burrough & Helyar（1990）。

临竞争的公司的经验说明这种情况确实会出现。

对高层管理者激励力度较大的公司的绩效是不是会好些？这个问题可不是一出现就能够立刻得到回答的。我们不能简单地将对管理者激励强度的估测（股权百分比）与股票收益关联起来。原因在于股票市场一般很有效率：它们几乎能够即时吸收所有关于公司价值的信息。如果公司设计合理的管理者激励方案，公司价值应该立即包含在公司的股票价格中，同时不带有对将来股票收益的明显影响（除非公司后来又改变政策）。

一些研究关注当公司宣布对管理者薪酬方案做出**变动时**，股票价格出现的**非常规**变动（预期之外的）。这些研究发现，如果公司加大对管理者的激励，如授予管理者更多股票或期权，在公司宣布这些措施时股票的价格就会比预期上涨更多。这与更好地激励管理者可以提升公司价值的观点一致。

然而，存在对这一证据的其他理解。一种理解认为，这是内部交易的一种形式。假设首席执行官掌握了关于公司未来前景的**私有信**，股东可以根据首席执行官愿意接受在其薪酬方案中加入更多比例的风险股票和期权来推测公司的前景好于他们之前设想的状况。这将提高股票价格，但这种提高不是公司通过采取更好的措施激励首席执行官引起的。

同样，将这理解为信息传递也是可能的。假设董事会和首席执行官认为股票价格的估价偏低（基于他们对公司运营状况内部信息的掌握），他们可能通过愿意接受更多的期权和股票来实现对外部市场的信息传递，股票价格将再次上涨。因此，基于股票价格绩效的证据并不明确。其他关注会计绩效的研究也发现了类似的结果，从而进一步佐证了公司对管理者的激励可以影响股票价格的观点。

另一个方法是分析案例研究。例如，采取管理层收购行为或杠杆收购行为的公司值得引起注意，因为与更一般的公司相比，此类公司通常执行很有力的高管激励措施。这类公司也大量使用债务（杠杆），从而严重限制了管理者，并对管理者施加很强的压力，使他们增加现金流以避免破产。一些研究通过细致地观察此类组织的绩效，已经大体上发现在收购交易完成后公司绩效得到显著提高。

当员工受到内在激励时，外在激励的一个重要作用是使员工利益与公司利益更一致。所以，解决这个问题的一个方法是搞清楚在没有经济激励时管理层的内在目标是什么。员工通常的担忧是，管理者可能被诱导去建造商业帝国。换句话说，管理者可能对管理较大的机构感兴趣。这表明，如果针对首席执行官的激励措施不到位，他们就会追求公司规模增长与收购战略。

首席执行官的内在激励因素是什么？

在不考虑本节所描述的控制手段和激励措施的情况下，一项引人注意的研究使用来自一大批美国公司的工厂级数据，试图分析高层管理者追求的内在目标。反收购行为的保护规定在美国的不同州会有差别，这使得 50 个州可以在不同时期颁布法律，该项研究的作者将对这一事实加以利用。

这种差别使得研究者们观察到不同等级管理者保护公司免受收购威胁的行为的效果。结果表明，关于高管试图建造商业帝国的观点可能不恰当。相反，管理者似乎偏爱追求一种"平静的生活"。当公司不太可能被收购时，它倾向于向员工支付较高的薪酬——尤其是给白领员工，而关闭旧工厂是不太可能的。与建造商业帝国相反，建造新工厂的做法也减少了。管理层似乎走上了对高额薪酬不加抵制的道路，对员工慷慨大方，抵制公司进行总体变革。该研究还发现，此类公司的生产率和盈利能力下降。

资料来源：Bertrand & Mullainathan（2003）.

首席执行官的另一可能目标是减少风险和维持公司生存。股东减少风险的方法是使自己的有价证券多样化——购买无业务关联的多家公司的股票份额。首席执行官可能通过使公司内部的业务领域多样化降低自己的薪酬风险和职位风险。如果公司拥有几个不相关联的部门，其中一个部门绩效不好，则另一个部门绩效好的可能性比较大。这两个部门越没有关联性，它们同时绩效不好的可能性越低，公司的总现金流遭遇的风险就越低。

尽管这可能初听起来是个好主意，但对股东来说却通常不是一个好主意。投资者可以凭借自己的力量，通过持有不同公司的股票份额实现这种多样化。要从经济角度说明公司在很大范围内实现多样化具有合理性是困难的。如果公司各业务领域确实不同，那么就很少或不存在规模经济或范围经济（协同效应），从而使大型复杂机构很难有效运行（本书考虑到的其他原因所起的作用）。

多样化给管理层（但不给股东）带来的另一好处是让管理层免于遭受外部压力。现金流遭遇的风险越小，管理层必须筹借资金或发行股票份额的可能性就越小。这可能使管理层出于某些低效原因去**交叉补贴**其愿意投资的部门。例如，一名首席执行官可以决定给老化的工厂投资而不关闭该工厂，因为该首席执行官个人不喜欢裁员，或因为这家工厂是该首席执行官事业开始的地方。

的确，直到 20 世纪 80 年代恶意收购急速发展时，许多美国大公司还是多样化的集团公司；而欧洲和亚洲的许多公司现在仍然是多样化的集团公司。

相关的一种担忧是：公司可能存在激励措施，促使高层管理者囤积现金。微软直到最近还持有 800 亿美元的现金储备，这可以作为一个生动的例子。假设公司正在盈利和积累现金，公司应该怎么处理这些现金？公司应该在对风险进行适当调整后，使投资回报率较高时，**才**将这些现金用于投资。那么，股东通过自己投资能够获得什么收益？对净现值机会进行投资后所剩下的可用现金称为**自由现金流**，原则上公司应将这笔现金返还给股东。

然而，如果存在投资正收益（财会方面的），管理层可能将这笔现金用于投资，而投资正收益并非正确的投资标准。事实上，管理层可能简单地手持现金以备将来之用。有种现象并不罕见，即听到管理层谈论在公司内部积累现金储备作为"战争基金"，以备将来执行战略之用。如果公司有好的项目可以用来投资，公司接下来就可以一直筹集额外资金，那么这类争论往往就失去意义。因此，公司可能存在不恰当的激励措施，使管理层囤积自由现金流。20 世纪 90 年代的一些恶意收购事件导致大笔巨额股息支付给股东，表面上消除了管理层对自由现金流的控制。

最后，公司很可能存在强烈的激励措施，使高层管理者试图牢固树立自己的地位，以减少因滥用公司资金、绩效不佳或追求内在目标而被免职的可能性。我们已经谈论了管理层可以设法在董事会安排较多支持自己的董事。管理层也可能寻求使恶意收购更难执行的措施，如毒丸行动。① 而且，如果公司确实收到收购要约，管理层有时候会有力地抵制收购，即使收购可以为股东带来丰厚的报酬而使大多数股东投票接受收购。

总体上，该证据表明，当公司没有足够重视对高层管理者的激励和管理时，公司可能会出现重大价值损失。而且，相反的情况似乎也真实存在：当公司合理设计针对管理层的激励措施时，管理者的绩效提高，公司会更具创新性和活力。

■ 本章回顾

□ 员工股票期权

我们讨论了支持公司将股票期权授予员工的几个正当理由。大部分理由与期权本身无关，因为公司可以通过其他形式的薪酬实现同样的目标。讲得通的正当理由（至少在一些情况下）通常只适用于公司的骨干员工。例如，期权仅仅鼓励那些能够实际影响股票价格风险的员工去承担风险。

说明公司将期权授予员工的合理性的最重要理由是期权能以同样的薪酬成本产生比股票更强的激励，因为它们是杠杆性激励。尽管有力的激励措施吸引人，但也存在一些重要的警示。期权是一种极复杂的绩效薪酬形式（即使不考虑期权所产生的税费和对财务的不良影响，这种复杂性也是显著的）。期权为员工提供的激励和薪酬水平是脆弱的，因为一旦股票价格下跌，它们的价值就可能急剧下滑。实际上，期权也许更可能激励员工去进行操控活动。公司必须考虑如何分时段授予员工相应的期权，以及在遭遇意外的效益不佳状况时可能需要对期权重新定价。最重要的是，期权是一种昂贵的绩效薪酬形式，因为它所隐含的风险和限制措施会使员工要求获得大笔风险溢酬。

由于这些原因，公司对发行员工股票期权应当慎重。几乎没有什么正当理由可以让公司把期权授予所有员工。我们认为，公司只有将期权授予骨干员工才是有意义的，而且是只有当该授予行为对增加激励措施力度的效果超过了对增加薪酬方案复杂度的效果时才有意义。确实，从历史的角度来说，公司现在已经将期权授予高管以外的员工，但在 20 世纪 90 年代科技兴盛时出现的"非理性繁荣"中没有这种情况。

□ 高管薪酬

首席执行官们和高层管理者是最重要的员工。他们最具价值创造力或者破坏力。由于这个原因，公司最需要重视的激励措施是针对高层管理者和监督高层管理者的董事会成员的激励措施。

有证据表明，针对首席执行官和高层管理者的激励措施确实重要。更好的激励措施

---

① 毒丸行动给予当前股东权力，使股东能以远低于市场价格的价格购买公司更多股份。只有当收购者购买该公司的期权数量超过了规定比例时，这些期权才可以被执行，但不能由该收购者执行。因此，为了以毒丸购得公司的控股权益，收购者必须向现有股东支付一笔额外费用。这笔额外费用数额如此之大，以至于迄今还没有出现过一起因毒丸行动而顺利完成恶意收购的案例。

和更好的控制手段，如公司在管理和收购方面所面临的压力，确实提高了公司绩效，但也使管理者更可能难以做出决策。

遗憾的是，也存在一些重要的原因使高层管理者的薪酬未达到最佳水平。和组织里职位等级较低的员工不同，首席执行官可能几乎不受监督。这种情况源自组织设计：所有权与控制权分离。由于多样化带来种种好处，股东们放弃对他们所投资公司的控制权。这类为了管控高层管理者而存在的机制没有完备的构成要素——在很大程度上是因为公司控制权市场，这一本应成为股东对管理层施加影响力的方式未发挥理想的作用。

由于这个原因，首席执行官们往往试图在董事会安插支持自己的董事。而董事们似乎未能很好地重视对管理层的监督。首席执行官们也对自身薪酬方案的设定有一定的控制力。尽管存在这些问题，治理手段和激励措施确实改善了对高层管理者的激励效果，因而这些机制即便不完备，也是重要的。

思考题

1. 在出现高科技泡沫的时期，当高科技股票价格急剧上涨时（在 2001 年 3 月该泡沫破灭之前），由于出现"非理性繁荣"，员工可能高估了股票期权的价格。在这种形势下，公司是否应该发行员工股票期权？这么做的好处是什么？代价是什么？

2. 员工进行较多的公司专用性人力资本投资时，公司应该在员工激励方案中较多还是较少地利用股票期权和利润分享？

3. 假设你是一家需要大量裁员的公司的董事会成员。裁员将招致强烈的公众批评。在雇用新的首席执行官和设计针对该首席执行官的激励方案时，你会考虑哪些因素？

4. 假设你是新的首席执行官，你会让哪种人进入董事会？为什么？

5. 一些公司为首席执行官提供金色降落伞——一旦公司被出售给收购者而首席执行官失去其职位，首席执行官即可获得高额离职金。这种做法听起来是合理的激励方案吗？为什么合理或为什么不合理？存在哪些问题？

6. 公司给首席执行官支付的薪酬是否过高？在什么意义上过高？如果激励措施对激励首席执行官增加股东价值有重要作用，是否存在其他的备选办法？

参考文献

Baker, George and Brian Hall (2004). "CEO Incentives and Firm Size." *Journal of Labor Economics* 22 (4): 767-798.

Bertrand, Marianne and Sendhil Mullainathan (2003). "Enjoying the Quiet Life? Corporate Governance and Managerial Preferences." *Journal of Political Economy* 111 (5): 1043-1075.

Black, Fischer and Myron Scholes (1973). "The Pricing of Options and Corporate Liabilities." *Journal of Political Economy* 81 (3): 637-654.

Burrough, Bryan & John Helyar (1990). *Barbarians at the Gate* New York: Harper & Row.

Hallock, Kevin (1979). "Reciprocally Interlocking Boards of Directors and Executive Compensation." *Journal of Financial and Quantitative Analysis*, 32 (3): 331–344.

Hendrick, Burton (1932). *Life of Andrew Carnegie*, v. 1. Garden City: Doubleday, Doran & Co.

Jensen, Michael & Kevin J. Murphy (1990). "CEO Incentives: It's Not How Much You Pay, But How." *Harvard Business Review*, May-June.

延伸阅读

Abowd, John (1990). "Does Performance-based Compensation Affect Corporate Performance?" *Industrial and Labor Relations Review* 43 (3): 52S–73S.

Conger, Jay, David Finegold, and Edward Lawler (1998). "Appraising Boardroom Performance." *Harvard Business Review* 76 (1): 136–148.

Hall, Brian and Thomas Knox (2002). "Managing Option Fragility." Working paper, National Bureau of Economic Research.

Hall, Brian and Kevin J. Murphy (2003). "The Trouble with Stock Options." *Journal of Economic Perspectives* 17 (3).

Jensen, Michael (1986). "Agency Cost of Free Cash Flow, Corporate Finance, and Takeovers." *American Economic Review Papers and Proceedings* 76 (2).

Kaplan, Steven (1989). "The Effects of Management Buyouts on Operating Performance and Value." *Journal of Financial Economics* 24 (2).

Murphy, Kevin J. (1999). "Executive Compensation." In *Handbook of Labor Economics* 3b, Orley Ashenfelter and David Card, eds. Elsevier Science North Holland.

Oyer, Pay & Scott Schaefer, 2005. "Why Do Some Firms Give Stock Options to All Employees? An Empirical Examination of Alternative Theories." *Journal of Financial Economics* 76: 99–133.

Watson Wyatt, Inc. (2007). "How Do Employees Value Stock Options?" Washington, DC.

附 录

□ 期权定价的技术层面

我们首先描述布莱克-斯科尔斯公式（Black & Scholes，1973）。我们经常通过该公式的某种变体对公开交易的股票期权进行估价。这里有一个：

$$C = S \cdot N(d_1) - K \cdot e^{-rT} \cdot N(d_2)$$

在公式中，

$$d_1 = \left[\ln(S/K) + \left(r + \frac{1}{2}\sigma^2 \right) \cdot T \right] / \sigma \sqrt{T}$$

$$d_2 = d_1 - \sigma \sqrt{T}$$

并且

$C =$ 看涨期权的价值

$S =$ 股票价格

$K =$ 期权执行价格

$r =$ 无风险利息率

$T =$ 期权到期时间

$\sigma =$ 股票价格波动（标准差）

$N =$ 标准正态分布函数

期权的价值是如何随各参数发生变化的？我们的直观认识是这样的：在很大程度上说，员工将要求获得高于 BS 值的风险溢酬。类似的直观认识适用于员工对类似期权进行估价的方式。所有的直观认识都是为了达到改变单一变量，将其他变量固定为**常量**的效果。

S：股票价格越高，期权的价值就越高，因为期权更可能成为价内期权，而价内期权的收益较高。员工在执行期权时，支付执行价格 K 购买股份，该股份的价值为 S，所以一旦即刻执行期权，所得回报额就等于 $S-K$。

K：执行价格越高，期权的价值越低。我们对 K 的直观认识与我们对 S 的直观认识相反。

r：r 值越大，期权的价值越高。我们将 r 看作衡量每一时间段金融证券价值上涨速度的指标（高于通货膨胀率）。如果证券的价值快速上升，期权更可能最终成为价内期权，产生更多回报。

T：T 值越大，期权的价值越高。离期权到期日越远，股票价格上涨的概率就越大。一旦股票价格上涨，则期权成为价内期权进而产生回报的可能性就增加。如果是公开交易的期权，如果你不希望到期权期满时还手持期权，你可以在市场上将其出售。由于多出的时间是有价值的，你现在可以通过出售该期权获得较高的到期日期权价值。（**注意**：许多员工在被授予期权后即刻执行。这是因为他们要规避风险，也许是担心股票价格将来会下跌。）

σ：σ 值越大，期权的价值越高。如果股票价格上涨，看涨期权就产生收益，但如果股票价格下跌，看涨期权也不会使员工处于不利状态。因此，较大的波动是有价值的，因为这样可以增加期权最终成为高回报价内期权的可能性。

期权价格的另外两个属性对我们理解员工股票期权的估价是有用的。第一，所有的员工期权实际上都是公司等价授予员工的：$K=S$。可以看到，等价期权的价值越大，S 值就越大，而所有其他参数都固定为常数。直观认识具有直接性：公式取决于回报的

百分比（这点在公式中以无风险利息率的形式体现）。因此，改变公式中的 S 值，同时将回报百分比设定为常数，就等同于增加 S 值**并且**提升**绝对**回报率。当然，期权的实际价值取决于它所产生的绝对回报，因为如果该期权最后能成为价内期权，绝对回报可以成为一个依据，供我们判断它最终成为价内期权和产生回报（内在价值 $S-K$）的可能性。

第二个有用的属性是在某个时间段授予员工期权的贴现现值与期权**现值**相等。因此，在对期权方案进行估价时，员工**无须**将期权折现。刚开始我们不容易发现这种直观认识，因为所有其他的薪酬形式（除了股票）必须折现。通过考虑不支付红利的股票份额可以最容易发现这种直观认识。假设公司的当前股票价格为 S，且公司承诺来年赠予你该股票的一股。公司将来赠予你的股票的价值是多少？它的价值正好与股票**现在**的价格 S 相等，因为你可以通过今天购买股票使股份份额翻倍，然后直到来年一直持有该股份。期权是比股票价值更复杂的一个函数，但同样的直观认识也适用于它。

第四部分

应　用

在本书结尾的三章中，我们将一些概念应用到一些专题讨论中。我们的目的是将前几章的内容串起来。这三章内容说明了将原理应用于实践的方法，并延伸出一些更广泛的题材。

第13章讨论了员工的福利。这一章承接第三部分，其主要内容是绩效薪酬。公司经常给员工发福利，部分福利是以非现金的方式发放的，比如养老金、医疗保险、带薪休假等。这一章一个重要的主题就是讨论公司为什么会这么做。对于本书前面提到的一些问题，这一章也给出了几种解释。这些问题包括人员分类、管理人员流动、提升生产率，以及代理问题。在此之后，我们讨论了一些关于福利计划设计的问题。

第14章讨论企业家精神和**内部企业家精神**。企业家精神是资本主义的主要动力。这是这一章特别有意思的一个话题，我们重点讨论的是如何将市场为导向的理念应用到公司内部的设计中。企业家有一项重要的优势——公司在组织设计的问题上如同一张白纸。鉴于此，一家新公司又如何能用人事经济学的原理来提高其成功率呢？

如果一家新公司存活下来并开始实现增长，那么其组织设计必须随之发展。在第14章中，我们简单讨论了一些公司在成熟时才会面临的问题，并由此引出了这一章的第二个主题——内部企业家精神。相比于年轻的公司来说，那些规模更大、历史更长、成长更健康的公司通常表现得（或实质上）行动缓慢、态度保守并且官僚作风盛行。我们讨论这些现象发生的原因，以及现象背后的成本与收益。接下来我们讨论的一个话题是，一家成熟的公司如何用人事经济学的思想来提升其公司活力。在这样的讨论中，我们进一步探究了内部企业家精神，正是这种**内部企业家精神**使得市场经济如此高效。

在第14章中，我们强调了本书中两个相关的主题。第一个是用于组织设计的市场模型。第二个是机构在创造力和控制力之间做出的基本权衡。在设计员工分类和培养、组织与工作职能，以及绩效薪酬方案时，这两方面都是需要考虑的。这些是本书前三部分的内容。

在第15章中，我们讨论了公司和员工之间的关系。这是一种经济关系，但它却比大多数的经济交易要复杂和微妙得多。要全面了解组织设计，我们就必须考虑这层关系。因此，这一章扩大隐性契约的讨论范围，同时也讨论其他问题，如企业文化和组织变化。这些问题通常都被认为是"温和的"，人们通常是从心理学和社会学的角度来讨论的。对于这些问题，第15章通过人事经济学视角对其进行了补充。

第13章

福　利

劳动的奖励就是生活，这还不够吗？

——威廉·莫里斯（William Morris），1890

本章引言

福利所占薪酬部分的比例越来越大。公司用薪酬的25％作为福利的情形也很常见。典型的福利包括医疗保险、养老金和带薪休假。比如，大约70％的美国员工有医疗保险，50％以上的员工有牙科保险。一些公司也为员工报销学费，提供现场儿童看护、用餐补助，甚至提供专人服务，从而解决员工个人杂事问题。在本章中，我们分析了为什么公司愿意提供福利来代替现金工资；接下来讨论了在设计这样的方案时，需要考虑的重要经济问题。

工资与福利

一个公司如何支付工资和福利呢？想想下面的例子。一个被称为"三重选择"的医疗方案，每年大约花费3 500美元。这个方案能够涵盖绝大多数致命的疾病，并且有健康维护机构（HMO）的参与。该方案允许受保人在合理范围内选择医生，并需要受保人联合支付一定的治疗费用，可能是1 500美元/每年。总而言之，对于员工来说，这项计划听起来既合情合理又充满吸引力。方案确实有吸引力，但是其吸引力对员工来说也因人而异。年龄大的员工比年轻员工更容易生病，因而更加关心健康计划。已婚员工比未婚的员工更关心医疗保险。女员工比男员工更关心健康保健。

如果一家公司为员工提供健康计划，要么覆盖所有员工，要么不覆盖任何员工。[1]公司如何抉择呢？员工都知道健康计划的价格，但是对于他们来说，健康计划的价值并不一定是 3 500 美元。如果一位员工认为这项计划的价值低于 3 500 美元，在有自主选择权的情况下，他/她就不会购买这项计划。价格的定义是，个人为了获得一种特定的商品或服务而愿意支付的金额。根据定义，在任何情况下，如果人们不愿意购买某些东西，这些东西的价值一定应该低于定价。当然，价值也取决于个人的收入，因为个人愿意为一件商品支付的金额也取决于个人本身的财产状况。一般人视为生活必需品的东西，富人对其估价可能会更高。在任何情况下，员工愿意为某项福利所出的价格都能代表其在雇主心中的价值。

员工也有可能高估某项福利的成本，而这通常在两种情况下发生。第一，公司购买这项福利的价格低于员工个人购买的价格。团体健康保险就是一个例子。为了节省个人费用，个人和其他人一起购买保险。（作为团体的一部分，一些低风险员工可以补贴高风险员工。）第二，公司有机会获得税收套利。当一项福利被记成公司的支出时，就可以减少公司的缴税额，这样公司的税收套利就会增加。若是把这项福利计入员工的收入，那么员工的交税负担便会增加，公司便无法获得税收套利。公司能够以 3 500 美元的价格购买健康计划，对于员工来说，同样的健康计划可能只值 3 000 美元。但是，如果公司将 3 000 美元现金付给员工，则他们买不起一项 3 000 美元的健康计划，因为他们要交 20% 的个人所得税，税后只剩下 2 400 美元。公司为了给它的员工提供 3 000 美元的购买力，必须给员工支付 3 750 美元，这样税后才是 3 000 美元。提供价值 3 500 美元的福利还是 3 500 美元的现金呢？公司或许对此并不关心，因为对于公司来说，这两者的支出和税额都是一样的——3 500 美元。但是，员工更倾向于价值 3 500 美元的福利，因为如果购买一项价值 3 000 美元的健康计划就要花费他们 3 750 美元现金。

一家公司如何确定一项福利的价格呢？有可能直接询问，我们就能得出结果。公司可以允许员工投票：在 3 500 美元现金和价值 3 500 美元的福利之间做出选择。这两种情况下公司的支出是一样的，所以公司对投票的结果也可能并不在乎。如果大多数员工选择健康计划，那么公司就会发福利而不是现金。这可能意味着工资下降，但这毕竟是员工们自己的选择。如果员工拿到更高的工资，但让他们从自己的工资里拿出 3 500 美元来购买这项福利，这跟前者没有实际差别。

如果这项计划的价值在员工眼里真的超过 3 500 美元的话，那么公司的损失就是：没能从中获利。在前面的情形中，员工愿意选择健康计划的福利而放弃 3 750 美元的现金。公司却能够以 3 500 美元的价格购买到这项福利。所以，公司原本应该减少 3 750 美元的工资，而不仅仅是健康福利所回报的 3 500 美元。公司花费 3 500 美元购买福利，并不意味着公司只能向员工收取 3 500 美元。这项福利对于员工值多少钱，公司最多就能收多少钱。但是，公司如何计算福利的价值呢？直接问员工的意义不大。如果员工知

---

[1] 一些税法的特征允许只有在福利计划是提供给公司指定的（大多数）员工时，个人福利才可以减免课税。

道了公司会根据他们所说的价格来确定福利价格的话，员工会把它的价值说得低一些。实际上，如果员工已经知道了公司在福利上的花费，公司在为员工支付福利款时也一定会将确切价格标出来。不管数目多小，公司也不愿意提供免费福利；不管数目多大，员工都会向公司支付额外金额。

既然知道员工会做出策略性的决定，公司如何决定福利的价格呢？一种方法就是市场调查，研究工资与福利的关系。我们根据市场数据能够估算员工的边际价值，尤其是福利的价值。通过观察有福利员工的工资和无福利员工的工资之间的差别，我们可以估算出一个市场系数。

假设我们从人力资源顾问那里获得了一个数据集。总共包含25家公司，有些公司有健康计划，有些没有。公司公布了普通中层经理的工资数据。从该咨询公司获得的数据在表13-1中列了出来。

表 13-1　　　　　　　　　　工资和健康计划状况　　　　　　　单位：美元

公司编号	工资	健康计划
1	59 701	没有
2	52 594	没有
3	59 193	有
4	54 817	有
5	50 666	没有
6	54 739	有
7	50 172	有
8	52 472	有
9	56 899	没有
10	51 765	有
11	53 628	有
12	52 372	有
13	58 450	没有
14	55 404	有
15	53 270	有
16	54 566	有
17	58 791	有
18	52 472	有
19	54 724	没有
20	51 181	有
21	58 711	没有
22	59 346	没有
23	55 188	有
24	51 356	没有
25	53 832	有

将工资与一个健康计划虚拟变量做**回归分析**，如果公司有健康计划则取 1，没有则取 0，这样就产生了以下结果：

工资＝55 827－1 836×健康计划虚拟变量

具体解释：没有健康计划（健康计划虚拟变量＝0），通常的工资是 55 827 美元。有健康计划，通常的工资是 55 827－1 836＝53 991 美元。

鉴于此，公司应该怎么做呢？市场数据表明，边际员工愿意为了福利而降低 1 836 美元的工资。一项健康计划花费公司 3 500 美元。这些数据表明，员工不愿意为了这项计划更值钱而支付更多的工资。如果公司愿意为一名员工提供 55 000 美元并带有一份健康计划，员工可能更愿意接受 57 500 美元的工资而不带健康计划。边际员工倾向于选择这额外的 2 500 美元的现金而不是健康计划。没有健康计划的员工的工资，比有健康计划的员工工资只高出 1 836 美元。如果员工们对健康计划的估价高于 1 836 美元，那么能够提供健康计划的雇主就比能够再加 1 836 美元工资的雇主更有优势。通过多提供 2 500 美元的工资来代替健康计划，经理们可以让公司和员工同时受益。尽管每人都想要一份健康计划作为福利，但是很多人还是更喜欢直接的工资。

这不一定是所有员工的选择，假如公司只观察那些年薪超过 200 000 美元的经理的话。这些员工一般比其他的经理年龄大，因为工资水平一般都是随着工龄增长的。年龄大的员工更倾向于选择健康计划。如果前面的数据主要来自年薪 50 000 美元这个级别的经理，那么对于高工龄、高工资的员工来说，前者对健康计划的估值就显得太过保守了。同样，高薪员工面临更高的边际税率，所以他们更可能选择将工资更大一部分作为非纳税收益。精确的市场数据能够为特定群体提供更准确的估算，而这些数据通常可以从薪酬顾问那里得到。

论证该问题的主要意义是为了说明公司发放的福利实质上是员工付的账。这些福利的价格不菲，因此公司和他的员工都需要在福利和现金两者之间权衡。我们讨论过的职工优先认购股权跟这个意义是一样的，也是另外一种形式的薪酬。公司发放的福利不仅仅是"追加"到现金补偿上的。因此，一家公司必须小心谨慎地提供福利，并且保证其经济有效。

为什么提供福利？

我们论证了如果一家公司可以以低于市场价的价格购买到某项福利（并且低于员工个人购买此项福利的费用），这家公司就应该为员工提供此项福利。因此，一家公司应该观察提供团体福利的成本优势，或者给员工的价格优势。我们在这里更加充分地讨论这些观点，以及其他促使公司用福利代替薪水的动机。

□ 成本优势

□ 规模经济

前面我们描述了保险的例子；一个公司的员工有时会让公司分摊风险，这样可以降低他们自己的保险支出。如果公司规模更大，并且公司的员工平均风险值更低（比如，参加健康或者人寿保险的年龄更低），这种情况更有可能发生。

类似地，一家公司也可能以低于市场价的价格为员工团购一些商品。在这种情况下，商品对员工来说要足够有价值，这样的福利才会有吸引力。比如，一家公司可能会资助员工办理当地一家健身房的会员卡，而这家健身房为了能吸引大量的会员，也会向公司提供团购折扣。其效果在大公司里面可能会更好。为此，相对小公司而言，我们预期大公司为员工提供更多的额外福利套餐。这确实也是我们观察到的模式。

如果某些福利跟公司业务相关的话，这些福利的价格就会更低。比如，餐饮服务巨头索迪斯（Sodexo），它为其员工提供补助餐。索迪斯的主营业务是餐饮服务，其员工都是做餐饮的，他们也有资格享受折扣。索迪斯为其员工提供额外餐食的边际成本很可能比这些餐食的市场价要低很多，其中有很多原因。公司可能享受来自供货商的附加规模经济效益。通过鼓励员工现场就餐，至少在某些餐饮点实现了这种效益。一个重要的原因是，餐饮服务一般都有高峰期和低峰期。大多数顾客习惯在标准时间吃饭，比如在午餐时间用餐。因此，在一天的很多时间段，索迪斯就有了过剩的生产能力。在这些低峰时期，为其员工提供额外的餐食的边际成本很低，也能让公司进一步摊销其门店运营的固定成本。所以，公司向员工提供与其经营业务相关的福利，或者给购买公司产品的员工提供折扣的现象都很普遍。

□ 税收套利或补贴

公司向员工提供福利时，免税的规定可以让他们获得成本优势。政府有时应用补贴（以减税的方式）鼓励公司给员工提供福利。正如在本章开头所提到的，在那些没有全国型医疗保险的地方，公司通常会为员工提供医疗保险的福利。公司有能力提供这样的免税福利（或者从员工的税额中扣除福利部分），这也强烈地促使公司为员工提供福利。在美国，直到更改后的税收代码允许扣除福利部分，雇主提供健康保险的情况才普遍。（注意：这也意味着，风险分摊或许不能够完全解释为什么要给员工提供健康保险。）类似地，许多国家允许公司为员工办理养老金计划，员工可以在其中投入税前收入，而直到他们领取养老金时再缴税。

□ 价值优势

□ 员工分类

员工越高估某项福利，公司就越有可能用这项福利代替薪水，公司也能从中获利。因此，一家公司在设计福利计划时，应该考虑其员工的偏好。比如，报销学费的福利对年轻员工的作用更大。

员工重视一项福利，但这并不构成提供该项福利的理由。毕竟，员工自己能够购买这项福利。这样的话，公司只需要支付现金工资就可以了。然而，员工的偏好是不同的，因此福利计划在公司分类别招聘时也能起到作用。福利计划的设计可以改进招聘时的自我选择机制，这或许也能解释为什么用福利代替现金工资。我们稍后回到这个观点的论述上来。

□ 员工的生产率

在某些情况下，一项福利可能为公司或者员工创造价值，因为它提升了员工的生产率。我们在第3章讨论了工作培训。这种培训直接提升了生产率，这种培训其实是付费的，员工工资的减少就是因为自己为该培训付费了（尤其对于人力资源来说），或者这种投资也可能被分摊了（尤其对于公司专用性特定的人力资本来说）。

回想索迪斯为其员工提供折扣餐的例子。员工消费他们自己生产的产品，这样就能提高他们的生产率，这属于额外收益。因为员工亲身体验了自己的产品，这样他们可以发现其中的问题。这比收集顾客的反馈要好得多，同时也能提高产品质量。因为员工对顾客能感觉到的服务问题也有了更深刻的理解，他们也应该提高服务水平。这些福利可能很重要，尤其在强调员工不断提升的公司里。对产品的消费可以提供持续不断的反馈，而这种反馈仅仅从生产产品过程中或许无法获得。

这种效果使公司为员工提供自己的折扣商品成为一种趋势。比如说，一家电脑商店可能会给其员工提供25％的折扣。当员工们购买并且使用了这些产品后，他们对这些产品的优势、劣势、使用方法等都会有更深刻的理解。

一些福利也可能提高生产率，尽管它们与公司的产品或行业并不直接相关。比如，一些公司为员工提供专项服务，这为员工腾出了处理杂事的时间。其他福利包括停车、弹性工作时间、工作餐，以及公车或私人飞机服务（高级管理者专享），都能起到类似的效果。

考虑到公司都希望其员工工作更长的时间，或者在接到紧急通知时（比如在期限内完成任务，或者当危机出现时迅速做出反应）能够这么做。工作的时间越长，加班一个小时的边际负效用就越高。像专项服务这样的福利可以减少足够的负效用，因为如果有需要，员工就愿意在工作时加上这些腾出来的时间。

这种作用对于有两种特征的员工来说更为重要：第一，他们已经工作了很长时间；第二，员工的生产率很高。第一条说明这个员工从努力加班中获得了很高的负效用，因此专项服务就会产生相对大的影响。第二条说明其加班时间的边际生产率更高。这一条很重要，因为提供福利的价值应该超过成本。

这个分析表明，有些公司有更多用于提高生产率的福利。员工全职工作或者工作时间更长的公司比那些有兼职员工的公司更能够从这种福利中受益，因为兼职员工加班一小时的边际负效用通常较低。这种福利更有可能提供给那些技术高超并处于公司高层的员工，因为这些员工的加班产生的边际价值更高。最后，我们应该能预见，高速发展、高额利润的行业有这种福利，因为这些公司员工加班的价值更高。

这些观点也说明，能否提供对生产率有促进作用的福利，是由商业周期决定的。当大环境很好时，员工加班的价值就高。因此，一个公司更可能提供专项服务，例如公司配车等。

行政福利有效还是浪费？

高层管理人员频繁地被赠予大量的额外福利，比如高档会所的会员卡或者公司喷气式飞机的使用权。当然，这些福利很少被赠予底层员工。这些福利会提高经理们的生产率吗？正如我们在第12章讨论过的，在设置管理层的薪酬计划时的代理人问题能够更好地解释设置这些福利的原因。似乎两者都发挥了作用。

一项研究集中讨论了为 CEO 提供私人飞机的问题（Yermack，2006）。在公司宣布这项福利的当天，其股价平均下降了 1.1％，这比预期的还要高。另外，随后的股票价格走势每年比预期价格低 4％。这些大量的负回报是管理出现问题的有力证明。在这些公司，该项福利对 CEO 的激励作用相对较弱。研究也发现，公司是否为 CEO 提供私人飞机能够有效地帮助判断 CEO 是不是高尔夫球俱乐部的成员，而且通常情况下该高尔夫俱乐部离公司总部很远。

拉扬和伍尔夫（Rajan and Wulf，2006）调查了一系列的高管福利。不同于耶马克（Yermack）的研究，他们在扩展福利和公司治理的衡量标准之间没有发现系统的联系。但是，他们确实发现了证据，其可以证明至少有些行政福利的设计是为了提高生产率的。例如"省时"福利，如私人司机。这项福利在能够帮助节省更多时间的时候，也更能够产生高的生产率潜力（比如，更高的行政效率）。

□ 政府指令

最后，一些福利必须是依法向员工提供的。比如，美国的家庭和医疗休假法案（FMLA）要求所有超过 50 人的公司，要为在 75 英里以内工作的一些员工（一般说来，是在公司工作 12 个月以上的全职员工）提供停薪留职的机会。这些公司每年必须为员工提供 12 个星期的停薪留职机会，以便于他们照顾新生儿、生病的小孩、配偶或者父母；或者由于医疗方面的问题，从而致使员工无法正常工作。类似地，大多数政府都要求工作场所有最低限度的安全保障。[①] 为了使自己的安全水平高于最低标准，一家公司可能会付出一些代价。如果公司按照标准执行，这是工作的又一项福利。如果没有明文规定的话，公司极有可能提供风险更高、安全性更低的工作。

福利的发放

□ 促进员工分类

考虑一家公司决定自己来做人寿保险，称为**自办保险**。公司就不需要从其他的人寿保险公司购买该保险。当一名参保员工过世时，公司直接从自己的基金中拿钱出来用作其福利支出。只要该公司平均收费足以抵充支出，就不会有损失。但是，如果公司只从大龄员工和死亡率更高的员工那里收取保险金的话，公司就会陷入入不敷出的境地。

这样有问题吗？不一定。虽然每个员工收到的福利在金额上是一样的，但是通过为不同的员工发放不同的福利，公司暗中偏袒了某些员工。如果人寿保险结构对于老龄员工来说是一种隐性补贴的话，那是因为老龄员工比那些不愿购买该计划的年轻员工收到

[①] 工作场所安全可以被视为一种工作风险。当工作有风险时——但只有当员工意识到这样的风险时，公司才会为员工提供补助金。职业安全规定可能被调整，因为当公司对风险的真实水平更加了解时，公司在招聘时都会有低报风险的倾向。

了更多的福利。

类似地，公司认为有子女的员工生产率会更高。通过提供儿童保育，公司能够吸引那些有子女的员工，这种福利对于他们来说也很有吸引力。给员工提供充足的薪水，即使这些薪水够一家人使用，也无法证明公司对有子女的员工的关怀。在很多国家，这样还可能会违反当地政府的规定，并产生其他的问题。但是，通过提供与家庭相关的福利，公司规避了这些限制并吸引了他们需要的那种员工。

另外一个例子是公司为员工的教育买单，即使这项教育对公司没有直接的好处，甚至可能会伤害公司的利益。一家公司可能愿意把为员工支付其普通教育的费用作为一项基本福利。这对于那些想要接受再教育的员工很有价值，但是对于那些不愿意接受再教育的员工来说则没有意义。如果接受再教育的意愿与一名员工的内在品质有关的话，那么这项福利能够将好员工与差员工分离开来。公司提供 10 000 美元的学费福利，而不是简单地每年多给 5 000 美元的工资。能力强的员工选择福利，能力差的员工选择现金。用这种方式，即使公司无法直接全面地观察到员工的品质，公司也可以将员工分类。然而，这样做也是有代价的，接受了更多教育的员工在完成了学习之后，可能最终会离开公司。

这里讨论的意义是，福利计划有时能被用来提升公司的招聘水平（或者人员流动。参见第 4 章以及后面关于养老金的讨论）。公司用其他方式来进行员工分类的代价很高，比如说试用。福利却可以有效地提高招聘水平。另外，当公司定向招聘某类员工时，这种方法也能起到辅助作用。

这种方法的一个优点是，能够使员工与公司更好地匹配。在该公司工作时，员工喜欢这些非现金的福利。这也降低了他们跳槽的可能性，因此降低了人员流动率。所以，那些希望保持公司人员相对固定的公司（比如，公司专用性人力资本对公司很重要，或者招聘成本过高等原因），可以通过福利计划强化员工的自我选择，或许能实现这个目标。

□ 自选式福利计划

提供具体福利的问题就是，同一种福利并不适合每一个人。比如，老龄员工关心的是医疗保险福利，对儿童保育的福利没有兴趣。相反，年轻的员工更关心跟孩子相关的福利，对养老金福利不是很关心。一种自选式福利计划能够使员工在选择福利时，有更大的灵活性。尽管计划的细节各不相同，但主要的出发点都是为员工提供不同的福利。

与具体的福利计划相反，自选式福利计划的主要优势就是公司可以用有限的支出为员工提供最有价值的福利。如果福利计划所标出来的价格反映了公司的真实支出，那么公司对每个员工都是平等的，公司也不会关注员工所选择的福利套餐，但是员工们会很关心。有些员工喜欢某种类型的健康计划，有些喜欢其他的。有些不关心人寿保险，但是对儿童保育情有独钟。通过提供选择，公司能够在控制支出的情况下将价值最大化。

一般来说，一项自选式福利计划会给员工提供 300 美元的福利金。员工可以使用福利金购买任何想要的福利或者福利套餐。表 13-2 中给出了某个计划的例子。如果员工选择为自己和他的妻子购买凯瑟尔健康计划、德尔塔牙科计划和人寿保险，其总花费是 410 美元。公司将按照计划支付其中的 300 美元，而且一般是免税的。剩下的 110 美元将会从他每月的应纳税收入中进行扣除。

表 13 - 2　　　　　　　　　　　　　　**自选式福利计划**　　　　　　　　　　　单位：美元

福利	价格
三重选择健康计划：个人	156
家庭	320
凯瑟尔健康计划（家庭）	240
德尔塔牙科计划	30
人寿保险（双份年薪）	100
人寿保险，配偶（50 000 美元）	40
长期残疾（全薪）	90
小孩日托，每个小孩	200

福利金：每月 300 美元

　　因为提供了一些选择，员工能够挑选不同的福利搭配。从所提供的福利类型来看，所有的员工不可能只挑选同一种福利。没有孩子的员工，不可能购买公司提供的儿童保育。年轻员工也不会像老员工那样购买人寿保险，主要出于两个原因。第一，年轻员工更有可能是单身，不太可能想要购买人寿保险。第二，年轻员工相对于老龄员工来说，更不可能过世。另外，老龄员工的年薪比年轻员工要高，年龄相关的福利价格对于老龄员工来说也不高。相比之下，老龄员工可能无法以每月 100 美元的价格购买到同样的保险，而年轻员工却可能以每月远低于 100 美元的价格购买到该保险。

　　这个保险的例子指出了自选式福利计划一个重要的特征：员工分类。员工的自我选择或许会朝着对公司不利的方向发展。看待这个问题最简单的方法就是，设想一家大公司决定自办保险。自办保险的公司不会从其他的公司购买保人寿保险。当一名投保员工去世时，公司只需要从它现有的运行资金中拿出一部分作为福利。只要该公司平均收费足以抵充支出，就不会有损失。

　　有人宣称，自选式福利计划让公司没法使用其福利来吸引它喜欢的员工。正如前面两个例子所说明的，这种观点并不完全正确。只要公司在福利的收费上有弹性，就会有员工受到激励，也会有员工因此而感到沮丧进而离职。

　　然而，通过其他福利计划可能更容易将员工分类。如果公司给所有员工的子女都提供免费保育，以此作为公司的唯一福利，那些没有子女的员工将会认为在表 13 - 2 中描述的自选式福利计划更有吸引力。非自选式福利计划结构都是自选式福利计划的特例，并且其价格都高度扭曲。在这个例子中，只提供免费保育福利的公司可以被视为提供了一种自选式福利计划，在其中保育福利的价格是零，而所有其他福利的价格是无限大的。

　　有时候，公司所提供的某种福利有相反的作用，但不易被察觉。健康保险就是其中一例。两家公司，第一家给员工提供了一项很慷慨的福利计划，第二家公司每年多付员工 3 500 美元的工资。现在有两名员工：史密斯和琼斯。他们都有家庭，每家两个小孩。然而，琼斯的一个小孩还需要较多的保育服务，每年需花费 100 000 美元。因此，琼斯不太可能会选择第二家公司，尽管这家公司工资更高，但是没有健康计划。另外，史密斯可能选择任何一家。这也意味着，应征者并不成比例选择，因为第二家公司的员工在健康医疗上的花费很高。

为什么会这样呢？如果这家公司自办保险，它就直接支付健康服务。让员工参保，为他们提供大量的健康服务，这样会扩大公司的支出。如果公司从其他公司购买健康保险，这也不太可能是明智的选择。一家健康服务提供商所报的团购价，取决于参保公司。如果这家公司的员工频繁地使用健康服务，那么该提供商就会报出更高的参保价。

这也是逆向选择。开销会更大，但是公司毫不获利。（孩子多病的员工，其生产率一般比较低）。一家提供健康计划并且也受逆向选择影响的公司，必须充分降低员工的工资，因为其员工使用健康服务太过频繁，他们需要维持高额的健康服务费用。

沃尔玛的员工分类和收益成本管理

在 2005 年，商业巨头沃尔玛（Wal-Mart）雇用了一家顶尖的咨询公司。该公司专门研究沃尔玛如何改变其收益成本，提高生产率，降低员工的健康服务支出，以便更好地分配开支和利润。例如，一种解决方法就是雇用更多的兼职员工，因为兼职员工无权享有福利，这样减少了总的福利开支。

另一种解决方案是不要雇用健康状况差的人来沃尔玛工作，这样可以减少健康服务的开支。公司更改福利计划，以鼓励年轻人和身体更健康的员工来公司工作，就能实现这些目标。比如，他们提议沃尔玛减少给员工的 401K 计划（养老金计划）。这样可以减少这份工作对老龄员工的价值，然而对年轻员工却没有丝毫影响。他们进一步建议，沃尔玛在所有的工作中安排一些体力劳动，这样可以进一步阻止健康状况差的员工进入沃尔玛工作。

沃尔玛也考虑了如何公布这些变更，同时避免负面宣传。数年来，沃尔玛被激进主义者和产业工会批评，他们认为沃尔玛的工资和福利都太低。不幸的是，公司关于这项提议的内部日志被泄露给了媒体。

资料来源：Greenhouse & Barbaro（2005）.

□ 养老金

在很多公司，养老金计划占所有福利的一大部分，或许相当于 10% 的工资。养老金计划也有许多的激励特征，很多都是很微妙的。在很多国家，强制退休制度的废除使得养老金成为说服老年人退休的一个更加重要的工具。该方案对退休员工的行为、工作时间、努力程度和人员流动都有巨大的影响。描述不同种类的养老金是有作用的，因为理解了它们的一些特征，我们就能探究隐藏在养老金规则里的深层次的激励作用。

□ 计划类型

有两种基本的养老金计划类型：**固定缴款计划**和**固定收益计划**。固定缴款计划是最直接的：每一个支付期（有时是一个季度），公司向个人的养老金账户缴纳保费。这个账户由员工持有。账户里的钱用来投资某些有息证券，有时员工可以自己选择，有时由公司或者其他机构如产业工会口头指定。当员工退休时，这个账户里当初缴纳的保费加上应计利息、资本收益以及分红，一起形成最终的养老金。有时，账户里的养老金一次性付给员工。在其他的情况下，这些养老金用来为员工购买年金，用以每年向员工支付特定金额，直到员工去世。① 这个年金的数量也取决于员工在退休时其养老金的数量。养老金多，每年得到的特定金额就多。工资高的员工通常每年有更多的金额可以放进养老金中。这也意味着，他们在退休时，固定缴费账户里面的钱更多。可以想象，一名员工每年从养老金中得到的金额可能会超过他/她工作时的年薪。

固定收益计划则更加复杂化和多元化。在固定收益计划中，员工被承诺了特定的收益，而与基金里的数额无关。雇主弥补了基金所有的不足，同时收获了其所有额外收益。员工的年金报酬必须按照规则执行。有两种规则限定了固定收益计划的发放。第一种是**模式计划**。这涉及大多数蓝领尤其是产业工会员工。公式很简单，它通常是以下形式：

年金＝B·（退休时服务的年限）

B 在其中是某个具体的金额，通常受产业工会谈判的影响。比如，如果 B 等于 500美元，一名员工工作 30 年后退休了，他每年就会收到 15 000 美元的养老金福利，直到去世。

第二种是固定收益计划，被称为**传统计划**或**常规计划**，主要是针对白领员工的。公式有时很复杂，但其基本结构是将年金与一些最终平均工资和服务年限联系起来。

年金＝g·（服务年限）·（最终平均工资）

这里 g 是某个比例，最终平均工资是最后工作那些年的平均工资水平。比如，如果 $g=0.01$，而最终平均工资等于员工最后 10 年工作中最高 5 年工资的平均值，一名有 30 年服务年限的员工，退休后每年将会收到的养老金将会占其最终平均工资的 30%。

这个公式将养老金福利与最终平均工资联系起来了，所以它就与通货膨胀关联起来了。如果物价和工资的上涨是通货膨胀引起的话，那么最终平均工资将会更高。生活消费的上涨，将会在养老金上有所反映。实际上，模式计划并不是自动地与工资联系在一起的，而与谈判的结果联系紧密。当员工们对工资进行谈判时，他们也会就第二个公式里的 B 进行协商。这个 B 的选取通常都反映了通货膨胀率。模式计划和常规计划都将退休员工所享受的养老金福利指数化了。一般来说（排除特例），一旦一名员工开始接受一项养老金，其数量就会在长时间内保持不变。

进一步来说，将养老金与最终平均工资联系起来会影响员工的激励。因为员工都想获得高额养老金，他们受此诱惑，可能在最后的几年中更加努力地工作。这比他们在一个模式计划中的工作努力程度还要高。有时这种激励可能太强。下面的故事说明了这个观点。

几年以前，波士顿的一辆地铁与另一辆地铁发生了追尾事故，引发了许多伤亡事故。有人调查了事故的原因，发现追尾列车的司机在工作中打瞌睡。这位 64 岁员工可能每周工作 60 小时或者 70 个小时。养老金计划将养老金与最后那年的报酬联系起来。结果，这名工人加了所有能加的班，甚至把睡觉的时间也用上了。

---

① 在员工去世后，很多计划收益和年金仍然能继续发放给其配偶，通常幅度有所削减。

很清楚的是，大家并不愿意看到地铁列车司机的那种状态。这种养老金计划促使员工更加努力工作，但是这些激励太过火了，导致其生产率价值急剧下降。在这种情况下，员工的生产率是负值。这种养老金方案，给了员工超时工作的选择，并起了负面激励作用，引发无效率的行为。

□ **养老金和人员流动**

波士顿地铁的例子，让我们知道了养老金方案如何影响员工的行为。影响员工流动率是其影响员工行为的另一种方式。尤其是固定收益计划，它鼓励员工在特定日期退休。在图 13-1 中有相关表述。

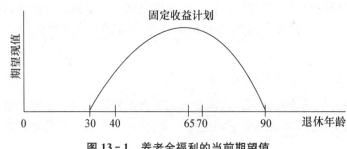

图 13-1 养老金福利的当前期望值

如图 13-1，这些数据是从员工 30 岁入职时算起的。员工的退休年龄如横轴所示。养老金福利的期望现值被标在纵轴上。福利的期望现值并不是一次性付清的，因此必须折现。我们也应该考虑，员工有可能会在退休前去世。它等于很多员工所得的养老金福利数量的平均值，从退休之日起开始折现。

图 13-1 中的数据可能来自一项典型的模式计划或传统计划。每个计划有一个特性，就是员工在退休前的服务时间越长，那么他退休后每年的养老金越多。图中数据是基于下面的公式所得到的，该模式计划在员工退休以后的每一年（不一定是 65 岁以后，只要是退休以后）向他们支付如下数量的养老金年金。

年金＝500 美元×（服务年限）

员工在公司参加工作时的年龄是 30 岁，因此如果他在入职那天就"退休"的话，他就没有养老金。在 30 岁的时候，其现值显示的就是 0 美元。如果他工作一年，那么当他 65 岁时，他每年就会收到 500 美元，直到过世。如果该名员工在 90 岁的时候去世（尽管他不知道他哪一天会离开人世，但是人必有一死），那么这份从 65 岁发放到 90 岁的 500 美元的养老金福利就会打折扣。如果我们将其年利率算作 4%[①]，养老金的现值在 31 岁的时候就是 2 101 美元。总数就是每年收到的 500 美元乘以 25 年，或者直接就是 12 500 美元。但是因为这项福利直到员工 65 岁时才发放，福利的现值就只有 2 101 美元。

如果员工直到 90 岁才退休，理论上，退休后他每年会收到很多养老金，其养老金是每年 30 000 美元。问题是，如果他在退休那天去世了，那么他就拿不到任何养老金了。因此，这项福利的价值就是 0。如果一名员工在 65 岁左右的时候退休，他就有 35

---

① 事实上，使用的是当时的一个等值利率 3.92%。

年的养老金存款，意思就是：他生命中接下来的 25 年，他每年可以收到 17 500 美元。那么，在他 65 岁时，其退休福利的现行价值就是 278 879 美元。所以，这项福利期望的现行价值在其 67 岁时达到顶端。如果员工再工作一年的话，他事实上会损失 289 美元，因为在其 68 岁的时候，养老金福利的价值比其在 67 岁时养老金福利的价值要少 289 美元。当然，员工也会在那一年收到他们的工资，但是养老金价值的下降意味着员工从工资和养老金中实际收到的补贴要比工资金额少。当员工 67 岁时，其养老金的收益其实是负值。

每一种固定收益计划都有它的特征。如果一名工人在入职当天就辞职了，这项养老金福利也没有收到任何钱。如果他一直工作到他去世，他也没能从养老金福利得到任何好处。在刚工作的年龄和去世年龄之间，这项福利值是正值，正如在图 13-1 中所示的倒 U 形曲线。尽管可能不精确，但是养老金的值却是退休年龄的一个函数。

那么固定缴款计划会怎样呢？固定缴款计划不会呈现出倒 U 形。固定缴款计划的期望现值一定是与退休年龄一起升高的。之所以有这样的不同，原因是固定缴款计划的期望养老金并不取决于员工剩下的年数。如果员工愿意工作到 89 岁，那么她账户里积累起来的钱终归还是她的。如果她一次性提走的话，金额是满额的。如果她将其转为年金的话，每年的报酬必须足够高。这样在其 89 岁过世之前，其期望的支付钱数将会和其基金中的金额相等。确切地说，她退休基金的**实际**值可能会减少，这也取决于她如何投资。但是因为其基金每年都会增加，她工作越久，这个期望值也越大。

图 13-2 显示了固定缴款计划中养老金收益的模式。这个养老金的值随着退休年龄不断增长。对比图 13-1 和图 13-2 以后，我们得出了一个关于养老金计划类型的重要观点。固定缴款计划里的养老金收益一直是正值，但是固定收益计划的养老金却是负值，即只有固定收益计划不鼓励延迟退休。在前面的例子中，如果一名 67 岁的员工还在继续工作的话，他实际上是在消耗其养老金福利。但对于固定缴款计划来说，情况正好相反。高额的养老金收益能鼓励员工延长工作年限。我们可能规定，某一项固定缴款计划在 30 年后停止缴费，那时其利息是零。然而，固定缴款计划的期望收益不可能为负值。

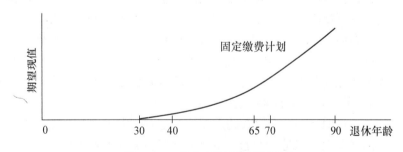

图 13-2　养老金福利的期望现值

在强制退休计划失效以后，公司必须寻求其他的方式来促使员工退休。其中一种方式叫作**窗口计划**——为特定年龄的员工提供选择。他们退休时可以选择支付方式，以一种固定收益计划代替另外一种固定缴款计划，这样可以惩罚那些到了退休年龄仍不愿退休的员工。强制退休条款的更改确实既有效地促进了窗口计划，也促进了固定缴款计划向固定收益计划的转变。[1]

□ **养老金权利的保留**

养老金福利增长时，其收益并不总是被员工拥有。当员工一开始上班时，员工或许并没有什么福利，直到他工作一定年限以后。在刚开始工作的第一年，员工或许能够获得 2 250 美元的福利。但是如果员工在获得之前就离开了，大约五年内，他/她就不会收到任何福利了。在公司工作五年以后，所有积累起来的福利就可以领取了。也就是说，即使此时员工决定离开，他/她也有权利获得这项福利。要么在离职时收取一张支票，要么以养老金福利的方式在他达到某个年龄时，比如 62 岁或者 65 岁时再领取。无法领取的福利对人员流动来说是有影响的。为了说明这一点，最严厉的例子之一便是美国军人养老金计划。[2] 这项计划承诺给退伍军人每年支付一定数额的养老金，金额取决于军人退休时的军衔和服务年限。但是为了能够收到一些养老金，士兵必须在军中服役至少 20 年。有时，这被称为悬崖式授予，正如图 13-3 显示的那样。

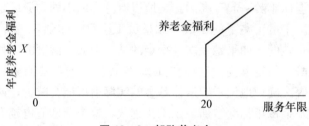

图 13-3 部队养老金

如果士兵的服役期少于 20 年，那么他退休时没有任何养老金。一旦士兵在军队中服役有 20 年，他每年就会收到一些养老金。退役士兵可能只有 38 岁。如果他再待几年，他每年能够领取的养老金就会随着服务年限的增加而增加。但是，他也能在 38 岁时离开，因为他的养老金已经可以领取了。

即使士兵服役 20 年之前 1 年离开部队，他也不会收到任何养老金。这就产生了一个很有意思的离职模型。离职率（被定义为辞职和解雇的总量）开始时相对较高。在一开始服役的一些月份里，有些人因为无法适应部队生活，离开部队或者被开除。过了这段时间之后，离职率开始降低。在靠近 20 年的服务年限时，这个离职率几乎为零。事实上，没有人愿意在服务 17 年或者 18 年后自愿离开部队，因为只要再待几年，他们就能领到数量可观的养老金。在 20 年的时候，离职率急速上升。所有那些迫不及待想要离开部队的人现在就能离开了，而且是带着他们的养老金福利离开的。大部分的士兵在第 20 年的时候离开了，此时他们刚好能够领取养老金。

这个例子清楚地说明了养老金模式的重要性。这对于中年员工来说尤其重要，因为退休对他们来说意义重大。但是，养老金不会影响那些事业才刚开始的人。欲探究其中的原委，就有必要定义另一个概念。

---

① 与此同时，固定缴款计划的数量也迅速增加。大量的这类计划互相补充，并被用以增加基本计划，因为通过养老金计划可以节省税收。

② 如果不是美国政府管理的话，美国军人养老金计划将会违反美国养老金的相关法律。

□ 可转移性

可转移性是养老金计划所具备的另一个特征，但它有时候容易和授予混淆。完全具有可转移性的计划是那些价值不随雇主改变而改变的计划。

美国社会保险体系下，所有应纳税雇主的员工的养老金计划都具有可转移性。社会保障系统记录的几个月的或者几个季度的积分，都将会被用来计算员工福利，这不受雇主更换的影响。为了成为社会保障系统的受保护者，员工需要参与该系统 40 个季度，无论这 40 个季度员工在哪家公司度过。在最初工作的 10 年，员工可能每年跳槽一次，但是只要员工参与该系统 40 个季度（或 10 年），他们就能够在达到固定年龄后获得相应的福利。员工只有给这个系统贡献 40 个季度，才有权利领取社会保险的福利。可转移性保证了在不同的雇主那里，员工仍然能够转移其福利。

尽管社会保险是可转移的，但是它并不能够随时取出来。私人养老金计划通常具备相反的特征，随时可取或者快速提取，但是不能转移。下面有固定收益公式：

$$65 \text{ 岁以上的养老金年金} = 0.01 \times (\text{服务年限}) \times (\text{离职前工资水平})$$

假设两家公司——Palo Alto 半导体公司（PAS）和 Santa Clara 半导体公司（SCS）提供一模一样的养老金计划。如果这种养老金计划随时可取，那么员工在开始工作时，就开始向养老金的账户存款，并且立刻就有资格获得养老金福利。假设一名员工在 30 岁时候开始工作，每年挣 30 000 美元，一年后离开，那么 65 岁以后，只要他还活着，他每年就能收到 $0.01 \times 1 \times 30\,000 = 300$ 美元的养老金。

如果一名员工在 30 岁的时候开始在 PAS 工作，工资为 30 000 美元每年，那么她一直在 PAS 工作到 65 岁，她的工资将会升到 89 694 美元。她退休后每年的养老金将会是 $0.01 \times 35 \times 89\,694 = 31\,393$ 美元。现在假设 SCS 与之有完全一样的情况和养老金计划，一名员工在 30 岁的时候开始在那里工作，直到 65 岁退休，那么这名员工每年也能收到 31 393 美元的养老金。

倘若这名员工起初在 PAS 工作到 45 岁（那个时候挣 62 368 美元），然后在 45 岁的时候跳槽去 SCS，并继续在 SCS 工作到 65 岁，情况会怎么样呢？即使她的工资在两个公司时没有任何差异，她的养老金最终却也会少一些。从 PAS 她可以收到 $0.01 \times 15 \times 62\,368 = 9\,355$ 美元，因为她在 PAS 有 15 年的工作历时，并且其最终的薪水将会是 62 368 美元。从 SCS 她将会收到 $0.01 \times 20 \times 89\,694 = 17\,939$ 美元，因为她退休时，在 SCS 有 20 年的服务年限。从两家公司收到的养老金总额是 27 294 美元，如果她一直在某一家公司工作直到退休的话，她的养老金将会比这个高 15%。

这种养老金的不同算法基于当前公司的最终工资，而不是她收到的最终工资，并且跟员工个人无关。因为当她跳槽时，她在 PAS 的最终工资更低，15 年的养老金收益就是基于这个较低数值来计算的。只有她一直在一家公司工作直到退休，这个数值才会高。

因为这种福利计划是不可转移的，跳槽便使她的养老金损失了 15%。如果这些计划完全可以转移的话，那么养老金福利就应该是按她退休前的工资来计算，跟雇主没有任何关系，正如前面提到的社会保障一样。一项不可转移的福利计划可以减少跳槽，因为它会对职业中期跳槽的员工不利。

为了使福利计划具有可转移性，PAS 必须支付养老金上涨的部分，养老金的上涨是由另一家公司工资上涨造成的。这也会产生问题。员工和 SCS 之间会有一项协议，协议规定员工离职前的最终工资会很高，这样可以有效弥补她一直以来的低工资，也可以补偿 SCS 支付的更高离职工资和更高养老金。这将会损害 PAS 的利益，因为他们原本不会为 45 到 64 岁之间的低工资员工提供福利。因此，公司不会让福利具备可转移性，因为那样的话其他的公司就能决定他们公司的养老金数额。

可转移性计划通常涉及对计划进行管理的第三方。第三方从雇主那里收取费用，然后根据一个既定的方案来发放福利。社会保险也是这样一种系统。理想情况下，如果公司支付较多的养老金，养老金管理者就可以向这些公司收取较高的费用。某种程度上，社会保险系统就是这么实现的，因为它要求雇主向这个系统中放入员工工资一定比例的钱数，那些向员工支付高工资的或者员工数量更多的雇主，就需要投入更多。这种系统还不完善，一部分是因为公司情况随时会改变。公司当前员工决定公司应该向系统中放入多少钱，而其过去的投入决定当前接受者能从中取出多少钱。

可转移计划通常是由产业工会运营的。在建筑行业，工人的工作会经常从一个地方移到另一个地方。小的建筑公司通常不太可能有自己的养老金计划。即使有，可能它们的信用度也比较低，因为这样的公司的生命周期都很短暂。一个解决方法就是让产业工会来掌握以及管理这个养老金基金。这样员工就由产业工会基金来支付养老金报酬，而他们在工作转换间缴纳的养老金也都将计入养老金账户中。

对于可转移性，最直接的解决方案是采用固定缴款计划。因为累计的养老金是由员工所有的，并且其效益只取决于员工退休时的市场价值，这样就不存在福利转移的问题了。

□ 员工持股

我们已经讨论了员工持股这种激励方案（尤其是其缺陷）。这里我们注意到它们与养老金计划的关系。在过去的十年里，很多公司将员工的部分养老金投资到公司股票中。这种做法没有太多的正当理由，实际上是一种很差的做法。因为这样其实是将员工退休财富置于高风险中。第一，退休资产通常应该被用来投资多种类的资产，这样可以减小其价值的波动性。将员工退休金中放进**任何**一个单独的资产中，都是违背这个原则的。第二，通过积累公司专用性人力资本，员工已经不断地对公司进行投资了，并且他们的职业前景已经与这家公司密切联系起来。将员工退休资产只投资于公司本身，这样的投资渠道过于单一。幸运的是，这种方式在过去的十年里基本上被抛弃了。

□ 带薪休假

在大公司，带薪休假的薪水占薪酬总额的 10%～15%。除了通常 2～3 周的休假时间，员工每年通常会有 8～12 天的病假，以及 7～10 天的带薪休假。相当于每年有 25～37 天的休假。正常的工作日大约 260 天，因此员工们拿着全年的工资，但是只工作了全年 85%～90% 的时间。

当然，工资水平能够通过调整来抵消带薪休假的影响。一名员工每天的工资是 100 美元，260 个工作日中有 26 天不工作，那么他实际上收到的工资是 111.11 美元每天。全勤工资是 $100 \times 260 = 26\,000$ 美元，这就是员工 234 天所挣的工资，结果是 26 000/234 ＝

111.11 美元每天。如果员工每天的生产效益低于 111.11 美元，那么公司就无法每年支付员工 26 000 美元并且提供 26 天的带薪休假了。如果员工每天的生产效益只有 100 美元，这家公司就可能去掉带薪休假，或者调整工资水平，这样的话支付的工资总额就不会超过 $234 \times 100 = 23\,400$ 美元。这也很容易完成，只需要将每天支付的工资减少到 $23\,400 / 260 = 90$ 美元并且提供 26 天的带薪休假时间就行。

表面看起来，对于 100 美元的日薪加 26 天的带薪休假和 111.11 美元每天但零带薪休假两种方案的选择，公司似乎不太关心。但事实上，公司和员工都很在意这个选择。如果没有其他（下面讨论的）情况出现的话，当然是每天获得更多的收入来代替带薪休假的情况要好。为什么？

当员工休假还领着工资时，他便不会放过每一次休假的机会，即使这个假期没有特殊价值。这个道理不言自明，给员工带薪的假期会鼓励员工过度度假。下面的例子说明了这个观点。

如果一名员工每天的生产效益是 111.11 美元。进一步假设，如果她工作的时间一直都是 200 到 300 天一年，她认为多休一天假的价值是 95 美元 。如果有两种组合。A 计划每年给员工支付 26 000 美元并给她每年 26 天的带薪休假。换句话说，A 计划为员工每天支付 100 美元，但是每年给她 26 天的带薪休假。B 计划给员工的每个工作日支付 110 美元，没有任何的带薪休假。在 B 计划里，一名工作了 234 天的员工每年能挣 25 740 美元，这就比 A 计划里面挣 26 000 美元但工作时间同样长的员工挣得要少。

公司更喜欢哪种方案呢？很明显，公司更喜欢 B 计划。在 B 计划中，公司每天只需为员工支付 110 美元。在 A 计划中，公司为每个实际的工作日支付了 111.11 美元。在 B 计划中，公司每天额外从每名员工那里挣了 1.11 美元*。在 A 计划中，公司没有额外利益。

员工更喜欢哪种呢？如果员工打算只工作 234 天的话，她会更喜欢 A 计划，同样的道理，公司会更喜欢 B 计划。在 A 计划中，员工工作 234 天收到 26 000 美元；在 B 计划中，员工工作 234 天收到 25 740 美元。但是，B 计划提供了 A 计划所没有的那种弹性。在 B 计划中，员工能够选择休假时间，可以少于 26 天。在 A 计划中，员工没有动力去多工作一天，而一定会想着把 26 天的假全部休完。在 B 计划中，员工每休息一天就减少 110 美元的收入，因为每一天的假期对于她的价值是 95 美元，她会在那 26 天里选择工作，而在 A 计划中这种情况是不可能发生的。她挣的钱就是 $260 \times 110 = 28\,600$ 美元，这比她在 A 计划中能够挣的钱数要多 2 600 美元。她放弃 26 天的休假，这每天的假期价值 95 美元，总共价值 2 470 美元。额外的工作时间带来的收益足够补偿她休息时的损失了。所以，她更喜欢 B 计划。如果两家公司及其员工都更喜欢弹性计划，那么这就是他们应该实施的方案了。

然而，这只是一个数据上的例子。一家公司总是能制定一种弹性计划，能让员工的日薪更高，这样公司和员工都更高兴。给员工带薪的假期，公司可以让员工在对她价值不大的时间段休息。如果她不像公司那样重视她的时间，在员工和公司之间总是能够达成一致，并且能让二者都受益。

---

* 原书中为 1.00 美元，怀疑原书有误。——译者注

这个逻辑很强。它意味着公司总是能让员工在工作与休息之间做出选择，而不是强制员工享受带薪休假。有些公司确实允许员工不休假，甚至是不休病假继续上班。但是绝大多数公司在休假问题上并不给它们的员工任何选择。绝大多数员工在新年休假的时候还拿薪水，并乐意享受；而他们并不能选择在新年节日不休假。

为什么一家公司更喜欢固定工资加带薪休假这种制度，而不给员工选择的机会呢？答案可能如下。在一些情况下，员工休假的时候，对于公司来说是有利的。最好的例子之一就是银行。银行员工通常被要求去度假，因为这样银行就可以审查其账户和交易情况了。只要有机会盗用公款，就可能会有员工抓住机会。一家公司希望通过让员工休假，来调查员工是否盗用公款。

银行的例子很有说服力，但是这种情况并不普遍。但并不是所有公司都能够通过每年几周的工作替换，而弄清在任员工的工作情况。虽然用这个极端的例子不能够说明情况，但或许员工带薪休假也有生产率方面的原因。正如在一条生产线上，员工参与团队生产过程，如果只有一个员工在生产线上而其他的员工都在家休息的话，他的工作就没有意义。正好员工工作的那天，其生产率比较低，公司就不愿意为员工支付工资。这个生产率的故事与事实是相符合的。经理们更可能选择在假期工作，而一线员工选择的机会就少得多。教授们通常在周末的时候还在办公室，因为他们能够在这里做研究和备课，尽管实际上当时学校并没有课。他们不适合应用生产线模型，因为即使其他人都不工作的话，他们的生产率也是很高的。

即使是生产线上的员工，也能在工作假期（工假）上做出选择，而在法定休假上没有选择权。员工可以选择不休工假，并会收到加班补贴，而他们在法定假期时却可能没有这样的机会。这是因为，员工的工假一般都在不同的时间段，即使有员工休假，生产线仍然能够正常运转；但整条生产线会在新年那天停止运行，因为新年是法定假日。所以，公司允许员工选择是否休工假，而员工没有机会选择是否休法定节假日。对于公司来说，工假的价值比法定假日要高很多。

▌本章回顾

相对于其他形式的支付，现金报酬有一个绝对的优势：员工能够选择购买自己喜欢的产品或者服务。尽管这样，公司通常通过各种福利方式支付相当一部分的报酬。在这一章中，我们讨论其中的原因，并分析一些最优的福利政策。

某些福利和其他的一些工作特征是由法律决定的，因此公司此时无权选择。但是，提供这些福利也有其他的益处，主要有两方面。

第一，如果公司能以低于员工个人购买福利的价格提供福利，就能弥补其无法让员工自由选择商品和服务的劣势，这样的福利就是有效的报酬。出现这种情况可能是由于几种原因。一些福利通过免税予以补贴。由雇主自己提供的健康保险在美国也很多，但是只有能够享受税前补贴才行。公司也有可能在为员工购买某些商品时享受团购价。

一家公司也可能通过风险分摊的方式减少保险支出，尤其是当有可能招聘到风险较低的员工群体时。这种情况下，公司可以通过在招聘环节提供合理的保险福利搭配来解决逆向选择的问题。

这最后的两个因素——团购折扣和风险分摊——通常对大公司来说更为重要。大公司确实也比小公司（小公司又比家族公司拥有更多的福利）更愿意向员工提供福利。

一家公司或许能够以低于市场价的价格给其员工提供它自己的商品和服务，尤其是在其生产过剩的时候。通过这种观察，我们也得出了第二种原因，解释了为什么一家公司愿意提供福利而不是薪水。

第二，对于员工或者公司来说，有些福利的价值还是很高的。一个重要的考虑因素就是，在某些情况下，福利可以提高员工的生产率。比如，当一家公司为自己的员工提供其折扣商品或者服务时，它就将员工变成了自己的客户。这是培养客户持续改进的一种常用的有效手段。员工们理解了客户的角度和偏好，亲自体验产品的质量和服务水平，进而也更有可能产生新的理念和新的服务项目。出于类似的原因，一家公司可能提供与公司行业相关的福利，但不一定是它自己的产品。

福利套餐对于潜在员工来说更加有价值。如果一家公司提供与自己行业相关的福利（比如，给日本丰田汽车的员工提供汽车部件折扣），这家公司更可能招聘到那些热爱自己行业的员工。有针对性的福利能够提升员工的生产率，这是另外一个例子。

一些公司的福利设计是为了降低负的边际效应，这样可以激励员工更加努力地工作。这对于超时工作的公司，或者有时需要加班加点以完成短期目标的公司来说都十分重要。有些福利包括一些工作场所的服务（停车、就餐、跑腿服务），都可能在这种情况下提高员工的努力程度。对于边际生产率高的员工，这些福利更有可能带来经济上的利益。这种情况发生在级别更高的员工身上，或者有高额利润率的行业，以及经济高速发展时期。所以，这些种类的福利可能会随着商业周期发生变化。

更通俗地说，一家公司必须认真地分析福利所产生的分类效果。如果福利套餐能够提高员工与公司的匹配度，它们同样可以导致逆向选择。福利或许也能够影响人员流动情况。在某种程度上，实行福利套餐也有助于求职者选择任职公司。福利套餐有可能减少人员流动，因为它为员工提供了一些非货币价值，这种价值只有从这家公司获得，而其他雇主那里没有。

在某些国家，养老金是最重要的福利之一。养老金的出现，可能是因为优惠税收待遇。养老金能够对激励员工和员工流动两方面产生重要影响。养老金计划对人员流动的影响主要取决于养老金的设计。在一些情况下，养老金计划可能会引发激励过度，或者造成人员流动率过高或者过低。

我们知道，员工福利对人事管理有着巨大而深远的影响，它们能够影响员工的自我选择、技能积累、动机或者人员流动。

福利也能够影响劳动力成本。当一家公司为其员工提供福利时，那也表明公司会通过降低工资的方式收取费用。只有当这些福利足够便宜的时候，或者只有当这些福利能够提高员工的价值，提高生产率，并弥补员工丧失选择权的劣势时，这些福利才有意义。

最后，福利完善了关于员工-雇主合同的分析。我们在第1章中以"现货市场"的观点分析雇用关系。在此之后的每一章，我们都有进一步讨论。在第15章，我们将这些串联起来，并从整体上讨论雇用关系。

1. 通常的观点是，一家公司的员工福利只是员工工资上的"叠加"。福利对其薪资水平并没有实际的影响。解释说明这种观点的错误之处，并分析这种观点如何引导公司做出低效的福利方案。

2. 正如第 7 章所描述的，如果一家公司提供"现代化"的设计（福利），公司需要支付更高或者更低的工资报酬吗？如何将你的答案与本章所学的概念关联起来？尽可能多地列出。

3. 很多大学为其在职员工提供学费资助，而不是直接高薪。讨论为什么这样对大学来说更有效。为什么一所大学更可能提供这些福利，而不是其他行业的某家公司？

4. 你现在正在考虑给员工发福利，你会如何折算一项新福利的金额？

5. 员工们很容易抵制降薪，部分原因是他们有固定的财务支出，比如按揭。如果一家公司计划通过增加一项新的福利来改变薪酬组合，并减少薪水，这家公司该如何实施才能避免大家对降薪的抵制？

6. 固定缴款计划和固定收益计划，对于员工来说，哪种风险更大？对于公司来说呢？为什么？

7. 哪种情况下，一项养老金计划会过度激励员工，而使他们不愿意工作？

参考文献

Greenhouse, Steven & Michael Barbaro (2005). "Wal-Mart Memo Suggests Ways to Cut Employee Benefit Costs." *New York Times*, October 26.

Rajan, Raghuram & Julie Wulf (2006). "Are Perks Purely Managerial Excess?" *Journal of Financial Economics*, 79: 1-33.

Yermack, David. (2006). "Flights of Fancy: Corporate Jets, CEO Perquisites, and Inferior Shareholder Returns." *Journal of Financial Economics*, 80: 211-242.

延伸阅读

Lazear, Edward. (1983). "Pensions as Severance Pay." In Zvi Bodie & John Shoven, eds., *Financial Aspects of the U.S. Pension System*. Chicago: University of Chicago Press.

Lazear, Edward (1986). "Pensions and Turnover." In John Shoven, Zvi Bodie, & David Wise, eds., *Issues in Pension Economics*. Chicago: University of Chicago Press.

Lubotsky, Darren (2006). "The Economics of Employee Benefits." In Joseph Martocchio, ed., *Employee Benefits: A Primer for Human Resource Professionals*, 2nd ed. New York: McGraw Hill.

Morris William (1890). "News From Nowhere," *Commonweal*. London: Socialist League.

Oyer, Paul (2008). "Salary or Benefits?" *Research in Labor Economics*.

Rosen, Sherwin (1974). "Hedonic Prices and Implicit Markets." *Journal of Political Economy* 82: 34−55.

第
13
章

福

利

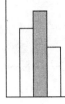

第 14 章

企业家精神与内部企业家精神

天才是 1％的灵感加 99％的汗水。

——托马斯·爱迪生（Thomas Edison），引自罗莎诺夫（Rosanoff），1932

■ 本章引言

　　这本书的主题之一就是现代人力资源政策如何影响人的积极性和创造力。经济创造力的一个最有趣的表现就是企业家精神。企业家是市场中对组织设计的意义了解最清楚的人。企业家发挥着重要的作用，他们提出创意，参与竞争，刺激现存公司，使其更富创造力。在过去的 20 年里，由于技术的日新月异，企业家精神已经起到了令人瞩目的作用。企业家精神也是欠发达经济体现代化的一个关键组成部分。目前东欧、亚洲、南美和非洲的企业家精神所引起的爆炸性效应也是有目共睹的。

　　本章我们将会讨论关于企业家精神的一些话题。关于这个话题，我们没法提供一个全面的讨论，作为替代，我们将会集中在人力资源政策方面。我们第一个话题是企业家的职业生涯。在我们看来，因为企业家最重要的技能之一就是在新的公司里协调各种特定任务，所以他们有可能拥有一个特定类型的技能组合。我们列出了这种技能组合对不同行业的企业家分配和人力资本投资的影响。

　　本章的第二节集中讨论**内部企业家精神**。内部企业家精神是指一个公司如何激励员工的积极性和创造力。成熟的公司，特别是那些大型的、有复杂操作领域的公司，常因官僚作风、效率低下和缺乏创新而饱受诟病。我们可以用本书所讨论的这些概念去理解和应对这些不良趋势。

一项研究通过分析 10 家经历了组织变革的公司，来探究管理者的何种特质对内部创业是有价值的。这些特质对于企业家来说同样也大有裨益。研究者们总结出了 5 种尤其重要的特质。

积极性是指管理者对公司问题应采取主动出击而不是消极应对的策略。这种方式能够使管理者更好地控制结果，或许也能与创造力联系起来。

超越现有能力的愿望是指企业家追求不断进步，专注不断提升的愿望。研究者们也发现，**学习能力**不管是在管理者中还是在组织设计中都大有裨益，我们在本书的第二部分强调了这些观点。在本章后面关于内部企业精神的小节中，我们将会加以重申。

团队领导能力和**解决困境能力**说的是管理者能使团队有效率地工作，这些能力是非常重要的。一个明显的例子：当现状需要改变时，只有让所有的团队成员都意识到改变的必要，才能进行改变。说得更通俗些，这两点显示管理者的一个重要的特质是能够协调人际关系。我们将会在讨论企业家精神的小节里强调这一点。

资料来源：Stopford & Baden-Fuller (1994).

企业家精神

说到企业家，人们通常会想到的是那些建立了自己的公司，或者是在新的公司中发挥着主导作用的人。我们在这里姑且同意这个观点。但是，什么样的特质才能造就一个成功的企业家呢？

一种观点认为，极富才能的人（特别是极富创造力的人）有可能成为企业家。然而，也不尽然如此，一个有才华和创造力的人在一个成熟公司内任职反而有可能发挥更大的作用，他将会拥有更稳定的环境和很多可利用的资源。在大公司里，由于有更多的资源，他的才能或许能更大程度地提升。此外，在一个成熟的公司里，由于现有的设施和品牌效应，他的创造力也有可能得到更好的发挥。通常看来，有才华和创造力的人有时候更有可能成为企业家，但他们更多的时候还是选择了传统的职业生涯。

企业家的一个重要的特质很有可能是具备强大的抗风险能力。虽然我们所有人都有避险心理（否则，我们将会极尽人生冒险之事），有些人还是比其他人更具冒险精神。因为很多原因，特别是考虑到新公司的高失败率，企业家趋向于一个高风险的职业选择。

然而，避险心理导致的风险效应有可能被高估了。由于潜在不利后果要少，新公司投资不会很多，也没有现有品牌和客户关系被破坏的风险，所以一个新公司的失败往往没有一个现存公司失败的代价大。此外，相比传统职业，一旦成功，创业将会给个人带来更高的回报。因此，企业家有时候在没有相当大的不利后果的情况下拥有获得高收益

第 14 章 企业家精神与内部企业家精神

297

的机会。在这种情况下，即使是那些相对害怕风险的人也有可能选择创业。

建立在此讨论的基础上，虽然**风险规避效应**并没有十分明显，但企业家相比普通人似乎更加乐观一些。每个人在对风险和机会的评估上都会有所不同，无论是他们自己创造的机会还是他们面对的机会。或许是因为心理差异，又或是因为经验不同，不管什么原因，那些相对乐观的人会更加珍惜上升机会，这是因为他们认为这种机会一旦成功的话，他们有可能或者他们期待会从中得到高收益。相应地，他们就不那么注重那些下跌机会。

避险心理和乐观这两个特质可能会因年龄而异。年轻人的避险心理可能就会相对弱一点，因而他们有可能在成功的冒险中得到更多、获益更久。由于他们受到劳动力市场早期错误的影响相对较少，他们也有可能更能控制失败所带来的风险。然而，年长的工人有可能拥有更多的金融债权（抵押、贷款、子女学费），这都使他们更加排斥高风险的赔偿。

□ 成为企业家的选择

一个企业家要扮演的一个重要角色就是要集合、协调和监督整个公司的所有或大部分。一个公司的建立者必须整合人力、物力、财力和信息，然后结合这些资源，协调不同专员进行产品生产、公司运行和实施企划方案。这就是说，一个企业家并不能像传统职员一样，而是需要具备不同的组合技能。一个企业家需要在不同的技能领域都有所涉猎，而非成为某领域的专家。

例如，假设有一个在大型公司专注产品设计的工程师，他或者会建立一个公司。作为一个企业家，他需要精于产品设计，但同时他也需要更多其他的技能。一些金融专家们将会帮助他做现金流量预测，向投资者证明他的商业计划的合理性。基本的财务、会计知识是必不可少的，这样他就可以建立预算和控制系统，并跟踪这些现金流。为了销售产品，他需要对生产和分配的操作及市场营销有一定的了解。最后，管理技能有助于构建公司、设计人事政策和提升团队领导力。

当然，一个企业家不可能成为所有这些领域的专家。但即使他在每一个领域都招聘了专家，他也至少需要对每个领域都有所了解。如果创始人想要筛选和招聘正确的管理团队，他就需要了解这些技能，然后了解员工的工作，进而进行员工的工作设计、决定权的分配和业绩评估。最后，他需要协调所有专家之间的关系。

这同样适用于任何一个组织机构的高层管理人员，特别是那些监管多功能、多领域的机构（例如部门经理或首席执行官）。这就是为什么我们在本章的开头没有简单地把一个企业家界定为个体经营者。在某种程度上，任何机构的高层管理人员都具备一个公司型功能。值得注意的是，很多商学院提供了我们认为对企业家十分重要的技能组合。

在本节，我们简要地呈现了成为多技能企业家和专业性更强的员工之间的选择模式。① 这使得我们发现了很多关于企业家的职业生涯如何不同于传统员工的方面，然后展示了许多与这种企业家精神相符的证据。

---

① 本节内容来源于 Lazear（2005）。

□ 杂而不精的人

我们用很简单的一个模式来解释这个观点。假设只有两种技能（产品设计和市场营销），分别用 x_1 和 x_2 来表示。一个人有权力选择成为某领域的专家或者可以选择成为一个企业家。回顾一下本书的第一部分，人力资本专业化投资往往是高效的，节省了培训成本并充分利用了一个人在技能方面的比较优势。同样地，回顾本书的第二部分，工作设计的专业化通常会使效率极高，这些效应进而会使公司的高层人员在公司结构中采取技能等级这一模式。因此，做专业性较强的工作的人通常被认为是一个成熟公司里的员工。

简单说来，假如用 x 来权衡一个人拥有的每个技能水平相对应的收入，对于专业人员，产品设计和市场营销这两个技能每个周期能各使他获利 1 美元。也就是说，如果他从事使用第一项技能的工作，收入等于 x_1；假如他从事使用第二项技能的工作，收入就等于 x_2。因此，如果他够专业的话，他会选择最适合他技能的那份工作，所以我们得到以下公式：

$$专家收入 = 最大值\{x_1, x_2\}$$

由于上述原因，企业家们必须有一定的能力执行每项任务或监管其他人执行这些任务。因此，他们作为一个企业家的价值有赖于他们拥有的所有技能的水平，而非仅仅由最高水平的技能决定。事实上，一个企业家整合资源和协调管理的能力有可能受限于他的最低水平技能。为了证实这一想法，假设：

$$企业家收入 = \lambda \cdot 最小值\{x_1, x_2\}$$

换言之，企业家整合资源和监督公司的能力会受到最低技能的限制，即 x 的最小值。

λ 是一个可以反映几种不同理念的参数。首先，相比在一些传统职业中采用最好的技能而言，λ 或许代表着企业家精神的一个最小技能水平的相对价值。由此来看，相比专业技能来说，λ 反映了一般技能在劳动力市场的相对价格。这是由整个经济中专业工人和一般工人的供需决定的。

其次，创造力也可以是企业家精神的一个很重要的因素。λ 可以随企业家的不同而变化。具有创造力的企业家 λ 值较高，与具有相同技能组合的其他个体相比，他们能创造出更大的价值。由此来看，λ 会因人而异。

根据这一简单结构，哪类人可以成为企业家，哪类人可以成为专家，就简单明了。个人选择成为企业家，如果：

$$\lambda \cdot 最小值\{x_1, x_2\} > 最大值\{x_1, x_2\}$$

此选择如图 14-1 所示。每个 x_1 和 x_2 之间的点代表个体潜在的技能水平。45 度线以上的点代表 $x_2 > x_1$ 的个体，以下的点代表 $x_2 < x_1$ 的个体。那些正好在 45 度线上的是技能比较平衡即 $x_1 = x_2$ 的人。

试想一个人的技能水平处于 $x_2 > x_1$，那么相比较技能 1 来说，他的技能 2 有着相对优势。专家收入是 x_2，企业家的则是 $\lambda \cdot x_1$。因此，如果 $x_2 > \lambda \cdot x_1$，即 45 度线以上靠近 x_2 轴的阴影部分，这个人决定作为一个专家被雇用；如果 $x_2 < \lambda \cdot x_1$，即 45 度

线以上靠近 45 度线的阴影部分，这个人决定成为一个企业家。

　　类似的逻辑同样适用于收入 $x_1 > x_2$ 的人。作为专家和企业家，他会分别取得收入 x_1 和 $\lambda \cdot x_2$。其企业家精神所在领域则位于 45 度线以下靠近 45 度线的阴影部分。沿着 x_1 轴，在 45 度线以下的阴影部分则是专家所属领域。而等式线 $\lambda \cdot x_2 = x_1$ 将这两部分区域分隔开来，任何一个其技能收入落到该分隔线的个体选择创业还是常规就业对他都无关紧要。

　　这也会带来一些影响。首先，一个人的技能越不平衡，他选择创业的可能性就越小。从图中来看，x_1 和 x_2 之间更大的不平衡意味着他离 45 度线更远，却离 x_1 和 x_2 两个轴更近。他更有可能位于这两个阴影区域之外。因此，我们主要假设：平衡的技能是成为企业家的一个很重要的构成因素。

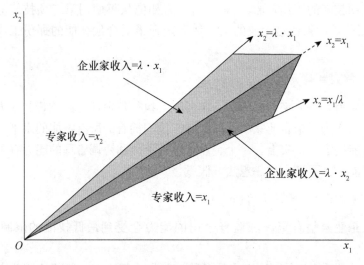

图 14 - 1　谁会成为企业家

　　其次，λ 越大，个体就越有可能成为企业家；随着 λ 的递增，与专业技能相比的一组广泛技能的相对市场价值也随之增加。图形的阴影区域也因而变大，更多个体将可能成为企业家。

　　再次，我们也注意到，通过 λ 也能看到个人创造力的变化。我们可能把"创造力"看成一种协调有不同技能的个体的能力，以使他们能高效地工作。如果是这样，我们必须根据其创造力水平为个体划分不同的阴影区域。很显然，当 λ 因人而异时，更有创造力的人就更有可能选择创业。

　　这就可以解释为什么有人尝试做企业家，但最后还是成了普通劳动力市场的员工。如果个体的企业家创造力飘忽不定，有一方法值得一试，即将最初尝试创业看作测验。如果 λ 最初比较高，他继续做企业家，反之，他可以转向从事专业工作。专家很难评估 λ，不尝试一下也就很难判断个体是否具有成为企业家的能力。

　　□ **行业间差异**

　　这一模式也可解释企业家精神是怎样因行业不同而产生差异的。假如不同行业需要不同的专业知识和技能，例如运营一家保险公司需要熟知复杂保险政策的能力以及会计和管理技能。同样，一个成功的艺术公司需要艺术技能，以及会计和管理技能。

拥有平衡技能的个体有不同的技能组合，这种不同也因此影响企业家在不同行业的任职。保险技能似乎与丰富的会计和管理技能有着密切联系，因此更多的人适合管理保险公司。基于此，一系列规模相对小、数量相对多的保险公司就会出现。与之相反，艺术技能似乎与会计和管理技能联系不大，而集此两项技能于一身的人相对较少。因此，我们很少能见到有当经理的艺术家。艺术家日渐专业化，其他人则放弃其工作，转而运营艺术工作室。

行业间差异的另一点也很重要，即业务流程的复杂性。某些业务领域相对简单，需要较少的技能组合，然而其他领域则较为复杂。譬如，农业和汽车制造业。汽车制造业要远远比农业复杂。那么，这种复杂性会有什么影响呢？显而易见，汽车制造业方面的企业家会少一些。[①]

要进一步明白此问题，试想一个三种独立技能相互联系的行业。要记住，作为企业家，当一个人最低技能水平的市场价值高于其最高专业技能的最大价值时，他就会选择创业。

$$\lambda \cdot 最小值\{x_1, x_2, x_3\} > 最大值\{x_1, x_2, x_3\}$$

与以上两种技能的情况相比较，与其同时使用这三项技能，不如现在只使用其中两项（x_1 和 x_2，x_1 和 x_3，或 x_2 和 x_3）的可能性更大。因为如果再使用另一项技能，最小价值不可能再提升，反而可能有所下降，左侧区域也不会提升。同理，第三项技能的增加也会使得最大价值不可能下降，反而有可能上升，右侧区域不会下降。如果我们再加入一项或多项技能，结果也相同。详见附录。

因此，行业越复杂，需要的企业家就越少，反之亦然。这不仅会影响产业结构，也会影响从事不同行业的企业家的市场价（λ）。相对简单、所需技能较少的行业（比方说低档餐馆）有较低的市场准入水平和相对较低的创业经济回报。与此相反，更为复杂的行业（如制药业）在新晋企业家带领下，市场准入水平较高，但拥有广泛技能组合的少数人回报却很高，而这些技能组合是在该行业"成家立户"所必需的。

□ 人力资本投资的含义

以这一观点看，创业是指对人力资本而非员工投资的一种不同形式。在个人想成为企业家时，这种平衡投资获益更大。为使这一点更明确，假想个体想成为企业家，他得首先对自己额外的技能投资。他应如何投资呢？有三种可能性。具体方案请见附录。

第一种情况，如果额外培训成本较高，远期投资可能不是最优的。在此情况下，与 x_2 相比，企业家的市场价值更取决于 x_1 的最低水平值。

第二种情况适用于对额外技能投资相对较少的个人。设想此人正处于图 14-2 的 A 点处，由于此人的 x_1 值比 x_2 值要大，作为企业家，此人的收入相当于 $\lambda \cdot x_2$。x_1 的小幅上升对收入毫无影响，因此也不会带来收益。然而，x_2 的小幅上升将会导致收入提升。图中显示，此人最好的投资策略是沿着 A 点朝着箭头所示的 45 度线直线向上。因此，他通过提升对弱势技能的投资将其人力资本投资专门化。这与我们前文证明过的专门技能投资正好相反。该人最好的投资策略就是使自己变得不太专业。

---

① 从形式上看，该部分所做的对额外因素的说明仅在该因素独立作用于个体时适用。当然，技能之间足够的相关性也可能改变其结果，但是在多数情况下，我们所描述的应具有相当广泛的适应性。

第三种可能的情况就是，当企业家进行比第二种情况更多的投资时，因为投资成本足够低，回收又足够高。这类人最初也应像第二种可能性中描述的一样，将其技能组合置于图 14-2 的 45 度线方向上，这包含了最初对其最弱技能的专业投资。然而，一旦个体技能组合达到平衡，即落到图中 45 度线上，那么就要在 x_1 和 x_2 之间平衡其进一步的投资。在此处，应投资两项技能以维持二者之间的平衡。图中应沿着 45 度线向上，如第二个箭头所示。由于我们假定的是此人的市场价值基于两项技能的最小水平值，因此该模式下任何不平衡的投资都不会带来收益。

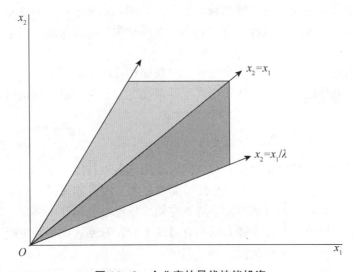

图 14-2　企业家的最优技能投资

尽管这一模型已被程式化，但我们依旧能在它的基础上做出某种能被证实的预测。那就是相较于员工而言，企业家的人力资本投资应呈现不同的模式。企业家应采取一种更均衡而不是专业化的方式处理人力资本。他们应该对自身相对薄弱的技能进行更多投资，同时尽可能地对多重技能进行投资。

关于企业家精神和技能的这种观点与经理在公司内部的大部分行为是一致的。经理最重要的职责之一是在不同的职能专家以及业务部门间协调各类活动。这要求他们对一系列广泛的技能拥有一定的了解。这一点很好地解释了典型 MBA 课程的设置，这些课程强调对各种各样商业技能不算专业却广泛的训练。

□ 论证

拉齐尔（Lazear，2005）利用斯坦福大学 MBA 项目毕业生的职业生涯数据证实了以上理论。这些数据包括斯坦福大学 20 世纪 90 年代晚期数千名校友的职业以及学业信息，其中包括他们每个人的（从事各种工作的）在职期。据此，企业家曾经被定义为那些声称在某一特定的从业时期的"开创者"，而这些"开创者"是指人群中一开始就经商的。

得以证实的一项重要假设是企业家更可能拥有广泛的技能。这一特点不仅能通过以前所从事的广泛的不同工作获得，还能通过接受非专业化的教育获得，或者通过两种途径同时获得。为了验证以前从事过的许多工作对成为企业家的作用，研究计算了每个个体从事过多少份工作以及每个在职期的长短。并且，研究估算了个体在每份工作上的持续时间与是否为企业家之间的统计关系。这一估算是在控制了其他可能对企业家身份的形成产生影响的因素前提下完成的。这些因素包括个人工作年数、年龄、性别以及其他因素。

过去拥有更多的工作经验对企业家身份的形成有着较大作用。总体而言，个人在特定的一段在职期内成为企业家的概率约为7%。据估计，在调整其他变量后，以往所从事的工作数量这一因素每增长1个标准差，成为企业家的可能性将提高约1.8%。所从事的工作数量增加1份，此人成为企业家的概率约提高25%。

这一研究同时揭示了工作经验的重要性。更多的工作经验能增加成为企业家的概率。与此相比，当经验和以往从事的工作这些因素得到控制后，越年轻的个人越有可能成为企业家。这似乎并不是因为企业家缺乏耐心，这与那种认为越年轻的个人越少规避风险的观点保持一致。那些以往工作在职期平均时间越长的个人越可能成为企业家。最后一点，男人比女人更有可能成为企业家。

研究的下一步探索了企业家是否对较为一般化的培训进行投资。为了研究这一点，我们将根据学习成绩对校友们进行分组。研究根据他们当年在某一单独领域（例如金融）学习课程总数的最高值减去所学的跨领域课程的平均数所得的数值，估测专门化培训的程度。

研究结果再一次印证了理论。在其他变量得到控制的条件下，企业家更有可能选修广泛的课程，非企业家则更可能接受专业教育。另外，选修较为专业的课程的校友从事的工作种类总数的平均值更低。这表明他们在事业方面更专业化。

最后，研究同时调查了这对于高层管理者而言是否有类似的作用。我们已经讨论过：由于在职能专家间协调生产是管理者的职能之一，因此管理者的层次越高，就越需要拥有广泛的技能。从这种意义上讲，高层管理者在更大的公司内部扮演着企业家的角色。为了证实这一点，该研究同时调查上述变量对校友成为高层管理者的可能性所产生的作用。在对经验以及其他变量进行控制后，以往工作种类的总数对这一可能性的影响与对企业家形成的影响相似。这一证据与认为高层管理者承担着与企业家相似的角色这一观点保持一致。

通过这一最终发现可很好地过渡到下一节的内容。它表明在某些方面，企业家行为能够在已有的公司中产生，当然也可能受阻。在最后一节，我们将讨论这一话题，并将它称为**内部企业家精神**。

内部企业家精神

定义内部企业家精神比定义企业家精神更为复杂。内部企业家是否与现有的公司在内部建立新的生产线或者做出其他翻天覆地的变革有关？或者（它）是否包括制定公司政策以使其在不断发展的基础上不再繁文缛节而更充满活力？我们更关注后一个问题。因此，这一节的关注点不是组织的变化，而是组织设计如何更加创新和灵活。

假设一位企业家的公司获得成功，并开始茁壮成长。这样的公司通常会开始增加更多的结构。例如，随着品牌的开发和忠实顾客的增加，公司对研发新产品会变得更加保守。我们认为，解决该问题的一个途径是在分析新产品创意时采用更加等级化的方式。但是这将导致营销减缓、新产品数量减少，从而使一鸣惊人的成功可能性降低。与成立初期相比，公司的生产线可能趋于保守。

同时，公司将聘用更多的员工，并且可能向新地区扩展。公司可能会有更多的正式程序和政策、更高程度的集权化。这么做的一个原因是，这可以带来管理上的规模经济，好的政策能被借用于管理更多的员工。另一个原因是，这有助于公司寻找标准的方法开展业务、援助协调。同样地，这能帮助公司在更大的组织中发展或保持始终如一的文化。

随着公司的壮大，更多的员工将从事行政工作。控制、服从以及会计系统将得到重视。组织越复杂，就需要越多的协调与沟通，因此将可能增加更多的中层管理人员。

这种处于成熟期的公司同时需要发展薪酬和激励政策。比如，尽管在小型公司里，职工优先认股权和以公司为基础的分红制可能运作得很好，但对于大型公司，它们可能不会如此有效。相反，公司可能采用绩效评估以更好地估量个人贡献。不幸的是，公司越大，绩效评估的难度就会越大，客观地讲，这也容易产生测量误差。这是因为大多数员工远远够不着公司的利润底线。由于测量误差，激励政策对处于组织中层员工的作用可能更弱。

所有这些都有助于解释一种常见的模式，这就是公司越大、越复杂、越成熟、越趋于等级化，就越不像公司般运作。这些都属于正常并在通常情况下适合的趋势。然而，这有可能过于绝对。很多公司确实比理想状态更加等级化。当竞争越激烈，科技变革越迅猛时，尤为如此。

在这一节，我们概述成熟公司培育内部企业家精神的一些方法。我们会发现，文中所有研究领域都与这一点相关。很多政策都能通过修改增强公司的活力。与通常一样，政策需与公司境况相匹配，这一点十分重要。每个公司都面临不同的交易、技术、策略、行业背景。因此，并不是所讨论的每一项政策都适用于任何一家公司。但是，一些政策至少对于部分组织而言很可能有所帮助。

□ 内部市场

将组织设计比喻成市场，是思考内部企业家精神的一个十分有用的起点。在某些情况下，制定人事政策以使公司的某些部分犹如独立的业务运营是有可能的。如能实现，那些使员工更加创新的较强激励机制将会出现。

科氏工业集团基于市场的管理模式

科氏工业集团（Koch Industries）是一家多元化的基于自然资源的产品生产商。该公司在几十年间稳步发展，产值于 2007 年达到约 900 亿美元。有时它被认为是世界上最大的私有公司。在这段时间，该公司的管理层开发了一种"基于市场的管理模式"。据描述，该模式包含五个维度：

愿景：确定组织在什么领域和用什么方式才能创造最大的长期价值。

品德和才能：确保拥有适合的价值观和技能的人才被聘用、保留和培养。

知识流程：创造、获取、分享并应用相关知识，同时衡量和跟踪盈利能力。

决策权：确保合适的人在合适的工作岗位上拥有合适的授权做决定，并让他们承担相关责任。

奖励：根据每个人为组织创造的价值给予相应的奖励。

当然，这些与我们在整本书中所提出的方面极为相似。上述所阐述的最后三项是我们提到的市场隐喻的主要成分。它们之所以在科氏工业集团中发挥积极作用，是由于该公司相对独立的性质。

资料来源：Koch（2007）.

~~~~~~

一个多部门公司就是很好的例子。若把每个部门主管都当作公司总裁那样看待，各组织部门能否被合理安排以便激励每个部门主管都像企业家那样发挥作用？答案是肯定的。这一目标可通过分散利用各部门知识实现，同时根据绩效评估标准和激励措施做出相应变化来强化。

应该给予部门主管做出能影响部门决定的实质性权力，包括生产、分配、营销和人力资源。给予部门主管决策权，以便灵活地进行组织设计。他们可以委任合适人选，雇用和培育具有不同技巧类型的人员，建立与其他政策紧密相关的激励机制。这对于各种类型的公司来说，都是利用不同方法，鼓励应用跨部门具体知识的绝佳途径。

甚至，部门主管还可有权就生产线本身做出决策，这就要求部门主管更富创造性。许多具有多条生产线的公司（比如科氏工业集团、索尼）都给予了部门主管较大权力来开发他们自己的产品。这就使得有关新产品和设计的决策与一些重要的特定知识的关系更加密切，包括顾客偏好和部门工程师的知识。

一旦更多的权力被下放，就要设立更多的绩效评估标准来激励部门管理者的积极性。目标同样也是模仿主管部门的所有权。评估部门利润可作为朝向这个方向的努力，因为利润要综合考虑收入和成本，而这两项在很大程度上都是由拥有很大权力的部门经理控制的。然而，利润只是一个短期的评估标准，它扭曲了关于投资和研发的决策。因此，要应用广义绩效评估标准，包括资本的机会成本（比如经济附加值）和未来利润回报（比如根据部门效益而定的长期红利计划）。

对部门进行绩效评估的一个额外好处是，这可能对部门经理的奖励计划有利。这种措施更能体现他们的责任，而不是公司的整体表现。

这种组织设计的方法在大型多部门公司相当普遍，通用电气就是一个很著名的例子。当然，这种方法也可以进一步深化，比如一些公司利用公司政策鼓励产品设计师们设计出新的生产线计划。如果他们能够设计出一种公司认为可以持续盈利的产品，设计师就可以成立一个新的部门并加以管理（或者从新部门中获取利润份额）。这对研发新产品来说具有很强的激励作用。惠普在成为计算机公司前曾实施过这种政策，结果200多个不同部门研发出了大量成功的产品。惠普用生物学中细胞分裂的概念来比喻它的组织策略。

这种组织公司的方法很有效力，但是也有大量限制。公司权力的巨大分散降低了部门间的协调性。公司希望部门间在某种程度上协调合作，但这种方法很可能阻碍了部门间的协调。索尼就是一个折中的例子，它在消费性电子产品方面有很广泛的生产线。数年来，它一直采用高度分散化的模式，鼓励部门富于创造性，生产出了许多创新性的产品。但是，近年来兴起一种使多种电子产品一体化的趋势（集合）。当多种产品需要通力合作时，分散的产品设计就可能引起严重问题。事实上，索尼最近已经向集中化方向努力来试图解决这个问题了。

惠普公司在推出计算机时也曾面临同样的问题，那时分散的部门结构不再有效。一些显示器和打印机一度不能与微型计算机同时运行。为了将整个计算机系统卖给顾客，惠普需要使这些产品的功能能够同时运转。为解决这个问题，它经历了多年艰难的结构重组期。

因此，公司应小心避免采用一些不适于公司业务的极端的市场类型结构。在第 5 章中，我们已讨论过从协调合作中创造巨大收益的因素，而这些因素在应用到这一方法中时都应予以考虑。

□ 创造性与管理

我们已经讨论了应用一些人事政策来进行创造性管理或风险管理的方法。这些政策在书中的三个部分都出现过，公司可以通过再调整这些政策使得自身更有活力。

第一种增加创造性的途径，例如，公司可能为一些特定决策减少公司的层级结构。这就可能涉及减少批准步骤，对某些决策不再严格要求，或者相应地调整资源配置，使其转向商业中更富于创造性的方面（创意生成），目标就是产生和落实更多的新创意。

当然，这是以执行很多并不那么成功的想法为代价的。公司能在几个方面减少这种风险，第一种是尽可能长时间地致力于新创意，同时在最终制定有关新产品的决策时要极其严格，这实际上就是风险投资公司所做的。各种新创意被提出并得到支持和鼓励，直至赌注过高，这时再采取进一步的措施就要更加谨慎。

公司也应采取措施，减少将新创意付诸实施所带来的失败风险。例如，一个新产品在全球上市之前可能要先在一个市场里做试验，或者先用另外一个品牌名称来获取顾客反馈。只有那些成功的产品才能够在全球或者用公司的品牌名称上市，那时才更有信心获得成功。

第二种增加创造性的途径是招聘时承担更大的风险。正如我们所见到的，员工可被看作一个个真正的"选项"。公司可通过保留和提升好员工、辞去差员工，来训练这些选项。这个方法意味着公司可能会聘用更多不合适的员工，所以存在着风险。但是，公司也可以通过试用期和固定期限劳动合同限制风险。

聘用一些有冒险精神的员工具有潜在的好处，这在那些才能略有不同却能带来工作表现巨大差异的职位上好处最大。特别是当公司为一些重点职位招聘时，在这些岗位上，责任很大程度上由决策影响，或者个人在创新方面发挥重要作用时，情况更是如此。因此，公司可以考虑在研发和领导岗位上雇用一些具有冒险精神的员工，要细心规划试用期，在新员工通过测试之前避免给他们过多权力。

雇用有冒险精神的员工会提升员工流动率，这对于提升创新能力非常有利。较高的流动率可使公司创造机会，吸引具有不同技能和经验的新员工。

第三种增加创造性的途径是改变激励制度。创造性很难用数字衡量，至少很难提前将绩效目标量化。一些公司设定了每年引进新产品的目标数量，这对一些生产一整套产品的公司（比如，明尼苏达矿务及制造业公司，3M Corporation）可能有效。但是，这种方法也经常会导致引入一些不成功的产品，因为部门主管只关注于引进产品的数量而不是质量。为了解决这个问题，公司应该使用广义绩效指标，比如要考量新产品所带来的利润。创造性研究者认为，采用广义绩效指标更会产生创造性行为，因为广义绩效指标不会过多扭曲奖励机制，但通常很难操作。广义绩效指标也更倾向于建立在输出而非投入的基础之上。以投入为依据的绩效衡量标准会降低创造性，因为这会让人们过多关注过程，而过程在公司追求创造性时是很难提前看到的。

第四种增加创造性的途径是主观业绩评估。首先，由于创造性很难预测，因此事后评估就会十分有益。其次，主观评估能够使激励制度的重点放在对成功的奖励上而不是对错误的惩罚上。主观评估使管理人员更易对成功的尝试进行奖励，同时又不会对失败的尝试进行惩罚。这能够有效减少员工对风险的反感，从而鼓励员工更愿意冒险。

最后，一旦改变评估系统，使其鼓励员工更富创造性，公司就可以增加对良好业绩表现的奖励，激励制度就会重新定向并增强员工的积极性。

□ 决策速度

决策速度较慢会使一个公司变得保守。较慢的决策速度是由于对等级制度（在决策实施前进行审核）和集权的看重，这需要组织结构中上上下下频繁地沟通交流。

公司需要通过分散决策权来加快决策速度。这当然会减少协调和管理，但这些问题可以通过分散那些对协调和管理影响较小的决策权来解决。例如，可以给予部门更多运行决策、员工管理或定价权，但是在生产线决策上还要获取批准。另外，公司还可将更多资源用于提升决策质量（更娴熟的项目评估者、更好的分析工具和数据）来增加准确性，同时减少所需的批准步骤。

对信息技术加大投入也能够加快决策速度，因为这意味着交流更加迅速。更注重规范的运行程序也会在无须交流的情况下提高协调性，从而加快决策速度。

□ 减少官僚作风

我们已经强调过，在一些大型复杂的组织中很可能产生官僚主义，但是这些结构和政策会阻碍创新。在一些情况下，可以通过减少官僚作风来解决这个问题。

一种方法就是，将对创新很必要的部分从组织结构中分离出来（比如基础研究、产品设计或广告），在此部分上减少官僚主义成本。将一些行政规则和程序用于组织的各个部分往往是没有必要的，因此公司运行会得到较好的平衡。创造性部门拥有更多灵活性，政策实施也比较容易，这在公司中很常见。一些公司甚至还将这些创造性部门分到不同的办公楼甚至其他不同的地理位置。臭鼬工厂①在基础研究阶段就是这么做的。地理上的分离更易使不同的正式和非正式政策共存，而又避免引起冲突。当然，如果外部人员和公司其他部分配合得不那么天衣无缝的话，那么就真的前功尽弃了。公司应该充分监控外部团队，使他们取得好成绩，特别是能研发设计出有利润的产品。

---

① 这个是洛克希德·马丁公司（Lockheed Martin）的高级开发项目中研究对象的化名，该项目代表了该研发的前沿领域。

解决官僚作风问题的一个更极端的方法是要重点意识到官僚作风问题产生的主要原因是公司运行的复杂度高。在第 6 章我们可以看到，越复杂的公司使用越复杂的结构，包括更多的部门、模型或其他横向的协调机制。通过减轻公司运行的复杂程度可以减少官僚作风，这可通过以下两种方法达到目的。

一种方法是简化公司的生产线。生产范围较小的公司不太需要复杂的结构。将注意力转到公司上有时是指回归**核心竞争力**，尽量简化公司运营，只留下公司与其他竞争者相比最具效力的部分。这个方法很具挑战性，但是也很有用，特别是当非核心产品线并不那么盈利时。

简化公司运营的另外一种不那么过分的途径是外包非核心业务。比如，苹果公司并不生产其产品的大部分零部件，这就是一个纵向分散的公司。同样，许多公司将设施管理任务外包，比如电厂机械设备和员工餐厅的安全与维护。一些公司外包行政任务，特别是人力资源业务，这种需要与对方签订长期合作的有效合同。如果这方面能做好，公司管理就会专注于更小范围的组织设计问题。

□ 持续改进

持续改进（包括**现代工作设计**、综合品质管理和类似技术）是使公司适应不断变化的环境的一个绝佳的途径。给予员工一些明显的问题，让他们提出建议并尝试提出解决方法，落实那些最好的方案，这是一种创新的方式，尽管这与新产品设计非常不同。其目标是改进已选定的产品或生产过程，而不是构思出新产品。

明尼苏达矿务及制造业公司新产品设计和持续改进之间的冲突

明尼苏达矿务及制造业公司（3M Corporation）因其激励产生新产品创意的有效途径，多年来一直被其他公司称赞。50 多年来，该公司一直注重在基础研发上的分散化运作和长期投入。同时，各部门也寄希望于新产品能够在年销量中占绝大部分。其成果是一系列新产品成功上市，包括便利贴。

2000 年末，明尼苏达矿务及制造业公司委任来自通用电气的詹姆斯·麦克纳尼（James McNerney）为新的首席执行官。通用电气在其所有商业过程中都强调广泛采用六西格玛（Six Sigma）全面质量管理技术，被认为是持续改进的领导者。麦克纳尼在明尼苏达矿务及制造业公司采用了通用电气的方法，引领公司在效率和产品质量方面都取得了实质性进展。

然而，明尼苏达矿务及制造业公司发现持续改进思维对新产品开发并不适用。这些持续改进的方法都假定目标是已知和可量化的——从现有的成果到既定目标之间有规范的程序。这种方法可以有效地减少开支，但是并不适用于构想出富于创造性的新产品。明尼苏达矿务及制造业公司最终消除了在新产品研发中对六西格玛的重视。

资料来源：Hindo（2007）．

持续改进理念的一个变体是**试验法**。假设一家银行想要提高其分公司客户服务的质量。一种方法是持续改进，这种方法要求每个分公司提出新的想法。另一种方法是由一个单独的部门设计改进服务的方法，继而应用于所有的分公司（本质上这是泰勒主义的一种形式）。但是，在将这些想法付诸实践之前，有必要在小范围内先对这些想法进行试验。这样银行就可以确定这些想法孰优孰劣。同时，好的想法在被应用于所有分公司之前也可以得到提炼改进。我们应认识到，分散的持续改进会自动地利用试验法，但即使是对新创意的集中改进也会利用试验法来提高其成功率。

持续改进的一个挑战在于它只能分散地进行，因此好创意不会自动地在公司内部传播。为使这一方法更为行之有效，许多公司嵌入了**知识管理**系统。这些系统的目标在于从分散的各单位中获得最佳创意，从中概括出最佳方法，在公司的其他部门进行推广。知识管理系统必须由一个集中的部门进行管理，以便能够从整个公司中收集各种创意并将最佳方法传播给各部门。知识管理系统也要求给那些提出新创意的人足够的激励，使他们记录自己的想法并与公司的中心部门分享。

■ 本章回顾

企业家精神是竞争和健康经济的中坚力量之一。这一章在两个总话题下讨论了与企业家相关的人事经济学。第一个是个人企业家的职业生涯；第二个是公司政策如何提升老公司的内部企业家精神。

什么是企业家？从根本上讲，一个企业家或许是一个把不同想法和人员结合在一起，并创造出比各部分简单相加更大利益的人。这是有关公司创造性的一个普遍观点。创造性也可涵盖协调和管理技能。这两种观点都意味着，与公司的普通员工相比，企业家需要更广泛的技能。员工通常应使他们的职业和人力资本投资更加专业化，而企业家则做相反的事情。我们已经给出了一些证据来证明这一事实。同样值得注意的是，由于公司的高层经理花费更多的时间来协调和组合公司不同部门的业务，所以他们在公司中的角色实际上更像企业家。

什么是内部企业家精神？它制定公司政策以提高公司的创新性和灵活性，与官僚主义抗争。成熟复杂的大公司往往多少有点官僚作风。从人才招聘和培训到工作设计和组织结构，再到业绩评估和奖励，其中体现的官僚作风问题可以通过应用本书中提及的所有方法解决。实际上，我们对组织设计中两个主题的看法都与这个话题有关，即把公司的人事政策看作在公司内部（在某些地方在某种程度上是可能的）应用市场原则和把公司看作信息与知识的创造者和使用者。

■ 思考题

1. 企业家精神模式认为企业家在公司内部协调一系列不同的活动。你能否用另一种方法解释为何企业家需要更广泛的技能以使自己具有创造性？请给出你的解释。

2. 假设个人生来就有技能 x_1 和 x_2，并且这两种技能正相关，那么它们对企业家的出现有何影响？它们又如何影响 λ 的价值？

3. 你是一家大型公司的高层管理人员，你打算采取什么措施推进公司内部企业家精神？采取什么措施会阻碍内部企业家精神？在某些情况下会不会出现由于经济状况良好反而阻碍企业家精神的情况？

4. 经济学家发现，企业家的平均薪酬比拥有类似经历和教育背景的其他工作者低，对于这一发现，你有几种解释？你将如何验证你的每种解释？

5. 假设同一个人很难同时拥有两种技能（一些人擅长这一种，其他人擅长另一种）。你是同时擅长两者的幸运儿之一，你决定利用这两种技能成为一名企业家。你会如何建立你的业务，以使你非凡的技能组合的经济价值达到最大化？你能举出具有高市场价值但不太可能的技能搭配结合在一个人身上的例子吗？在你的例子中，这些人是如何利用他们的技能创业的？

6. 假设经理关心决策质量而带给他们的好声誉，那么当他们对一项工作很陌生时，这一心理会如何影响他们采取冒险还是保守的措施？随着他们从事这项工作的时间的增长及开始建立业绩记录，他们的决策又是如何改进的？在年轻和年老的员工中，决策制定和风险承担又如何不同？如果这些都是不确定的，你如何通过改变公司政策来缓解这些忧虑？

7. 你经营了一家风险投资公司，你如何评估一项经营方案，然后决定是否投资？首先描述你的公司，用来对比不同经营方案（你或许需要复习一下第5章，包括附录的内容）的综合项目评估过程。然后描述一下你对本书中讨论的特定话题（例如，商业管理、人才招聘、组织结构、决策制定、管理和激励机制）的看法。

8. 继上述问题，如果你投资一家新公司，你将允许企业家做何种决策？作为主要投资者，你将会做出何种决策？为什么？假设公司发展成功，决策权分配应如何变化？如果公司发展不成功，决策权分配应如何改进？

▍参考文献

Hindo，Brian（2007）．"3M：Struggle Between Efficiency and Creativity." *Business Week*，June 11.

Koch，Charles（2007）．*The Science of Success：How Market-Based Management Built the World's Largest Private Company*．New York：Wiley.

Lazear，Edward（2005）．"Entrepreneurship." *Journal of Labor Economics* 23（4）：649－680.

Stopford，John & Charles Baden-Fuller（1994）．"Creating Corporate Entrepreneurship." *Strategic Management Journal* 15（7）：521－536.

▍延伸阅读

Hamel，Gary & C. K. Prahalad（1990）．"The Core Competence of the Corporation."

Harvard Business Review 68（3）：79-87.

Hamilton，Barton（2000）． "Does Entrepreneurship Pay? An Empirical Analysis of the Returns to Self-Employment." *Journal of Political Economy* 108（3）：604-631.

Hannan，Michael，M. Diane Burton，& James Baron（1999）． "Engineering Bureaucracy：The Genesis of Formal Policies，Positions and Structures on High-Technology Firms." *Journal of Law，Economics & Organization* 15（1）：1-41.

Kaplan，Steven & Per Stromberg（2002）． "Financial Contracting Theory Meets the Real World：An Empirical Analysis of Venture Capital Contracts." *Review of Economic Studies* 70：281-315.

Kaplan，Steven & Per Stromberg（2004）． "Characteristics，Contracts，and Actions：Evidence from Venture Capitalist Analyses." *Journal of Finance* 59（5）：2177-2210.

Prendergast，Canice & Lars Stole（1996）． "Impetuous Youngsters and Jaded Old-Timers：Acquiring a Reputation for Learning." *Journal of Political Economy* 104（6）：1105-1134.

Rosanoff，Martin André（1932）． "Edison in His Laboratory." *Harper's Weekly Magazine*，September.

附　　录

□ 成为企业家的概率不随额外技能增长而增长

这里我们将证明，在其他条件相同的情况下，如果某一行业需要具备多种技能的人，那么这个行业中的人成为企业家的概率会更低。前提是，假设个人可以被赋予除 x_1 和 x_2 之外的技能。我们先来看一下同时需要两种技能的某种行业，这两种技能在个人身上的联合密度是 $g(x_1, x_2)$。现在增加技能 x_3，这三种技能的联合密度为 $k(x_1, x_2, x_3)$。如果技能 x_3 独立于技能 x_1 和 x_2，边际密度为 $m(x_3)$，那么：

$$k(x_1,x_2,x_3)=\int m(x_3)\left\{\iint g(x_1,x_2)dx_2dx_1\right\}dx_3$$

创业条件的两个变量（即 x_1, x_2）仍然保留，对于任意的 x_3 和 λ，如果 λ·最小值 $[x_1, x_2]$＜最大值 $[x_1, x_2]$，那么不管 x_3 为何值，个人都会有所专长。创业同样需要潜在的边界值 x_3^* 和 x_3^{**}。因此，创业的概率不会超过：

$$\int_{x_3^*}^{x_3^{**}} m(x_3)\left\{\int_0^\infty \int_{\frac{x_1}{\lambda}}^{\lambda x_1} g(x_1,x_2)dx_2dx_1\right\}dx_3$$

可以写作：

$$\{M(x_3^{**})-M(x_3^*)\}\int_0^\infty \int_{\frac{x_1}{\lambda}}^{\lambda x_1} g(x_1,x_2)dx_2dx_1$$

第一个公式小于 1，因此其概率不会超过仅拥有两种技能的人的创业概率。我们已经通过将两种技能增加为三种技能证明了这一点。由此可以归纳，增加任意多种除这两种技能之外的技能，情况亦是如此。

□ 企业家最佳的人力资本投资

对每种技能 i，将最初的技能值定义为 x_i^0，把 x_i 定义为终极水平的股本。从最初技能 x_i^0 开始，投入技术使其达到 x_i 所花费的成本为 $C(x_1, x_2)$，偏微分 $C_1 > 0$，$C_2 > 0$，$C_{ii} > 0$。我们假设 C 与 x_1 和 x_2 对称，那么两种技能都没有成本优势。

用 x_1 表示个人被赋予最多的技能。专注于自身事业的员工要么不会投资，要么只会关注技能 x_1，那么想成为企业家的个人应向 x_1 投资还是向 x_2 投资还是向两者投资？

既然限制条件是 x_2 起初要低于 x_1，那么除非 x_2 至少达到 x_1 的水平，否则向 x_1 投资就没有意义。如果 x_2 有一个内解，它满足：

$$\lambda - C_2(x_1, x_2) = 0$$

这一方程式有三种可能。如果 $C_2(x_1^0, x_2^0) > \lambda$，那么向 x_2（或者两者）投资并不受益；如果 $C_2(x_1^0, x_2^0) < \lambda$，但 $C_2(x_1^0, x_1^0) > \lambda$，那么最佳策略是向 x_2 投资，但不要超过 x_1 的水平，且不向 x_1 投资；如果 $C_2(x_1^0, x_1^0) < \lambda$，投资超过在 x_1 和 x_2 终极水平上的 x_1^0，个人会有所收益。最佳效果必须达到 $x_1 = x_2 > x_1^0$。

第 15 章

雇用关系

口头协定不必成文。

——塞缪尔·戈德温（Samuel Goldwyn）

■ 本章引言

　　员工和公司之间建立长期关系时往往受行为特点（如心理或动机）的影响。这就意味着员工和公司之间的交易比大部分的经济交易要更复杂。其中合作和冲突是经常关注的点。因此，仅凭简单的微观经济学的直觉不足以充分理解实践中的人事经济学。在每一章节中，我们在入门的简单概念的基础上增加了附加概念，并使这些简单概念更加完善。在本章中，我们将这些概念联系在一起，来思考员工和公司之间的关系。

■ 作为经济交易的雇用关系

□ 完全竞争

　　典型的经济研究都从关注完全竞争市场开始。在这样的市场里，有一个买方和卖方俱存的交易活跃的市场与一个使供需达到平衡的**市场出清价**。因为只存在一个市场价格，所以没有讨价还价的余地。同时，和交易相关的术语只有价格和数量。产品特性也

313

和交易不相关，因为在一个完全竞争性的市场里，市场生产者销售的产品都可以彼此完全（或差不多完全）替代。最终，这样的市场都是匿名的：供货商不需要知道是谁买了他们的产品，买方也不需要知道他们消费的产品是谁生产的。

一个完全竞争性的市场通常被称为**现货市场**。现货市场是这样的一个市场：在这里，商品、服务和金融资产都是以直接交付的形式进行交易。很明显，这是一个真正市场的理想化模型，但以这个基础案例作为出发点为洞悉市场如何运转提供了很多便利。它强调了价格这个关键因素在决定供需、竞争以及资源分配中的重要性。

此外，这也相对较好地描述了一些现实中的市场。例如，证券市场、期货合约或公开交易的期权就和理想化模型非常相像。这个模型也很好地表现了商品的特征。现实中，很多行业的竞争并不十分激烈，所以交易便呈现许多不同的特点，同时也变得更加复杂。管理教育的整个领域，例如策略，就是为分析这样的市场设计的。虽然如此，研究这个基础案例也可以有效地分析那些竞争并不十分激烈的市场，因为事实上每个行业内都是有竞争的，即便是垄断行业里的消费者的需求分析也不例外。

同样的逻辑也适用于劳动力市场。有些劳动力市场就非常符合现货市场模型的相关描述。例如，依存于建筑工地的零工市场就是一个现货市场：员工以一定的小时工资，每天提供固定的工时以获得当日报酬。第二天，可能又是另一批人来做同样的工作，而之前的员工可能就转而受雇于另外的建筑公司做其他的工作了。快餐馆的员工市场也大体类似于一个现货市场。大部分的员工在技能和经验上的情况都相近，所以这样的市场可以供应大量彼此可替代的员工。大部分的工作在工资、福利以及工作条件上都很相似，所以有类似特性的雇主们也组成了一个交易活跃的市场。

和这些例子相反的是，很少有劳动力市场具有现货市场的特征。劳动力市场交易，即雇用关系，构成了一些现代经济中经济交易的最复杂的类型。本书先前讨论的观点介绍并分析了这其中的复杂性。现在我们将深入理解先前在书中介绍过的订立雇用契约中的不同层面的复杂情况。

□ 不完全竞争

很多劳动力市场具有不完全竞争市场的特征，因为员工之间并不能完全替代，且不同公司提供的工作也不能完全替代。从某种程度上来说，每个人有不同的生产率，适合不同的工作类型以及不同的行业。特别是，那些很有能力、有高的人力资本和丰富工作经验的人更是这样。每个雇主的情况及其公司提供的职位往往也不尽相同。这就意味着公司以及员工都面临着一系列的选择：雇用谁或是为谁工作。

这一系列的选择对雇用关系有着重要的含义。一方面，由于信息不对称，关于选择的不完全信息促使公司和员工都要为自己寻找搭档。

一旦找到好搭档，交易便不再是匿名的了。员工和公司都在意自己的合作对象的具体情况。例如，假如一个员工失业后不得不回到劳动力市场，他现在随便找的新工作很可能就比他先前的工作差，因为那份先前的工作是经过事先的搜寻找到的。这个员工至少要重新寻找，才能找到一份可以替代他先前工作的工作。公司在重新寻找员工时也要经历这个过程。

这种搜寻，人们或称之为**转换成本**，促使员工和雇主维持合作关系。他们之间形成了一种可能将合作期限延长的基本**关系**。在这个简单层面上的经济交易便不同于现货市场里的交易，因为这里的交易在一段时间后会涉及更多的因素。我们曾用一个婚姻的隐喻解释过这个概念。

这种交易在另一方面也不同，那就是价格。因为员工和工作不是完全的可替代品，所以在员工和公司交易时就不存在一个统一的市场价。事实上，市场上对于类似的员工和工作会有各种不同的薪酬和福利。而对于这些选择的不完全信息又会加强这一点。比如说，一个员工不会确切知道他可能找到的其他工作的具体情况，也不会知道换一个这样的工作后他会得到什么样的薪酬。

这就给交易增加了一个要素：谈判。员工和公司的组合创造出联合盈余。联合盈余是员工为公司创造的价值（生产率）与员工的价值（保留工资）之间的差值。不完全竞争和不全面的信息意味着对于许多工作来说，这些价值是不一样的。假如生产率高于员工的保留工资，那么实际的工资价格（包括基本工资和福利以及其他由员工和公司协商好的工作特征）就会终止于这两种价值间的某一点，在何处终止则取决于员工和公司之间的谈判结果。这样的案例，我们在第 3 章到第 4 章，以及第 9 章到第 12 章里已经研究过了。

在雇主和员工的那部分里，谈判的过程被描述成**策略性行为**。他们可能不会把自己知道的所有情况告诉对方，甚至可能会歪曲他们掌握的信息。歪曲的一种类型就是夸大他们的替代价值以赢得更好的交易。如上所述，不完全竞争导致了现货市场和劳动力市场的基本差别。不同于单个时期、单一价格，以及匿名交易这些特征，劳动力市场具有多个时期、价格可以调整，以及独特交易等特征。雇用关系形式和劳资谈判是必要的。当搜寻结束时，双方都有合作的动机。同时，双方也都有向对方采取策略性行为的动机，因为他们交易的价格是通过谈判决定的。

□ 复杂的契约

□ 人力资本的分类和投资

在第 1 章到第 4 章中，我们讨论了聘用风险、试用期筛选、自我选择、工作保障，以及人员流动。特别谈到试用期模型：这个模型为雇用关系增加了一些有意思的方面。

不同于一份简单的工作机会那样只包括单个时期的工资和时间的投入，同现货市场一样，我们有一个更加复杂的模型，这个模型涉及三个独特的方面。第一，公司提供一份正式的多期工作，而非一份重复的单期交易。

第二，这个工作的薪酬要包含绩效工资。这就需要制定一份绩效评估来看员工是否能通过试用期。绩效评估要包括视实习期间的绩效而定的奖惩措施（比如晋升为合伙人或离开）。绩效薪酬意在增进员工在招聘中的自我选择，而非增强动机。

第三，试用模型还包括公司对潜在员工做的**承诺**。公司要承诺对员工进行评估，这种评估同员工的绩效合理地联系在一起。公司还要承诺在试用期之后付给员工高于他的生产率和市场价值的工资。若要将承诺变为经济交易中切实可行的元素，那么一方对另一方，或双方彼此在一定程度上的信任是必不可少的。稍后在本章中，我们会讨论信任在经济活动中扮演的角色。

既然我们讨论到了工作中员工的分类，对于雇用关系我们就要谈到一个新的概念：

人力资本投资。如果有在职培训的话，那么公司的这个工作机会还应包括培训机会。如果培训的是通用性人力资本，那么实际上是公司将培训卖给员工。如果培训的是公司专用性人力资本，我们就认为员工和公司是在分摊投资和共享回报。分摊投资只会巩固那些员工和公司共同制定的长期关系。他们分摊投资和共享回报。他们合作得越久，他们就越是倾向于在提高生产率方面一起投资。

最后，谈到公司对公司专用性人力资本的投资，不得不再次提到承诺的问题。双方都可能对彼此做出隐性的承诺，以免引起激烈的谈判和冲突。

员工如何评价一份工作？

一个工作机会包含很多方面，员工评价这些方面的方式不尽相同。当员工接受一份具有独特特征的工作时，他实际上是获得了他很看重的这个工作的特性，而他在那些他不看重的方面则要求以薪酬来补偿。例如，一个倾向于任务型工作的员工在面对一份专业性工作时，会要求更高的薪酬补偿。

最近一项研究应用了这个理念来估测员工看重的不同工作特性的价值，它采用的是一份关于大样本的工作薪酬以及其他特性的调查数据。员工被要求评价他们对经理的信任程度，以及对多重任务处理抑或专业化任务处理程度，等等。这项研究总结出了一个典型的员工看重的工作特性，重要性由大到小排列如下：

1. 经理对员工更大程度的信任
2. 工作内容的多样化
3. 工作要求更高程度的技巧
4. 有足够的时间去完成个人的任务
5. 更高的薪酬

第一个特性，估测显示，管理层对员工更大程度的信任对薪酬有很大的影响。这表明员工对风险的态度是规避的，他们要求在他们对经理不信任时公司能提供一份丰厚的风险溢酬。第二个特性和第三个特性涉及任务和技能的变化问题，这个问题我们在第7章已经讨论过了。这两条表明，在员工看来，内在动机对一个工作机会来说很重要。第四个特性好像是同工作压力有关。值得注意的是，在所有被研究的因素当中，第五个特性——薪酬水平是最不重要的。员工确实非常关心这份工作的其他特性：短期还是长期，有形还是无形。换句话说，如果一个公司能提高员工的信任，优化工作设计，或是在其他方面做出改进，它就能大幅降低付给员工的薪酬。

资料来源：Helliwell & Huang (2005).

□ 工作设计

文书的第二部分分析了另外一个对员工和公司之间的交易都很重要的因素：工作设计。一份工作不仅仅是一套工作时间、薪酬以及福利的整合。员工需要从事的具体的任务，以及他被授权或管理的程度，都是交易中的重要部分。

有这样一个看法：工作设计变化的程度取决于他们需要合作的对象。若公司采取的方法是分权且持续发展式的，那么它希望其员工能专注于学习新方法并且能把他的理念同公司和队友分享。员工可以自由地分享他的理念。又或者，员工可以聪明一点，将这些理念保留起来。这些想法或理念可能来自员工希望自己能够比同事工作更有效率的愿望，也可能来对生产率的大幅提高可能导致的停工的恐惧。如果队员和公司也是一样地合作，或是公司提供了一定程度上的工作保障，那么员工就会更加乐于分享新的理念。

激励是我们在这本书中考虑过的雇用关系中的一个附加因素。我们认为，员工将内在激励（尤其是学习方面）带到工作中，这个内在激励会根据工作设计的变化而变化。员工对工作的评价，包含的内在激励是多还是少，对员工的管理是严还是松，工作任务是多还是少，都会影响公司需要支付薪酬的量（正如前文所述的那项研究一样）。

□ 绩效工资

我们看到，试用职业系统包含绩效工资。当然，绩效工资的主要任务不是要给员工分类，而是提供外在激励以及调整内在激励。几乎所有的雇用关系中都有一个很重要的部分，那就是如何评估绩效以及如何将其与奖惩挂钩。

匹配公司战略和员工个人目标的时候需要考虑绩效工资，员工们意在策略性地使用自己的专业知识、技能，以及努力来追求自己的利益。换句话说，绩效工资是公司用来促进公司同员工合作的一个重要手段。此外，由于主观绩效评估在很多激励制度中很重要，因此公司和员工之间更大程度上的信任在这里也可以起到非常重要的作用。

□ 小结

员工和公司之间的交易通常都是非常复杂的。不同类型的员工之间以及工作之间的不完全替代也就意味着匹配关系的形成。这就可能使得交易变成一种含有妥协的重复关系。招聘中减少逆向选择的愿望可能促进双方达成多期的工作机会，这个机会包含了绩效评估以及浮动奖励。对技能，特别是对特殊技能的投资，加强了这种趋势。

工作设计增加了新的因素，因为公司会将工作设计成能最大限度利用能力从工作本身以及职责履行中学习的形式。公司通常期望员工以这几种形式同公司合作，包括团队合作、同其他部门的协调配合，以及知识分享。另外，工作设计对于激励员工有明显作用。

绩效工资使得绩效评估和奖励变得更加重要。它们可以用来强化公司的所有人事目标，包括员工分类、在技能上的投资、持续改进、效率，还有激励。激励也被设计用来增进员工同公司之间的合作。

于是，我们发现有这样一个问题：受利益的支配，员工和公司在选择对对方采取策略性行为还是与对方合作的时候，冲突便会产生。在下一节当中，我们会在员工**授权**的条件下阐释这种冲突，员工授权是指公司在制定决策的过程中要求的员工的参与程度。

管理人员和员工之间的沟通

□ 从管理人员到员工的沟通

最近有一项创新叫作开放式管理，这种管理方法能使员工清楚地了解公司的财务信息状况。通常，这包括培训员工的会计能力以及其他次生工作技能。这些培训明显都需要成本，但有些人认为这样做的收益大于成本。成本的花费有很多种方式。首先，将这些信息传达给员工并教会他们如何处理这些信息需要时间。其次，将这些信息都交给员工可能适得其反。对公司情况了如指掌的员工可能会做出不利于公司的举动，同没那么了解公司情况的人相比，他们能从公司攫取更大的利益。这也是管理人员在谈到开放式管理时常见的顾虑。

开放式管理（或者，一个较弱的版本）的主要优势是员工可能降低他们的期望，以使公司得以维持运转。工会在欧洲很普遍，经理们有时认为员工通过工会获得权力对公司的管理有益，在传达坏消息时尤其如此。下面一个例子就是很好的说明。

员工们都想得到更高的工资，但他们也明白当公司身处险境之时他们得到的薪酬也必须缩减。这就产生了一个问题：管理人员知道员工在危急情况下会接受较低的工资，他们便有了发虚假警报的动机。尽管公司有时会说形势大好，但它夸大困难以及叫苦连天的次数会更多。如果员工只能依靠管理人员，那他们就必须做出选择：要么将管理人员的言论打个折扣（至少在有些情况下这样做），要么把他们的言论当真并接受坏消息所带来的薪酬必然降低的后果。

假使每个员工都有一个每周 900 美元工资的备选工作机会，那么形势好的时候，对于现在的公司来说，这个员工就该得到每周 1 800 美元的工资；形势不好的时候，这个工人也该从现在的公司那里得到每周 1 000 美元的工资。当前工作的 1 000 美元工资高于备选工作的 900 美元工资，对于员工来说，留在这里总是比到其他地方工作更好。也就是说，总有一个工资标准，比如说形势不好时的 950 美元，让当下的公司和员工的境况好起来，而不是让员工离开。因为 950 美元低于员工的价值，所以公司在员工身上赚了。同样，950 美元多于其他机会提供的 900 美元，员工最好是留在这里。这其中就有这个问题：由于公司知道员工也是愿意接受 900 美元的，管理人员就有动力在需求状况上撒谎。他们不承认形势大好，而是努力让员工相信形势是严峻的。如果员工相信了形势很严峻，他们就知道公司不可能毫无条件地付给他们多于 1 000 美元的工资。由此，在这种情况下，员工期待能得到的最高工资就是 1 000 美元。当然，如果管理人员总是重复宣称形势很差，那么他的话将会没有任何可信度。结果，经理们就需要将不同的言论穿插起来，但是他们还是倾向于宣称情况比他们说得还糟糕，员工们总是能意识到这个事实。

那么，员工如何应对呢？由于附加信息的缺失，员工能做的就是相信管理人员，或是接受较低的工资，抑或是他们可以假定管理人员的话是谎言并且为了坚持得到更高的工资而不妥协。通常，员工会犯两种错误。如果他们能接受管理人员的言论，他们通常会继续干下去，但是他们会犯即便在好形势下也接受低工资的错误。如果他们假定管理人员的话是谎言并且坚持要获得更高的工资，在形势好的时候他们就会得到更高的工资，但是在形势不好的时候他们就会失去工作。由于只有少数宣称形势严峻的情况是真实的，所以在形势严峻为假的情况下，员工们用这个策略就赢了，但是当严峻形势为真时，他们用这个策略就输了。在严峻形势的言论为真时，员工们还坚持要求得到公司付不起的高工资，这样他们就失去了工作。于是，他们被迫转而投向那个付给他们 900 美元的工作机会——这个就比公司愿意付的 1 000 美元的工资还低。

对于任何宣称形势不好的言论，员工都必须评估该言论准确的可能性有多大。这就要看该行业的实际情况了。如果员工习惯于认为公司的状态良好，他们可能会质疑任何形势不好的言论，对信息的真实性认识大打折扣，他们会认为这些不过是公司想少付工资的一个手段罢了。在这个例子中，假设公司和员工分割预估盈余。这就意味着，如果员工相信公司的言论，在那些被描述为不好的形势下他们就会得到 950 美元的工资。如果他们觉得公司是在撒谎而选择采取强硬政策，那么他们就会在公司撒谎的情况下得到 $\frac{1}{2} \times (1\,800 + 900) = 1\,350$ 美元；但是当公司描述的形势为真时，他们就会失去工作。如果真实情况证明是公司撒了谎，那么不管是由于管理人员是病态的撒谎者还是由于该行业的形势差不多总是良好，员工都会选择采取强硬政策。结果，员工有时会获得更高的工资，偶尔也会失去工作。

公司总是更加愿意让员工采取更加温和的措施。那么，代价高昂的裁员就永远不会发生，而且公司能在它宣称的或真或假的严峻形势下少付工资而获得利益。可能就是出于这个原因，公司想要把信息提供给员工。给员工足够的信息，让他们能自己分辨形势——究竟是不是真是那么坏，这样可以逐渐动摇员工的立场并防止无端裁员。坏处就是，在形势变得对公司有利时，给员工全部信息会增强员工的决心。公司对此必须仔细权衡。如果员工经常采取强硬政策，公司就要看从提供信息中获得的收益是否能够超过公司在形势好的时候的花费。这个计算很简单，在附录中有详细说明。这里只总结基本观点。

当且仅当员工选择采取强硬政策时，公司才能从提供信息中获得收益。如果员工很容易妥协，那么公司将不能从提供信息中获得任何收益，这仅仅会让员工在形势大好的时候的行为变得激进。这个问题归结于要确定员工在信息缺失的情况下何时采取强硬政策。在以下情况下，公司才能从为员工提供信息中获利。

1. **形势好时的工资与形势不好时的工资差距很大。** 当工资差距大时，员工便不愿接受公司所宣称的形势不好的言论。这样做会大幅削减工资，这对员工有很大的不利影响。如果采取强硬政策能有大的收获，员工会变得更加激进，公司会更倾向于向员工提供准确信息来劝阻员工在形势不好的时候提出过分要求。

2. **在公司形势不好时，公司付的工资与员工可获得的其他工作机会的可付工资之间的差距小。** 如果员工有其他不错的机会，那么在形势不好的时候失去工作对他们来说也没什么损失。在形势确实不好的时候，艰难的讨价还价以及员工对公司言论真假情况的误判可能导致员工被解雇，但是在有另外一个好机会的情况下被解雇也不算什么。结果，员工们就会不在意丢掉工作，在有好的另外机会的情况下变得更加激进。因此，当员工有其他不错的机会时，公司应该倾向于向员工提供确切的信息，以防员工在形势不好的时候提出过多要求。

3. **根据定理，由于年轻员工拥有的公司专用性人力资本较少，失去工作对于他们的损失也少，他们往往就比年龄大的员工更激进。** 如此，对于年轻员工使用开放式管理比对于年龄大的员工使用开放式管理获利更多。同当前的工资相比，老（主要强调资历老）员工换工作能获得的价值更低，这样，他们就很少像年轻人那样去要求高的薪水，因为公司将信息提供给打算采取缓和办法的员工会导致损失，而开放式管理对于老员工价值不大。

当然，在这个问题上，这与多数读者的直觉是相符的。正是那些觉得自己没有什么可以失去的、愿意冒险的年轻员工往往成为激进员工行动的领导者。年龄大点儿的员工有家室，并且感觉要再找到类似的工作比较困难，于是他们更加偏向于保守。

□ 从员工到管理人员的沟通

员工授权的另外一个潜在优势是，员工会更加愿意同管理人员交流自己的想法。有时候，员工不敢怎么告诉管理人员他们的偏好，怕管理人员利用这些信息针对他们。比如说，如果管理人员知道员工很看重特别的福利，那么公司可能向员工提供这些福利，但代价是削减工资（或是不再涨工资）。管理人员知道员工如此看重福利，就知道他们不会离开这个公司。员工担心管理人员使用这个策略，于是可能起初便不把相关的信息提供给公司。但是，公司知道这些信息的话，会对双方都有利。公司就可能向员工提供他们想要的福利，前提是要降低付给员工的工资。

这是一个关键点。公司想获得一个员工偏好的准确信息，并不是因为公司关注员工福利。公司关心的是利润以及如何通过迎合员工喜好来提高利润。通过为员工提供一个能更加满足他们需求的薪酬方案，公司就可以全面减少薪酬支出，从而提高利润。

为了促进员工坦诚交流，员工就必须对信息的使用方式有控制权。这就为员工授权提供了一个基本原理。当员工知道他们提供给管理人员的信息不能被用来针对他们时，他们就更愿意说出真实情况，因为真实情况可以让公司根据员工的爱好打造更好的工作环境，这对双方都有利。

由于怕管理人员采取策略性行为，员工不敢说实话。因此，员工授权的一个好处就是能增强从员工到公司的交流以保障利润的增长。于是，便出现了以下原则：

> 如果一个公司期望从员工到公司能有坦诚的交流，那么它可能需要进行员工授权，使员工确信透露的信息不会被用来针对他们。

这个实际问题可以这样解决：让员工在他们所处的工作环境中有更多的发言权。员工的发言权越多，他们表现出自己的喜好的可能性也就越大。但是，接下来可能会出现的情况是：他们的发言权越多，他们能为自己从公司中分走的蛋糕也就越大。

另外一个应对办法就是完全忽视同员工的交流。公司可以简单假设员工的偏好并投其所好。如果有其他足够多的公司对员工进行竞争，长时间内员工会根据他的喜好来选择公司。在我们的福利案例中，提供了福利嗜好者喜欢的薪酬方案的公司也只能吸引福利嗜好者。那些提供福利爱好者喜欢的薪酬方案的公司也只能吸引福利爱好者。就像第13章中谈到的那样，市场会诱导分类。但是如果把福利嗜好者的薪酬方案给一群福利爱好者，那么福利爱好者也会辞职不干。找人替代他们的位置会花很多钱，尤其是当公司专用性人力资本是现成的时。

欧式劳资关系和美式劳资关系的差异能阐释员工对这两种策略的选择。欧洲人特别是德国人设立的工会是由员工选举产生的组织，在很多特别是与工作条件有关的议题上代表劳动者的利益。给员工一些信息使用控制权，他们就能更加坦率，也会使环境变得更加利于合作。代价就是公司要放弃一部分的灵活性，因为要改变是属于工会的管辖权，它们必须接受工会的权力。合作既有利益，也要付出代价。

非工会化的美国公司则比较专横。公司保留灵活性，因为这样可以不用取得工会的许可就可以执行公司的计划。员工同经理之间的合作就会更少，但同时浪费在讨论那些不赚钱的问题上的时间也会更少。

□ 授权与工资报酬

有公司专用性人力资本的员工更有可能要坚持获得授权。在员工愿意投资公司专用性人力资本之前，他们就可能需要公司为他们的人力资本投资提供保障，以避免管理人员的诸如强迫员工离开或是使他们的投资受损的任意行为。因此，

> 公司专用性人力资本投资与员工授权应该互相协调。员工在拥有大量公司专用性人力资本后，会在一个组织里寻求权力。同时，公司在期望员工投资公司专用性人力资本时，也应该做好将权力交给员工的准备。

其他员工可能也要求获得权力，见第 11 章中的职业生涯的激励措施。故事中，年轻的员工得到的工资比他们应得的少，年长的员工得到的工资则比他们应得的多。年长的员工曾对公司有隐性投资，而他们的投资是建立在公司好的信用（和雄厚的经济实力）基础之上的。在这样的情况下，员工更倾向于在组织中要求发言权。

一个员工想要从公司获得授权的必要条件并非是拥有公司专用性人力资本，而是员工若是从事其他工作的话他将会损失的利益。由此，上升型晋升激励合同、工会化组织管理使得员工在当前的公司能获得比在其他地方更高的工资，或是拥有公司专用性人力资本，都是员工想要获得授权的原因。有证据证明了这一点。工会员工就比非工会员工在公司的日常经营中要求更多的话语权，恰恰是因为工会员工在被迫换工作时会失去更多。由此：

> 每当员工的其他最好工作机会的工资（大幅）低于当前公司的工资时，员工就更有可能要求授权。

这会导致氛围变得紧张。员工想要权力，但是公司给他们权力的话自己得到的却没有付出的多。在某种程度上，员工当前工作的工资高于他其他工作机会的工资，这样就使得员工采取切实的行动来对公司造成威胁的可能性降低了。公司知道员工离职会遭受巨大的损失，它们便不再那么担心员工会采取激进行为了。

□ 员工授权和创造力

在第二部分中，我们详细讨论了员工授权的一个重要好处：员工有可以提高生产率和使公司效益持续增长的知识。这种知识的一种形式是由员工掌握并且对公司的运营很有价值的专业知识。对于管理人员来说，传授这种知识需要巨大的花费，因此要对员工进行授权，这样用起他们来才更有利可图。另外，员工在履行职责之时学到了新的理念，这种理念可以用来提高自身以及同事的生产率。在这种情况下，对公司来说，鼓励员工把自己的理念同组织内的其他人员分享就变得重要起来。

> 当员工拥有更多对生产很有价值的专业知识时，当公司更加重视持续的生产增长时，当员工的新理念对其他员工有适用性时，员工授权对公司就变得更有价值。

□ 员工授权的决定

接下来，我们来概述一下通过员工授权来提高生产率的几个途径。开篇时已经说明员工授权的成本可能会抵消获得的利益，这里的底线是什么？公司应当怎样看待授予员工额外的权力？首要一点就是公司通常不应授予员工最大限度提高生产率时需要的那样多的权力，因为生产率并不等同于利润。在授予员工权力的过程中，公司同时也可能给了员工从公司的"蛋糕"中分取更大块的权力。因此，就公司而言，尽可能把蛋糕做大并非它的目标。从公司角度看，合适的标准是最大限度扩大进入公司的利润量（而不是份额）。换句话说就是，拥有一个8英寸蛋糕的 $\frac{3}{4}$ 要好过拥有一个9英寸蛋糕的 $\frac{1}{2}$。接下来的分析会阐释其中涉及的话题，并且为公司给员工授权的限度提供量化指导。

图15-1（a）中的公司利润份额是员工权力的函数。一种极端情况是，当员工没有任何权力的时候，公司的份额为1，意味着公司开始保留100%的增加值。这个极端的情况从未出现过，因为员工总是有些替代选择，即便是消费闲暇，他们也能对公司造成影响。假如公司保留100%的新创造的价值，那么员工将得不到任何工资。在这种情况下，即便是最温顺、最懦弱的人也会决意不为公司干任何事。

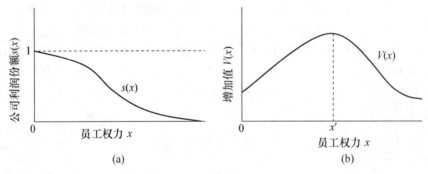

图 15-1 工人授权以及增加值

另外一种极端是，员工有足够的权力，公司的份额则为0。公司对利益不做任何保留，即便是正常的资本收益也归于员工。这种形势同样也不稳定。知道投资后收不到任何增加值，就没有任何投资人愿意对该公司投资。为了付给投资人部分收益，即便是最强大的工会组织也会被迫出让一些资本收益，更别提管理层了。

还要注意的一点是，员工权力同公司利润份额之间的关系是负相关的。员工拥有的权力越多，公司得到的利润份额就越小。

图15-1（b）显示了增加值同员工权力之间的关系。倒U形关系表明确实存在员工授权太少的情况，正如也存在员工被授权太多的情况。不对员工进行授权，之前讨论的几种力量将不存在。管理人员不能以可靠的方式同员工交流，而员工们也害怕自己的真情实感被管理人员知道，因为公司无视员工的观点、愿望以及建议，于是创意通道就被堵塞了。这种情况会消磨员工士气，生产率也会变得非常低。

给员工更多权力之后，生产率会提升，最终会达到它的峰值 x'。x' 之后，给员工更多的权力会使利润增加值减少。员工变得如此强大，以至于公司需要的灵活性没有了。公司由委员会运行，对于竞争不能做出回应。员工可能利用自身的权力从公司攫取资源，从而消耗公司的资源并降低它的生产率。最终，公司可能走向破产。关于员工在公司可以有更多或是更少的发言权这个问题倒没什么争议，只不过最终经理要决定到底给员工多少权力。图15-2对于做这个决定有帮助。

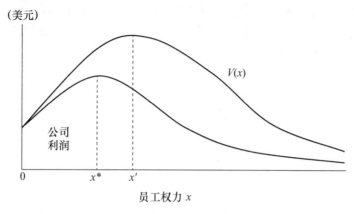

图 15-2　员工授权和利润

图15-2包含了前文中的两个图里的信息。较高的那个曲线，称为 $V(x)$，跟15-1(b)中的那条是一样的。这条曲线是直接从前面那个图里复制过来的。注意当把员工权力设为 x' 时，曲线就达到了顶峰。较低的那个标有公司利益的曲线，等于全部增加值乘以从图15-1(a)中所得出的公司所占的份额。也就是：公司利润＝$s(x)$ · 增加值。

要理解这个由一条来自图15-1(a)的曲线和一条来自图15-1(b)的曲线组成的乘积，就要考虑极端情况。一方面，当员工没有任何权力时，所有增加值都会归于公司。公司利润等于增加值，所以当员工权力处于最小值时，两条曲线相交了。而另一方面，员工权力足够大，公司的份额几乎为零。尽管增加值依然是正数（尽管非常低），公司基本上已经不持有什么了。员工持有全部的增加值，但是增加值非常低，所以员工总体拿到的很少。

如图15-1(b)，当赋予员工的权力值在 x' 水平的时候，增加值达到最高。但是，公司并不关心将增加值最大化，公司的目标是把它自己的利润最大化，这种情况在员工权力值为 x^* 而非 x' 的时候就会实现。稍加分析就可以看出，公司通过赋予员工更少的权力，而不是将增加值最大化，来实现自己的利润最大化。也就是说，x^* 总是在 x' 的左边。可以很直观地看到：假如公司已经给了员工值为 x^* 的权力，再给员工额外的权力可以提高总体增加值，但是有了额外的权力后增加值的增长比率非常低［接近于曲线 $V(x)$ 的顶点，有了额外的权力后 $V(x)$ 几乎不增长］。同时，因为员工得到的权力越来越多，公司的份额会持续下降。一旦达到了 x^*，结果会是：得到更小份额的效应会大于把蛋糕做大的效应。更小份额的效应大于把蛋糕做大的效应必会在 x 等于 x^* 之前出现，因为 x 越接近 x^*，蛋糕越不可能再做大。与此同时，员工的份额一直在增加。

结论就是：从股东的角度看，公司应当少给员工权力，给的权力应当比将公司的增加值最大化时需要的权力少。公司的目标不是最大限度地提高生产率，而是将利润最大化。

这表明，公司给员工的权力比公司增加值最大化时需要的权力少。是什么因素影响了公司给员工权力多少的决定？其中有两股力量在发挥作用。

第一，在员工授权的条件下，当公司份额迅速下降时，公司会愿意选择较低的 x 值。这是由于员工权力的价值较低，较小份额的影响能抵消做大蛋糕的影响。这体现在 15-3(a) 中。标有 I 的曲线是来自 15-1(a) 的原曲线。标有 II 的曲线是另外一个类似 $s(x)$ 的函数。曲线 II 下降得更陡。当 $s(x)$ 的形状是曲线 II 时，作为结果的 x^* 会比当它的形状是曲线 I 那样时低。

第二，当 x 取高值而增加值突然上升，使得 15-1(b) 中的 $V(x)$ 函数的峰值在更右边出现时，公司会给员工相对更多的权力。这是因为把蛋糕做大的效应会抵消较小份额的影响。如图 15-3(b) 所示，曲线 I 是来自 15-1(b) 的原曲线；曲线 II 是另外一个类似 $V(x)$ 的函数，它上升得更陡。当 $V(x)$ 的形状是曲线 II 时，作为结果的 x^* 会比当它的形状是曲线 I 那样时高。

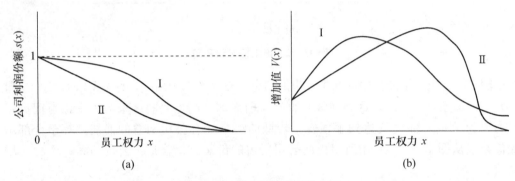

图 15-3 员工授权的两种方案

何时 $s(x)$ 曲线会更像曲线 II 而不是曲线 I？这就有几条指南。不断给员工授权在如下情况时会大幅减少资本份额：

1. 员工聚在一起工作，这样他们能更加容易地讨论、组织，甚至一起威胁管理层。

2. 员工同公司有长期的关系，他们自愿投资增加他们的份额。也就是在这种情形下，员工最想要增加权力。

3. 员工能接触到能利用权力来获取租金和提高生产率的局外人。通常来说，局外人以工会或政府机构的形式出现，他们对员工的诉求表示同情和支持。

当这三种情况有一种出现时，员工授权便会大幅削减公司利润。

同样，我们也会问"什么时候 $V(x)$ 曲线会更像曲线 II 而不是曲线 I？"如果 $V(x)$ 函数更像曲线 II，那么公司能通过给员工授权来得到利益。下面的条件就会使 $V(x)$ 函数陡然增加并且持续升高，即便是 x 的值达到最大。

1. 员工掌握了关于生产的大量信息，并且这些信息并不为管理人员知晓。那么，与员工授权相关的创造力就会得到最大限度地提升。

2. 员工的偏好是特殊的并且不为管理人员知晓。在这种情况下，员工可能不愿意将自己的偏好透露给管理人员，以防管理人员用这些信息来针对他们。那么，授权给员工就能加强从员工到经理的有价值的交流。

有时政府会介入进来制定规章制度，颁布法令来改变员工拥有的权力大小。对于这种介入，存在很多争论。由于公司并不会赋予员工过多权力来使增加值最大化，人们可以认为政府能通过命令公司授权给员工达到 x' 的水平来改善这一情况。尽管这是一个潜在的好建议，但在实际操作层面却有两个问题。

首先，我们没有理由认为政府能清楚地知道将增加值最大化时需要赋予员工多少权力。这个值很可能高于 x'，也可能低于 x'。即便是从社会的角度看，更真实的情况是：最理想的员工权力的量也随着公司的变化而变化。在与最理想的员工权力的量的相关方面，图 15-3(b) 中的曲线 II 比 15-3(b) 中的曲线 I 与之联系更加紧密。立法往往是一种钝器。它有通用的一方面，也就意味着这个法律不会完全适用于任何特定的情形。如此，立法弊大于利。

其次，法律并不是由那些仁慈的独裁者制定的，而是通过一个政治程序制定的。这个政治程序使得员工团体和管理团体相互斗争。作为这个程序的结果——立法，自然也反映了利益集团的相互作用。没有理由期望这个相互作用的结果能带来最理想的员工权力的量。政府关于员工授权的规章，或是有关员工授权的劳资关系的其他方面，仅仅是用国家政治替代了劳资政治。

□ 应用：工会组织活动

工会组织员工的尝试是本章分析交易问题的一个基本案例。有人认为，工会通过一系列措施实际上提高了公司的生产率，这些措施中的一部分我们已经讨论过了。有人认为，工会能为员工同管理人员交流信息提供相对有效的途径，因为工会可以减少管理人员拿这些信息来针对员工的可能性；而相比那些没有加入工会的员工，加入工会的员工更愿意同管理人员交流。通常有工会的公司会有正式的申诉程序，这是员工防止公司利用信息针对他们的一种途径。这其中就有权衡。即便是工会能提高员工的生产率，员工也不一定能使公司获得更多的利润，因为公司关心的是利润总额，而不是蛋糕的大小，公司可能会阻碍工会提高生产率，但工会的参与同时也使员工所得的份额夸大了太多。

公司经常抵制工会。公司这样做花费巨大，且公司能从提高生产率中获得利润。那么，公司为什么要抵制工会？想要知道为什么，就要考虑如下计算。

一家销售额为 10 亿美元的大公司面对一个强有力的工会时，在利益分配上，员工的份额可能占到 75%，这就意味着所有税后收益的 75% 最终都归员工之手，而 25% 归公司股东。即便是提高公司生产率的员工不是工会成员，这对于提高公司对工会的接受度又有多大影响呢？

在这个典型的销售额为 10 亿美元的公司，7.5 亿美元都归员工。一个工会若是能有效地组织公司的话，它就有望提高员工的工资。一般情况下，加入工会的员工和不加入工会的员工的工资差别为 10%～25%。保守点说，我们取这其中较小的数看待加入工会对工资的影响。假如工会获得成功，用于工资的这笔钱会再提高 10%，或是从 7.5 亿美元增加到 8.25 亿美元。如果其他条件不变，资本回报将会从 2.5 亿美元降低到 1.75 亿美元。回报减少 0.75 亿美元必会遇到反抗，这不足为奇。但是，想想工会可以切实提高生产率。为了确定生产率要提高多少才能为资本带来净收益，需要注意加入工会后的员工份额是 82.5%，资本的份额是 17.5%。如此，要使公司接受工会，必须满足如下情况：

$$0.175 \times \text{员工加入工会后的净收入} > 0.25 \times \text{员工加入工会之前的净收入}$$

公式的左边是员工加入工会后的资本收益，而右边是员工加入工会之前的资本收益。这个公式还可以这样表示：

员工加入工会后的净收入/员工加入工会前的净收入＞0.25/0.175＝1.428 6

为了使资本适应员工加入工会的变化，员工加入工会后提高的生产率应当超过这个巨大的数字：42.86％。人类历史上很少有什么改变能使生产率净增42.86％，员工加入工会这一举动也不例外。

为了避免让员工加入工会，公司愿意付出巨额资金。我们假设员工加入工会后将公司的生产率提高了10％，这提高的生产率将会与它提高的员工工资相符。到时资本回报会是11亿美元的0.175，或者1.925亿美元（想想员工加入工会之前，资本份额为2.5亿美元）。注意这些数字是按照年度基准来计算的。加入工会和不加入工会的每年资本收益差是2.5－1.925＝0.575亿美元。如果公司想要以4％的（真实）利率在市场上再存活十年，则拒绝加入工会的资本现值为：

$$\sum_{t=1}^{10} \frac{0.575\ 亿美元}{1.04^t} = 4.66\ 亿美元$$

为了不让员工加入工会，公司宁愿放弃相当于半年销售额的资金。无疑，为了不让员工加入工会，公司做出了艰难的努力。

这就解释了本章先前提到的观点。尽管赋予员工权力可以提高生产率，但生产率提高带来的收益要足够大，才能抵消资本份额减少带来的影响。这个条件在正常情况下可能达不到。结果，公司牺牲最大利益来使授予员工的权力比最大限度提高生产率时需要的权力少。与此类似，公司常常从反对员工加入工会中得到利益，即便在工会可能提高生产率的情况下也不例外。

当然，这个观点可能比较消极。我们已经强调过，为了从公司利润中分得更大份额，公司和员工之间存在潜在的冲突。与管理人员和员工全力合作的结果相比，二者都想获得更大的份额、都害怕对方采取策略性举动的想法可能导致损失。也许公司可以采取什么策略来减少冲突？这就是我们接下来的话题。

促进合作

当一方利益的获得需要以另一方利益的牺牲为代价时，员工、股东以及管理人员之间就会产生冲突。这就是我们在前面部分中讨论的薪酬问题。如果员工得到更高的薪酬，那么**所有其他人**相应地就会变差，因为股东要付出更多。这对于该情形的描述在某种程度上是真实的，我们称之为**零和博弈**（这个术语来自博弈论领域）。零和博弈是一种策略性的情境，在这种情境中，如果一方获得一定量的收益，另一方就会失去同样多的收益，而收益的总和不变。在这样的情境中，双方都没有合作的意愿。

这个观点现实吗？在本章的前面部分，我们强调过公司从合作中获利的原因。例如，如果员工与管理人员分享愿意持续进步的想法，那么生产率就可以提高。公司可以付给员工更多工资，与此同时，也可以付给股东更高的股息。如果公司遵守诺言，尊重绩效评价和延期薪酬，那么它可以招聘到更好的员工，提供更强的激励。在策略性情境中，若是总体结果发生变化，我们称这个情境为非零和博弈。在本书中，我们已经看到雇用关系是一种**非零和博弈**关系。如果员工同公司合作，双方都能得到更好的结果。如果双方不合作，那么双方都可能遭受损失。

不幸的是，正如前面部分讲得一样，即便是在非零和博弈的情况下合作都不一定能保证。可能有一种诱导机制使得双方做出自私行为，而不是彼此合作。这种情况是否出现取决于同合作相比，自私行为能得到多少潜在收益。

理想情况是，如果一个组织能够找到促进员工和公司合作的途径，那么这个组织会变得更高效。这如何实现？关注我们的理念，我们来看表15-1中来自博弈论的**囚徒困境**。在这种博弈中，两个囚犯因为共同犯罪而被捕。警察将他们分开关押在两个审讯室中，并说服他们出卖自己的同伙。每个囚犯都有两个策略：保持沉默以配合自己的同伙，或是出卖同伙。第一列是囚犯A的策略，第一行是囚犯B的策略。

表 15-1　　　　　　　　　　　　　　　　囚徒困境

	B 保持沉默	B 出卖 A
A 保持沉默	两人都被关 6 个月	A 被关 10 年；B 无罪释放
A 出卖 B	A 无罪释放；B 被关 10 年	两人都被关 5 年

与相应的策略相对应，右下边的四个单元格里的内容是对每个囚犯的处罚。如果两个囚犯都决定保持沉默来配合，那么警察只能靠较弱的证据来判这两个囚犯每人6个月的监禁。如果两个囚犯都背叛对方，他们将分别被判5年监禁。但是，如果有一方背叛了他的同伙，而另一方依旧保持沉默，那么保持沉默的一方会被判10年监禁，而背叛者会被无罪释放。很明显，对于两个囚犯来说，首选结果，即最轻的合并处罚，是每人关6个月。

但是，每个囚犯的最佳策略是什么呢？要知道，囚犯被关押在不同的屋子，他们不能彼此交流串供。对于每个人来说，最佳策略是一样的（因为这个博弈是对称的）：不顾同伙对自己的期望，出卖他。比如说，假如你是囚犯A。你希望囚犯B能保持沉默，那么你在出卖B时就能得到较轻的处罚；当你预期囚犯B出卖你时，同样的逻辑也适用。在博弈论的领域中，出卖被称为**占优策略**，不管对手采取什么样的策略，占优策略对自己而言一直是最好的。

对每名囚犯而言，这不是自己的首选结果。双方都有不想合作的动机。这就类似于我们之前谈论的员工授权问题。如果他们能找到合作的途径，那么这对双方都有好处，但是策略性行为带来的结果可能是双方都不太想要的。

如何解决这个难题？一般有两种可能的办法。一种办法是提前订立一个契约，这个契约视他们是否出卖对方来确定惩罚和奖励（两个囚犯的薪酬性支付）。对他们两个来说，最好的结果是两人都保持沉默。在这个博弈中，当一方出卖另一方时，背叛者应被处以罚金。

不幸的是，出于种种原因，很多情境中并不存在这样的显性契约。在两个囚犯的例子中，隐瞒证据和收取背叛者罚金在法律上都是不可行的。在其他例子中，可能的后果太多，不可预见性太强，所以要制定出一份包含各种可能会出现的情况的正式契约是不可能的。

另一种办法是重复这个博弈。想象图 15－1 中的博弈在一遍一遍地重复。由于囚犯在不断地交流，现在他们之间便产生了新的关系。这就产生了新的解决办法。例如，一个囚犯可能决定在一轮或两轮博弈中保持沉默，尽管短期看这不是最佳选择，但是他希望他的沉默能鼓励他的同伙也保持沉默；如果另外一个囚犯不配合，他可以连续几轮都出卖他的同伙。博弈的重复性使多期赏罚方案的实施变得可能。这个方案允许囚犯之间进行信息传递，允许他们互相试探彼此采取的策略。所有的这些办法都增加了合作的可能性。①

一旦重复这个博弈，每个囚犯都可以在声誉上进行投资，因为声誉可能会改变另一个囚犯的策略。举个例子，假如你想促使你的犯罪同伙与你合作。连续几轮你都保持沉默，最终你的同伙会收到你愿意合作的信息。如果他开始合作，你就报之以更加合作的举动。但是，若是他用出卖来试探你，你马上可以用出卖来报复他。可以报复一次或多次，意在让他知道：合作有赏，出卖有罚。

对于这种重复的博弈，也有大量可能的策略。最有名的也是最简单的是：**以牙还牙**。简单说，以牙还牙策略就是：第一轮合作，之后视同伙在上轮采取的策略而采取相同的策略。如果上轮 B 出卖了你，那这轮你就出卖 B；如果上轮 B 保持沉默，那这一轮你也沉默。这个简单的赏罚办法是为了促使你的犯罪同伙与你合作。实际上，博弈论的研究者发现这个简单策略在面对重复的囚徒困境时能击败大部分的复杂策略。

不管采取什么样的策略，从一般意义上看，重复的相互作用都更能使双方找到促使对方合作的途径，他们可以树立起**声誉**，从而使得同另外一个囚犯的合作更有成效。这就是雇用关系为何如此复杂且持续多个时期的一个很重要的原因。本书先前描述的促使公司和员工形成关系的原因越多，他们在工作中寻求更好合作的动机和能力也就越强。另外，我们应当期待人事实践会更能促进这样的合作。

□ 从囚犯的双重困境到雇用关系

让我们回到第 3 章的讨论。在第 3 章中，我们介绍了员工和公司之间的关于投资公司专用性人力资本的隐性契约。公司专用性人力资本投资类似于囚徒困境。如果投资的话，员工和公司都能获利：净生产率会提高。双方都同意分摊投资的成本，分享后续的收益。但是，之后双方都会因诱惑而对先前的承诺食言。如果重新谈判的可能性足够大，那么任何一方在最开始都不会愿意合作。那么就没有人愿意投资，双方的处境都会恶化。

正如第 3 章描述的，理论上隐性契约中应该写清楚投资成本和收益的分配，并通过处罚的形式来促进双方对契约的遵守。但实际操作中这样的契约通常并不存在。培训的质和量很难去测算。同样的情况也适用于培训的机会成本。由培训导致的生产率提高的量也很难以采用双方意见一致的方式去量化。

---

① 从严格意义上讲，这个说法只有在重复的关系要么无限持续、要么持续时间不确定的情况下才成立。很明显，雇用关系的持续时间不是无限的，它属于持续时间不确定那一类。

有时公司和员工尝试着去制定一份正式的契约，希望这份契约包含越多关于雇用关系的具体条款越好。这方面最好的例子是产业工会契约。比如说，福特汽车公司（Ford Motor Company）与全美汽车工人联合会（the United Auto Workers union）订立的契约就清楚载明了在各种情况下公司应该怎样对待员工以及员工应尽的义务。这个契约由六本分开的书组成，码在桌子上有六英寸高。尽管契约有这么长，规定这么细，它仍然不能涵盖所有可能发生的情况。这个产业工会契约的重要部分还写明了一些流程，这些流程是用来解决那些还没有在这个契约中清楚写明的问题。

实际上，不仅很多情况限制了大多数员工和员工订立一份包含雇用关系所有方面的完整契约，而且这样的尝试其本身也会进一步损害雇用关系。当双方着手建立经济关系时，他们试着交流、妥协并为交往中所有可能的情况设立条款。但当遇到那些契约没有提到的情况时，他们之间交流的方式往往就会改变。同采取合作的方法相比，他们更愿意对另一方采取法律的和竞争性的（零和，或者在产生法律费用下的负和）行动方针。不幸的是，这种情况通常发生在工会设立之时，此时员工、产业工会代表以及管理人员倾向于采取对抗性和法律的途径来应对那些新出来的问题：把它们当作潜在的争端，而不是潜在的合作领域。

相比之下，大多数公司同员工之间的雇用契约比产业工会契约简单得多。通常情况下，以一段或者多段的形式把契约写下来，写明职位名称、工资、雇用期限，除此之外就没有什么了。契约的其他条款可能出现在公司的员工手册里，但并不冗长。这种情况下，是什么控制着雇用关系呢？通常是宽泛的隐形契约而不是显性契约。员工了解这个组织中的经理以及其他领导人的性格。他知道这个组织过去的一些历史，知道雇主过去的行为和声誉。当员工决定接受一份工作或是决定继续做这份工作时，当他决定如何在工作中表现时，他就会考虑这些情况。如果员工期待公司对他有良好回馈的话，他就更可能配合公司，与公司合作。

□ 声誉和雇用关系

重新构建合作和隐性契约的一个有效方法是弄清楚：在什么情况下我才能足够相信对方，使得我愿意与他合作？对雇主或是员工的信任意味着你下了一个令你合作的赌注，即便这个赌注与他们的短期利益相悖，即便他们的行为通过正常的途径不能实施。你得到合作的机会越大，你下这个赌注的意愿也会更大。

所以，当一方或双方有足够好的声誉，像"公平的雇主"或是"忠心的员工"那样，我们就该期望公司和员工间有更多的合作。在这一点上，有几点需要指出。

第一，这说明了声誉可以是一种很有价值的**无形资产**。声誉是无形的，是因为它通常很难或者不可能被量化。声誉是一种资产，是因为在相对复杂、多期的经济交易中，它可以增强对关系的控制，会产生更高的联合盈余。尽管我们在这里关注的是雇用关系，但这一点和很多情境相关，比如两家公司的合资公司、合伙关系，或是风险资本家与企业家之间的关系。

在雇用关系中，具有良好声誉的双方进行合作能带来潜在利益。这利益就包括对公司专用性人力资本的更大投资、员工更多的创新份额、更专注的内在激励、更多的工作保障、更好的绩效评估，以及更好的外在激励。良好的声誉能促进合作达到理想结果，改善员工和公司间雇用关系的每个部分。这就能有效帮助我们理解前面引用的那个研究——对于典型的员工，对管理人员的信任是最有价值的工作特质。

第二，由于声誉可能是一种无形资产，主体有时可以**在声誉上投资**。这就是我们接下来要探讨的。

第三，一般情况下要求一个单独的员工在劳动力市场上建立起善于合作的好声誉是非常困难的。声誉很大程度上是建立在你过去可观察的行为记录基础上的。个人很少有能力去制作他过去的成就记录，特别是职业生涯早期的记录，这些可能是要被潜在的雇主重新审核的。尽管声誉对员工来说很有价值，但相较于员工，树立良好的声誉对一个公司来说显然更加可行。

□ 在声誉上投资

假如你的公司打算提高自身在吸引员工、提高员工素质、长期雇用员工方面的能力，你的公司将决定在雇用关系上采取更加合作的方式：将员工视为准合作伙伴，并在公司专用性人力资本、流程创新、团队合作上进行投资。如果员工也这样做，公司会得到更多收益，员工也可以分到部分收益。原则上，这样的理论能激励员工做出这样的行为。但不幸的是，由于先前讨论的原因，要拟定一份包含这些复杂而定性的问题的正式而切实可行的契约是不可能的。因此，如果你的员工受到激励而打算合作时，他们需要信任你，并相信你会公正对待他们。

我们把这个看成一个统计推断问题。你的员工和潜在员工决定是否与你的公司合作，是看他们是否觉得你的公司值得信赖。如果他们觉得这家公司的可信度很高，他们就会对公司有合理的信任，他们就会合作。在统计学中，当员工预计公司合作的可能性很大，或是这种预计的实现程度很高（方差很小）时，员工就会合作。树立好声誉有以下几个要点：你需要提供一致性很强的资料，以便让你的评估人看了之后有信心。从这个角度看，有几个简单的问题需要阐明一下。

□ 历史

和一家全新的公司相比，一家有很长历史的公司在劳动力市场上有更好的声誉。比如说，UPS 雇用员工的历史超过一百年。这就为那些潜在员工了解 UPS 如何对待员工提供了大量信息。如果 UPS 在这一段时期对待员工的方式都始终如一（事实也确实如此），大多数应聘者会预计 UPS 很可能在将来也会继续以同样的方式对待员工。相比之下，当 20 世纪 80 年代美国联邦快递（Federal Express）作为一家新公司进入这个行业时，公司没有任何雇用员工的记录，因此就几乎没有声誉。

□ 一致性

不管关于你过去行为的历史记录有多长，如果那些行为彼此不一致，那么员工就由此推断公司将来的行为也不可预计，这样一来，你的声誉就不够稳固。再以 UPS 为例，公司不仅有很长的历史，且公司对待员工的方式在公司存在的百余年时间里变化很小。公司历史悠久且稳定性很高，这就是树立声誉最有力的途径。不幸的是，这很难做到，因为特别费时间。

□ 第一印象

当可用于支撑推断的信息很少时，任何新信息对期望的形成都有很大作用。因此，对于想树立起理想声誉的公司来说，与员工的第一次互动往往最为重要。在雇用关系环境中，公司可以思考它从对待潜在应聘者和新员工的方式中释放出来的信息，从而用这种理念打造公司的优势。新员工在受聘后如何**融入**组织，这对于公司与员工间隐形契约的建立有重要推动作用。

出于这点考虑，一些公司成立了正式的"融入"项目。这些项目可能包含对公司历史、文化以及政策的培训，同时也可能包含专为员工高效融入公司工作小组而设计的活动。其他公司至少也有非正式的方法来达到此目的，其中就包括辅导项目，以及在一段时期内新员工同老员工结对的"伙伴"关系，等等。经理可以利用自己的优势在这个问题上做新的尝试。当雇用一个新员工时，经理应当有意识地利用互动来与员工建立起理想的工作关系。而对此效应的漠不关心则会使后来改变工作关系变得更难。

第一印象

首次互动对建立起高效的工作关系来说是一次重要的契机，因为双方先前对于由期望形成的记录以及信息都很少。这里有两个来自工作场所的例子，一个是关于公司与员工之间的关系，另一个是公司同它的"客户"之间的关系。

丽思卡尔顿酒店有限公司

丽思卡尔顿酒店有限公司（Ritz-Carlton Hotel Company）是一家五星级豪华连锁酒店。该酒店因高质量的服务而著名，优质的服务还为酒店赢得了两届马尔科姆波多里奇奖（Malcolm Baldrige Awards）。如此优质的服务很大一部分是来自受到激励的员工。丽思卡尔顿酒店为员工提出的口号是"我们是为绅士和淑女服务的绅士和淑女"（注意这个口号就是一个简单的隐性契约，它告诉员工应当如何表现，以及公司会如何回报他们）。这个公司在有意识地尝试从最开始就同员工建立良好的关系。应聘者甚至在受雇之前就受到了公司高度的关心和礼貌的接待，这正是这家酒店期望它的员工能最终对待酒店客人的方式。如果求职者最后没有进入这家酒店工作，那么这家酒店对这些求职者来说也是非常亲切的。如果求职者进入这家酒店工作，酒店有一项政策是对员工进行为期21天的培训，来确保公司履行对新员工做出的所有承诺。头两天的培训集中于公司的价值、文化以及培养强大的团队合作能力。完成这些方面的培训之后，酒店才开始培训员工如何完成具体的工作任务。

索迪斯外包监狱

索迪斯（Sodexo）是一家为客户提供各种外包服务的法国公司，公司主要经营食品和设备管理方面的外包服务。公司的一部分业务是为英国政府管理几家监狱。负责管理这些监狱的索迪斯经理为改善公司同囚犯之间的关系，设立了一项政策。当新囚犯来到这个监狱时，他会面临两个问题。第一个问题是："你想要我怎么称呼你？"囚犯在此关押期间内，监狱的工作人员就以囚犯自己说的名字来称呼他。第二个问题是："想要来杯茶或者咖啡吗？"

在绝大多数监狱中，监狱的工作人员不会如此礼貌地询问囚犯。索迪斯的管理人员称尊重囚犯是为了赢得囚犯们的合作：在监狱里表现规矩。他们感觉第一次同囚犯的沟通对于开始他们之间的关系来说很关键，它可能导向合作，也可能导向分歧和冲突。实践很成功。索迪斯监狱里的囚犯的问题（例如骚乱或是暴力行为）的发生率很低，索迪斯监狱也被树为典范，被广泛宣传，并由于其管理实践获得了多次嘉奖。

资料来源：Sucher & McManus (2001)；Sodexo management.

□ 规模经济

声誉同时也是建立在公司如何对待其他员工基础之上的。面试时，潜在的员工就会评估公司现有员工对当前工作条件和待遇的感受。树立良好声誉的一种办法是雇用更多员工，并且对所有员工尽可能地公平对待。公平对待大量员工能为正在考虑是否加入该公司的潜在员工提供强有力的论据。另外，公司越大，应聘者对公司的熟悉程度也就越高。

此外，如果一个公司已经树立了一种独特的声誉，但以与这种声誉完全不符的方式来对待某个员工，这样的行为就会伤害其他员工对公司的信任。这就促使公司要始终如一地对待员工。这种作用越强，公司的员工数量也就会越多。

由此便产生了许多为雇主树立好声誉的规模经济。出于这种原因，大公司可能会集中更多精力去制定政策，培养并维持员工对公司的信任。

□ 人格魅力

有些情况下，高级管理人员的人格可能对公司的声誉有重要影响。当然，任何经理的人格对于他的直接下属都有很大影响。如果经理的人格是他的下属相信他的原因，就会对组织的有效性产生极其重要的影响。当然，反之亦然。

在某些情况下，CEO 或其他高管的人格对预期的形成以及企业文化有很大影响。当公司创始人对如何管理公司有很明确的想法，而且这些想法形成了正式的政策、日常的企业文化，以及培养出坚持创始人领导风格的员工时，就会出现这种情况。

如果领导人有很强的人格魅力以及强有力的领导风格，那么这个经理可能有意无意地以类似的行为模式影响了该组织里的其他管理人员。有时领导人强烈奉行的信念也反映在正式的政策中。例如，杰克·韦尔奇（Jack Welch）是一位传奇的领导，他所在的公司是一家巨大的经营多种业务的公司——通用电气公司。韦尔奇的绰号是"中子弹杰克"，如此称呼他是因为他对个人绩效的考核奖励的重要性持有坚定的信念。通用电气公司自主开发了"打造精英"（Top Grading）系统，它是少数几个成功实施多年的强制分布曲线评价系统的典范之一。这个系统要求主管鉴定出绩效差的员工，连续几年都收到绩效差评的员工要么提高业务，要么被强制离开通用电气公司。这项政策反映了韦尔奇关于高效管理员工的信念，人们普遍认为他坚定的信念以及强有力的领导风格是该政策在他任期里获得如此成功的关键。

杰克·韦尔奇在通用电气公司的"打造精英"系统

下面的部分引自杰克·韦尔奇 2000 年给通用电气公司股东们的一封信，这部分描述了他关于"打造精英"系统的想法，"打造精英"是通用电气公司对这个强制分布曲线评价计划的命名。

员工

我们的技术、我们的大额交易、我们的业务范围以及我们的资源，这些都不足以使我们成为全球最强公司，只有一直拥有不断追求卓越的最棒的员工才能使我们成为全球最强公司。这就要求对组织中的每一个人评估的时候都要严格坚持原则，在处理问题时都要完全坦率。

在每一个评估奖励系统中，我们把全体员工分为三类：顶端最优秀的 20%、中间高效能的 70%，以及最末的 10%。

必须对顶端最优秀的 20% 在精神上和金钱上予以关爱、培养和奖励，因为他们能让奇迹发生。失去他们中的一个就必须看作领导的失职，这是真正的失败。

顶端最优秀的 20% 和中间的 70% 对员工来说并非永久性的标签。员工总是在其中变动。但是，根据我们的经验，那最末的 10% 一直保持稳定。公司若是把未来的希望寄托在员工身上的话，它就必须去辞退最末的 10%，并且要保持每年都要辞退，要一直不停地提高绩效标准，并提高领导质量。

不尽早将那些最末的 10% 的员工予以辞退，这不仅是管理上的失败，也是虚伪的善意。这是一种残酷的方式，因为不可避免的是当一个新的领导介入业务时，他会辞退那些最末的 10% 的员工，这种情况有时候发生在他们职业生涯的中期，使他们陷入困境，不得不在其他地方重新开始。对那些排在最末的员工，在职业生涯早期的时候将他们辞退对他们有好处，而把他们放在一个他们终将会离开的职位上对他们并没有好处。通用电气公司的领导人一定不仅了解鼓励、激励和奖励顶端最优秀的 20% 是非常必要的，而且确信那高效能的 70% 有充分的待挖掘和提升的潜力，必须对他们进行培养，同时果断地辞退最末的 10%，并且每年都这样做。这才是真正的精英管理的创造与繁荣之道。

资料来源：General Electric，2000.

───────────────────────────────

□ 应用：企业文化以及集中的人力资源政策

我们进行一个小的应用，把这些理念应用到企业文化上，从这个角度看人力资源政策应该集中还是分散。

企业文化（或者规范，见第 8 章）是一个很难来严格定义的概念。在本章或是本书的其他地方，我们采用的是一种使概念更具操作性的方式。对于企业文化，一种有效的方式是把它看成控制雇用关系的一种非正式规则，换句话说，就是员工和公司的隐性契约的一部分。这样想的话，就可以将这种文化看成提高公司内部合作的一种方式。

举个例子，想想经理对员工的绩效是如何反馈的，员工又是如何接受这些反馈的。很多公司中都有一个经典的问题，那就是经理们都非常不情愿给消极反馈。同样，员工也会抗拒消极反馈或在接受时愤愤不平，而不是把这反馈当成能提高他们绩效的很有价值的信息。不幸的是，这样的行为就削弱了绩效考核的意义，而把它变成平庸的组织绩效。

有些组织，例如前面谈到的通用电气公司，建立的企业文化就能避免让这种行为普遍发生。这些公司的规范规定员工要做出建设性反馈，同时他们在接受反馈时不应愤愤不平。一流的大学同样也有自己的规范，这种规范存在于教授对他们研究的反馈，也存在于课堂上的教授和学生之间。这些组织中的隐性契约是这样的：所有参与者都应对做出和接受建设性的反馈做出适当而建设性的贡献。此外，抵御这种反馈通常都会受到非正式的制裁。

有些组织对于反馈有更富有成效的规范，其他组织却并不认为可以制定或是修改这样的规范。如果现有规范的存在是根深蒂固的，那么作为领导就要巧妙地改变企业文化，促使公司运营的隐形规则尽可能地变得高效。一位优秀的经理应当有意识地思考公司制定的隐性契约。另外，这位经理还应有意识地思考他的行为可能对公司声誉造成的影响。

最后，我们简略地考虑一下人力资源政策的集中问题。人力资源政策究竟该集中还是分散？分散政策有很多好处。它允许个体单位在面对不同的环境时有更大的弹性操作空间。他们给本地管理者更多的自由决策权来让他们经营自己的业务。人力资源部通常将战略推行到整个组织，即便这个组织很大（例如通用电气公司各部门的强制分布曲线绩效评估）。他们常常因把官僚约束强加在经理对自己部门的管理上而受到嘲笑。对于这种集中的政策有什么辩护理由吗？

一个潜在的辩护理由是，这赋予整个组织一种一致性。在通用电气公司的例子中，用同样的绩效考核意味着对整个组织的员工都一视同仁，无论他们是在哪个地区、哪个部门、哪个经理手下工作。一个公司如果想树立整个组织内部统一的企业文化，就有必要集中某些人力资源政策。要实现行为一致很困难，除非对每个自由裁量权都设置相同的限制。

在这个意义上，企业文化就类似于一个公司的产品品牌。一个公司的产品对产品质量和特性等的尊重让它们从消费者那里赢得了好的声誉。在降低营销成本方面，品牌就非常有价值。正如企业文化，一个产品的品牌也是一种无形资产。在一个生产多种产品的公司，如果产品经理有太多自主权的话，这个品牌就很难维持。出于这个原因，维持品牌管理的一致性通常就需要一定程度的集权。同样也是因为这个原因，若是要维持或改变一致的企业文化，有些人力资源政策方面的集权就可能变得很必要。

土耳其的字母表改革

1928 年，土耳其总统凯末尔决定把土耳其的字母表从原来的阿拉伯语换成土耳其语。当时在土耳其实行的阿拉伯字母表有 482 种不同的字母组合形式。尽管看起来很漂亮，但是这种字母表很难学，全国的识字率低于 20%。新的字母表借鉴拉丁文字母表，只有 29 个字母。

为了将这项改革落实，凯末尔命令必须立即迅速地将其投入应用。比如说，他命令报社从 11 月 1 日开始使用新的字母表，并在 12 月 1 日之前必须使其完全覆盖报纸的所有版面，否则报社就要关门。

在将这项改革落实的过程中，土耳其政府起了决定性作用。如此高度集中的改革实施得很成功。结果，土耳其的识字率最终提高到了 90% 以上，这也有利于土耳其经济的现代化。

资料来源：Williams（1929）。

本章回顾

□ 人事经济学实务

在社会经济中，雇用关系是最复杂的经济交易类型之一。在整本书中，我们用的经济学工具使我们对这种交易的理解变得复杂。在本章中，我们对这些部分进行汇总。我们主要是讨论雇用契约的一个非正式但真实且有重要经济意义的方面。

通常员工与公司间的多期的经济关系包含很多方面，如工作任务、决策制定、对创新的学习和分享、对培训的投资、绩效评估，以及奖励和惩罚。员工与公司有很多潜在的合作空间。不幸的是，同样也有很多诱惑诱使他们采取策略性行为，这会暗中破坏双方的合作，并使双方一起工作带来的总收益减少。

由于其中的复杂性和多期的性质，以及不可预见性的存在，要制定一份包含雇用关系的所有方面的正式契约几乎永远不可能。剩余的一些方面归法律和公司的政策管。但是，这种关系的大部分受隐性契约的制约。隐性契约可能存在于经理和员工之间，也可能建立在公司的名誉和企业文化之上。只有当员工和公司对究竟何为隐性规则有着相似的理解时，双方才能高效地工作。另外，至少有一方（或双方）有足够的声誉，至少有一方对另一方有足够的信任，否则隐性契约就可能失效。那样的话，公司和员工就必须转而依靠制定正式契约和采取策略性行为了，伴随的结果就会是利润的减少。

这个论据证明信任或声誉可以是很有价值的无形资产。我们简单地讨论了投资声誉的方法，举了几个关于公司政策的例子。但是，我们的研究还只是肤浅的。我们的主要目标是让大家意识到隐性契约对人事经济学的重要性。

由于这是本书的最后一章，现在让我们花一分钟的时间回过头来看看这本书中详细叙述的关于人事管理和组织设计的几个主题。

第一，尽管公司并不算市场，但在思考组织和人事经济学的时候把公司比喻成市场很有效。市场可能被看成一种用信息创造价值的系统，在这里，大部分是依靠分权和强烈的动机获得利润的。分权和动机的原则是人事经济学的核心。但是，和在市场里一样，集权也占有一席之地，要么实现更好的合作，要么解决外部原因或其他"市场失灵"问题。另外，公司内的动机更加复杂，因为在没有市场价格的情况下，个人绩效的评定就变得更加困难。

第二，可以把公司看成一个信息系统。长期的经济利润来自生产方式和产品设计方面的不断创新。这种创新来自整个组织对知识的有效利用。这种创新的一个重要来源是持续改进，这种改进与低层次员工的知识有很大关系。

第三，我们多次强调了创新和控制之间的权衡。我们第一次接触它，是在讨论公司是否应该聘用有风险的员工的时候。当我们讨论采用集权还是分权、采用相对扁平结构还是分层结构时，这个主题又出现了。这个主题还出现在激励的部分，比如说出现在对主观绩效评估以及员工股票期权的讨论中。总体说来，一个组织的运作方式越像内部市场，这个组织就越能创新。但是，创新需要成本，这个成本包括不可预见性、不一致性，以及缺乏协调性。要同时实现创新和控制非常困难。一个公司的组织设计必须平衡这些因素，并使之适应竞争的环境以及公司面临的信息问题。

第四个密切相关的主题是组织可以优化来适应各种环境，或是设计自己的适应性，但两者不可同时进行。例如，泰勒主义能使组织以一种方式做一件事，从而使得组织做事异常高效。但是，如果环境变了，公司就很难适应，这是因为所有的政策（招聘、培训、决策、工作设计、激励措施，以及企业文化）都是为达到一个特定的目标设定的。

备选方案是把人事政策设计得更灵活。尽管对一个环境的适应性降低了，但这能使公司在适应的时候更快、更高效，这对处在动态产业里的公司很重要。要实现这个设想，就要去雇用更加灵活的员工，为他们培训更多的技能（包括解决问题的技能），应用更多强调自身灵活性和持续改进的分散式结构，以及强化这些政策的激励制度和企业文化。

第五点，也是最后一点，理论上对员工有好处的东西就对公司有好处。当一个公司能设计组织以及人事政策，能使员工和公司形成共同的长期目标时，这个公司就会达到最佳运转状态。但是，合作并没有保障，这是因为当正式契约不能完全限制交易时，采取策略性行为的诱惑会一直存在。这一点我们在前面讨论拥有公司专用性人力资本的员工的升职延期问题时提到了，并在讨论员工与公司之间的交流时再次提到。当然，这也是本书第三部分中的关键议题，因为目标激励制度是为了促进合作而不是为了引发冲突。正式以及非正式的人事政策的一个重要目标是将员工和公司的利益尽可能近地放在一起，越近越好，并且培养足够的信任来确保更好的合作。

▌ 思考题

1. 想想你做过的工作。你和你的雇主之间的经济关系能用什么术语来描述？哪个术语是显性的，哪个术语是隐性的？为什么？你或你的雇主是如何促进彼此的合作的？

2. 日本有种叫**公司工会**的制度。公司工会是代表员工利益的工会，但是它只代表一个公司里员工的利益。相比之下，大多数经济体系中的工会都是代表多个公司里的员工的利益，这些公司通常都属于一个产业（产业工会，例如美国的全美汽车工人联合会）。历史上，同大多数工会相比，日本的工会同雇主之间敌对更少。你能解释可能造成这种现象的经济因素吗？

3. 如果一家公司对公司专用性人力资本进行大量的投资，那么公司如何把投资方式转变为对待员工的方式？请解释。

4. 假如你的公司想要将产品推广到一个海外国家，有两种选择，一种是在那个国家收购一个现成的公司（包括组织机构以及员工），另外一种是与新的员工一起创立一家新公司。在你看来，这两种选择分别有什么优点和缺点？请基于对组织架构方面的优点和缺点的讨论来回答，这也是同一行业中一家现有的成熟公司同一家新成立的公司之间可能比较的地方。

5. 观察可知，通常大规模公司的组织变革很难实施，除非这个组织面临着巨大的危机。请用本章以及本书前面部分讨论过的原则来解释为什么会出现这种情况。

6. 请尽可能严格地定义企业文化这一概念，请注重该定义的实际效用。怎样制定一种企业文化？企业文化经常变化吗？

7. 拥有很强大的企业文化对公司来说有哪些潜在的经济利益？请考虑这些方面：交流成本、合作或冲突、议价成本。

8. 拥有很强大的企业文化对公司来说有哪些潜在的风险？

参考文献

General Electric (2000). *Annual Report*.

Helliwell，John & Haifang Huang (2005). "How's the Job? Well-Being and Social Capital in the Workplace." Working paper，National Bureau of Economic Research.

Sucher，Sandra & Stacy McManus (2001). "The Ritz-Carlton Hotel Company." Harvard Business School case study.

Williams，Maynard Owen (1929). "Turkey Goes to School." *The National Geographic Magazine*，94−108.

延伸阅读

Camerer，Colin & Ari Vepsalainen (1988). "The Economic Efficiency of Corporate Culture." *Strategic Management Journal* 9：115−126.

Coase，Ronald (1960). "The Problem of Social Cost." *Journal of Law and Economics* 3 (1)：1−44.

Freeman，Richard & Edward Lazear (1995). "An Economic Analysis of Works Councils." In Rogers & Streeck，eds.，*Works Councils：Consultation，Representation，and Cooperation in Industrial Relations*. Chicago：University of Chicago Press，for the National Bureau of Economic Research.

Freeman，Richard & James Medoff (1984). *What Do Unions Do*? New York：Basic Books.

Kreps，David (1990). "Corporate Culture and Economic Theory." In Alt & Shepsle，eds.，*Perspectives on Positive Political Economy*. Cambridge：Cambridge University Press.

Poundstone，William (1992). *Prisoner's Dilemma*. New York：Doubleday.

附 录

□ 开放式管理

给员工提供公司的实际利润信息何时才能收到回报？下面这个模型提供了解答。[1]

---

[1] 这部分的内容大部分直接援引自 Freeman and Lazear (1995)。

这个模型比本章讨论到的更加普通，因为它根据员工效用而不仅仅是工资来讨论。这样的话，工作的非货币属性以及工资都可以改变。只是有必要记住，工资或是理想工作特性的增加会导致效用的增加。我们为这个情形建立这样一个模型：

一个公司和它的员工决定让工作环境变得可调节，使工作速度或快（F）或正常（N）。员工觉得速度快了对自己不利而倾向于以正常速度工作。正常速度工作的效用是U_N，快速工作的效用是U_F，那么$U_N > U_F$。另外，我们估计，即便是工作速度快，员工也愿意留在这个公司，那么就是$U_F > U_0$，其中的U_0是离开公司的效用。与员工相反，公司认为速度越快越好，因为员工工作的速度越快，公司的利润就越高。（为了更好地应用本书中的理论解释这个模型，首先想象这样一个情景：正常速度工作会得到较高工资，而快速工作得到较低工资。但是，较低工资也比离开后的工资高，所以$U_N > U_0$）。

假设公司所处的形势有两种状态：形势好和形势不好，它们出现的可能性分别为p和$1-p$。形势好的时候，员工快速工作时的公司利润为π_F，正常速度时的公司利润为π_N，且$\pi_F > \pi_N$。形势不好的时候，员工快速工作时的公司利润$\pi_B > 0$，但是当员工以正常速度工作时，公司利润为负数，迫使公司停工。形势好的时候的总剩余大于形势不好的时候的总剩余，形势不好的时候员工快速工作时的总剩余大于公司停业时的总剩余。这就突出了公司停业造成的主要社会损失，而公司停业又是由于员工不同意按照管理人员要求的那样快速工作造成的。

员工们的问题是，尽管他们愿意在形势不好的时候快速工作，但是他们缺乏能判断公司面临的形势的可靠信息。他们不相信管理人员，因为管理人员在公司面临的形势这个问题上可能对他们撒谎，其中包括在形势好的时候让员工们快速工作以获得更多的联合盈余。假设管理人员发现（短时间的）机会主义的行为能让他们获得更多利益，那么员工就会无视管理人员的论断，并在任何时候都以正常速度或快速工作，因为管理人员的言论没有可信度。当公司在形势不好之时冒用正常速度，就意味着公司要关门，而员工得到的效用是U_0，而不是U_N。* 当公司经营状况良好时过分要求高速度，会导致员工得到的效用比在其他情况下得到的更少。如果员工坚持U_w，这时他们有p的概率是正确的，他们有$1-p$的概率是错误的而导致效用为U_0。需求的期望效用是：

$$EU_N = p \cdot U_N + (1-p)U_0$$

相反，如果员工一直快速工作，他们的期望效用仅仅是U_F。员工选择快速工作还是正常速度工作，取决于形势的好坏以及其他机会的期望效用的大小。如果他们认为好形势会一直持续，他们就会选择N；如果他们认为形势不好会一直持续，他们就会选择F。设p^*为员工不考虑选择N或是F的差异时的临界值：

$$p^* \cdot U_N + (1-p^*)U_0 = U_F$$

得出：

$$p^* = (U_F - U_0)/(U_N - U_0)$$

由于$U_0 < U_F < U_0$，作为结果的p^*的值在0和1之间。由于p^*的值取决于效用水平，

———————————

* "而不是N_F"，原书为"而不是U_N"，怀疑原书错。——译者注

所以 p^* 的值反映的是员工的处境和态度，而不是公司的可能处境。当 p 值较低时，可以看出员工会更加"激进"，要求正常速度工作，而不是快速工作。当 p 大于 p^* 时，员工会以正常速度工作；当 p 小于 p^* 时，员工会快速工作。

$U_N - U_0$ 的增大会降低 p^*，而 U_F 的增大会导致 p^* 的增大。这就意味着员工正常速度工作的效用越大，员工就会越激进，员工其他机会的效用也越大（如果其他机会提供的效用跟当前工作一样的话，员工并不介意失去当前的工作）；工作速度越快，效用也就越小。换句话说，若是 U_N 和 U_F 之间差距太大或是 U_0 和 U_F 之间差距太小，都会导致员工变得激进。由于在公司和在其他地方的工资差异是建立在公司专用性人力资本和资历规定之上的，年轻员工受到的专业培训较少，且资历较低，于是他们也就比年长的员工更加激进。

表 15A-1 分析了员工了解公司的真实形势时公司和员工之间的盈余分配状况。员工可能通过开放式管理来了解公司的真实情况，而不仅仅是猜测各种形势发生的可能性。第一部分显示的是当员工仅仅知道 p 形势发生的可能性时的盈余。根据 p^* 的定义，如果 $p > p^*$，则他们选择 N；反之，他们则选 F。第二部分显示的是当员工掌握全部信息时的盈余。在这种情况下，员工在形势好的时候以正常速度工作，在形势不好的时候快速工作。这是社会学意义上的最佳状况，这样就产生了员工的平均效用 $p \cdot U_N + (1-p) U_F$ 和公司的平均效用 $p \cdot \pi_N + (1-p) \cdot \pi_B$。

表 15A-1　　　　员工是否完全掌握信息情况下，盈余的产生和分配情况

	员工不了解情况	
	选择 $N(p > p^*)$	选择 $F(p < p^*)$
员工	$p \cdot U_N + (1-p) U_0$	U_F
公司	$p \cdot \pi_N$	$p \cdot \pi_F + (1-p) \cdot \pi_B$
	员工掌握所有信息	
员工	$p \cdot U_N + (1-p) U_F$	
公司	$p \cdot \pi_N + (1-p) \pi_B$	
	掌握信息的多少引起的盈余的变化	
	应该选择 N	应该选择 F
员工	$(1-p)(U_F - U_0)$	$p(U_N - U_F)$
公司	$(1-p)\pi_B$	$p(\pi_N - \pi_F) < 0$
社会	$(1-p)[(U_F - U_0) + \pi_B]$	$p[(U_N - U_F) + (\pi_N - \pi_F)]$

最后一部分显示了员工、公司以及社会在这两种形势下的盈余的变化。如果 $p > p^*$，缺乏足够信息的员工会在两种形势下都选择 N。当公司面临的形势不好时，掌握所有信息的员工的利益是 $(U_F - U_0)(1-p)$，公司的利益是 $(1-p)\pi_B$，社会利益是这两者之和。如果 $p < p^*$，员工会在两种形势下都选择 F，这时他们的利益是 $p(U_N - U_F)$，而公司得到的是 $p(\pi_F - \pi_N)$。管理人员对员工进行信息公开，对社会的好处是：它去掉了员工在形势不好的时候选择策略 N 的危险。$p > p^*$ 的条件表明，当公司经营状况很好且员工很"激进"时，这种情况很可能出现。这是由于公司形势好，员工不相信

公司陷入困境的言论，如果他们足够激进，他们会拒绝在形势不好的时候快速工作。全面的信息让员工可以灵活应对，在形势不好的时候快速工作，在形势好的时候正常速度工作。由于员工在形势不好的时候快速工作对管理人员和员工都有好处，我们应该期望管理人员支持工会，并利用工会这个很有价值的工具，将"坏"消息传达给员工。

公司从提供给员工全部信息中的获利是如何在形势不明朗的经济中变化的呢？在这个模型中，用 p 来描述不确定性，它在 $p=0.5$ 时值最大，在 $p=0$ 或 $p=1$ 时值最小。图 15A-1 用 p 的函数来表示公司提供给员工全部信息产生的社会盈余。当 p 值为 0 或 1 时，没有信息方面的问题，而开放式管理的社会价值也为 0。当 p 值为 0 时，员工知道形势不好时常发生，于是信息再多也没有用：$p<p^*$，且员工会一直快速工作。当 p 值为 1 时，员工知道公司的运营一直很好，工厂永远也不会倒闭。注意提供信息的价值在 p 略高于 p^* 时达到最高，而不是在不确定性最高时达到最高。因为 $p>p^*$，员工选择以正常速度来工作。但是由于 p 相当低，员工的不妥协时常会导致公司停工和收入减少。因此，当形势不好的情况经常发生时，公司能从提供信息中得到最大利益，但是这个频率也不宜高到引起员工转而采取温和策略的地步。[①]

最后，注意给员工提供信息能使他们调节自己的努力，这取决于需求的实际状况。因此，提供全部信息会让员工在形势不好的时候不那么激进，这一点也暗示了开放式管理能增加努力的灵活性。

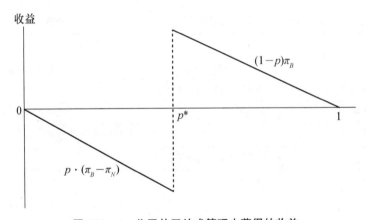

图 15A-1　公司从开放式管理中获得的收益

□ 使利润最大化的员工授权少于使增加值最大化的授权

设给员工的权力的量为 x，设增加值为 $V(x)$。如本书所述，$V(x)$ 的形状很可能是倒 U 形。另外，设 $s(x)$ 为股东得到的增加值份额，且 $s'(x)<0$。那么管理人员想要通过选择 x 的值来使 $s(x) \cdot V(x)$ 最大化，第一个条件是：

$$s'(x) \cdot V(x) + s(x) \cdot V'(x) = 0$$

---

① 还需要进一步地完善。如果在形势不好的时候向员工提供全部信息，管理人员可以说服工人快速工作，公司也有望避免强制公开信息。但是在形势不好的时候向工人提供全部信息，就让员工知道公司在所有其他情况下是经营良好的，这就使得公司失去了诱导工人在形势不好的时候快速工作的主动权。只有在形势不好的时候维持公司生存的期望效益超过在形势好的时候诱导工人快速工作得来的收益，公司才会自愿公布其经营状况。

也可以写成：

$$V'(x) = -s'(x) \cdot V(x)/s(x)$$

这个式子的右边是正数，因为 $s'(x) < 0$。* 所以，当 x 为使利润最大化的值时，$V'(x)$ 是正数。但是如果 $V' > 0$，那么在 x 这一点 $V(x)$ 仍然增长，这就意味着使利润最大化的员工授权的量达不到使增加值最大化所需的员工授权的量的水平。

---

* 原书为"$s(x) < 0$"，怀疑原书错。——译者注

术语表

附加生产（additive production）：一个要素的贡献附加在另一个要素的贡献之上的生产。这就意味着一个要素的生产率和另外一个要素的生产率互相独立。

逆向选择（adverse selection）：由于消费者和销售者之间的信息不对称造成的产品不适当分配，"劣质"产品消费者更可能被选中。在劳动经济学中，逆向选择是指公司可能雇用"不适当的"员工。另请参阅"信号传递"。

套利（arbitrage）：利用两个或多个市场间的价格差异获得收益的行为。例如，如果公司和员工在购买教育和培训服务时有不同的税收优惠，那在购买教育服务时公司就比员工更有成本优势。公司可能把教育福利当成税收套利的方式。

信息不对称（asymmetric information）：交易双方中的一方（通常是员工）比交易双方中的另一方（通常是公司）拥有更多信息的状况。

自治（autonomous）：自我管理。另请参阅"授权"和"分权"。

布莱克-斯科尔斯公式（Black-Scholes option pricing model）：（由费希尔·布莱克和迈伦·斯科尔斯开发的）一个用来评价看涨期权价值的数学模型。这个模型能在最大限度上模拟在期权交易所中交易的期权的市场价值，但是它大大高估了员工加在期权上的价值，这个价值来自公司提供给员工的薪酬方案。

广义绩效评估（broad performance measures）：相对于狭义绩效评估，广义绩效看重更多方面。例如，相对于收益和成本，利润是一种更加广泛的绩效评估指标，它包含了前面的两种。这种指标在可控风险很多或是组织设计更加分散的时候常常用到。

官僚主义成本（bureaucracy costs）：这是规模不经济的一个重要成因，包括决策迟缓、创造力缺失，以及协调不完全。

看涨期权（call option）：在预定截止日期之前以预定价格购买相关资产（例如股票

或股票指数）份额的权力。

奖励上限（cap）：员工能得到的奖金或其他奖励的最大额度。

基数排列（cardinal ranking）：表明一个人在一系列量化的数字中的位置，能详细显示竞争对手的顺序和两者之间的距离。另请参阅"序数排列"。

出于职业生涯的考虑（career concerns）：现行绩效对未来奖励影响的推动诱因。这个术语通常指的是一个员工的现行绩效对他将来在就业市场上的机会的影响，但也可能包括其他类型的奖励。

集权（centralization）：将许多或是大多数决策集中在高层管理人员手中的实践。集权强调决策控制而非决策管理，其好处是能促进协调配合，产生规模经济，以及加强管理。它与"分权"相对。

互补性（complementarity）：一个因素与另一个因素之间的积极的相互作用。就劳动力来说，当一个员工的产出增加了另一个员工的生产率时，这个员工就为另一个员工创造了互补性。

复杂性信息（complex information）：包含很多层面且内部之间彼此相关的信息。

持续改进（continuous improvement）：一种强调在效率和质量方面持续适应和增加收益的组织设计方式；通常注重分权、多重任务处理，以及更多的高技术人才。它与"泰勒主义"相对。

可控风险（controllable risk）：某种程度上员工可以预见、预防，以及应对的（可能是任意的）事件。尽管员工无法控制事件是否发生，但是他在某种程度上可以控制该事件对公司价值的影响。它与"不可控风险"相对。

协调（coordination）：对活动（例如任务、交易单位）相关性的管理。

分权（decentralization）：在少量或没有监管的情况下，允许较低层次的员工做出决策的实践；强调决策管理，而不是决策控制。另请参阅"自治"以及"授权"。它与"集权"相对。

决策控制（decision control）：对决策制定过程的批准和监控。相对于决策管理，层级越分明和管理越集中的组织越强调决策控制。另请参阅"决策管理"。

决策管理（decision management）：决策的方案制定和执行阶段。另请参阅"决策控制"。

延期薪酬（deferred pay）：一种结账期之后才给一部分员工支付薪酬的安排。利用这种延期薪酬可以做短期或是长期投资。常见的延期薪酬有退休计划和股票期权。

养老金固定收益计划（defined benefit pension plans）：根据与成员应计退休金收入和服务年限相关的公式算出收益。该计划可以提前知晓员工的退休收益。

养老金固定缴款计划（defined contribution pension plans）：基于所缴款项的多少、获取的投资收益，以及一个员工退休时这些钱可以折合的养老金的多少计算收益。因此，员工的退休收益不可提前预知。

边际生产率递减（diminishing marginal productivity）：产品的增量随着附加生产要素投入的增加而下降的趋势。因此，第一千个员工的产量通常低于第一个员工的产量。

扭曲（distortion）：关注错误的努力类型，因为与公司对这些努力的实际评价相比，绩效评估不恰当地重视各种不同类型的努力。

事业部结构 （divisional structure）：一种把组织分成若干自治单元的组织架构。分部门的形式可能是依据产品群或市场群，采用两个部门组合或是按照其他的分组方式。像会计或是人力资源之类的支援型功能会集中提供给所有部门。

占优策略 （dominant strategy）：博弈中永远最好的策略，无论对手是否采取此策略。实际上，并非每个博弈的参与者都采取占优策略或是每个博弈中都有占优策略。

风险的负面影响 （downside risk）：与"不好的"结果有关的风险和报酬，如错误决策的成本、雇用不适当类型的员工，或是投资一项最终失败的生意。

规模经济 （economies of scale）：产量上升而平均成本下降的情况。

员工利润分享计划 （employee profit sharing plan）：一种薪酬计划，其中绩效衡量和（或）奖金池是基于对大量员工（通常是整个工厂或公司）的利润衡量。

授权 （empowerment）：将决策权交给员工的行为。另请参阅"自治"和"分权"。

英式拍卖 （English auction）：一种个人可以在任何时间自由竞价的投标过程。当在某个时间点有人出的价钱最高时，该商品就以出价最高者的出价售出。这是拍卖艺术品、古董以及牲畜时最常见的方式。

执行价格 （exercise price）：期权持有人根据期权契约的规定买进（看涨期权）或是卖出（看跌期权）每股基础股票的规定价格，又被称为"履约价格"。

经验性信息 （experiential information）：必须要经历才能懂得的信息。由于这种原因，要获得这样的信息需要花费巨大。

外部性（正外部性或负外部性）[externality（positive or negative）]：经济代理人为与交易无关的第三方花费成本、提供利益，由此产生的成本或收益。在市场上，有关负外部性的一个例子是驾驶汽车产生的污染。在一个组织中，有关正外部性的一个例子是组织与员工合作提高产量得到的收益。

外在激励 （extrinsic motivation）：由非心理学因素产生的激励，最主要的是绩效薪酬。它与"内在动机"相对。

假阴性错误 （false negative）：指的是一种错误形式——拒绝一个好的选择或拒绝一个好的项目。

假阳性错误 （false positive）：指的是一种错误形式——接受一种不好的选择或接受一个不好的项目。

反馈 （feedback）：提供决策后果的信息。

公司专用性（人力资本）培训 （firm-specific training）：指提高提供这种培训的公司的生产率的（对人力资本投资的）培训。对比"通用性（人力资本）培训"。另请参阅"人力资本"。

固定成本 （fixed costs）：商业活动中，公司必须投入的但并不随产量的变化而变化的成本。

扁平结构 （flat structure）：强调决策管理而非决策控制的结构。对比"等级结构"。

强制分布曲线 （forced curve）：相对绩效评估的一个例子。强制分布曲线要求评价者将员工评价放到相对曲线的一些形式中去考察。例如，通用电气公司的经理们必须给 10% 的员工最低的评价，给 20% 的员工最高的评价。另外一个较次的例子是林肯电气公司的做法：经理们必须给全体员工平均 100 分的评价。

特许经营（franchise）：一般是通过收取入门费以及年费的形式，公司将特别知识和专门技术，通常还有商标和品牌名称，授权给经营者的一种商业安排。特许经营者在商业经营上相对有较大的自由裁量权，但这样的权力仍少于真正的所有者权力。

功能结构（functional structure）：一种组织根据功能区（如销售、会计等）而非生产线来建立架构的组织结构。这样的结构能使组织从（工作设计、职业道路、人力资本投资的）专门化中得到最大效益，但是这样也造就了功能区之间的配合成本。

普遍信息（general knowledge）：不用怎么花钱便能得到的信息或知识。

通用性（人力资本）培训（general training）：能提高提供培训的公司以及行业其他公司的生产率的培训。另请参阅"公司专用性（人力资本）培训"以及"人力资本"。

治理（governance）：管理人员的监督以及公司董事会的策略。

等级结构（hierarchical structure）：较低层次的员工把信息传递给较高层次的经理，供经理制定决策，然后让较低层次的员工来执行的结构。一个组织的组织系统图里从最高到最低可以有几个或是很多的层级。此结构更强调决策控制。

高可靠性组织（high reliability organization）：同典型公司相比像航空母舰一样的公司，其组织和工作设计折中起来很难，因为这样做的风险（如失败成本）很高。

套牢问题（holdup problem）：当一方与经济伙伴建立了专用性投资关系，并投入了不可收回的沉没成本，但其伙伴在投资成本已经沉没后却想重新进行契约条款谈判时出现的问题。在人事经济学中，一个例子就是：在员工得到了公司专用性人力资本后，公司或者员工就想重新商定薪酬。

人力资本（human capital）：个人在面对一份工作时的知识或技能储备。教育、在职培训，甚至是健康投资，都能使人力资本增加。

特质（idiosyncratic）：个人或某种情形独有的特征或特性。

实施（implementation）：提出方案及得到批准后的决策制定阶段。决定为达到一个既定的目标可能采取的方法，即"策略"。

隐性契约（implicit contract）：一种被人们默认和心照不宣的但没有正式成文的契约。

激励强度（incentive intensity）：绩效和薪酬关系的斜率，用来测量绩效的变化带来的奖励的变化。斜率越大，强度就越大。最佳激励强度取决于几个因素，包括员工风险规避、员工对激励的响应，以及由额外努力产生的增量利润。

产业工会（industrial union）：由一个产业的员工（如汽车员工、钢铁员工）组成的组织，维护员工的利益。

影响成本（influence costs）：员工为提高主观绩效评估而对管理者造成的（通常是心理上的）成本。

提案（initiatives）：决策制定的第一个阶段。提出一系列选择的过程，例如头脑风暴。

集成问题（integration problem）：指做一项决议需要多种专业知识，而这种知识散布在组织各个部分的员工手中时的情况。获得专业知识需要巨大的花费，所以集成问题的解决就需要将拥有这些知识的员工集中起来组成一个项目团队或矩阵组织。

价内期权（in the money）：当基础股票的市场价格超过期权的执行价格时，我们称看涨期权为价内期权。

内部企业家精神（intrapreneurship）：公司内部员工的内部企业家行为。

内在动机（intrinsic motivation）：由心理奖励而非外在奖励形成的动机。例如，如果一份工作包含更多的学习内容，员工就可能具有内在动机。

工作丰富化（job enrichment）：给员工分配更多任务及决策权。

知识转移（knowledge transfer）：把知识从一个人或一群人转移到另一个人或是另一群人的行为。分散式结构常常被用来激发创造力。但是这样的话，公司要面临在整个公司分享新的理念的挑战。许多公司采用知识管理系统来改进这样的知识转移。

因情感产生的偏见（leniency bias）：主观绩效评估中，当评价者不愿给出较低评价时产生的正偏差。

杠杆（leverage）：借用小投资，在很多情况下靠贷款获得的一部分来将小的投资转化成巨大收益的能力。如果投资回报高到足够付清这个贷款，借款者就会发现他没有借的那部分的投资回报率更高。

目标管理（management by objective）：管理者对双方达成的员工的年度工作目标的管理。年末时，根据目标完成的情况进行奖励。目标管理主要使用主观绩效评估。

操控（manipulation）：通过并不会实质上提高公司价值的方式来改进员工绩效衡量的方法。这样做是因为员工有专业知识并策略性使用这种知识。当使用更狭义的绩效衡量时，这种情况更可能出现，这类似于"扭曲"。

匹配（matching）：组合经济资产以实现有效生产的过程。例如，员工和公司的匹配。

矩阵结构（matrix structure）：一种由一个矩阵经理领导的、将不同职能部门的专家集合在一个区域研究一个产品的组织设计。这样，这个矩阵结构里的每个员工都有两个领导，一个是职能上的，一个是部门上的。

现代工作设计（modern job design）：基于内在动机的工作设计。特点是：技能多样化、更大的自由裁量权，以及更强的员工能力。现代工作设计强调员工的学习。

模块化（modularity）：将一个完整的单位分为相对独立的子单位。模块化的原则有很多应用，本书谈到的话题就与其中的一部分应用相关。例如，公司可以利用模块化将一组任务分成不同的工作，然后交给不同的员工来做。同样，公司也可以用模块化来打破公司的组织架构，将其分成独立的部门。在两种情况中，尝试模块化的过程本身也帮助公司实现了需要高度协调性才能完成的任务和进程的整合，并降低了整合的成本。

买方垄断（monopsony）：如字面意义，只有一个买主。一般意义上讲，它指的是与卖方对应的买方数量较少的情形，比如说，一个小镇里的一个劳动者对应着多个潜在的公司。在这种情况下，出卖劳动力的一方的行动就可能对价格有很大的影响。

道德风险（moral hazard）：预期一方在没有危机的情况下的表现与它在危急情况下的表现可能出现完全不同的情况。道德风险之所以出现，是个人或组织没有对自己的行为完全负责，因而行事没有在正常情况下那样周全，结果导致另一方来承担自己行为后果的部分责任。比如说公司和员工间的激励问题。另请参阅"委托代理问题"。

狭义绩效评估（narrow performance measures）：相对于广义绩效评估，狭义绩效评估考察的绩效方面更少。和利润相比，收益和成本就是相对狭义的绩效评估指标。

净现值（net present value）：指投资产生的一系列未来现金流量的现值，减去当期投资的现金流出。

网状结构（network structure）：一种比传统结构更随意的组织架构。该结构对于工作设计和报告关系的规定更松。员工要完成任务，就必须利用自己的社会关系网络。

噪声（noise）：由于没有能力对相关变量进行完全的估量和控制，导致被测变量随机变化，这个被测变量通常是产量。

规范（norms）：在一个社会团体里占主导地位的标准。对于本书来说，规范是指主宰一个组织的典型实务和期望。实际上，规范是指团体内部成员间的隐性契约的一种形式。

机会成本（opportunity cost）：当做出一种选择时，被舍弃的其他选择的经济价值。例如，一个公司给员工发放限制性股票，那么这个公司就要承担机会成本，因为员工可能将股票以较高的价格卖给外人。

序数排列（ordinal ranking）：表明一个人在一个有编号的序列中的位置。在序数排列中，重要的不是竞争者之间的距离，而是顺序。另请参阅"基数排列"。

价外期权（out of the money）：当一个股票期权的执行价格超过了基础股票的市场价格时，这个股票期权就被称为价外期权。

绩效评估（performance evaluation）：出于反馈或是激励的目的，组织或管理层对员工（数字上或主观上的）绩效的评判。

易变信息（perishable information）：必须要快速处理的信息，否则会令其失去价值。

计件工资率（piece rate）：按照事先决定的数额，付给员工每单位产量（件）的薪酬。它是绩效薪酬的一种形式。

可转移性（portability）：当雇用关系终止时，员工将养老金从一个雇主计划转移到另一个雇主计划中而不受处罚的情况。例如，美国社会保障制度就规定既定的养老计划是可转移的。

现值（present value）：未来支付资金流的现在价值。现值取决于支付的时间模式、折现因素（和利率相关），以及每期支付的量的大小。现值重视货币的时间价值。

委托代理问题（principal-agent problem）：当一方（即代理人）在行动上代表另一方（即委托人）时产生的一种道德危机。代理人对于自己的行动和意图通常比委托人掌握更多信息，因为委托人通常不能完全监督代理人。如果代理人和委托人的利益不一致的话，（在委托人看来）代理人可能会做出不适当行为。另请参阅"道德风险"。

私有信息（private information）：交易中只为一方所有的信息。例如，一个员工知道自己在年底之前就会辞职，而公司对此意图并不知情。

晋升标准（promotion standard）：公司规定绩效超过某个标准的部分或是全体员工可以获得晋升的规定。

公共产品（public good problem）：追求利益的公司不提供善意行为而造成的问题，因为这些公司不能从中收取足够的费用来抵消成本。

看跌期权（put option）：在预先设置的截止期限之前，按照预先设定的价钱将基础资产（股票或股票指数）股份卖出的权利。

棘轮效应（ratchet effect）：在良好绩效持续一段时间之后，绩效标准便会升高的趋势。如果员工预见到了这个趋势，那么他们的积极性就会降低，因为这在某种程度上是对员工良好绩效的惩罚。

确认（ratification）：决策制定的第二个阶段，即从众多可能方案中确认一个方案。

实物期权（real option）：可用于商业投资机会的备选方案。这不是衍生工具，而是（选择意义上的）期权，它是通过一定的努力获得的业务。公司能在发现员工不适合此工作的时候辞掉员工，这种危险的雇用对公司来说就是一种实物期权。

再造工程（reengineering）：在现代化的办公场所中，公司或组织用泰勒主义的经典方法去落实先进电脑技术的实践。

回归分析（regression）：一种缩小从所有样本点到估计线之间的垂直距离的平方的统计方法。

关系专用投资（relationship-specific investment）：除非交易双方将合作关系继续下去，否则将会是没有任何价值的一种投资。人事经济学中公司专用性（人力资本）培训就是这样的一个例子。

相对绩效评估（relative performance evaluation）：对一个员工做绩效评价时参考其同事的绩效的评价方法。相对绩效评估可以使员工避免接触那些其他员工常面对的不可控风险，但同时也增加了他们与其他员工不同的风险。另请参阅"绝对差别""序数排列"，以及"淘汰制"。

重新谈判风险（renegotiation risk）：契约的一方在做了沉没投资之后试图重新谈判契约条款的风险。另请参阅"套牢问题"。

风险规避（risk averse）：在面临两个有相似期望回报（但风险不同）的选择时，选择风险较小的选择行为。风险偏好者在其他条件一样的情况下选择承担风险。风险中立者既不喜欢也不排斥风险。在大多数经济状况中，人们都是风险规避者。如果股东可以使其证券投资组合多样化的话，他们对风险的态度更多的是风险中立。

离职（separation）：员工先提出的辞职或是公司先提出的解雇或临时解雇。

信号（signal）：提供关于其他潜在的没有被观察到特点的信息。

信号传递（signaling）：为了解决逆向选择问题而让消息更加灵通的代理人投资这种类型的信息传递的一种方法。通过信号传递，某些情况下高质量的信息类型可以自动和低质量的信息类型（"分离"均衡）区别开来，有些情况下却并不能这样做（"混同"均衡）。

社会资本（social capital）：如果一个代理人拥有一个关系网，这个关系网包括他的同事、客户、供应商，以及其他经济代理人。这个关系网对经理的内在经济价值就是他的社会资本。另请参阅"结构洞"。

专业化（specialization）：狭义上的员工的工作任务或是技能的程度。工作设计中，给员工更少的任务；教育或是培训中，使员工的学习集中于更窄的领域。

专业信息（specific knowledge）：需要巨大花费才能得到的信息或知识。它与"普遍信息"相对。

履约价格（strike price）：在履行期权契约的基础上，基础股票在买进（对于看涨期权）或是卖出（对于看跌期权）时的规定价格。另请参阅"执行价格"。

结构洞（structural hole）：两个团体的代理人的社交网络之间没有任何联系的情况。另请参阅"社会资本"。

主观性信息（subjective information）：很难严格定义或是在数量上描述的信息。

主观绩效评估（subjective performance evaluation）：建立在管理人主观评定基础上的对员工绩效的评估。

泰勒主义（taylorism）：由弗雷德里克·泰勒在20世纪20年代率先倡导的组织设计的一种方式，也被称为工业工程学。泰勒主义能将商业程序最优化。一旦发现"最好的"技术，组织就会利用这个技术。结果往往会使工作设计得更加专业化，自由裁量权变得更少，员工技能水平下降。它与"持续改进"相对。

团队奖励（team bonus）：基于整个团队的表现而发给这个团队的奖金。根据某种算法，奖金可能会被发放给团队成员。

技术信息（technical information）：需要技术培训才能完全理解的信息。

技术溢出（technology spillover）：正外部性的一个例子。在很多情况下，公司可能抄袭其他公司的理念而不付出任何薪酬，这是专利和版权保护不完善所致。

不活跃市场（thin market）：买方数量很少和（或）卖方数量很少的市场。交易不活跃的市场中，卖方寻找一个买方，以及买方寻找一个卖方，都变得更加困难。极端的例子是卖方垄断和买方垄断。

以牙还牙（tit for tat）：解决博弈中重复的囚徒困境的有效策略。利用这个策略，代理人最先会合作，之后再根据对手的行动反应。如果对手先前合作，那么代理人就合作。如果对手先前不合作，那么代理人也不会合作。

淘汰制（tournament）：员工为得到晋升机会（或是其他既定奖励）而竞争，这些奖励会授给绩效最高的员工。另请参阅"序数排列"和"相对绩效评估"。

不可控风险（uncontrollable risk）：个体员工无法预见、阻止以及做出反应的随机事件（比如宏观经济事件）。它与"可控风险"相对。

行权（vesting）：特定的一段时期过后，将一定的经济价值转移到一个实体的行为。人事方面的例子包括行使股票期权，或者获得退休津贴的权力。

赢者诅咒（winner's curse）：有关一件商品（或是员工）投标成功的赢者出价过高的理念。当一件商品的价值不确定时，投标人对商品的估价也会改变。投标成功的赢者可能高估了商品的价值。

经济科学译丛

序号	书名	作者	Author	单价	出版年份	ISBN
1	金融学(第二版)	兹维·博迪等	Zvi Bodie	75.00	2018	978 - 7 - 300 - 26134 - 8
2	空间数据分析:模型、方法与技术	曼弗雷德·M. 费希尔等	Manfred M. Fischer	36.00	2018	978 - 7 - 300 - 25304 - 6
3	《宏观经济学》(第十二版)学习指导书	鲁迪格·多恩布什等	Rudiger Dornbusch	38.00	2018	978 - 7 - 300 - 26063 - 1
4	宏观经济学(第四版)	保罗·克鲁格曼等	Paul Krugman	68.00	2018	978 - 7 - 300 - 26068 - 6
5	计量经济学导论:现代观点(第六版)	杰弗里·M. 伍德里奇	Jeffrey M. Wooldridge	109.00	2018	978 - 7 - 300 - 25914 - 7
6	经济思想史:伦敦经济学院讲演录	莱昂内尔·罗宾斯	Lionel Robbins	59.80	2018	978 - 7 - 300 - 25258 - 2
7	空间计量经济学入门——在 R 中的应用	朱塞佩·阿尔比亚	Giuseppe Arbia	45.00	2018	978 - 7 - 300 - 25458 - 6
8	克鲁格曼经济学原理(第四版)	保罗·克鲁格曼等	Paul Krugman	88.00	2018	978 - 7 - 300 - 25639 - 9
9	发展经济学(第七版)	德怀特·H. 波金斯等	Dwight H. Perkins	98.00	2018	978 - 7 - 300 - 25506 - 4
10	线性与非线性规划(第四版)	戴维·G. 卢恩伯格等	David G. Luenberger	79.80	2018	978 - 7 - 300 - 25391 - 6
11	产业组织理论	让·梯若尔	Jean Tirole	110.00	2018	978 - 7 - 300 - 25170 - 7
12	经济学精要(第六版)	巴德、帕金	Bade, Parkin	89.00	2018	978 - 7 - 300 - 24749 - 6
13	空间计量经济学——空间数据的分位数回归	丹尼尔·P. 麦克米伦	Daniel P. McMillen	30.00	2018	978 - 7 - 300 - 23949 - 1
14	高级宏观经济学基础(第二版)	本·J. 海德拉	Ben J. Heijdra	88.00	2018	978 - 7 - 300 - 25147 - 9
15	税收经济学(第二版)	伯纳德·萨拉尼耶	Bernard Salanié	42.00	2018	978 - 7 - 300 - 23866 - 1
16	国际宏观经济学(第三版)	罗伯特·C. 芬斯特拉	Robert C. Feenstra	79.00	2017	978 - 7 - 300 - 25326 - 8
17	公司治理(第五版)	罗伯特·A.G. 蒙克斯	Robert A. G. Monks	69.80	2017	978 - 7 - 300 - 24972 - 8
18	国际经济学(第15版)	罗伯特·J. 凯伯	Robert J. Carbaugh	78.00	2017	978 - 7 - 300 - 24844 - 8
19	经济理论和方法史(第五版)	小罗伯特·B. 埃克伦德等	Robert B. Ekelund. Jr.	88.00	2017	978 - 7 - 300 - 22497 - 8
20	经济地理学	威廉·P. 安德森	William P. Anderson	59.80	2017	978 - 7 - 300 - 24544 - 7
21	博弈与信息:博弈论概论(第四版)	艾里克·拉斯穆森	Eric Rasmusen	79.80	2017	978 - 7 - 300 - 24546 - 1
22	MBA 宏观经济学	莫里斯·A. 戴维斯	Morris A. Davis	38.00	2017	978 - 7 - 300 - 24268 - 2
23	经济学基础(第十六版)	弗兰克·V. 马斯切纳	Frank V. Mastrianna	42.00	2017	978 - 7 - 300 - 22607 - 1
24	高级微观经济学:选择与竞争性市场	戴维·M. 克雷普斯	David M. Kreps	79.80	2017	978 - 7 - 300 - 23674 - 2
25	博弈论与机制设计	Y. 内拉哈里	Y. Narahari	69.80	2017	978 - 7 - 300 - 24209 - 5
26	宏观经济学精要:理解新闻中的经济学(第三版)	彼得·肯尼迪	Peter Kennedy	45.00	2017	978 - 7 - 300 - 21617 - 1
27	宏观经济学(第十二版)	鲁迪格·多恩布什等	Rudiger Dornbusch	69.00	2017	978 - 7 - 300 - 23772 - 5
28	国际金融与开放宏观经济学:理论、历史与政策	亨德里克·范登伯格	Hendrik Van den Berg	68.00	2016	978 - 7 - 300 - 23380 - 2
29	经济学(微观部分)	达龙·阿西莫格鲁等	Daron Acemoglu	59.00	2016	978 - 7 - 300 - 21786 - 4
30	经济学(宏观部分)	达龙·阿西莫格鲁等	Daron Acemoglu	45.00	2016	978 - 7 - 300 - 21886 - 1
31	发展经济学	热若尔·罗兰	Gérard Roland	79.00	2016	978 - 7 - 300 - 23379 - 6
32	中级微观经济学——直觉思维与数理方法(上下册)	托马斯·J. 内契巴	Thomas J. Nechyba	128.00	2016	978 - 7 - 300 - 22363 - 6
33	环境与自然资源经济学(第十版)	汤姆·蒂坦伯格等	Tom Tietenberg	72.00	2016	978 - 7 - 300 - 22900 - 3
34	劳动经济学基础(第二版)	托马斯·海克拉克等	Thomas Hyclak	65.00	2016	978 - 7 - 300 - 23146 - 4
35	货币金融学(第十一版)	弗雷德里克·S. 米什金	Frederic S. Mishkin	85.00	2016	978 - 7 - 300 - 23001 - 6
36	动态优化——经济学和管理学中的变分法和最优控制(第二版)	莫顿·I. 凯曼等	Morton I. Kamien	48.00	2016	978 - 7 - 300 - 23167 - 9
37	用 Excel 学习中级微观经济学	温贝托·巴雷托	Humberto Barreto	65.00	2016	978 - 7 - 300 - 21628 - 7
38	宏观经济学(第九版)	N. 格里高利·曼昆	N. Gregory Mankiw	79.00	2016	978 - 7 - 300 - 23038 - 2
39	国际经济学:理论与政策(第十版)	保罗·R. 克鲁格曼等	Paul R. Krugman	89.00	2016	978 - 7 - 300 - 22710 - 8
40	国际金融(第十版)	保罗·R. 克鲁格曼等	Paul R. Krugman	55.00	2016	978 - 7 - 300 - 22089 - 5
41	国际贸易(第十版)	保罗·R. 克鲁格曼等	Paul R. Krugman	42.00	2016	978 - 7 - 300 - 22088 - 8
42	经济学精要(第3版)	斯坦利·L. 布鲁伊等	Stanley L. Brue	58.00	2016	978 - 7 - 300 - 22301 - 8
43	经济分析史(第七版)	英格里德·H. 里马	Ingrid H. Rima	72.00	2016	978 - 7 - 300 - 22294 - 3
44	投资学精要(第九版)	兹维·博迪等	Zvi Bodie	108.00	2016	978 - 7 - 300 - 22236 - 3
45	环境经济学(第二版)	查尔斯·D. 科尔斯塔德	Charles D. Kolstad	68.00	2016	978 - 7 - 300 - 22255 - 4
46	MWG《微观经济理论》习题解答	原千晶等	Chiaki Hara	75.00	2016	978 - 7 - 300 - 22306 - 3
47	现代战略分析(第七版)	罗伯特·M. 格兰特	Robert M. Grant	68.00	2016	978 - 7 - 300 - 17123 - 4
48	横截面与面板数据的计量经济分析(第二版)	杰弗里·M. 伍德里奇	Jeffrey M. Wooldridge	128.00	2016	978 - 7 - 300 - 21938 - 7

经济科学译丛

序号	书名	作者	Author	单价	出版年份	ISBN
49	宏观经济学(第十二版)	罗伯特·J·戈登	Robert J. Gordon	75.00	2016	978-7-300-21978-3
50	动态最优化基础	蒋中一	Alpha C. Chiang	42.00	2015	978-7-300-22068-0
51	城市经济学	布伦丹·奥弗莱厄蒂	Brendan O'Flaherty	69.80	2015	978-7-300-22067-3
52	管理经济学:理论、应用与案例(第八版)	布鲁斯·艾伦等	Bruce Allen	79.80	2015	978-7-300-21991-2
53	经济政策:理论与实践	阿格尼丝·贝纳西-奎里等	Agnès Bénassy-Quéré	79.80	2015	978-7-300-21921-9
54	微观经济分析(第三版)	哈尔·R·范里安	Hal R. Varian	68.00	2015	978-7-300-21536-5
55	财政学(第十版)	哈维·S·罗森等	Harvey S. Rosen	68.00	2015	978-7-300-21754-3
56	经济数学(第三版)	迈克尔·霍伊等	Michael Hoy	88.00	2015	978-7-300-21674-4
57	发展经济学(第九版)	A. P. 瑟尔沃	A. P. Thirlwall	69.80	2015	978-7-300-21193-0
58	宏观经济学(第五版)	斯蒂·D·威廉森	Stephen D. Williamson	69.00	2015	978-7-300-21169-5
59	资源经济学(第三版)	约翰·C·伯格斯特罗姆等	John C. Bergstrom	58.00	2015	978-7-300-20742-1
60	应用中级宏观经济学	凯文·D·胡佛	Kevin D. Hoover	78.00	2015	978-7-300-21000-1
61	计量经济学导论:现代观点(第五版)	杰弗里·M·伍德里奇	Jeffrey M. Wooldridge	99.00	2015	978-7-300-20815-2
62	现代时间序列分析导论(第二版)	约根·沃特斯等	Jürgen Wolters	39.80	2015	978-7-300-20625-7
63	空间计量经济学——从横截面数据到空间面板	J·保罗·埃尔霍斯特	J. Paul Elhorst	32.00	2015	978-7-300-21024-7
64	国际经济学原理	肯尼思·A·赖纳特	Kenneth A. Reinert	58.00	2015	978-7-300-20830-5
65	经济写作(第二版)	迪尔德丽·N·麦克洛斯基	Deirdre N. McCloskey	39.80	2015	978-7-300-20914-2
66	计量经济学方法与应用(第五版)	巴蒂·H·巴尔塔基	Badi H. Baltagi	58.00	2015	978-7-300-20584-7
67	战略经济学(第五版)	戴维·贝赞可等	David Besanko	78.00	2015	978-7-300-20679-0
68	博弈论导论	史蒂文·泰迪里斯	Steven Tadelis	58.00	2015	978-7-300-19993-1
69	社会问题经济学(第二十版)	安塞尔·M·夏普等	Ansel M. Sharp	49.00	2015	978-7-300-20279-2
70	博弈论:矛盾冲突分析	罗杰·B·迈尔森	Roger B. Myerson	58.00	2015	978-7-300-20212-9
71	时间序列分析	詹姆斯·D·汉密尔顿	James D. Hamilton	118.00	2015	978-7-300-20213-6
72	经济问题与政策(第五版)	杰奎琳·默里·布鲁克斯	Jacqueline Murray Brux	58.00	2014	978-7-300-17799-1
73	微观经济理论	安德鲁·马斯-克莱尔等	Andreu Mas-Collel	148.00	2014	978-7-300-19986-3
74	产业组织:理论与实践(第四版)	唐·E·瓦尔德曼等	Don E. Waldman	75.00	2014	978-7-300-19722-7
75	公司金融理论	让·梯若尔	Jean Tirole	128.00	2014	978-7-300-20178-8
76	公共部门经济学	理查德·W·特里西	Richard W. Tresch	49.00	2014	978-7-300-18442-5
77	计量经济学原理(第六版)	彼得·肯尼迪	Peter Kennedy	69.80	2014	978-7-300-19342-7
78	统计学:在经济中的应用	玛格丽特·刘易斯	Margaret Lewis	45.00	2014	978-7-300-19082-2
79	产业组织:现代理论与实践(第四版)	林恩·佩波尔等	Lynne Pepall	88.00	2014	978-7-300-19166-9
80	计量经济学导论(第三版)	詹姆斯·H·斯托克等	James H. Stock	69.00	2014	978-7-300-18467-8
81	发展经济学导论(第四版)	秋山裕	秋山裕	39.80	2014	978-7-300-19127-0
82	中级微观经济学(第六版)	杰弗里·M·佩罗夫	Jeffrey M. Perloff	89.00	2014	978-7-300-18441-8
83	平狄克《微观经济学》(第八版)学习指导	乔纳森·汉密尔顿等	Jonathan Hamilton	32.00	2014	978-7-300-18970-3
84	微观经济学(第八版)	罗伯特·S·平狄克等	Robert S. Pindyck	79.00	2013	978-7-300-17133-3
85	微观银行经济学(第二版)	哈维尔·弗雷克斯等	Xavier Freixas	48.00	2014	978-7-300-18940-6
86	施米托夫论出口贸易——国际贸易法律与实务(第11版)	克利夫·M·施米托夫等	Clive M. Schmitthoff	168.00	2014	978-7-300-18425-8
87	微观经济学思维	玛莎·L·奥尔尼	Martha L. Olney	29.80	2013	978-7-300-17280-4
88	宏观经济学思维	玛莎·L·奥尔尼	Martha L. Olney	39.80	2013	978-7-300-17279-8
89	计量经济学原理与实践	达摩达尔·N·古扎拉蒂	Damodar N. Gujarati	49.80	2013	978-7-300-18169-1
90	现代战略分析案例集	罗伯特·M·格兰特	Robert M. Grant	48.00	2013	978-7-300-16038-2
91	高级国际贸易:理论与实证	罗伯特·C·芬斯特拉	Robert C. Feenstra	59.00	2013	978-7-300-17157-9
92	经济学简史——处理沉闷科学的巧妙方法(第二版)	E·雷·坎特伯里	E. Ray Canterbery	58.00	2013	978-7-300-17571-3
93	管理经济学(第四版)	方博亮等	Ivan Png	80.00	2013	978-7-300-17000-8
94	微观经济学原理(第五版)	巴德.帕金	Bade,Parkin	65.00	2013	978-7-300-16930-9
95	宏观经济学原理(第五版)	巴德.帕金	Bade,Parkin	63.00	2013	978-7-300-16929-3
96	环境经济学	彼得·伯克等	Peter Berck	55.00	2013	978-7-300-16538-7
97	高级微观经济理论	杰弗里·杰里	Geoffrey A. Jehle	69.00	2012	978-7-300-16613-1
98	高级宏观经济学导论:增长与经济周期(第二版)	彼得·伯奇·索伦森等	Peter Birch Sørensen	95.00	2012	978-7-300-15871-6
99	宏观经济学:政策与实践	弗雷德里克·S·米什金	Frederic S. Mishkin	69.00	2012	978-7-300-16443-4
100	宏观经济学(第二版)	保罗·克鲁格曼	Paul Krugman	45.00	2012	978-7-300-15029-1
101	微观经济学(第二版)	保罗·克鲁格曼	Paul Krugman	69.80	2012	978-7-300-14835-9

经济科学译丛

序号	书名	作者	Author	单价	出版年份	ISBN
102	克鲁格曼《微观经济学(第二版)》学习手册	伊丽莎白·索耶·凯利	Elizabeth Sawyer Kelly	58.00	2013	978-7-300-17002-2
103	克鲁格曼《宏观经济学(第二版)》学习手册	伊丽莎白·索耶·凯利	Elizabeth Sawyer Kelly	36.00	2013	978-7-300-17024-4
104	微观经济学(第十一版)	埃德温·曼斯费尔德	Edwin Mansfield	88.00	2012	978-7-300-15050-5
105	卫生经济学(第六版)	舍曼·富兰德等	Sherman Folland	79.00	2011	978-7-300-14645-4
106	宏观经济学(第七版)	安德鲁·B·亚伯等	Andrew B. Abel	78.00	2011	978-7-300-14223-4
107	现代劳动经济学:理论与公共政策(第十版)	罗纳德·G·伊兰伯格等	Ronald G. Ehrenberg	69.00	2011	978-7-300-14482-5
108	宏观经济学:理论与政策(第九版)	理查德·T·弗罗恩	Richard T. Froyen	55.00	2011	978-7-300-14108-4
109	经济学原理(第四版)	威廉·博伊斯等	William Boyes	59.00	2011	978-7-300-13518-2
110	计量经济学基础(第五版)(上下册)	达摩达尔·N·古扎拉蒂	Damodar N. Gujarati	99.00	2011	978-7-300-13693-6
111	《计量经济学基础》(第五版)学生习题解答手册	达摩达尔·N·古扎拉蒂等	Damodar N. Gujarati	23.00	2012	978-7-300-15080-8
112	计量经济分析(第六版)(上下册)	威廉·H·格林	William H. Greene	128.00	2011	978-7-300-12779-8
113	国际贸易	罗伯特·C·芬斯特拉等	Robert C. Feenstra	49.00	2011	978-7-300-13704-9
114	经济增长(第二版)	戴维·N·韦尔	David N. Weil	63.00	2011	978-7-300-12778-1
115	投资科学	戴维·G·卢恩伯格	David G. Luenberger	58.00	2011	978-7-300-14747-5
116	博弈论	朱·弗登博格等	Drew Fudenberg	68.00	2010	978-7-300-11785-0

金融学译丛

序号	书名	作者	Author	单价	出版年份	ISBN
1	金融学原理(第八版)	阿瑟·J·基翁等	Arthur J. Keown	79.00	2018	978-7-300-25638-2
2	财务管理基础(第七版)	劳伦斯·J·吉特曼等	Lawrence J. Gitman	89.00	2018	978-7-300-25339-8
3	利率互换及其他衍生品	霍华德·科伯	Howard Corb	69.00	2018	978-7-300-25294-0
4	固定收益证券手册(第八版)	弗兰克·J·法博齐	Frank J. Fabozzi	228.00	2017	978-7-300-24227-9
5	金融市场与金融机构(第8版)	弗雷德里克·S·米什金等	Frederic S. Mishkin	86.00	2017	978-7-300-24731-1
6	兼并、收购和公司重组(第六版)	帕特里克·A·高根	Patrick A. Gaughan	89.00	2017	978-7-300-24231-6
7	债券市场:分析与策略(第九版)	弗兰克·J·法博齐	Frank J. Fabozzi	98.00	2016	978-7-300-23495-3
8	财务报表分析(第四版)	马丁·弗里德森	Martin Fridson	46.00	2016	978-7-300-23037-5
9	国际金融学	约瑟夫·P·丹尼尔斯等	Joseph P. Daniels	65.00	2016	978-7-300-23037-1
10	国际金融	阿德里安·巴克利	Adrian Buckley	88.00	2016	978-7-300-22668-2
11	个人理财(第六版)	阿瑟·J·基翁	Arthur J. Keown	85.00	2016	978-7-300-22711-5
12	投资学基础(第三版)	戈登·J·亚历山大等	Gordon J. Alexander	79.00	2015	978-7-300-20274-7
13	金融风险管理(第二版)	彼德·F·克里斯托弗森	Peter F. Christoffersen	46.00	2015	978-7-300-21210-4
14	风险管理与保险管理(第十二版)	乔治·E·瑞达等	George E. Rejda	95.00	2015	978-7-300-21486-3
15	个人理财(第五版)	杰夫·马杜拉	Jeff Madura	69.00	2015	978-7-300-20583-0
16	企业价值评估	罗伯特·A·G·蒙克斯等	Robert A. G. Monks	58.00	2015	978-7-300-20582-3
17	基于Excel的金融学原理(第二版)	西蒙·本尼卡	Simon Benninga	79.00	2014	978-7-300-18899-7
18	金融工程学原理(第二版)	萨利赫·N·内夫特奇	Salih N. Neftci	88.00	2014	978-7-300-19348-9
19	投资学导论(第十版)	赫伯特·B·梅奥	Herbert B. Mayo	69.00	2014	978-7-300-18971-0
20	国际金融市场导论(第六版)	斯蒂芬·瓦尔德兹等	Stephen Valdez	59.80	2014	978-7-300-18896-6
21	金融数学:金融工程引论(第二版)	马雷克·凯宾斯基等	Marek Capinski	42.00	2014	978-7-300-17650-5
22	财务管理(第二版)	雷蒙德·布鲁克斯	Raymond Brooks	69.00	2014	978-7-300-19085-3
23	期货与期权市场导论(第七版)	约翰·C·赫尔	John C. Hull	69.00	2014	978-7-300-18994-2
24	国际金融:理论与实务	皮特·塞尔居	Piet Sercu	88.00	2014	978-7-300-18413-5
25	货币、银行和金融体系	R·格伦·哈伯德等	R. Glenn Hubbard	75.00	2013	978-7-300-17856-1
26	并购创造价值(第二版)	萨德·苏达斯纳	Sudi Sudarsanam	89.00	2013	978-7-300-17473-0
27	个人理财——理财技能培养方法(第三版)	杰克·R·卡普尔等	Jack R. Kapoor	66.00	2013	978-7-300-16687-2
28	国际财务管理	吉尔特·贝克特	Geert Bekaert	95.00	2012	978-7-300-16031-3
29	应用公司财务(第三版)	阿斯沃思·达摩达兰	Aswath Damodaran	88.00	2012	978-7-300-16034-4
30	资本市场:机构与工具(第四版)	弗兰克·J·法博齐	Frank J. Fabozzi	85.00	2011	978-7-300-13828-2
31	衍生品市场(第二版)	罗伯特·L·麦克唐纳	Robert L. McDonald	98.00	2011	978-7-300-13130-6
32	跨国金融原理(第三版)	迈克尔·H·莫菲特等	Michael H. Moffett	78.00	2011	978-7-300-12781-1
33	统计与金融	戴维·鲁珀特	David Ruppert	48.00	2010	978-7-300-11547-4
34	国际投资(第六版)	布鲁诺·索尔尼克等	Bruno Solnik	62.00	2010	978-7-300-11289-3

图书在版编目（CIP）数据

人事经济学实务：第二版/爱德华·P. 拉齐尔，迈克尔·吉布斯著；杨伟国，王帆，滕文芳译.
—北京：中国人民大学出版社，2018.9
（经济科学译丛）
书名原文：Personnel Economics in Practice（Second Edition）
ISBN 978-7-300-26248-2

Ⅰ.①人… Ⅱ.①爱… ②迈… ③杨… ④王… ⑤滕… Ⅲ.①企业管理-人事管理-研究 Ⅳ.①F272.92

中国版本图书馆 CIP 数据核字（2018）第 211064 号

"十三五"国家重点出版物出版规划项目
经济科学译丛
人事经济学实务（第二版）
爱德华·P. 拉齐尔（Edward P. Lazear）
迈克尔·吉布斯（Michael Gibbs）　　　　著

杨伟国　王　帆　滕文芳　译
Renshi Jingjixue Shiwu

出版发行	中国人民大学出版社	
社　　址	北京中关村大街 31 号	**邮政编码**　100080
电　　话	010 - 62511242（总编室）	010 - 62511770（质管部）
	010 - 82501766（邮购部）	010 - 62514148（门市部）
	010 - 62515195（发行公司）	010 - 62515275（盗版举报）
网　　址	http://www.crup.com.cn	
	http://www.ttrnet.com（人大教研网）	
经　　销	新华书店	
印　　刷	涿州星河印刷有限公司	
规　　格	185 mm×260 mm 16 开本	**版　次**　2018 年 9 月第 1 版
印　　张	23.5 插页 2	**印　次**　2018 年 9 月第 1 次印刷
字　　数	535 000	**定　价**　79.50 元